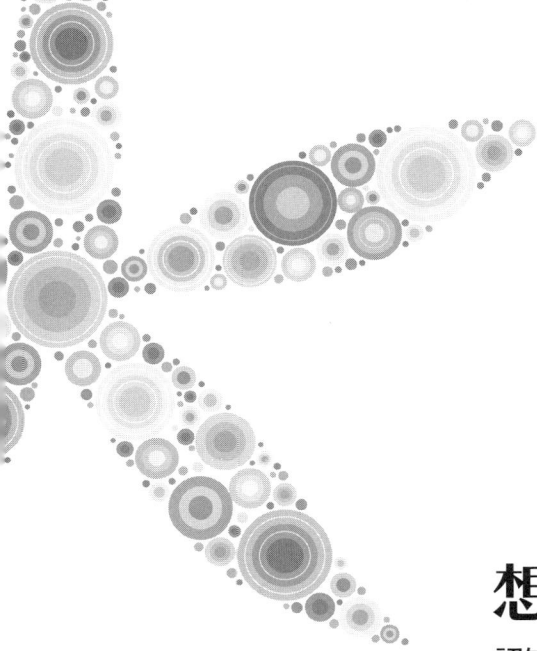

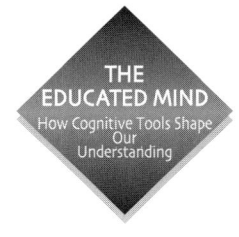

THE
EDUCATED MIND
How Cognitive Tools Shape
Our
Understanding

想像力と教育

認知的道具が培う柔軟な精神

キエラン・イーガン 著
髙屋景一／佐柳光代 訳

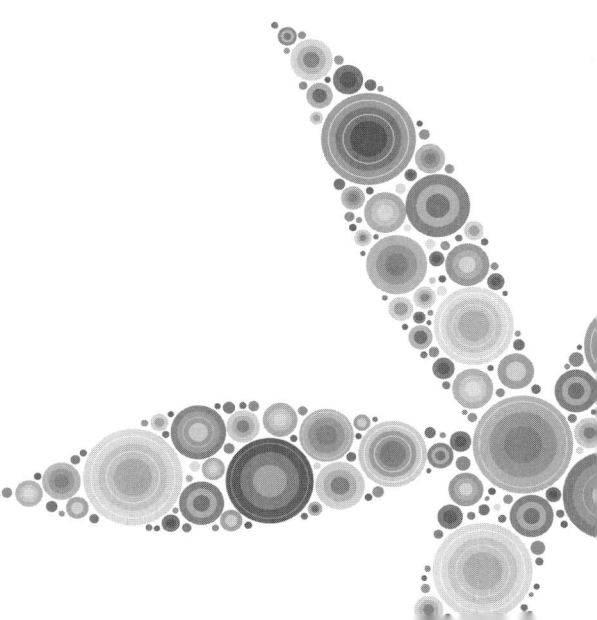

北大路書房

THE EDUCATED MIND:
How Cognitive Tools Shape Our Understanding
by
Kieran Egan
Copyright © 1997 by The University of Chicago
All rights reserved
Japanese translation licensed by The University of Chicago Press,
Chicago, Illinois, U.S. A.
through The English Agency (Japan) Ltd.

日本語版出版に寄せて

　この日本語版に序文を執筆できることは，私にとって非常に大きな喜びである。私は何度も日本を訪れ，日本文化に触れることに魅了されてきた。日本の庭園，特に京都周囲の寺院にある庭園に非常な感銘を受け，カナダの自宅に日本式の庭を造り，その過程を本にまとめた（この小さな冒険については，私のホームページでご覧いただくことができる。エッセイのもともとのタイトルは"Building a Japanese garden — the Irish way"といった。参照：http://www.educ.sfu.ca/kegan/Japangardenhome.html[★1]）。

　教育に意義深い変化をもたらすにはどのようにすればよいかについて，本書が日本の読者の理解を助けることになればよいと願っている。今日，どこの国であっても，学校の働きが大きな成功を収めているとは言えない状況にある。本書は，一般大衆のための公教育が開始されてから1世紀以上人々が格闘してきた問題に対して，新しく実践的な展望を提供する。

　教育にとって中心的課題は，単に次世代に情報を伝えることにだけあるのではなく，豊かな意味が伝わるような仕方で伝えることにある。教育の任務は，人間としての経験を高めるような仕方で，世界について一人ひとりの子どもに教え，彼らの経験を豊かにすることである。平行四辺形の対角は等しいと機械的に学ぶことと，この知識に関係する人間的な文脈——たとえば，古代ギリシアのエラトステネスがこの定理を使い，2,000年前に非常な精度で地球の円周を算出したこと——を知ることとの間にある違いは，誰にでもわかる。いわば，あらゆる知識は人間的知識である。あらゆる知識は人間の希望，恐れ，情熱という文脈の中で生まれ，使われている。教育者の任務は，知識に豊かな意味を与える希望，恐れ，情熱の文脈の中で学べるように，生徒に知識を教えることである。本書は，これをわれわれがどのようにしたら日常的に行なえるかを示そうと試みる。物事の理解の仕方を変革する感情と想像力を授業にもう一度〔最初に知識が生まれたときのように〕取り入れて，生徒も教師もともに触発するには，どうしたらよいかを示す試みである。教育の課題は驚きの感覚を啓発する事柄となる。

　前の段落で述べたようなことを言うと，本書が新しい教授法についてのものだという印象を与えてしまうかもしれない。確かに部分的にはそうである。しかし，新しい教授法は，教育の本質をとらえ直すことで得られる。したがって，本書は，新しい教育観と新しい発達理論を提示し，それから，カリキュラムのつくり方と授業計画の立て方に関する新しい原則を提示する。

　本書が〔1997年に〕発表された後，私はImaginative Education Research Group（IERG：http://www.ierg.net）を設立することができた。IERGは，本書で述べられ

た理念を練り上げようとする試みであり，特に教師をはじめとする教育に関わる人たちのために，本書で展開されている理念の日常的実践方法を示そうとする試みである。ここでは，授業づくりのための新たな枠組みを提示し，授業や単元の実践例を収集し，本書で述べられた理論（スペースの都合で削除した章も含む）や，教師がこれらの考えを授業で実践するための事柄を，さらに深く検討する。もしここに書かれていることに興味を持たれたら，ぜひIERGと連絡をとり，活動に参加していただきたいと思う。

訳注
　★1：Egan, K. *Building My Zen Garden: The Adventures and Occasional Mayhem of a Western Amateur Seeking to Create a Peaceful Place That Calms the Soul*, Houghton Mifflin, 2000.

謝　辞

　本書の原稿の全部または一部に目を通してくださった，すべての親切な方々にお礼を申し上げる。この方々からの指摘，批判，悪口，訂正のおかげで，本書はよりよいものになった。次の各氏，ブリティッシュ・コロンビア大学のジョン・ウィリンスキー，サイモン・フレーザー大学英語学部のウェンディ・ストローン，イギリスクリスチャン教師連盟のリチャード・ウィルキンス，ハワイ大学のハンター・マクユアン，ウェスタン・オンタリオ大学英語学部のジョアンヌ・バックレー，クイーンズ大学心理学部のマーリン・ドナルド，サイモン・フレーザー大学教育学部の大学院生アヴリル・チャルマーズ，ジェニファー・ジェンソンとディヴィッド・ハモンド，ブリティッシュ・コロンビア大学英語学部のスザンナ・イーガンに，特別な感謝を捧げたい。

　また，有益なコメントをくださったサイモン・フレーザー大学関係者，英語学部のアラン・ラドラム，人文科学研究所のジェリー・ザスロフ，教育学部の大学院生セン・キャンベルとピーター・コール，そして教育学部のヒースーン・バイとスティーヴン・スミスの各氏に感謝申し上げる。また，第4章に引用した会話を提供してくださったミランダ・アームストロングとクリストファー・アームストロングにも感謝申し上げる。

　アイリーン・マロリーは，常人離れしたスピードで，しかも正確に，喜んで原稿をタイプしてくれた。シカゴ大学出版部のジョン・トライネスキーによる助力と批評，そして多くの洞察に満ちた指摘によって本書は格段によくなった。レスリー・ケロスが品格と機知をもって編集を行なってくれたことで，より明確になった。シカゴ大学出版部の依頼でハーバード大学のハワード・ガードナーが，本書の批評にあたってくれたとわかったのだが，彼の鋭い指摘は原稿に大きな影響を与えた。彼の寛大な助力に感謝する。

　第1章から第5章までのいくつかの段落は私の論文 'The Development of Understanding' (*The Handbook of Education and Human Development*, David R. Olson & Nancy Torrance, eds. Oxford: Blackwell Publishers, 1966所収) から再録した。再録を快諾してくれた編集者と出版社に感謝する。本書の執筆にあたって，Social Sciences and Humanities Research Council of Canada (カナダ社会科学人文科学研究協議会) から研究助成金を受領する幸運に恵まれたことを述べておきたい。

---- **凡　例** ----

・読者の参考になると思われる事項について，適宜訳注を施した。文意を理解しやすくするために補った言葉など，比較的短いものは〔　〕に入れて，文中に挿入した。この括弧を見たら，翻訳者によって挿入されたものだと思っていただきたい。人物に関する解説など，説明が長くなるものは，該当箇所に★を付し，訳注として章末にまとめて示した。
・主に古典的文献に属するものが，原著の文献リストに載っていない。このようなものについては，翻訳にあたって参照した日本語版を文献リストの末尾に一覧で示した。
・[　]は原著者による補足説明等であることを示す。
・原著のイタリックのうち，必要と思われる箇所は傍点で示した。また，訳者による強調は**太字**で示している。

目　次

日本語版出版に寄せて　　i
謝辞　　iii
凡例　　iv

まえがき……………………………………………………………………………1

◆◆第Ⅰ部◆◆

第1章　3つの古い理念と1つの新しい理念……………………………10
　1節　はじめに　　10
　2節　3つの古い理念　　11
　　　　第1の理念：社会化／第2の理念：プラトンと現実についての真理／第3の理念：ルソーと自然に導かれる教育
　3節　互いに相容れない3つの理念　　17
　　　　プラトンと社会化／ルソーとプラトン／社会化とルソー
　4節　整理整頓　　22
　5節　新しい理念　　27
　6節　結論　　31

第2章　神話的理解………………………………………………………34
　1節　はじめに　　34
　2節　「神話的理解」の特徴　　37
　　　　対概念による構成／ファンタジー／抽象的思考／比喩／リズムとナラティブ／イメージ／物語とその意味
　3節　結論　　66

第3章　ロマン的理解…………………………………………………………73

- 1節　はじめに　73
- 2節　理性，現実，そして読み書き　76
- 3節　「ロマン的理解」の特徴　84
  現実世界の限界，経験の極端な事例，人生の脈絡／現実世界にある超越性／人間的知識／ロマン的合理性
- 4節　失われることの危険とは何か？　99
- 5節　結論　103

第4章　哲学的理解…………………………………………………………108

- 1節　はじめに　108
- 2節　古代ギリシアと近代ヨーロッパの理論的思考　111
- 3節　「哲学的理解」の特質　120
  一般論への渇望／超越的な立場から社会的行為者へ／確実性の魅惑／一般理論体系と変則的事実／理論の柔軟性
- 4節　結論　139

第5章　アイロニー的理解と身体的理解………………………………143

- 1節　はじめに　143
- 2節　アイロニーとソクラテス　146
- 3節　「全てが粉々の破片となって，あらゆる統一が失われた」　151
- 4節　さらに包括的なアイロニーとしての「アイロニー的理解」　163
- 5節　身体的理解　170
- 6節　結論　179

第6章　質疑応答……………………………………………………………182

◆◆第Ⅱ部◆◆

第7章　カリキュラムへの応用……………………………………………220

- 1節　はじめに　220
- 2節　神話的理解　222

3節　ロマン的理解　232
　4節　哲学的理解　243
　5節　結論　252

第8章　授業への応用 ……………………………………………… 255
　1節　はじめに　255
　2節　身体的理解　257
　3節　神話的理解　260
　　　　「神話的理解」のための授業ガイド
　4節　ロマン的理解　270
　　　　「ロマン的理解」のための授業ガイド
　5節　哲学的理解　279
　　　　「哲学的理解」のための授業ガイド
　6節　アイロニー的理解　291
　7節　結論　291

あとがき　295
文献　298
人名索引　310
事項索引　314
翻訳者による解説　319

まえがき

　16世紀末のヨーロッパの経済危機についてよく知る者ならば，当時の様相が現在の教育危機と不思議なほどによく似ていることに気づいているだろう。社会的に大きな問題があり，それがおおよそすべての人に影響を与え，人々をいらだたせ，あらゆる方向に対して責任のなすり合いが行なわれている。今日，われわれは学校教育の問題に頭を悩ませている。高給取りの教育専門家によって，10年以上も努力が続けられているにもかかわらず，大多数の生徒に基礎的知識さえ十分に提供できていない。われわれの教育危機は社会的疎外感，心理的居場所の喪失感，世界に関する無知，人間の経験（human experience）の可能性についての無知といった形をとって，その損失は計り知れないほどであり，それを思うと心が痛む。

　16世紀のことだが，物価の急騰が平均的市民の目につくようになった。一番顕著だったのは，衣類のような必需品の価格の高騰だった。市民は物価の高騰を，貪欲に値段をつり上げる縫製業者のせいにした。縫製業者は，布地の値段を貪欲につり上げる商人のせいにした。そうすると，商人はそれを織物業者のせいにし，織物業者は羊毛商人のせいにし，羊毛商人は羊農家のせいにした。羊農家は高騰を続ける衣服を買うために羊毛の値段を高くしなければならないと言った。こんなふうに責任のなすり合いが堂々めぐりした。誰を責めるべきか？

　多くの責任のなすり合いがしばらく続いたが，そのうち，槍玉に挙げられたそれらの誰にも責任はないとジャン・ボダン（Jean Bodin：1530-1596）が明らかにした。物価の高騰の原因は，中南米から輸入した金銀を使いヨーロッパの王侯たちが宮廷造幣局で貨幣を鋳造したことと関係していたと判明した。つまり，王侯たちは貨幣の供給を増加させ，その結果，インフレを招くことになったという。経済学説の発達が問題の中心を解決した。そして，経済問題の理解と制御に関する学問的基礎が弱体ながらも築かれた。

　それでは，現代の社会問題，すなわち学校教育の非効率性については，誰に責任があるのだろう（「現代」という用語を，大衆に対する学校教育が行なわれ始めた19世紀末以降の意味で私は使っている）。マス・メディアに登場する評論家や教育の専門家たちは，責任を押しつける相手に事欠かない。訓練不足の教師たち，成果主義の欠如，資本主義社会の不平等，学校教育に対する地域社会の関与の不足，基本的な読み書きや基本的技能以上のものを学ぶための知的能力に生まれつき欠ける人口の85％，

薬物問題，核家族問題と家庭の価値の崩壊，無意味でアカデミックなカリキュラム，すぐに役立つ瑣末な知識だけからなるカリキュラム，教育システムを大幅な予算不足にしておきながら絶望的なほどに粗雑な能力テストを要求する近視眼的な政治家たち，卓越性を追求しない教育，目的もない空疎な教育，軽薄なテレビやマスコミ，専門的研究成果の無視，等々。

互いにかみ合わない責任のなすり合いの一覧表に加え，立派な処方箋が勢揃いしている。成果主義の導入をせよ，もっと「実社会に意味のある」カリキュラムにせよ，もっと「アカデミックな」カリキュラムにせよ，教員養成制度の改革をせよ，学習に対して生徒を積極的に参加させよ，等々。振り返ってみると16世紀にも，インフレーションに対して多くの対策が次々と提案された。商人の利益を抑制せよ，物価抑制政策をとれ，羊毛の輸出を制限せよ，輸入衣類に関税を課せ，等々。現代のわれわれは，余裕を持って当時の処方箋を眺めることができる。われわれは，それらが問題の真の原因とは無関係であることを理解している。それらの処方箋はインフレーションを抑える効果がなく，ほとんどは経済的危機を長引かせることになったであろうと理解できる。それと同様に，われわれも現代の教育界の諸問題解決の処方箋の一覧を振り返ることがあれば，それらが問題の真の原因を特定できていない無意味なものだと悟る日がくるだろう。

問題の原因は普通に思いつくような容疑者によるものではない。そうではなく，これから明らかにするように，問題は，教育に対する基本的な考えが一貫性を欠いていることにある。学校教育がなすべき事柄に関して人々の考え方に一貫性がないことを，私はまず簡単に示そうと思う。次に少し詳しく，学校教育がより効果的になるための教育理論――教育問題に関して理解を深め実効性を高めるための基礎となる教育理論――を提案する。

何ということか！　問題はある1つの教育理論に関係していて，解決は別な教育理論に関係しているのだろうか？　16世紀のインフレーション問題と比較してみると，当時のインフレーションの原因はエルドラドから輸入された金塊だったが，それよりも鮮明で目につく原因が現代の教育問題にはあるのではないか。しかしながら，ある1つの新しい教育理論が何か約束すれば，「チリで小規模な地震：負傷者ごくわずか」といった新聞の見出しが人々を引きつけるくらいの力はある。

教育理論を論ずることはたいてい，面白みがないものだ。なぜなら，意義ある教育理論は，たった3つしかないからだ。1つは，大人社会にある現行の規範と慣習に沿って子どもを成型しなければならないとする理論，2つ目は，世界の正しい，真の姿と一致する考え方を可能にする知識を子どもに与えなければならないとする理論，3つ目は，個々の生徒の可能性を発達させることを奨励しなければならないとする理論である。これらの教育理念が何世紀にもわたって引き継がれ，今日の教育思想の主流に流れ込んできている。これほど数少ない教育理念に関してあまりにも多くの派生

理論があるので，しまいには議論は陳腐なものになってしまう。それに加え，たいていの人は自分の教育に関する考え方をつくっている基本的な理念を自覚していないので，事態はさらに悪くなる。

　喜ぶべきは，把握しなければならない理念はたった3つしかないことだと私は思う。悲しむべきは，この3つの理念は互いに相容れないということであり——これが，これまで長く続いている教育危機の主な原因である。第1章ではまず，これらの理念について少し詳しく述べ，それらがどのように互いに相容れないものであるかを示し，これが今日の教育問題の根底にあることを示したい。次に新しい教育理論を紹介し，現在横行しているその他の理論やそれらを混ぜ合わせたものよりも，この新理論がなぜよいのかを述べようと思う。

　この新しい教育理論には見慣れない特徴があるが，それは教育をいくつかの「理解様式」（kinds of understanding）の連続としてとらえていることである。この理論にはさらに奇異な点がある。この理論では，教育が社会生活および文化と複雑に絡み合うものとして考えられている。そのため，この理論は西洋文化の発達理論であり，また同時に，現代の多様な文化社会の中の教育と文化の関係に関する理論でもある。西洋文化史と現代の教育問題を，いくつかの特徴的な理解様式が連続して繰り広げられる過程として，私はとらえてみたい。

　「理解様式」とは，いったいどんなカテゴリーのことだろう？　次に述べることを考えていただければ，私が言おうとしていることを，少しはわかっていただけるだろう。

　1949年にスエズ運河領域にあったエルカンタラ鉄道の駅には10のトイレがあった。3つは将校用——西欧人用に1つ，アジア人用に1つ，その他の有色人種用に1つ——だった。もう3つは，兵曹長や下士官用で，やはり人種別に1つずつあった。さらに3つは，その他の階級用で，人種別だった。残りの1つは，女性用で，それには階級や人種の区別はなかった。ある人は，こんな不当な設定に対して，ひいては，このような設定が反映している社会に内在する不正に対して怒るかもしれない。またある人は，そのような異国風情たっぷりの設定にちょっとした喜びを感じるかもしれない。もしある人にとって社会階級が意識の重要な決定要素なら，そのようなトイレの設定はある特定の反応を引き起こす。もし人種が意識の決定要素なら，別な反応を引き起こすだろうし，性別が決定要素なら，また他の反応を引き起こすだろう。この情報を使って，以前の専制的体制の不正と最近の民主体制を比べ，社会改良のナラティブとする人もいるかもしれない。またある人は冷静に，このようなトイレの設定は人間が考案してきた，万華鏡のように変化に富んだ数々の社会体制の1つを反映しているものにすぎないと考え，今日のもっと公正で，適切，あるいは「普通」と考えられているものより，少しおかしな設定にすぎないと考えるかもしれない。また別な人は，将校の立場をとれば満足できる設定だし，その他の階級の立場をとれば不満のある設

定だし，女性の立場をとれば満足できる人もあれば不満に思う人もあると考えるだろう。

　ここに挙げたそれぞれの反応では，このトイレに関する情報がそれぞれ違ったように理解されている。今日，事実についての理解がたった1通りであることはめったにない。われわれは情報を複雑で多様性があるものとして理解（understand）し，多様な見方を取り入れる。

　本書の主なねらいは，われわれの多様理解を織り成す撚り糸もしくは層の主要なものを解きほぐすことである。私は一般的で，目立つ理解様式をセットとして拾い出して，それぞれの特徴を詳しく述べてみた。私は5つの理解様式を取り上げる。「身体的理解」「神話的理解」「ロマン的理解」「哲学的理解」「アイロニー的理解」である。さらに，これらの理解様式が特定の順序で人間の進化と文化史の中で生まれ，それぞれの理解様式は次に生まれる理解様式と（完全にではないが）かなりの程度混ざり合うことを私は示したい。したがって，現代人の精神は理解様式の合成物として提示される。このような精神のとらえ方は少々面倒なものである。しかし，われわれは体系的理論家が必須の多様性と呼ぶ原則――モデルはそれが表わしている複雑な事実と整合関係にあるという原則――に従おうと試みた。

　これに関連する第2のねらいは，個々の生徒ができるだけ豊かに，これらの理解様式が歴史的に発達してきたのと同じ順序で，理解様式の一つひとつを獲得するのが，教育についての一番よい考え方だと示すことにある。このようなやり方で，私は新しい反復説★1を構築しようと試みている。反復するとされる事柄については，19世紀末に唱えられた反復説とは一線を画す。

　それぞれの理解様式は，特定の知的道具の発達から生まれたものであり，その道具はわれわれが育つ社会から獲得されるものであるということを，私は示そうと試みた。これらの道具には種々あるが，言語活動に顕著にみられる道具に主な焦点を置いた。言語活動は，話し言葉，読み書き，論理的抽象活動の順番に発達する。その発達の後，言語能力の柔軟性が極度に発達するとアイロニーが生まれる。話し言葉の使用者と世界についての（神話的）理解，読み書き能力の発達と関連する（ロマン的）理解，論理的抽象活動が行なわれる社会への仲間入りに関連する（哲学的）理解，言語を操る者の自覚的内省と関連する（アイロニー的）理解について述べ，それぞれの理解の意味を探る。

　さて，「道具」とは明らかにおかしな用語である。私はこの用語をロシアの心理学者レフ・ヴィゴツキー（Lev S. Vygotsky：1896-1934）のいう「媒介手段（mediational means）」に似た意味で使っている。ヴィゴツキーは，道具がわれわれの世界の理解の仕方に形を与えると述べている。ヴィゴツキーは，知的発達は認識論的見地や心理学的見地からは十分に理解できないと論じた。認識論的見地では，蓄積される知識の種類やその量に焦点があり，心理学的見地では内的で自然発生的な発達

に焦点がある。しかし，ヴィゴツキーは知的発達を知的道具の発達ととらえた。知的道具とはたとえば言語であり，われわれが育つ社会の中で獲得するもので，われわれが形成し構築する理解様式を媒介する。第1章では，焦点を，知識の形態や心理的発達過程ではなく，媒介の役割をする知的道具に当てることで，新しい教育理論の構築が可能になることを私は示そうとした。というわけで，私の理論にとってのエルドラドの金塊とは，言語を基礎にした知的道具一式で，この道具が身体的，神話的，コマン的，哲学的，アイロニー的理解様式を生み出す。この道具が，現代の教育問題や問題の核心にあるイデオロギー的行き詰まりを乗り越えさせてくれる。

「言語を基礎にした」と言ったが，それは言語活動に非常にはっきりと反映されている文化現象一般に焦点を当てることを意味する。それぞれの議論を私はさまざまな言語形態から説き起こす。マーリン・ドナルドはこう言っている。「人間の特異性は言語活動にあるというよりも，文化を急速に変化させる能力にあると言えるかもしれない……人間が進化させたのは，第1に，文化的革新をもたらすことのできる総合的能力である」(Donald, 1991, p.10)。理解様式は，人間の文化活動にみられる重要な革新的変化の基盤にある特徴を，歴史および個人のレベルでとらえる試みである。

本書の仮説は「身体に宿る精神」だった。言語や知的道具とか文化的革新などを論じている私がなぜ身体にそれほどの重きを置くのかと，問う人もいるだろう。われわれ人類が種として持っていたし個人としても持っているものは，言語以前に身体である。言語は人類の進化および個人の発達の過程で身体から生まれる。言語はそのうえに身体という刻印を必然的に捺されている。たとえば，文とか句とかいうものにしても，われわれが息を吸い，息を吐くときにかける時間に結びついている——われわれが話すときは，すばやく息を吸って吐くという動作を絶えず行なっている（この動作の過程をスティーブン・ピンカー★2は二酸化炭素を制圧する統語論として描写している；Pinker, 1994, p.164）。同様に，特定の規模と性質を持つわれわれの知覚器官が見せてくれるままに，われわれは言語を使い世界を表現する。言い換えれば，身体はわれわれの理解に形を与える最も基本的な媒介道具と言える。これはもちろん誰にもわかることである。「身体的理解」とは，このような性質の身体を持っている人間に可能な，世界についての理解を指す。以下の各章で述べられる理論では，それぞれの理解様式は次にくる理解様式に取って代わられ消えていくのではない。そうではなく，それぞれの理解様式はその前にあった様式と適切な方法でかなりの程度混ざり合う。そのため，私が探究する言語使用の発達と言語の持つ知的影響力は，理解様式の統合的中心（身体）に，ある程度常に結びついている。このことは，私がアイロニー的理解の概念を述べてポストモダニズムが通常想定するものと対決するときに，特に重要になる。

第2章から第5章で，私は西洋文化史を述べつつ5つの理解様式という新語を鋳造するとともに，それらの様式が現代の生徒の中で通常どのような形をとっているかを

述べる。また，教育とは，これら理解様式のそれぞれをできるだけ豊かに発達させる過程であるという考え方が，一番適切であることを示そうと思う。最初に起こる「身体的理解」については，第5章でアイロニー的理解の後に論じられる。理由はそこで述べる。それ以外は，各章で理解様式を1つずつ取り上げる。それぞれについて，西洋文化史の中で生まれたことを示し，さまざまな時代の出来事から例を挙げ，これらの歴史的出現と現代の生徒たちの生活や行動の間に驚くほどの似通った点があることを示す。その他，これらの記述により，ファンタジーの本質，4～5歳児がファンタジーにたいてい夢中になる理由，10歳の子どもが『ギネス・ブック』に夢中になる理由，11～12歳の子どもがポップス歌手やスポーツ界の英雄に感情的結びつきを持つ理由，勉強好きな16歳の生徒が一般論や形而上学的体系やイデオロギーなどに興味を抱く理由について，新しい説明が与えられる。聞き慣れないカテゴリーである「理解様式」は少なくとも，生徒の考え方や学び方の特徴について，生活の中で目立ち大きな影響力を持つものに焦点を当てるという効能がある。これらの特徴は，教育の文献ではこれまでいくぶん無視されてきたものである。

　西洋文化の発達だとか知的道具だとか理解様式だとかについてこのような話をしても，生産的な仕事や満足できる余暇活動に向かって子どもたちを準備させるよりよい方法を見つけたいと思っている方々には，まったく何の興奮も呼び起こさないかもしれないことを，私は認める。また，西洋文化や，今そっとお知らせしておく事柄——古代ギリシア人を私は何回も取り上げその引用もある——にも触れるので，もっと急進的な精神をお持ちの方々にとっては絶望感を増すだけかもしれない。しかし，どちらの方々も失望することにはならないと私は思う。本書の目的の1つを簡潔に言うと，それは，時には嘲笑の的になる教育の「基本」は，現在普通に考えられているよりも，もっと効果的に獲得できることを示すことにある。もう1つの目的は，アイロニー的理解を教育の適切な目的として確立することにある。アイロニー的理解は，「教育を受けた人間（the educated person）」についての伝統的な概念観からは著しく隔たりがある。

　第6章では，本書で紹介した理論を振り返り，その耳慣れない理論の特徴を明確にする。この章では，政治的，イデオロギー的，教育学的，方法論的，道徳的な問題からその他の問題まで，それまでにこの理論をめぐって取り上げられた問題を取り扱う。この章では，それまでの各章で不自然なほどの沈黙と忍耐を強いられてきた批判的な読者からの質問に答えるという場面を想定している。私が公正であろうと努力を傾けているにもかかわらず，懐疑的な質問をする人は怒ったり，機嫌を損ねたり，鈍感だったり，意地悪だったり，いくらか酔っていたりするかもしれない。それに対して，回答する私は，優しい理性の体現者と言えるほどである（この西洋的「理性」についても本書で取り上げられていることを覚えていていただきたい）。

　第7章および第8章では，この理論のカリキュラムや授業への応用を述べる。つま

り，本書の全体的な形はじょうご型の吹き抜けになっていて，一般的理論の問題から始まり，具体的理論の構築に移り，実際的問題への応用を少し詳しく述べることで終わる。実際的応用に主な関心がある読者には，最初の数章を読むのは大変かもしれない。そこで，第2章でも，比較的詳しくその応用についての輪郭を述べる。それ以降の章では，実際問題については少ししか触れないことになるが，そのような状況でも読者諸氏が第7章・第8章までのトレッキングを酸素補給なしで，なんとか達成されることを願っている。

私は本書を2部構成とした。第Ⅰ部では，文化史上発達してきた理解様式が現代人にどのように反復されているかを主に扱う。第Ⅱ部では，カリキュラムや授業実践に対するこの理論の応用を考える。このように2部に分けたのは，第Ⅰ部と第Ⅱ部の述べ方が少し違うことに注意を向けていただくためである。理論上の議論を繰り広げるのとまったく同じ述べ方で，中学2年生の社会科のカリキュラムや小学3年生の理科のカリキュラムなどについて述べることは不可能である。それに加えて，現行のカリキュラムや日々の授業実践にできるだけ密着して，私の理論を展開しようと試みた。実践への応用の部分は，理論を述べたはじめの部分から期待されるほどには魅惑的に見えないかもしれない。それでもなお，理論に従うと実践面で真の改善がもたらされることがはっきりとわかっていただければ幸いである。

子どもの発達に関する理論として本書が一般的な理論と異なる点は，新しい知的道具セットを獲得するたびに，それに伴い，その前に獲得した道具に関連する理解様式を少し失うとしていることである。たとえば，読み書きができるようになったからといって話し言葉の使用をやめるわけではないが，話し言葉だけしか使えない人が持っている理解様式のいくらかを，われわれはたいていの場合失うものである。本書でも理解様式の累積的側面は認めるが，同時に，本書では教育や文化史を次のような過程としてとらえる。それは，理解様式や美的喜びを通して獲得する以上に，疎外感や感情的・知的枯渇などにより，多くのものを失う過程である。公立高等学校の終業時間に門の外に立って見ていれば，この事実を痛いほど，あまりにもはっきりと見せつけられることだろう。教育のコツは，この喪失を最小限にとどめ，最大限の獲得を可能にすることである。もしこれらの喪失の可能性について気づかずにいれば，われわれは喪失を最小限にするために何もできない。

この理論は研究結果から生まれた新しい発見でもなければ新しい知識でもない。むしろ，長い間知られていた理念を一貫性のある体系にまとめ直したものである。私のねらいは，教育に関して何か奇をてらった新しい概念を提供することではない。ねらいは，教育という言葉によって長い間意味を与えられてきたものに，さらに十分な説明を与える明確な理論を示すことにある。われわれはこれまであまりにも長い間，重要ではあるが不十分で互いに相容れない教育理念を抱えて生きてきた。そのため，それらの理念が原因となっている不快感とその原因にも慣れきってさえいるし，さらに，

その不快感を取り除こうとする理念があれば,それが煩わしいものに思えるに違いない。ジョン・メイナード・ケインズは経済学の著書の中で,その問題をずばりと次のように言ってのけている。

> 本書の著述は,著者にとって脱出への長い闘いだった。もし著者の攻撃的著述が成功しているなら,本書を読みたいていの読者にとっても闘い——習慣的な思考や表現から脱出するための闘い——となるに違いない。私が苦心して本書に発表する理念は非常に単純であり,明快なはずである。困難があるとすれば,それは新しい理念にあるのではなく,古い理念から脱出することにある。われわれのような教育を受けてきたものにとって,古い理念は精神の隅々にまで根をはりめぐらせている。(Keynes, 1936, p.xxiii／『雇用,科学および貨幣の一般理論』(上)岩波書店,2008, p.xvii参照)

訳注————
- ★1:反復説(recapitulation theory)とはドイツの生物学者エルンスト・ヘッケル(Ernst Heinrich Philipp August Haeckel:1834-1919)の提唱した説で,個体発生は系統発生を繰り返す,という言葉に要約される。すなわち生物の一個体の発達において,その種がたどった発達(進化)の過程がみられるということである。本来は生物学的な現象を述べたものだが,文化的反復の考え方にみられるように,歴史や文化の発展に対しても応用される。
- ★2:スティーブン・ピンカー(Steven Pinker:1954-) アメリカの心理学者。ハーバード大学心理学部教授。『言語を生み出す本能』(上・下)(椋田直子(訳)NHKブックス,1995)などの著書で知られる。

第1部

第1章
3つの古い理念と1つの新しい理念

1節　はじめに

　西洋社会の教育事業は，公費歳出の中でも最大の金食い虫の1つである。それに加え，その他のどんな社会機構よりも多くの雇用者を抱えている。教育機構が持つ目的——国家の競争力を高め，市民の自己実現を図ること——のためには，莫大な予算とエネルギーを注ぎ込んでも正当化されると考えられている。学校というところ——30人くらいの仲間とともに机の前に座り，たいてい退屈極まることを教え込まれ，練習問題だのテストだの何の面白みもない練習帳を片づけることを何年も何年も続けるところ——は，金がかかるこれらの恩恵を施すために考案された手段である。莫大な予算とエネルギーをつぎ込んでいるにもかかわらずなのか，つぎ込んでいるからなのかわからないが，教育機構の内部あるいは外部にその実績について満足している人を見つけるのは難しい。数多くの調査団や委員会や報告書によって，西洋世界のいたるところの学校教育が不十分であることが報告され，それ以上に多くの解決策が提案されてきた。学校教育不全についての診断書は大変数が多く，またその解決策もあまりに種々雑多で，政治家や教育の権威者たちは教育の欠陥について自信を持って良い対策を講ずることができないし，人々の賛成を得る自信もない。

　19世紀後半に現代の形をとるようになった地域の学校やその他の主な社会的機関を考えてみよう。工場，病院，監獄，学校などは，20世紀の西洋社会において重要で，なくてはならない構成要素となった。工場と病院は成功している機関だと，一般に受け入れられている。生産についてアメリカ式がよいとか北欧式や日本式が効果的だとか社会的に望ましいとかの議論や，医療が原因で起こる病気や「医療費の高騰」についての議論はあるかもしれない。しかし，一般的にはこれらの機関は各々の目的を果たし，よく機能していると考えられている。刑務所は，それらの機関より問題が多い。刑務所は西洋においては2つの目的を達成するために開発された。それは罰を与えることと，更正させることである。問題は，これらの2つの目的がまったく相容れない性質のものだという点である。職員が片方の目的を達成しようと良心的に仕事を行なおうとすればするほど，もう一方の目的の達成は難しくなる。

　近代の学校に関しては，その発達に3つの目的が伴った。子どもを社会化する主要な機関としての役割を果たすこと，現実的で合理的な世界観をもたらす特定の知識形

態を教えること，子ども一人ひとりの固有な可能性を実現する手助けをすること，がその3つである。これらの目標は互いに矛盾がなく少しずつ重なり合っていて，互いを補完し合っていると一般的には考えられている。しかしながら，本章の後の部分で示すように，深いところでこれらの目的は互いに相容れないものである。罰を与え，更正するという刑務所の2つの目的のように，1つの目的を達成しようと努めれば努めるほど，他の2つの目的を達成することは難しくなる。

2節　3つの古い理念

◆第1の理念：社会化◆◆◆

　どんな教育体系であろうとその中心には，社会の成人構成員が共有する知識と技能と価値観と責任感を子どもに手ほどきすることがある。ずっと昔の話し言葉中心の文化の中で，そのグループ社会で積み重ねられてきた知識を子どもが効果的に学び記憶に留めるための技法が考案された。その技法は，社会的構造を維持するための価値観を教え，社会の構成員一人ひとりに帰属意識を確立するためのものである。

　これらの技法の重要なものに，韻，リズム，比喩や生き生きとしたイメージの使用がある。すべての社会的技法の中で一番影響力が強く偉大なものは，伝承を物語の形に「コード化」したことである。これには二重の効果があった。それは，言い伝えの内容を記憶に留めやすくする——すべての知識が生身の人間の記憶に保存されなければならなかった文化においては決定的に重要なこと——効果と，同時に，聞いた人にその内容への感情的共感をうながす効果であった。社会にとって非常に重大な伝承——適切な親類関係，適切な振る舞い，経済活動，所有権，階級，医療知識と応用など，何についてであれ——を物語の形にコード化することによって，その社会グループの結合力が確実に大きく高まる。

　子どもというものは，広い範囲にわたる文化形態，信条，行動様式に，驚くほどの柔軟性を持って適応するものだ。子どもを社会化（socialize）するための中心的な課題は，彼らが成長して加わることになる大人社会を構成している一連の規範や信条を教え込むことである。社会の構成員を形成するにあたってある程度の均質性が確保できるときにだけ，その社会はアイデンティティを保ち，存続することができる。「教育は予め子どもの精神に集合生活が予想する本質的類似性を固定させることによって，この均質性を恒久化し，強固にするのである」（Durkheim, 1956, p.70／1976, p.127）。

　誰がその社会化の過程を決定するにしても——語り部であろうと教育省であろうと教育委員会であろうと——それらの機関はその社会全般に行き渡っている規範や価値観を推し進めようとする。それらの任務はデュルケームが述べるように社会の均質化を図ることである。今日のキューバやイランの学校が自由主義的で資本主義的な企業家を毎年卒業生として送り出すとするならば，その教育は大失策とみなされることだ

ろう。ウィニペグやウィガンやワバシュやウーロンゴン★¹の教育であるなら，それほど悪いこととはみなされないだろう。実際，イランではとんでもないとみなされることが，ウーロンゴンの学校では意図的な学校目標であったりする。

　子どもを社会化することが，今日の学校教育の中心的課題である。われわれの学校の義務は，社会について，またその中における自分の居場所と可能性について，生徒に確実に理解させて卒業させることであり，社会の存続に必要な技術を身につけ，その社会の価値観を維持しそれに貢献する人を育成することであるとされる。この〔均質化という〕用語に違和感を抱きながらも，われわれは子どもを均質化することが学校の主な目標であることを受け入れている。

　今日の政府や納税者や経済界の代表者が，有能な労働力を提供する善良な市民を製造することを学校に求めている姿は，その昔，部族を平穏に存続させるのに最も役立つ価値観，信条，生活技術，伝承を子どもの心に複製する技術を学んだ人々の姿と呼応する。教育を主として就職，経済に結びつけ，善良な市民の製造に関連づける一般市民の声が反映するところは，圧倒的に社会化の強調である。

　現代西洋の学校の構造そのものが，年齢別集団，階級別集団，競技種目別集団などにより構成されていて，現代西洋の社会規範と同一化することを奨励している。そのような構造は，異質なものについては非常に狭い範囲でしか対処できない。生徒は多かれ少なかれ自分の利益のために適合することを学ぶ。この社会化と均質化の過程を，1960年代のロマンチストの過激派が教育について書いた中で糾弾したように，非人間的で右翼的な陰謀が「暴露された」と考える必要はない（参照：Goodman, 1962; Kozol, 1967; Roszak, 1969; Young, 1971）。もちろん，極端になれば——それこそ過激派が典型的な学校だと考えていることだが——社会的に必要とされる均質化の過程は，同一化を求める全体主義になる可能性がある。しかし，多様性に富む西洋社会は，子どもたちの読書を検閲したり，その行動を制限したり，その信条を過度に形成しようと非常な熱意を抱くものに対しては警戒し防衛しようとする。

　子どもの社会化を目的とする教育は，消費者教育，薬物教育，車のメンテナンスなどについての授業を通して「役に立つ」知識や技能を広めようとする試みの中にはっきりとみられる。社会化を提唱する人の中には，就職の準備さえできれば学校は学生を卒業させることができると主張する人もいる。私はアン・ランダーズの新聞コラム★²に取り上げられた古い投書を持っている。その投書には「少年老いやすく学なりがたし」という悲観的な署名があった。その手紙には，「12年間も学校教育を受けさせておいて」子どもたちに実生活の状況での振る舞い方を学ばせられない学校教育への不満が述べられている。万引きをすればどうなるかについての授業を提案し，喫煙がもたらす害についてのテーマを週に数日取り上げるべきだ，アルコール中毒の危険についての指導があるべきだ，性教育はすべての学校の「必須科目」とすべきだ，「命」についての授業もすべきだ，それに加えて，口論の解決の仕方，怒りや敵意の

表現の仕方，兄弟姉妹間の競争心の扱い方，アルコール中毒の両親とうまくいく方法，「おかしな叔父さん」との付き合い方，同性愛の同級生に声をかけられたときの対処の仕方も指導すべきだと述べている。その投書者は，代数や幾何の重要性はわかるとしながらも，生活上の問題の対処の仕方を優先すべきだと主張している。

　「少年老いやすく学なりがたし」氏が述べていることからはっきりわかるのは，もし社会化が学校教育の主要な任務になるなら，カリキュラムはどのように変わるかということである。同様の立場の人々は，学校を，変化していく社会の要求に応じる機関と考える。最近では，生徒がコンピューターやその応用技術を使いこなせるようにせよとの要求の中に，そのような人々の声が目立つようになった。彼らは，カウンセリング・プログラムを支持し，学校カウンセラーが両親と一緒に，現代社会のストレスや課題に生徒が適応できるように支援するのを望んでいる。スポーツ，旅行，他校との交流プログラム，遺跡や裁判所や政府機関の見学，地域社会を理解する助けになる社会活動への参加など，これらすべては子どもを社会化するために役立つものとして賛同を得やすい。教師は重要なソーシャル・ワーカーとみなされる。教師は主に，社会の優勢な価値観，信条，規範を体現する手本として価値があるとされる。教科の知識が，教師の「人格」や健全性や生徒との気安く開放的なコミュニケーション能力などに取って代わることはできないとされる。

◆**第２の理念：プラトンと現実についての真理**◆◆◇

　プラトン（Plato：紀元前428-347）は，教育の仕方について根本的に違った理念を持っていた。彼は『国家』を自分のアカデメイア*[3]のための詳しい手本として著述した。現代の広告業界が最善策とする手法と異なり，自分の競争相手が実施している教育形態の不備を論破する方法を常に用いて，プラトンは自分の理念を打ち出した。世知に長け，社会に適応し，善良で有能な市民の持つべきすべての技能を身につけた実際的な人間は，教育の見地からは理想的人間ではなく，実は軽蔑すべき人間であると，プラトンは示そうとした。『国家』の中の論客で自信家のトラシュマコスや，『ゴルギアス』の中の世知に長けたカリクレスは，見かけは物事の熟練者以上の人間として描かれている。ところが事実は，彼らは因習的な理念の虜である。それと反対に，理念についてあれこれと考え，真理を獲得し確信する基盤に突き当たるまで省察する能力が『国家』の中で述べられているが，その能力を，アカデメイアはカリキュラムの成果として約束した。プラトンは自分の卒業生が政治的に活躍し世界を変えることを確かに望んではいた。しかし，それ以前に学生は世界を理解しなければならなかった。

　プラトンの革新的理念によれば，教育の主要な関心事は，市民としての成功を確実にし，社会の規範や価値観を共有するための知識や技能を学生に習得させることではなかった。むしろ，教育とは，現実についての権威ある合理的な考え方を与える知識形態を学ぶ過程であるべきだった。一種の求道的精神に導かれ，訓練によって抽象的

な知識形態を徐々に積み重ねることによってのみ，精神は因習的信条や偏見や時代の典型的思考を超越して，現実をはっきりと見ることができるようになるとプラトンは考えた。

　さて，このような考えは誰の口にも合うというわけにはいかなかった。しかし，プラトンはその中心的理念を大変明瞭に，力強く，生き生きと，想像力豊かに表現したので，西洋で教育について何か述べる人は誰でもその理念に大きく影響されてきた。世界の現実の姿を見ずに，因習的偏見や典型的思考の虜として生きてそのまま死ぬことを望む人があるだろうか？　それに，幻想や既成概念ではなく，自分が現実と対応していることを，どうしたら知ることができるのだろうか？　アカデメイアのカリキュラムだけが精神を合理性や現実に導く確実な道だとプラトンが主張したことは非常に大きな影響を及ぼしてきたので，彼の理念を考慮に入れることなしに現代のわれわれが教育を考えることは想像もできない。

　実際，学校は社会的な有用性だけでは正当化されず，子どもの知性を養うべきところだ，と今日の誰もが認めている。われわれはカリキュラムの中に，生徒の精神にとってなんらかの価値があると思われるもの，世界について，現実に即してよりよい理解を与えると思われる一連の教科を含めている。土星が地球の周りを不規則に回る迷える星で，他の星との位置関係で生徒の日々の運勢に影響を与えるものだと信じさせるよりは，土星が太陽の周りを回る惑星であると教えるほうが重要だと，われわれは考える。分数の割り算，代数，演劇，古代史，その他現代の生徒が日常生活においては絶対必要としないものをわれわれは教えている。そのようなテーマは「教育的価値あり」というような曖昧な言葉でたいてい正当化され，カリキュラムに置かれている。プラトンによれば，精神とはすなわち学んだ内容そのものであるから，カリキュラムの内容を選ぶことは決定的に重要である。

　それでは，プラトンの教育理念は，今日どのように表現されているだろうか？　目立つ概念を1つ，天文学者カール・セーガンが提唱しているイメージを通して紹介しよう。セーガンは電信望遠鏡を使って宇宙人の探索計画を立ち上げていることで有名である。この計画は，われわれが現在開発しつつある技術を用いて，銀河系にいる宇宙人との会話が可能になるというロマン豊かな展望をはっきりと描いてみせる。回線をつなげば，想像もつかないような豊かですばらしい会話が突然実現するかもしれないと，彼は考えている。今問題にしている教育についてもっと直接的に言えば，現代におけるプラトン的教育理念の推進者たちは，時空を超越した会話の実現こそ教育が個人のためにすべきことだと提案していることになる。たとえば，マイケル・オークショット（Oakeshott, 1991）は，アフリカのジャングルや平原で大昔に始まり，東洋の古代国家の見解や考え方や経験に，古代ギリシアやローマの重要な考え方や経験も加え，現代にいたるまで価値あるものを蓄積し続けている会話に加わることとして，教育を描いてみせる。そうすると今や，その会話はとてつもなく豊かで不思議に満ち，

変化に富んでいるものになる。

　個々の人間は，自分がいる独特な環境に調和して社会化されれば，幸せに生活し死ぬことができる。しかし，セーガンが想像したような銀河系との交流で可能になるかもしれないすばらしい文化的会話についてはほとんど無知のままでいるだろう。しかし，もし本当に銀河系にまで達する電波があってその会話に参加する手段があるとすれば，それを無視することは馬鹿げていないだろうか。われわれに可能な経験をあえて貧しくしてしまうのではないだろうか。この教育的見地に立てば，教育の任務は，政治や特殊な環境や地域的経験や因習的規範や価値観を越えて，確かに存在するすばらしい文化的会話に，子どもたちを参加させることである。この会話に参加するチャンスを逃すことは，図書館にいるプルースト★4の犬のようなものである——満足してはいるかもしれないが，自分たちのまわりにある豊かさの可能性に無知でいることになる。

　このすばらしい文化的会話に子どもたちを参加させ，白痴化を進めて精神性を欠くポップ・カルチャー（プラトン推進者に好まれる表現）に対抗する要塞としての役割を学校が果たすことを望む人々は，プラトンがわれわれに残した理念に，新たな関心を寄せている。彼らは，生徒を知識豊富で判断力に豊み批判的精神を備えた者にするために，難解な学問的教科の学習を通して客観的な真理を生徒に追究させようとする。彼らはその他2つの理念よりプラトンの理念を高く評価する。彼らにとって学校は社会から距離を置くのがふさわしい場所である。学校は，現在の社会生活が要求するものを超越した「永続する価値」を持つ知識と技能と活動に捧げられる場所である。生徒が学ぶのは，価値観，規範，信条や社会的慣行の適正さを判断できる基礎を確立することである。このような理念が主流となっている学校はエリート主義と呼ばれる傾向にある。知識は社会的有用性よりも，生徒の精神のためによいとされることに高い価値を与える。このようにして，ラテン語には車の修理方法より高い地位が与えられる。プラトン的理念（そのスローガンは「教育の卓越性（excellence）」である）を推進する新保守主義者は，生徒が文化遺産に無知であることに対して特に侮辱的な態度をとり（参照：1960年代および1970年代の英国教育黒書★5；Hirsch, 1987; Ravitch & Finn, 1987），特定の学問的目的を持たない教育プログラムを低く見る。教師はよそよそしく，権威的で，権威主義的役割を持つ傾向にある。なぜなら，教師は教える教科の専門家であることから醸し出される権威を体現しているからである。

◆**第3の理念：ルソーと自然に導かれる教育**◆◆◆

　ジャン・ジャック・ルソー（Jean-Jacques Rousseau：1712-1778）は当時の教育状況を危機的なものと考えた。彼はプラトンの『国家』をそれまでの最もすぐれた教育に関する書物であると認めるのにやぶさかではなかった。しかし，頭の悪い教育者たちがプラトンの理念を取り上げた結果，知識を論理的順序に並べ，その順番通りに生

徒に叩き込むように組まれたカリキュラムができ上がった，とルソーは結論づけた。その典型的な結果は，悲惨，暴力，不満感だったが，これは今日でもおなじみの症状である。そのような状況があるとしても，教育の名で子どもたちに与えられる肉体的暴力を減少させることについては，ルソーのおかげで，多少は成功しているかもしれない。

　教育者たちは「つねに子供のうちに大人を求め，子供が大人になる前にはどんなだったかは考えもしない」(Rousseau, 1911, p.1／1973, p.5) とルソーは思った。『エミール』で，ルソーは子どもの発達していく自然の過程に注意を向け，学ぶべき内容よりは，年齢別に学習可能な事柄と，最も効果的な学習の仕方に注意を向けた。彼は自身の著書『エミール』を『国家』に対する補填版とし，『国家』に取り上げられていない点を補充し，巨匠の教育学を時代に合うようにするものだと考えた。しかし，これから見ていくが，『エミール』の考え方は，深いところではプラトンとは相容れない仮定の上に築かれている。

　「われわれの能力と器官の内部からの発育は自然の教育である。この発育をどのように利用したらよいかをわれわれに教えるのは，人間の教育である」とルソーは書いた (Rousseau, 1911, p.11／1973, p.9)。それで，教育が可能になるために，われわれはまず内的発達過程を理解しなければならないことになる。そうすると，教育学の一番重要な領域は生徒の発達，学習，動機についての自然 (nature) の働きだということになる。これらの過程についての知識が増せば増すほど，われわれの行なう教育過程はより効果的になり，より人間的なものになる。教育の鍵は自然によりうながされる発達を強調することにある。「自然を観察するがよい。そして自然の示す道にしたがうがよい」(Rousseau, 1911, p.14／1973, p.19)。

　自然がわれわれの案内人であるから，ルソーは明らかに男性と女性の本質は著しく異なるものだと信じていた。自然が求めるソフィーの教育[★6]は，エミールのものとはまったく異なるものだった——それは「女性支配と冒涜」を推進する教育 (Darling & Van de Pijpekamp, 1944) だった。

　『エミール』は1762年に発行されたが，すぐにパリとジュネーブで焚書命令が下された。疑いもなく，このことが増刷につぐ増刷と販売の促進に拍車をかけた。エミールという子どもの感傷的イメージがこの著書の人気を高めることにもなった (Warner, 1940)。一方ルソー自身は，望まずに生まれた自分の子どもを孤児院に送り込みさえしている。しかし『エミール』の巧みな叙述により，ルソーの理念はヨーロッパ中に広まった。もっと最近では，ジョン・デューイ[★7]とジャン・ピアジェ[★8]がルソーに深く影響されている。そして，その2人の理念が現代の教育実践にどれほど影響しているかは，ルソーの理念の影響力がまだ続いていることの1つの指標である。

　綿密な観察，生徒についての研究，年齢差からくる学習形態と理解の仕方の違いについての認識，生徒それぞれに特徴的な学習形態に合わせた教授方法の構築，個々の

学習者の違いの強調，受動的学習に対して能動的学習の奨励，「言葉，言葉，言葉」による指導よりも生徒自身の発見が非常に有効であるとの主張，これらすべては，ルソー的教育体系の特徴である。すべてこれらの源がルソーにあるとするのは間違いかもしれないが，これらを強力で一貫した教育概念にまとめたのは彼である。

　これらの考え方は，今日の多くの教育家にごく当たり前の言い伝えとして受け取られ，「常識」の一部になっている。生徒にはそれぞれ異なる学習スタイルがあること，自発的探究を生徒にうながす教授法に価値があること，生徒には年齢による違いがあることなどを考慮に入れない教育は，おかしなものだと現在では考えられている。

　学校は個々の生徒の可能性の実現に焦点を置くことを奨励され，生徒は蓄積された学問的知識よりは「学び方を学ぶ」べきだと強調され，「批判的思考法」についてのプログラムが支持され，教育の成功度は生徒が獲得した知識によって評価されず，知識を使って何ができるかで評価される。これら現代的趨勢のすべては，この第3の理念を反映している。ここでの教育の焦点は子どもの経験である。したがって，すべての子どもに共通のカリキュラムを構築することは，単に望ましくないだけではなく，絶対に不可能になる。同じカリキュラムの内容であっても，個々の子どもの経験は必然的に異なる。このことを認識し，個々の子どもに特有な経験と必要に応じてカリキュラムを決定すべきだとされる。生徒が持ち出す質問に対する応答としてカリキュラムをつくるべきだとまでいう過激な意見さえある（Postman & Weingartner, 1969）。教育の焦点は個々の子どもの発達にあり，この発達を最も促進できる経験を提供することにある。

　この理念の現代的な表現として最も普通にみられるのは，さまざまに解釈されているジョン・デューイの進歩主義（Kleibard, 1986），ピアジェの発達主義，子ども研究の心理学化――ルソーが提唱した「自然」発見の現代的形態――がさまざまに組み合わされたものである。教室でも教室外でも，「発見学習」に価値が置かれ，生徒の探究のためには実物教育や博物館が推奨され，討論が奨励され，個人別やグループ別の研究（課題が用意される。子どもの学習，発達，動機についての実験的研究の結果が注目され，教授法やカリキュラムが「研究成果」に基づいて調節される。教師は権威者というよりは助け手であり，最良の教育材料の提供者であり，生徒が学ぶ環境の整備者である。

3節　互いに相容れない3つの理念

　本当にこれら3つの理念は互いに相容れないものだろうか。3者を互いに損なうことなく，それぞれの持つ異なる教育の目的を表明する方法を見いだすことはできないだろうか。生徒を世間に広まっている規範や価値に向けて社会化すると同時に，世界についてのより真実な見方を与える知識を確実に与え，発達段階に応じて個々の生徒

の可能性を実現させる手助けをすることがなぜできないのだろうか。厳密な学問的教育プログラムは社会のニーズと衝突することがないのは確かだし，学習，発達，動機についての事実は学問的プログラムと社会化をよりよく助けることがきっとできる。少なくとも，プラトンの教育内容についての関心はルソーの教育方法についての関心と競合するようには見えない。二者は互いにうまく補い合っていないだろうか。

　ある程度一般的に漠然と考えてみれば，私がこれまで述べてきたほどには，これらの異なる理念が互いに相容れないものだと思えないかもしれない。目につく問題の原因は，不適切な運営，質の悪い教授法，生徒の学習能力の生まれつきの制約，間違いだらけのカリキュラム構成などにあるという仮定のもとに，西洋社会の日々の学校業務は進行してきた。その原因に，理論的に深いところで何か相容れないものがあるとは考えられていない。しかし，私はあると考える。そしてそれはわれわれの実際的問題の根本にある。それぞれの理念を，順を追って他の理念と比べてみよう。

◆プラトンと社会化◆◆◆

　社会化の目的である均質化は，個々の生徒の中に信条，慣習，責任感，行動と価値観の規範を複製することであるが，これは必然的にそれらの空虚さと欠陥を知らせることを目的とする教育過程とは相容れない。これらは結局のところ，社会の基盤を現在の位置に固定する接着剤の働きをする。もしプラトンにとってソクラテスが教育を受けた人間（the educated person）の理想であるなら，アテネの民主的市民が彼を死刑に処した理由は明らかである。ソクラテスがしたような教育は社会基盤を揺るがす怖れがあるという過激な懐疑論がその理由である。彼は若者を腐敗させるという理由で有罪となった。ソクラテスが腐敗させ腐食させようとしたものは，社会が信奉する教義をそのまま容認する精神であった。市民の目には彼の行動が裏切りと映った。

　今日では，真実在，真理，美についての知識そのものの獲得を目指したプラトンの理想が可能であるとは誰も思っていない。獲得が可能なものは，懐疑的・哲学的で，広い知識を持ち，エネルギッシュに物事の本性と意味を追求する精神であり，慣習的な答えに満足せず，綿密な議論や証拠に十分支えられていないものについての信条を拒み，ユーモアにあふれてしかも辛辣なソクラテスのアイロニーを体現する精神である。このような意識は，社会的破壊勢力となるので，社会の支配者たちにはよく評価されないことが多い。現代の複雑な経済体制のもとでは特に，プラトンの教育処方箋に忠実に従って興奮剤を得るよりは，興奮剤などないほうが毎日の社会生活はなめらかにおだやかに進行する。もし人々が「これが最上の生き方だろうか」と絶えず自問するならば，日々の業務を集中的効果的に進めることができなくなる。

　当然のことながら，これら両者の教育理念の約束する恩恵の両方を手に入れたいとわれわれは望む。われわれは社会化がうまくいくことによって推進される社会的調和や心理的安定を望む。しかし同時にプラトンの教育プログラムが要求する教養ある精

神，懐疑的精神，合理性の追求もわれわれは望む。学校教育の目的をこのどちらか一方の獲得に絞るのは難しい。しかし今日の学校教育にはこれら両者を目的とすることが求められている。

◆**ルソーとプラトン**◆◆◆

　プラトンが教育内容を扱い，ルソーが教育方法を扱ったと解釈するならば，これら2つの理念は相容れないと考える必要があるのか。もし，両者の理念についての解釈が誤っていないのなら，両者間にある明らかな衝突に関して，この一般的な解決法は妥当かもしれない。プラトンの後継者たちはプラトンの教育学を内容および目的についての論とし，ルソーを方法についての論として，すっきり任務を分業化したので，彼らによるこの妥協策は多くの人に受け入れられている。教育心理学者が学習と発達について導き出した知識を使って，教育哲学者は教育の内容と目的を取り扱うことができる。生徒の発達について発見された事実が，知識の本質と構造についての哲学者の研究に取り込まれ，より理解しやすい数学や歴史のカリキュラムを生むのは当然のように思われる。このような共同作業が普通に行なわれるのも当然のように思われる。しかし少しも行なわれていない事実があるので，共同作業を拒む何かがそこにはある。

　このようなすっきりとした妥協策の問題点の1つは，ルソー派とデューイ派の見解で教育の手段と目的が一緒に結びつけられているところにある。ルソーとデューイにおいて教授方法は教育目的の一部になっている。たとえば，両者とも発見ごっこを好むが，好む理由は発見ごっこが何かはっきりした目的に対する効果的な手段だからではなく，それが教育目的の1つの構成要素だからである。例を挙げれば，ルソーの言葉によると，発見ごっこは自然の姿を明らかにするし，それによって純粋で汚れのない理性の発達を刺激するという。また，デューイはルソーの理念を手直しして，発見ごっこは科学的方法を映し出す鏡であり，科学的方法を生徒が獲得することは教育を構成する決定的要素だとする。現在主流となっている教育概念には，手段と目的を絡み合わせた理念が組み入れられている。これを粗雑な言い方にしてみると，同情心について書かれた文を暗記できなかった子どもを叩くことは，不適切だとわれわれは認めるとか，自由と民主主義の価値を教えようとする会合に強制的に出席させることには少し抵抗があるとかいう表現になる。するとこれらの表現から，教育方法を選ぶことは教育目的から切り離された単なる作戦ではないことがはっきりとわかる。現在われわれが行なっている教育では，教育手段の中に教育目的があり，教育目的の中に教育手段がある。

　別な問題が，プラトンとその後継者たちが持つ教育上の発達概念から起こってくる。プラトンの体系では，学生の進歩はエイカシア〔*eikasia*：「影像知覚」＝間接的知覚〕，ピスティス〔*pistis*：「確信」＝直接的知覚〕，ディアノイア〔*dianoia*：「悟性的思考」＝間接知〕，ノエシス〔*noesis*：「知性的思惟」＝直接知〕へと段階を踏む★[9]。しかし

これらの段階は興味深いことに，ルソーやピアジェのものとは違っている。プラトンの段階は増していく理解の明瞭さを表わす度合いである。プラトンの考え方，および学問中心の教育理念を推進する現代の人々の考え方によれば，教育は，生徒の心理的発達がどうあろうとも，段階的に洗練度を増す知識を修得する能力により計られる。ルソーとピアジェにとっては，心理的発達こそ教育を計るものであり，生徒が必要とする知識の種類を決定するものである。取り入れる特定の食物にほとんど関係なく身体が発達していくのと同じように，精神も学ぶ特定の知識にほとんど関係なく発達するだろうと，ルソーとピアジェは言う。プラトン派にとって，教育上関心を寄せる唯一の発達は，学習する特定の知識に関するものであり，精神とは学習された知識以外の何ものでもない。

　ルソーと彼の現代の後継者たちは，プラトン的学問的課題をわれわれが効果的に遂行できるような方法や手順を単に推奨しているだけではない。実際は，彼らはプラトンとは異なる課題を推奨している。ルソーの理念はプラトンの理念と簡単に調和するものではない。この両者の理念は衝突し合う——教育の過程が進んでいく原因とそれを動かす力を特定するうえで大きく衝突する。プラトン的理念によれば，特定の知識形態の学習が教育の過程を前進させる。つまり，知識が発達を進ませる。ルソー的理念によれば，支援的環境がある中で起こる内的発達過程から生まれる結果が教育である。つまり，発達が知識を進ませる。どんな知識が学習可能か，意味を持つのか，妥当性があるのかは，発達によって決まる。プラトンにとって教育は，時の経過に関連する認識過程である。一方，ルソーにとって教育は，年齢に関連する心理的過程である。

　この両者のいずれかの概念を実施するために学校のプログラムを決めることはできる。しかしわれわれは，この両者を実施することを学校に求めている。実施にあたっての困難は，教育にとってプラトンとルソーの両理念が必要だという考えを受け入れていることから生じる。しかし，片方を実施しようと努力すればするほど，もう一方の理念は損なわれる。

　これら両理念の衝突が「伝統主義者」と「進歩主義者」の間で，20世紀を通じて続いている論争の基盤にある。教育問題を論じるほとんどすべてのマスコミ記事にこの両理念のぶつかり合いを見ることができる——プラトン推進勢力は「基礎教科（basics）」と堅実な学問的カリキュラムを唱え，一方，ルソー派は「妥当性（relevance）」と，生徒による探究や発見を唱える。現在主な論争の場は，北アメリカ〔合衆国とカナダ〕の小学校の社会科カリキュラムである。進歩主義者は家庭，隣近所，地域社会，地域社会間の交流などを焦点とするカリキュラムを「妥当」だと主張している。一方，伝統主義者は，歴史と地理をカリキュラムの主流に再導入したいと圧力をかけている。進歩主義勢力は歴史や地理が抽象的概念を必要とするので小さい子どもたちには「発達論上の妥当性」がないと論ずる。それに対して，伝統主義者は

どんな教科内容でも，賢明な方法で教授されれば理解可能だとする。

◆**社会化とルソー**◆◆◆

　社会化が教育の主な目的である場合，社会の規範と価値観が優先される。しかしながら，ルソーの考えによると，社会の規範や価値観は「なにもかも愚劣と矛盾だらけ」(Rousseau, 1911, p.46／1973, p.59) なので，できるだけ長い間子どもを規範や価値観から遠ざけるべきだとする。もし子どもの自然を可能な限り十全に発達させたいと思うなら，成型をしようとする社会の圧力から子どもを常に守る必要があるだろう。この両者の立場の衝突の局面が，今日，子どもに対するテレビの影響力に関して多くの教育者がとる態度に明らかである。テレビは主要な社会的規範と価値観を成型する強力な器具である。しかし教育家たちは，テレビの成型力に抵抗し，適切で「自然に適った (natural)」発達をゆがめることが少ないように見えるその他の活動を推奨する。「自然に適った」という用語は今日ではもちろんあまり用いられない。しかしこの用語は，ルソーの立場が新たに主張されるときのさまざまな言い回しの中や，今日の社会化教育形態によってゆがめられ抑圧されている自然な子ども時代という概念を唱える多くの本の中に潜んでいる（参照：Elkind, 1981; Postman, 1982）。1960年代の過激派の中にはさらに明らかな例がある——ポール・グッドマンはこのように述べた。「12歳までの初等教育の目的は，社会化をおくらせ，子どもたちの自由な成長をまもるものであるべきだ……われわれは正式の学校教育を，おもいきって切りつめなければならない。なぜなら現在の膨張した保護は自然に反し，成長を停止させるから」(Goodman, 1970, p.86／1971, pp.120-121)。

　もちろん，社会化に反対するルソーの立場をそのまま採るものはいないし，その逆も同様である。われわれは皆，どんな発達過程もある特定の社会で成型されなければならないと知っている。われわれの問題はルソーの発達の理念が持つ魅力から起こってくる。ルソーは，社会生活が普通もたらす妥協や腐敗や締めつけに汚染されていない，一人ひとりの個人が内に持つものを尊重するような発達理念を唱えた。彼の理念が持つ魅力を認めるからといって，ルソーの抱いていた社会に対する嫌悪感（にもかかわらず社会は彼に尊敬と金銭で報いたが）までも，われわれは共有する必要はない。

　ここに妥協の余地はないように見える。半分は自然から，残りの半分は社会からというように，子どもの発達を成型するのは無理である。こうすることは，受刑者を罰することと社会復帰訓練を半々に行なうときに起こるのと同じ問題をつくり出す。このような扱いは互いに邪魔し合う。妥協しようとすれば，かえって両者の効果をなくすだけである。

　私が言っている互いに相容れないという結論を出さないで，この衝突を考えるいくつかの方法ももちろんある。われわれの自然は幼少期には確定した形をとらず可塑性があり，社会化は自然が現実化される条件であると考えることにより問題を「解決」

できる。結局のところ，われわれは社会的動物である。もし社会から切り離されれば，それに向かって発達していくべき自然の形もない。この衝突を自然対社会の衝突としてではなく，多文化社会に予想すべき一種の不一致として見ることにより，もっと単純に衝突を「解決する」ことができる。しかし，私が危惧する相互不適合は，教育概念の中にだけ起こる。ふさわしい学習環境を整えるならば，規則的で内発的な過程を通して知的発達が最大限可能になるものとして人々が教育を考える限り，その相互不適合は避けられないように私には思える。教育の原則を，ある部分は理想的発達過程についての概念から，ある部分は現行の大人社会の規範や価値観からというふうに，両理論から引き出すことはできない。完璧な社会に生活するのでなければ，その両者は決して適合しない。社会化ははっきりとした終点を視野に持っているし，その終点に向かって成型し，均質化し，幅を狭める過程である。それに対して，生徒の可能性を最大限に発達させることを支持する考えには，自らの特殊性を探り，発見するように一人ひとりの子どもを解き放つことが含まれている。これは個性化の過程であり，必要とあれば，変人とさえ言われるほどの個性を奨励するものであり，はじめから決められた終点を持たない，広がりのある過程である。

4節　整理整頓

これまで述べられてきた体系はとても整理されていた——3つのすっきりした理念と3つのはっきりした理論的不適合として——ので，「整理整頓」などという小見出しは特にふさわしいものではないと考える読者もおられることだろう。しかし，必要なことはかき乱すことである。とてつもなく複雑な過程はこのような単純な体系によっては，十分に表現することができない。また，「緊張状態」が教育界に競合する価値観相互の間にあることが長い間知られている——そう，社会化する必要と学問的カリキュラムの間にある緊張である。たとえば消費者教育，家庭生活についての新課程，演劇，ラテン語などに関してカリキュラムの時間配分に衝突がある場合，それを決定するために頼りにできるような教育的価値観について統一的な基準がないのは明らかである。さまざまなカリキュラムは「価値観に関する事柄」であり，教育とは「本質的に競合するいろいろな概念」の1つと言えるので，必然的に緊張状態が起こる。そして，究極的にはこの問題は大きな政治的衝突を反映している。では，この理論的不適合についての深刻ぶった話は，気取った言葉遣いと過度にドラマチックに見えるように仕立ててはいるものの，もしかすると単にわかり切った話にすぎないのだろうか？

「整理整頓」して，私はこのような反対意見に対処したい。第4の理念を紹介する前に，非常に簡単ではあるが，もう一度3つの理念についての私の考えを要約したい。また，古い理念を乗り越えて新しい理念に行く前に，不適合性を論ずる以上に，これ

らの古い理念自体がそれぞれに持つ教育上の問題点を指摘するつもりである。

　現在では，これらの理念の1つだけに固執する者はいない。20世紀の教育論はたいてい，どの理念をより重んじるかについての議論からなる。「伝統主義者」対「進歩主義者」，「教科中心主義」対「子ども中心主義」などの議論がとどまることなく続いているが，これらの議論はプラトンの理念をルソーの理念より好むか，その逆であるかという言い方に変えて解釈し直すことができるかもしれない。職業向けの学習を推進する人々と純粋に学問的な教科を推進する人々との間の衝突は，プラトンの理念より社会化を好む傾向とも解釈できるし，その逆とも言える。一方，過激な人々はこれら2つの理念を両方とも捨て去るという単純な解決法を持つことにより特徴づけられる。2つを捨て去ると，確かに理論的問題は解決される。彼らはより明瞭で切迫感のある発言をする。そのため，信奉者も多くできるが，実践上はうまくいかない。

　地方にある学校での「チョークまみれの」教室レベルで，しばしば起こる衝突は次のようなものである。プラトンに影響されている教師は，もっと厳格な試験を導入し，生徒を「能力別」に分けて学問的知識の学習を最大限させたいと願うが，一方，ルソーに影響されている教師は，試験や評点さえもなくしたいと思い，生徒に探究させる機会をもっと与えることに焦点を置きたいと思う。前者は，論理的に段階を踏み，西洋の「高邁な」文化の正典と崇められている知識を含む，より組織化されたカリキュラムを提唱する。一方後者は，生徒が自分の身のまわりの世界を探究することを奨励し，カリキュラムの内容に最初から明記したいと思うほどに，生徒の現在と将来に予想される経験に対して意義ある知識を提唱する。前者は，きちんと列に並べた机と整然とした授業を好む傾向にあり，後者は，教室での学習の位置をいろいろと変え，机は円に並べたり，使わなかったりすることを好むし，教科の領域を越えた柔軟性に富む学習を好む傾向にある。

　1つの立場に固執し，他の立場を退ける教師がいないのは明らかである。ほとんどの教師は，実践ではすべての立場のバランスをとろうとしている。たとえば，ルソーに傾いている教師でさえ，プラトンに影響されたカリキュラムの正典的内容の重要性を認める傾向にある。彼らは理論的不適合がある中で妥協するのだが，その妥協によって，「高邁な文化」についてのカリキュラム内容に生徒を「触れさせる」のは重要だと感じつつも，それについてこない生徒に対しては，そのカリキュラムに固執することが絶対的だとは感じない。つまり，それぞれの理念には他の理念を侵食するだけの余地が与えられている。

　教育行政に関わるほとんどの者は，あれやこれやの理念に傾倒するさまざまなグループからの圧力を感じる。それで，彼らはその中でバランスを見いだそうとする。これは競合する「価値観」を認めようとするときの常識的な反応であり，現在われわれが持つ学校の姿は，この反応の結果である。彼らは生徒にほどほどに十分な社会化を保証し，適性があるように見えるできるだけ多くの生徒に可能な限りの進歩をさせ，

それぞれの生徒の必要性と可能性の違いに配慮し，状況が許す限り，できるだけ柔軟で選択可能なプログラムを用意する。

　西洋の学校の一般的成果について言い訳をする人々は，学校を損ねている社会的悪を並べ立てるのが普通であり，学校は与えられた条件の中で英雄的な仕事をしていると，もっともな議論をする。しかしそのような声は批判者によってかき消されてしまいがちである。批判者たちは，ある1つの理念よりもう1つの理念を重要視すれば，学校はもっと大きな仕事ができるだろうと主張する――経済的生産力のあるよい市民になるように基本的な価値観と技能の育成をもっと強調せよ，学問的知識を修得させるためにもっと生徒に圧力をかけて時間配分と条件を整えよ，生徒の経験にもっと直接的に意義のあるカリキュラムと教授法を考えよ，等々。純粋に実践的見地からすれば，今述べた議論の1つをとっても，そのいくつかを組み合わせても，あるいはいくつかの議論のバランスをうまくとっても，教育的効果があるとはとても考え難い。伝統的な社会的効能，教養的（liberal）学問，進歩主義者の提案はどれも，何度も試みられてきた。1つの理念から他の理念へと揺れ動いてきたので，学校の役割についての混乱が悪化し，お互いを責め合い，改善の仕方について今では陳腐になった不毛な議論が永遠に続いている。学校事業は，せいぜい，これら3つの偉大で強力な理念の弱々しい妥協でしかなくなっている。

　これら3つの理念は，疑いもなく偉大で力強い。しかし，それらをいっしょくたにして機能しない制度にしてしまう以前の問題として，それぞれの理念が教育に関する問題を抱えている。これらの理念が抱える問題のいくつかを取り除き，伝統的に引き継いできた教育理念から引き離して，社会化と学問的訓練と個人的発達を十分維持する教育の方法を，私は産み直してみたい。たらいの汚れたお湯は捨てるが，赤ん坊はしっかりつかまえていなければならない。

　古い風呂水は捨てられるべきだという点は，一般に認められているようである。技術に駆り立てられる急速な変化に見舞われている現代の多文化社会にあっては，一般的な合意があるとされる古くからの規範や価値観に向けて子どもを社会化するなど，もはやそのまま実施するわけにはいかない。プラトン的教育プログラムには超越的真理とか権威ある知識に到達するという理念があるが，現代ではそのような真理とか知識は信用を失っている。われわれが受け継いできた個人的発達の概念は，文化に影響を受けない中立的な個人的発達の過程があるとの信念の上に立っているが，現代ではそのような発達過程はあり得ない。

　しかしながら，現在主流の理念を置き換えようとして教育体系転換の野心を抱くときの問題は，最初，置き換えようとする古い視点を通して，その新しい理念を検討しなければならない点である。仮にあなたを説得するとしたら，最初に古い理念を手放すようにと言い，それから，教育についての根本的なカテゴリーとして「理解様式」を採用すると，どんな教育的意義が生じてくるかを考えるようにと，説得しなければ

ならない．この新しいレンズを通して教育を考えると，世界の意味を知る努力をする中で社会から知的道具を拾い上げる存在として，子どもを見ることができる．この過程の中で，子どもは否応なしに社会化される．ここで働いている基準は，「大人社会の規範や価値観や慣習を共有するためには，子どもが学ぶべきものは何か？」という問いではなく，「それぞれの理解様式を最も豊かに発達させるために，学習する必要があるものは何か？」という問いになる．前者の基準は，大昔の話し言葉中心の文化や，20世紀前半でさえそうであったより均一で階級的な社会で比較的単純に問われたことだったが，加速的な急変化を遂げているように見える現代の多文化社会にとっては次のような問題が出てくる．今日の大人の社会生活にとって規範や慣習とは何か？　価値観は何か？　これらの問いに対して，優先的教育基準が学問的知識の蓄積であるとする人々の答えはどう違うのか？　しかしながら，後者の基準に対応しようとすれば，事柄は比較的単純で，この基準は現代の社会生活にふさわしい柔軟性と「多様性」を発達させる子どもを視野に入れている．つまり，社会化という古い理念とそれが持っている基準は捨て去られるが，新しい理念を採用しても社会化は起こらないわけではない．それどころか，新しい基準は教育にふさわしい妥当性を持つことが明らかになる．

　今度は，学問的教科を提唱する古い理念を取り上げてみよう．この理念には，特定の知識形態を十分に深く広く蓄積すると精神は好ましい方向に成型されるという信念が伴う．教育を組み立てるとき「知識」を中心的材料にすると，十分な教育を受けたとされるにはどんな知識がどれくらい広く深く必要とされるのかを決める問題が生じる．またこの立場をとると，ハーバート・スペンサー★10の「どんな知識が最も価値があるのか」という問いも出てくるが，1世紀以上経つ今でも，この問いに対する答えはないし，一般的に答えることは不可能である（「教育を受けた人間」（the educated person）という意味が，その人の持つ知識によって主に理解される点については，進歩主義者から無味乾燥だと批判を受けているし，今日ではあまり知られなくなったアルフレッド・ノース・ホワイトヘッド★11の攻撃にさらされてきた．ホワイトヘッドの観察によれば，ただのもの知りは，神の創造された地球上で最も面白みのない部類に属するという）．「知識」を「理解様式」のカテゴリーと置き換えると，知識を投げ捨てる必要がなくなる．さまざまな理解様式を発達させるには，特定の知識が必要になる．この新しいカテゴリーは知識の深さと広さを決める基準を提供する．また，スペンサーの問いにも答え——最も価値のある知識とは，一人ひとりの教育過程の時期によって異なるものであり，その時期に最も積極的に働きかけて発達する理解様式によって決まる——を与える．だから，学問的教科と知識は捨て去られるわけではない．そうではなく，伝統的なカリキュラム——合理的な精神を最もよく形成するための最高に権威ある知識は何か，また，認識論上の理想的な教育条件についてのイメージや理想的な「教育を受けた人間」（an educated person）についてのイメージから生ま

れる教育基準は何か，などの問いに答える試みから成り立っている——が消え去る。伝統的カリキュラムに比べ，新しいカテゴリーと基準は，より多くの知識とより多様性のある知識形態を求める，より豊かなカリキュラムを実現させる。

　口先だけの約束ばかりと読者は言われることだろう。しかし私が示したいのはただ，古い理念を脇に押しのけて，それらの理念が教育過程にもたらした洞察を捨てるわけではないということである。理解様式を発達させる過程では，ある意味での社会化は維持されるが，その社会化がもたらす基準は学問的教科の基準と衝突するものではない。同様に，理解様式を発達させるにつれて，一人ひとりが当然のことながら心理的な発達の層ないし段階を通り抜けていく。しかし，この新しい教育概念に伴う発達の意味は，たとえばピアジェの学説の推奨者たちが教育に押しつけてきたのとはまったく異なるカテゴリーを生み出す。また，1つの理解様式から別な理解様式に移るときに暗黙のうちに起こる発達は，社会化や学問的教科を推進する人たちの遺物と衝突することにはならない。

　また，私の主張があまりに図式化されていて，教育理念やその実践の複雑さをとらえていないのはもちろんである。しかし，結果から言えば，悪くも無意味でもないのは明らかである。教育思想はこれまで私が取り上げてきた3つの主な理念で占められていると私は考える。そして，それらの理念は私が述べてきたように，相互に不適合であると私は考える。また，このことが学校事業の実践的困難の多くの根源にあると私は考える。現代の学校は，これら3つの理念の妥協——さまざまな社会運動に呼応したり，これらの理念の価値についての鮮明で強力な発言に呼応したりして，1つの方向から他の方向へ立場を少し変えるような妥協——として発達してきた。社会化の方向は，ほとんどの西洋世界で1950年代に主流を占めた。ルソーは1960年代から70年代の初期に主流であり，プラトンが1980年代にわずかながら復活した国もある。教育に「緊張関係」があり，「価値観の問題」があることは自明のこととして認められるが，問題の根源を明らかにすることは簡単ではない。問題の根源を明らかにすることは問題を克服する重要な第一歩である。本書の残りの部分はまさにそれを課題にしている。

　教育について知っておくべきことすべてに応えたわけではないが，本書でこれまで述べた概略は，現在の教育議論を理解するうえで，実際的な価値があった。その価値は，一般のメディアや政府の報告書にみられる「学校危機の解決」についての提案が，望ましい目標を達成しそうもないのはなぜかを示すことにある。それらの提案は，問題を持つ理念の虜になっている。それらは，もっと社会化を進めてプラトンやルソー的教育は減らせとか，もっとプラトン的教育を進めて社会化やルソー的教育を減らせと提案する。10年ごとの違いといえば，好みの定義であり，比喩であり，わけのわからない専門用語である。これら理念をあれこれ変更しても，何もいいことはありそうもないと信じる理由を挙げることが，新しい理念を紹介する私のやり方である。

5節　新しい理念

　私はまえがきで，教育についてこれから詳しく述べる新しい理念は19世紀の反復説とヴィゴツキーに基づいていると言った。だから，この理念の構成品は，造幣局から出てきたばかりのお札のようにぴかぴかの新品ではない。

　しかし，反復説の埃を払いのけ，それをヴィゴツキーの洞察に結びつけると，新しい教育理念に導かれると私は思う。古い理念は見逃しているが，第1の仕掛けは，過去の文化的発達と現在の子どもにみられる教育上の発達の間にある結びつきの性質を明らかにすることである。どうすれば，この両者の過程にある共通の要素を探し当て，両者間の因果関係を明らかにすることができるだろうか？　まさに教育では何が反復されるのか？　第2の仕掛けは，その理論的解決が，現代社会の状況と要求にぴったり合う実践的カリキュラムと教授法を含むものであると示すことである。この項では第1の仕掛けを示し，詳しく説明しよう。第2の仕掛けは，以後おいおいご覧に入れる。

　19世紀の後半，ダーウィンの『種の起源』（1859年）が発表された後，ダーウィンが自説で取り上げていないさまざまな過程に進化論を適用するために，種々の反復説が形成された。ハーバート・スペンサーは目に入るほとんどすべてを説明するのに進化論を最も強く推進した1人であった。彼は教育についての文化的反復説の根拠を次のような議論で簡潔に述べた。

　　　人類がさまざまの種類の知識をわがものとしてきた，ひとつの順序があるものとすれば，これらの種類の知識をこれと同じ順序で獲得しようとする傾向がすべての子どもの中に生じるであろう……それだからこそ，教育は文明の小規模の反復でなければならないという根本的な理由がなりたつのである。　　　（Spencer, 1861, p.76／1969, pp.93-94）

　すべての教育論は，文化史を通して蓄積された発見や発明を，人に反復と繰り返しをさせることを含む，と一般的には言える。5歳児が書くことを学ぶのは数千年前の発明を反復する事柄である。歴史を学ぶ生徒は，思考法つまり経験の意味を探る方法――われわれが詳しく足跡を辿ることのできる古代ギリシア人の発明した方法――を反復している。しかし反復説支持者は，過去の文化的発達と現在の子どもに起こる教育的発達の間にはっきりした因果関係があると，行きすぎた主張をする。そのような理論は，ある特定の文化的発達をモデルに教育過程をつくるべきだと提唱する。

　反復説が19世紀末と20世紀初期の教育者を惹きつけた魅力は，文化史をガイドにすればもっと効果的な教育プログラムを設計できるとの約束にあった。G. スタンレー・ホール★[12]は情熱的に反復説を支持し「この説を徹底的に研究して採用すれば，

今は夢にも考えることができない教育学上の可能性が明らかにされるだろう」と言った（Hall, 1904, p.222）。知識が論理的に発達する道筋に呼応し，あるいは人間発達に関する自然自体の法則に呼応し，またその両者に呼応するカリキュラムを，この反復説は提供するように思われた。その両者の発達は文化発達の研究によって明らかにされるはずだったし，そのどちらの発達順序に従っても，より簡単な学習とより確実な理解が保証されるはずだった。

2つの一般的な教育反復説——簡単に言えば論理的反復説と心理的反復説——が生まれた。最初に挙げたものは，知識が文化史上少しずつ発達してきたことの考察から生まれ，人類がさまざまな知識を修得してきた「順序」は，スペンサーの言葉を用いれば，カリキュラムの設計に用いることのできる論理を明らかにしている。その「順序」をカリキュラムで反復しさえすれば，子どもの精神は発達過程で，最大限容易にその順序についていくことができるし，人類が達した理解の頂点まで到達することが保証される。

第2の心理的反復説はもっと直接的に進化論から導き出される傾向にあった（Gould, 1977）。こちらの反復説では，未開人の原始的な心理状態からビクトリア朝の洗練された大人の心理状態へ発達することが想定されていた。ジョン・デューイはこのような理論の支持者だった。少なくとも，これらの理論が一般に広まっていた伝統的教育体系を打ち破り，「子どもの本性（nature）についての実際の心理的発達研究に基づくはじめての総合的試み」を提供したという理由で，彼は支持した（Dewey, 1911, p.241）。それよりも後になって，文化の発達と個人の発達に共通な心理学的基盤を明らかにする試みは，ピアジェの学説を用いたホールパイクによってなされた（Hallpike, 1979）。

論理的反復説と心理的反復説の両面はたいてい結びつけられて，いつもの問題をもたらした。特にドイツにおいてであるが，ドイツの理念に大きく影響されたアメリカでも，「文化史の年代」によるカリキュラムが大きな期待を持って発達した。これらの理念は，文化史の主な年代をカリキュラムに反映しようと試み，文化史年代の論理的順序を踏み，心理的発達にも見合ったペースで子どもたちに文化史を追体験させようとした。デューイは後になって，反復説を退けたが，この説がある人々にとっては直感的な魅力を持つことを考察した。「子どもの精神は一種の自然な仕方で原始人の類型的な活動へと立返るのである。子どもが好んで庭に造る小屋をみよ。また弓，矢，槍などを持って狩猟ごっこをしているのをみよ」（Gould, 1977, p.154によるデューイの引用／1987, p.229）★[13]。しかし，高い期待は急速な勢いで萎えていった。カリキュラムは歴史や文学を取り扱うときはうまく行くように見えた。学習は原始的な人々とその伝承物語や神話から始められた。しかし，算数や科学になるとどんな手法を凝らしても意味のあるカリキュラムにはならなかった（例としてSeeley, 1906に掲載のZillerの理論を参照のこと）。論理的原則に従うと，プトレマイオスの宇宙観を教えると

きにどうしたら子どもを混乱させないですむかと躓く一方で，心理的原則に従うと，その根拠となっていた生物学の反復説がもはや破棄されているので，落胆の憂き目に会った（Gould, 1977）。

　反復説が失墜して教育界から消えていった理由の1つに，文化史の中で発見され発明された順序で知識を獲得する能力を喚起する方法と理由（スペンサーの言い方を借りたが）を，現代の子どもに関して説明するのは不可能だったことが挙げられる。進歩主義者が論じたように，素直に子どもの身近な世界から教育を始めたらいいではないか？

　文化反復説が消えることになったもっと大きな理由に，急速に発展する産業世界に必要とされる基礎知識や技術や適性を子どもに身につけさせるために新設されるようになった大衆のための学校という，差し迫った課題があった。アメリカ合衆国では特にそれが顕著だった。教師は膨大な数の移民の子弟を現代アメリカ社会に適応させるという仕事の最前線を担った。過去に目を向けて学校生活を終える頃にようやく現代の問題に辿り着くような教育体系では，そのような差し迫った社会の必要に応えることにはならなかった。デューイはついに反復理論を捨てたが，その理由として，反復説の効果は「多かれ少なかれ，現在を過去のむなしい真似事にするだけだ」（Dewey, 1916, p.75／1975, p.126改訳）と述べ，進歩主義的教育の目的は「古くなって窮屈になった過去にいつまでも留まっている必要から彼ら〔子どもたち〕を解放してやること」（Dewey, 1916, p.73／1975, p.122）なので，反復説が教育に与えるものは何もないとした。それで，このデューイの意見が，反復説について聞いたことがある今日の教育者たちに共通した，自動的とも言えるほどの反応になっている。

　ヴィゴツキーの理念は，現代の目的に対してとても簡潔に言い表わすことができる。知的道具（intellectual tools）に媒介されてわれわれは世界の意味を知るし，翻って，知的道具はわれわれがどんな認識をするかに深く影響すると，彼は論じた。蓄積された知識という基準や，ピアジェの述べた心理的段階という基準では，知的発達について十分な理解ができないとした。また，知的発達を理解するには，人が成長するときの社会にある身近な知的道具が果たす役割を理解する必要があるとした。

　子どもの周囲にある話し言葉のような知的道具は，子どもの成長につれて徐々に内化（internalize）される。知的道具ないし記号体系は，ヴィゴツキーの用語を使えば，**間心理過程**（***inter***psychic process）として芽生え，個々の子どもの**中**で精神の一部（***intra***psychic）となる。つまり，ヴィゴツキーによれば，高次心理過程（higher psychological processes）——たとえば対話による問いと答えの構造——は他の人々との相互作用の中で生まれる。これは文化史の中ではずっと昔に生まれた「外的な」社会機能であるが，それが子どもの中で内化され心理的機能に変容する。「歴史的に発達し文化的に組織化されてきた情報操作の方法をこのように内化することを通して，人の社会的性質はそれぞれの心理的性質にもなる」（Luria, 1979, p.45）。であるから，

知的発達の過程は言語のような道具や記号体系を個人が修得する度合いで測られる（Vygotsky, 1978）。さまざまな知的道具は，発達すると質的に異なるさまざまな認識を生み出す。「記号体系は心理過程全体を構成し直す」（Vygotsky, 1978, p.35, 強調はヴィゴツキーによる）。したがって，ある特定の文化集団や共同体での相互作用により人が内化する一連の記号体系は，人が構築する世界の理解様式を与える重要な働きをする。「ヴィゴツキーは発達を媒介形式の出現もしくは変容と定義づける」（Wertsch, 1985, p.15）。だから，精神は頭蓋骨の内部にある脳のように切り離されるものではなく，社会的文化的環境に広がりを持つし，それらから構成されているものである。理解様式はこれらの環境で鋳造され使われる知的道具の産物である。

　この考え方は，反復説に伴う理論的な問題を解決するのにどのように役立つだろうか。反復される事柄を知識修得や心理的過程として規定するのでなく，媒介する知的道具として，また，道具が生み出す理解様式として規定することができる。また，スペンサーは間違った問いを投げかけたことがわかる。文化史の中で起こった事柄は同じ順序を辿れば，知識を個々の子どもに獲得させやすくするのではない。そうではなく，過去の人が使っていた特定の知的道具を現代の一人ひとりが獲得すると，現代の人の中にも過去の人々が持っていたのと同じような理解様式が生まれる。つまり，過去にあった反復説の誤りは，文化史の中で x を探し今日の教育に y の結果を得ようとしたことにある。しかしわれわれは a ——媒介する知的道具——を探し，それによって x と y という結果を得るべきである。したがって，文化史上の発達と教育上の発達は，知的道具によって関連づけられると考えることができる。その両方の発達過程で，道具は共通な理解様式を生み出す。

　ヴィゴツキーは主として幼い子どもの話し言葉に焦点を当てて，文化によって媒介される行動と発達の基本的な理論を打ち出した。私は言語にどれほど複雑に文化が蓄積されているかを考えてみたい。話し言葉から考察を始め，次に読み書きの言葉，それから体系的で，抽象的，論理的な言語形式，終わりに，高度に内省的で習慣化した言語使用法について考察する。言語能力が発達してゆくその洗練度により，それぞれの言語段階で世界についての理解の仕方が再構成される。言語発達のそれぞれの段階がどのような理解様式をもたらすのかを私は探るつもりである。知的道具の a は，文化史上の x と現代教育の y に共通の理解様式を生じさせる。これに続く4つの章で，私は文化史上の発達と現代教育上の発達の両者について考察する。

　当然のことながら，ヴィゴツキーと反復説を結婚させるこの試みは不適当だとの反対意見があるだろう。なぜなら，個体発生説は脳の自然的成熟を唱えていて，これは文化史上何の意味も持たないという理由で，ヴィゴツキーは反復説を否定しているからである（参照：Wertsch, 1991, p.23）。この反対意見に関して，私には答えが4つある。第1に，脳の自然的成熟がどのように一人ひとりの理解様式に影響を及ぼすかについては，媒介する道具の獲得が及ぼす影響に比べると，あまり明らかではない。だ

から，理解様式のはっきりとした変化を説明するためには，知的道具の影響を理由とすることで十分であり，脳の成熟過程からなんらかの影響があることは考慮に入れる必要はない。第2に，ヴィゴツキーとルリヤ★14は子どもにみられる2通りの発達を区別し，1つを「自然的・心理的」発達と呼び，もう1つを「文化的・心理的」発達と呼んだ。そして，後者に精神機能の主要な再組織化作用を見いだした（参照：Wertsch, 1985, p.23）。この提案は，本書で述べられる体系と一致するものである。第3に，個体発生では特に子どもが幼い頃，進化の過程にみられるのと同じ成熟パターンの反復をする。成長するにつれて進化論が述べる影響を受けることが少なくなるとしても，言語などの過去の文化的発達による影響を脳の生理的成熟が受けないとはっきりと区別するのは，適当ではない。第4に，ヴィゴツキーが考えていた反復の概念は，上記のように今では捨てられている19世紀的な概念であり，彼が反復の概念に反対していたとすれば，反復説に続く学説の進展はないという意味で，致命的な損失になっていたことだろう。

　さて，私が提案する企画に反対する可能性のある多くの人々に対して，私の意見を抽象的に述べてみた。疑いもなく，批判的な読者の心には反対意見がふつふつと湧き上がるだろうから。しかし，知的道具と関連する理解様式についてその特徴を述べることができれば，反対意見とそれに対する私の答えももっとわかりやすくなるし，具体的になるだろう。皆様からの尋問は第6章までお待ちいただこう。

6節　結論

　今日では一般的に，学校はあまり高い評価を得ていない。学校が効果的でないことについて，誰か特定のグループの責任だと私は言っていない。しかし一般的な社会的不安があると，われわれは誰かのせいにしがちである。1960年代に人気があった教育書の多くはプラトン主義者を責め，子どもの経験から切り離された，生活と無関係な学問的カリキュラムを責めた。1980年代の新保守主義の批評家たちは，ルソーと，とりわけデューイを責めた。これらの批評とそこから生まれた処方箋の結果，平均的な学校生活には何の改善の跡もみられてない。

　ブルーム★15（Bloom, 1987）やハーシュ★16（Hirsh, 1987）がしているように，今日の学校の状態をルソーやデューイのせいにすることは，物価の高騰を商人や羊農家のせいにするのと似ている。ルソーもデューイも重要な方法で，われわれの教育概念を豊かにしてくれている。その2人による貢献を捨て去ろうとするところに，教育の進歩はない。私の述べてきたことは，われわれの困難の原因——16世紀の金塊の輸入に相当するもの——は，教育概念の構成要素が互いに相容れないという事実である。問題は必ずしも学校そのものにあるのではなく，学校とはどうあるべきかというわれわれの考え方にある。

実際的な人々にとって，このような精密な理論的事柄が，実際に行なわれている学校教育とはかけ離れているように見えるかもしれない。しかし，私は，ケインズが書いた『雇用，利子，貨幣の一般理論』（Keynes, 1936）の中の有名でしかも悪名高い結論には聞くべきものがあると思う（経済問題の脈絡としてではなく教育問題に合わせるために，私は少し言葉を変えて引用する）。

> 教育理論家の理論は，それが正しくても間違っていても，一般的に考えられているより大きな力を持っている。まったくのところ，教育は理論以外のものには支配されていないと言ってよい。知的な影響などとはまったく縁がないと考えている実際的な人々は，たいてい何かしら過去のものとなった教育理論の奴隷となっているものである。権威の座にある狂人たちは，空気を読み，数年前のへぼ学者から，自分たちの熱狂を引き出す。教育界の管理者が持つ力の大きさは，少しずつ侵食的影響をもたらす理念にくらべて大げさに言われすぎている。理念は，すぐにではないにしても，少し間をおいて，影響を及ぼし始める。というのは教育界では，25歳や30歳になってから新しい理論に影響を受ける人は多くないからである。それで，教育行政者や政治家やさらに教師でさえも，現在の学校問題に適用する理論は最新のものであることは少ない。しかし，遅かれ早かれ，「管理者」ではなく理論が最終的には危険である。
>
> （Keynes, 1936／2008下巻，p.194参照）

　第2章から第6章を通して，私は教育の概念を再構成するための1つの方法を提示するつもりである。7章と8章では，私の方法は現行の教育概念が持っていて欠くことのできない部分を保持していることを示す（できるとよいが）ために，方法の意義を広くしかも詳細にわたって掘り下げる。私が提唱する教育概念の再構成は，カリキュラムと教授法にかなり革新的な影響を与えることになるだろう。しかし，過度に革新的ではないので，現場で直接役立つようには見えないかもしれない。うまく述べることができれば，風変わりで新奇な教育風景を描き出しているように見えることはないだろうし，わかりやすく親近感のもてる風景となることだろう。

訳注

- ★1：それぞれカナダ，イギリス，アメリカ，オーストラリアの都市名，すべてWで始まる都市名（Winnipeg, Wigan, Wabash, Wollongong）でイーガンの言葉遊び。
- ★2：シカゴ・サン・タイムズ紙の人生相談コラムで，他の多くの新聞にも配信されている。
- ★3：プラトンがアテネに創設した学校。
- ★4：マルセル・プルースト（Marcel Proust：1871-1922）　フランスの作家。作品に『失われた時を求めて』などがある。
- ★5：1960年代から70年代にかけて，保守派の教育者や政治家によって発表された一連の文書。進歩主義的な教育原理や実践が，生徒の知識や規律の低下を招いていると批判した。また，競争や選択という経済的な原理を採用することで，教育が活性化されるとした。

★6：ソフィーは『エミール』第5編で述べられている，自然人であるエミールの伴侶となるべき女性。エミールの教育にみられる進歩性がソフィーの教育にはみられず，ここにルソーの限界があるという批判が一般になされる。

★7：ジョン・デューイ（John Dewey：1859-1952）　アメリカの哲学者，教育者。伝統的な教師中心，教科書中心の教育を批判した。進歩主義教育や児童中心主義の代表的理論家とされる。『学校と社会』(1899)や『民主主義と教育』(1916)が主著として有名だが，ルソーの影響という点では，1915年に娘のエベリンと共同で発表した『明日の学校』に明らかである。

★8：ジャン・ピアジェ（Jean Piaget：1896-1980）　スイスの心理学者。子どもの認知能力の発達，特に抽象的思考能力の発生に関する研究で名高い。ルソーが思弁的に述べた教育の原理に科学的根拠を与えたとされ，20世紀半ば以降の教育に最も影響力の大きい心理学者である。

★9：用語の日本語訳は，『国家』（下），藤沢令夫（訳）2008，511D「線分の比喩」による。

★10：ハーバート・スペンサー（Herbert Spencer：1820-1903）　イギリスの哲学者。在野の研究者として活躍したが，19世紀後半から20世紀初頭にかけて最も影響力の大きかった哲学者の1人といえる。社会進化論や適者生存の学説で有名。意外と知られていないが，今日デューイの名とともに知られている教育原理の多く（たとえば「既知のことから未知のことへ」）は，スペンサーによってすでに唱えられていたということである。

★11：アルフレッド・ノース・ホワイトヘッド（Alfred North Whitehead：1861-1947）　イギリスの数学者，哲学者。世界を有機的に，過程としてとらえる観点で知られる。

★12：G. スタンレー・ホール（Granville Stanley Hall：1844-1924）　アメリカの心理学者。教育心理学や児童心理学の草分け的存在で，児童研究（child study）で知られる。ジョンズ・ホプキンス大学教授を経てクラーク大学初代総長。アメリカにフロイトやユングを招いたことでも知られる。

★13：文献に示した邦訳書，およびここでの訳は，『学校と社会』，宮原誠一（訳）岩波書店，1981，p.58.によった。

★14：ルリヤ（Alexander Romanovich Luria：1902-1977）　ロシア（ソヴィエト連邦）の心理学者。ヴィゴツキーの共同研究者であり，認知能力の発達における文化的影響についての研究が有名。

★15：ブルーム（Allan Bloom：1930-1992）　アメリカの政治学者，哲学者。1987年に出版した*The Closing of the American Mind*（『アメリカン・マインドの終焉』，菅野盾樹（訳）みすず書房，1988）はベスト・セラーになった。プラトン『国家』やルソー『エミール』の英訳でも有名。

★16：ハーシュ（Eric Donald Hirsch, Jr.：1928- ）アメリカの教育者，批評家。1987年に出版した*Cultural Literacy: What Every American Needs to Know*（『教養が，国をつくる。――アメリカ建て直し教育論　アメリカの基礎教養5000語付き』，中村安男（訳）TBSブリタニカ，1989）はアメリカで，『アメリカン・マインドの終焉』に次ぐ第2位のベスト・セラーとなった。教育を通じて平等を達成するためには進歩主義的教育ではなく，同じ国家や社会に暮らす誰もが共通に持っているべき知識の習得こそ必要だと唱えている。

第2章
神話的理解

1節　はじめに

　更新世中期の比較的短い間に，われわれの祖先の脳や喉頭，咽頭，顎が進化したことにより，言語が発達した。精巧な言語発達の結果，明らかにもたらされるものは普遍的に神話である。声を使わない人間集団——言語発達の可能性を持ちながら，その可能性を実現していない人間集団——は未だかつて存在が確認されていないので，非文字文化で神話を持たない人間集団は存在しないことになる。神話という妙な物語は，なぜ普遍的にみられるのだろうか？

　神話的思考の本質について，今なお「多様な意見と激しい論争があって，その主張は一様ではない」(Malinowski, 1954, p.96／1997, p.131改訳) が，それでも，私は神話についての目立った特徴を明らかにし，その特徴は言語発達に伴う当然の成り行きであると示したいと思う。世界中の歴史を通して存在した話し言葉中心の社会の場合でも，言語を使用する環境に育つ世界中のどこの子どもの場合でも，人が言語を発達させるときには，いつでも，これらの特徴が現われてくることを示そうと思う。

　話し言葉中心の社会における言語使用と神話的思考の関連は，謎が多いことは確かにせよ，すでに長い間明白なこととされてきた。ヘルダー (Herder : 1744-1803) は，初期ロマン主義者で民族文化の活力と純粋さについての賞賛者であり，進化論の理論家で，ゲーテに大きな影響を与えた人物だが，彼によれば，言葉ははじめ魔法であるかのように思われ，その力は神聖なものに見えたにちがいないという。それだから，多くの神話の中では，神々や神聖な先祖たちが一つひとつ名前をつけながら世界を創造した。そして名前を与えられたものは，超自然的な性質を持つと考えられたと彼は言った。神聖とか超自然の感覚もまた，文化的に普遍なものである (参照 : Brown, 1991)。それで，イギリスの合理主義者エドワード・タイラー (Edward B. Tylor : 1932-1917) が呼んだように，初期の諸言語は「声が鳴り響く神殿」だったにちがいないと論じられてきた。そして，初期のさまざまな言葉から力ある神々が生まれるという物語が，自由奔放な比喩的関連づけと知的混乱によってつくり出された。マックス・ミューラー (Max Müller : 1823-1900) は「神話は…言語が思考に及ぼす力である」(Müller, 1873, p.355) 理由として別な説明を提供した。神話は，同音語——多くの同語源語，同音異義語，他の言語からの借用語で似ている音の単語，同じ語源を持

つ異なる単語，等々——から生まれる，避けることのできない「言語の病」の1つであると，ミューラーはみなした．ミューラーの論じるところによれば，「原始的」人間の「幼稚な精神」は自然現象を率直に描写しようと試みたのだが，同音語の意味のずれに巻き込まれ，その結果として，われわれが神話と呼んでいる，奇異で非合理的な物語をつくり出したという．言語学上の入念な研究により，これらの物語の混乱を解きほぐして「思考に影響を与えている暗い言語の影を」(p.353) 取り払えることを，彼は示そうとした．たとえば，ミューラーは，ギリシア神話でアポロに追われたダフネが月桂樹に変身して逃れる話を，サンスクリット語に遡ることができる言語的混乱だと解釈した．ミューラーによれば，原始的な人々は世界について単純な合理的説明をすることができなかったので，その代わり，詩的な比喩で自分たちの生活を表現した．そのため，「毎日，太陽は夜明けとともに昇る」と観察する代わりに，「アポロはダフネを追い求め大空を駆けめぐる」と彼らは表現する．さて，「ダフネ」とは，サンスクリット語に語源を持つ言葉で，その同音異義語のもう1つの意味は——想像がつくだろうが——「月桂樹」だと，ミューラーは言った．長い年月をかけ遠く離れた地で，サンスクリットの同音の意味は忘れ去られたが，神話的苦心——これが言語の病であるが——の結果，アポロとダフネの物語が生み出されたという．ギリシア時代，ルネサンス時代，19世紀を通じて西欧で制作されたアポロとダフネをテーマにした絵画や彫像——アポロがまさに追いついて触れようとする瞬間，ダフネから月桂樹の枝と葉が伸び始めている作品の数々——が単にサンスクリット語に発する意味のずれの結果だとは！

　言語と神話を関連づけようとした19世紀のこれらの試みには，独創的なものが多かった．しかし，そのどれも，神話に関するすべての特徴を説明するものではなかった．それらの試みは，19世紀当時の「原始的な」言語を案内役に使い，言語を，生まれたときは単純なものであり，それが進化してきたと特徴づけようとしたが，推測が多すぎ，資料が少なすぎた．現代では，「原始的」な言語などはないこと，すべての言語は同じ程度に複雑であることが明らかになっている．この認識から，言語を使ったはるか昔の祖先の知的能力に対して，また，洗練された神話的思考に対して，新たな敬意が払われるようになった．

　言語が発達するにつれて，精神は「出来事のエピソード的認識や，エピソードの擬似的再構成を越えて，人間世界の全体像を総合的に理解するまでにいたった．因果関係の説明，予知，制御——神話はこれら3者すべてを成し遂げようとする試みからなっていて，人生のあらゆる局面が神話に浸透している……神話は，精神の道具の原型であり，基礎であり，総合的なものである」(Donald, 1991, pp.214-215)．私は本章で，この総合的な精神の道具についてあれこれ考えてみたい．神話が原型的，基礎的，総合的役割を果たしていることから，私はこの総合的理解様式を「神話的」と呼ぶことにする．

ヴィゴツキーは個人の発達のイメージを提示したが，その中で「子どもの初期の実践的知性は，発話（speech）に依存しない」（Vygotsky, 1978, p.21）と言った。ドナルドによれば，言語以前の「擬似」思考は「基本的に意思疎通の装置として身体全体を使う能力であり，知覚したことを行動に移す能力である……これは最も基本的な思考技法であり，根本的に言語表現様式に依存しないままでいる」（Donald, 1993, p. 740）という。したがって，本章で私が焦点を置くのは言語使用の初期の形態であるが，これは言語に依存しない認識活動様式の上に築かれ，それとともに発達するものであると私は考える。

　言語以前の理解様式に言及すると，人間の精神（mind）は言語発達があってこそ生まれたもので，最初から「言語漬け」だったと考える読者には，奇異に思えるだろう。後者の考え方をする人々は，チョムスキー[*1]の理念が一層注目を浴びるにつれて，急速に増えている。赤ん坊は生まれる前でさえ言語のリズムに聞き入っていて，母語の音韻に対する嗜好を誕生後間もない頃に見せるという証拠が積み上げられていることに，それらの人々は強く影響されている（Eimas et al., 1971; Mehler et al., 1988）。人間の赤ん坊は文字を持つ以前，まるで言語漬けの動物であることが自明であるかのように，彼らは言う。たとえそうだとしても，私が第5章で論じるように，言語が認識を構成するために十分に活用されるようになるまでは，われわれは人間特有の，しかも言語以前の理解様式を持つ。そして，この「身体的理解」は生涯を通じて，世界をとらえるときの基本であり続ける。

　人間の言語発達は，歩くことを学習したりリズムに聞き入ったりするような身体的発達よりはずっと少ない割合かもしれないが，遺伝的に決定されている。幼児が食事を与えられ身体的な世話を受けている限り，これらの身体的な能力は発達するものである。しかし言語発達に関しては，言語を使用する社会に生活する幼児に対して，意図的な影響が必要とされる。つまり，「神話的理解」の特徴のあるものは，遺伝子の中に進化的に組み込まれてはいるが，それらが十分に発達するためには，大人の側の意図的な働きかけが必要とされる。教える必要がある読み書きとちがって，子どもたちが教えられないでも歩くことを学ぶのはなんと幸いなことだろう。さもなければ，世界中はよろよろして歩くことが下手な人間で一杯になってしまうだろう，というような冗談は数多い。しかし，歩くことはがっちりとわれわれの遺伝子に組み込まれているし，適当な支援のある環境では話すようになることも，がっちりとわれわれの遺伝子に組み込まれている。しかしながら，成長するにつれて，遺伝子そのものによる援助は少なくなり，次第に，遺伝子的に組み込まれている一般的な学習能力──これは読み書きや算数を学ぶほどには，まだ分化が進んでいない能力──に依存しなければならなくなる。教育のコツは，幼児期から児童期に成長していくときの，弱まっているとはいえまだ働いている遺伝子的影響力にできるだけ寄り添う形の学習にして，読み書きや算数の学習をよりやさしくより効果的にすることである。そのような遺伝

子的影響力は，言語を活発に獲得する時期から7歳くらいまで働いていると推測される。その時期には語彙の蓄積と文法使用の複雑化の程度と相まって，言語は，一生の他のどんな時期に教えられ獲得するもの以上の発達を遂げるので，なんらかの特別な遺伝子的影響力がそこにまだ働いていると考えても，妥当なことと思われる。だから，「神話的理解」の時期は，弱まっている遺伝子的影響力が，増してくる未分化の学習能力と合流するときである。そのため，学習は努力なしに行なわれることがなくなり，意図的に行なわれることが必要となり始める。

したがって本章の目的は，「神話的理解」の特徴を述べ，その特徴がどのように今日の教育をよりやさしくより効果的なものにするのに役立つかを示すことにある。またこれらの特徴が幼児教育の姿を再定義することに役立つだろう。

「神話的理解」は，文法に添った言語使用が発達する2～3歳の時期から6, 7, 8歳頃まで優勢なのが普通である。7歳頃に理解様式になんらかの目立つ変化が現われるのは，他の道具と相まって読み書きの道具を取り入れる知的能力の結果である（これはピアジェ的な知的発達様式のように自然発生的に起こる結果ではない。そのような発達とも多少は関係しているかもしれないが）。「神話的理解」はかなりの程度「身体的理解」の道具に組み入れられ「身体的理解」を変革してゆくが，それと同様に「神話的理解」は読み書き能力を獲得しても置き去りにされるのではない。「神話的理解」はそれ以降のすべての理解様式の中で，変革されながら，構成要素としてかなりの程度存続し続ける。コラコフスキーが神話を「文化の永久的構成要素」（Kolakowski, 1989, p.x）と呼んだのと同じ意味で，「神話的理解」はその後にくる理解様式の永久的構成要素となる。「神話的理解」はおそらくいろいろ変化した形で，読者の皆様や私が，今も使っているものである。

2節 「神話的理解」の特徴

これから述べる「神話的理解」のそれぞれの特徴は，言語発達の直接的な結果である。だから，「神話的理解」は話し言葉中心の伝統的社会の神話的思考にもみられるし，読み書き中心の現代文化に育つ幼児の，日々の自然発生的な成長過程にもみられるものである。次に述べるそれぞれの項は，なぜ言語発達が人類の思考のそのような特徴を生み出すことになるかについて，簡単に述べることから始まっている。これらの記述のすべてが同じ程度の説得性を持っているわけではない——あるものは多くの学問的論議が必要だったし，あるものはほとんど必要でなかったが，さまざまな証拠と可能性を積み上げていくと，新しい反復説が裏づけられるはずである。「神話的理解」の特徴として，私が取り上げなかったものもある。たとえば嘘（Nyberg, 1993は嘘の社会的，知的効用を熱心に探究した）のようなものである。なぜなら，そのようなものの教育的意味合いは，たとえば物語に比べれば，ほんのわずかだろうと思うか

らである。とは言うものの，嘘と物語（stories）の区別がはっきりしていないことは（「また彼はつくり話〔telling stories〕をしている」のような！），次に挙げるさまざまな特徴が複雑に重なり合い影響し合う事実に気づかせてくれる。

◆対概念による構成◆◆◆

　いきなり「神話的理解」の「奥底」に飛び込んで，対概念——二元性，概念的対立など，人間の思考に普通にみられるこの傾向をなんと呼ぶにしても——による構成から話を始めよう。これは「奥底」にある特徴である。なぜなら，この特徴は，言語の西欧的病として，ポストモダニズムやフェミニストたちの書いたものに目立って取り上げられている。たとえば，ジェンダー問題の理論家たちは，「男性／女性」の対は西洋の合理主義思想の中でつくり上げられた間違った二分法だと論じている。この二分法は，文化／自然，合理的／感情的，公的／私的，能動的／受動的，支配的／服従的，等々（参照：Fox-Keller, 1986）のようなさらに多くの対概念リストと結びつけられて，女性を抑圧し貶めるために西洋文化の中で利用された支配的道具を提供していると，ジェンダー問題の理論家は言う。たとえば西洋で最も広く知られている童話の中でグリム兄弟は，上に挙げた対概念リストにある後者の性質を，典型的な女性を代表するものとして組織的に取り上げ，幼い子どもたちにジェンダーについてのステレオタイプを吹き込んでいる，と彼らは言う。

　対概念を形成することは，言語使用の必然的な結果である。これは意味を探究するための1つの道具である。道具は破壊的に用いることもできるが，有益で建設的な仕事にも用いられる。私は第6章でイデオロギー的な議論の話題を再度取り上げるつもりだが，ここでは，西洋文化の中で，破壊的なステレオタイプ化とジェンダーに関連する対概念が拡大し続けていることを指摘しておきたい。そのような状態があるので，それらの対概念の解体を望むことはできる。しかし言語を使う限り，対概念の使用をやめることを望むことはできない。それらの対概念を解体するための効果的な手順は，たとえば，グリム童話を追放したり，現代の価値観に合わせて書き換えたりするのではなく，対概念が掲げている破壊的連想をはっきりと表明することである。そうすると，グリム童話の審美的（Hoogland, 1994），心理的（Bettelheim, 1976）価値を保ちつつ，童話と童話を生み育てた文化に対する深い理解に導かれる。

　ポストモダン文化で対概念への不信を表明した本源はフリードリッヒ・ニーチェ（Friedrich Nietzsche：1844-1900）であった。彼は人の思考と言語が生み出す概念的対立を執拗に攻撃した。人は自分がつくり出した概念的対立を通して現象を眺める存在であり，対立が思考の産物ではなく現象の産物であると思い込む存在であると，彼は主張した。「いかなる対立もない。私たちのもつ対立の概念は論理学上の対立からえられたものにすぎず——そしてここから間違って事物のうちへと持ちこまれたのである」（Nietzsche, 1968a, p.298／1993下巻, p.87）。言語が対立の源だと，彼は主張し

て止まない。一方，現実は継続であり差異は永続的な変化のグラデーションであると彼は言う。だから，言語は世界の姿をわれわれに誤って伝える。そして，われわれの主な知的課題は，世界を表現する不十分な用語を世界そのものによって解きほぐすことであるという。ニーチェは，「誤解に導く言語の過ち（言語の中に化石化されている理性の根本的誤謬）」（Nietzsche, 1956, p.178）を驚くほど鋭く指摘している。

　しかしながら，ニーチェの見解は私の意見を証明するのに役立つ。たとえ，ある対概念的構造の使用，その単純化の働き，対概念で表わされない現実の欺瞞化を遺憾だとするにしても，それを避けるためにわれわれができるのは沈黙に退却することだけである。女性／男性，黒／白，自然的／文化的などの基本的な対概念はどの文化にもある普遍的なものである（Brown, 1991）。これら対概念から連想されるものは文化により異なるかもしれない。しかし，これらやその他の対概念がどの文化にもみられる事実は，これらが西洋思想に特に偶発的に生まれたものではなく，人類全体に共通していて何か意味深いものを反映していることを示唆している。

　対概念構造が言語発達の必然的な結果であるのはなぜだろうか？　それは，「われわれは基本的差異を，AとAでないものという対立の形式で，論理的に表現するからである。そして，区別することは類似点を認識することと同様に，すべての認識過程にとって基本である」（Hallpike, 1979, pp.224-225）。ヴィゴツキーも幼児が何か簡単な課題に取り組んでいるときに「初歩的区別」を使うことに言及している。「子どもが収集(コレクション)するときには，類似よりは対照(コントラスト)を手がかりに同じ種類を結びつける」（Vygotski, 1962, p.63／2001, p.174改訳）。エドムンド・リーチはホールパイクと似たことを指摘している。「対概念は人間の思考過程に本来備わっている。どんな世界についての叙述であれ，『pは非-pではないものである』といった形式でカテゴリーを区別する以外にはない」（Leach, 1967, p.3）。もしリーチの見解が，対概念構成は「人間の思考に本来備わっている」とするのでなく，思考に対する言語の影響とするのであれば，われわれのここでの議論にとって，私にはそれが好ましく思える。しかしこれらの言語化された対概念は，自分／他人，模様／下地，顔／顔以外というような言語以前の身体的差異認識から発達するように見えるのは確かである。（参照：Banks & Salaparek, 1983）

　これは，どこか扱いにくいテーマである。対概念を探し始めれば，ほとんどどこにでも見いだされる。それがわれわれの使う言語の欠陥であろうと，物事を観察する精神（mind）の欠陥であろうと，それは問題ではない。なぜならどちらもこれらの論理的構成〔対概念〕が少なくともごく一般にみられるという見解を支持するからである。対概念はすべての言語に基本的であるようだ。たとえば，名詞（停止）と動詞（変化）（この両者を区別するところに文法的統語が始まる；Pinker, 1994, p.268）に対応するカテゴリーは，どの言語にもみられる。どんな区別も対立になりがちであるとするスチュアート・ミルの嘆かわしい結論を否定することは難しい。私たちは自ら

の思考について区別が対立になりがちだということを納得しないとしても，他人の思考については，疑う余地もないほど明らかに見てとれる。

話し言葉中心の伝統的文化の神話にみられる対概念的構造は，クロード・レヴィ＝ストロースによって劇的に論証された（参照：Lévi-Strauss, 1966, 1970, 1978）。この点に関して，彼はアメリカ・インディアンの神話からのいくぶん限られた資料に基づいて大きな総括的主張をしたので，彼の研究は物議を醸した。彼は，対概念的構造はすべての神話に基本的なものであり，そのような構造を明らかにすることが神話の適切な解釈へつながる鍵である，と論じた。彼はさらに，対概念は神話と現代的思考の中で大変目立つ現象であるが，それは人間の頭脳に，対概念を基礎にして理解を構築する生まれつきの「配線」があるからだ，と示唆した。4巻にも上る『神話論理』★2の中で分析した膨大な神話蒐集資料の範囲を越えて，彼が自分の調査結果を一般化したことに，人類学者たちは異議を唱えるかもしれない。しかし，これらの神話の中に基本的に対概念的構造があることについては，議論の余地がない。対概念構造がなければ蜂蜜／灰のようなでたらめな組み合わせになってしまうところを，対概念的構造があることにより，神話の使用者たちの環境と生活に意味深い秩序を与える複雑な論理的構造がどのように構築されているかを，レヴィ＝ストロースは示す。彼は話し言葉中心の伝統的文化における対概念的構造の使用について議論の余地のある論証をしたが，男性／女性，許可／禁止，自然／文化，善／悪などのような二元論がどこでも使われているという決まりきった所見に少し風変わりな考えをつけ加えるものとして，彼の議論はここでの私の目的に適うものである。しかし，対概念がどこにもみられることについての彼の基本的所見が今も常に影響を与えていることは，はっきりとしている。中国の陰／陽の単純性，またその他の多くの文化にあるそれに似た対概念についてのジョセフ・ニーダムによる議論の影響で，ジャック・グディは「このような観念は，その最も一般的な形において，人間の思考や言語の使用それ自体に本質的なもののように思われる」（Goody, 1977, p.40／1986, p.76）という結論を引き出した。

現代の幼児の思考において対概念が顕著にみられるのは，指摘の必要がないほど明らかである。幼児の思考構造に注意を払うものなら誰でも，ブルーノ・ベッテルハイム★3が言う「新しい方法で自分の世界観を秩序立てようとし……なにもかも両極に分ける」（Bettelheim, 1976, p.74／1978, p.108）子どもの様子を観察することができる。子ども向けの物語や子どもがつくり出すお話の中で最も明らかな構造的特徴は，表面にある内容がたいてい，安心／不安，善／悪，勇気／臆病，愛／憎しみ，幸せ／悲しみ，貧困／裕福，健康／病気，許可／禁止などの基本的対概念のセットの上に築かれていることである。たとえば，ヘンゼルとグレーテルの物語は，安心／不安からなる強力な構造の上に表現されている。

物質的な世界についての概念理解を，最初は対概念——暑い／寒い，大きい／小さい，柔らかい／硬い，曲がっている／真っ直ぐ，甘い／酸っぱい——による構造をつ

くることによって整理することは，わけのわからない複雑ないろいろな現象についての理解へ向けて，初歩的な手引きとなる。「一度ある対概念が確立されその原則が理解されれば，その後はすぐに，反対語あるいはなんらかの中間的な用語が，対やその程度によって決まってくる」(Ogden, 1976, p.20)。これらの対概念は多くの場合必ずしも，論理上や経験上の真の意味での正反対の組み合わせではない。それらはむしろ，複雑な現象理解へ手引きをする概念形成の目的を持つ対概念として打ち立てられていて，その現象について初歩的な概念形成の操作を可能にするものである。

　オグデンが指摘しているように，一度ある対概念が確立してその原則が理解されれば，子どもはさまざまな対概念を把握するだけでなく，中間的な用語の意味を探るためにその対概念を使う。これまでも私が使った簡単な例を挙げれば，幼児は「暑い」と「寒い」を対概念として確立することにより，温度の連続性を概念的に把握し始めるのが普通である。この対概念の底には，最初の温度差の区別は子どもの体温よりも暑いか寒いかという論理的で経験的な必然性があるようだ。このようにして，「暖かい」という中間的な用語が，すでに確立された反対語の間の仲介として意味を持つようになる。子どもは概念の操作力を拡大し続け，たとえば「暖かい」と「寒い」の間を仲介して，「涼しい」という概念をとらえる。あるいは，この概念が「暑い」よりは「寒い」に近い中間的な用語であることを学び始める。このような過程が，子どものまわりの日常的物質的な世界の意味を理解するために広く用いられるように思われる。私がまえがきで述べたように，われわれの身体は，意味理解のための最初の「仲介役」であり，われわれが区別する差異のあるものは最初，身体を基準にしている――「湿った」は自分の身体より湿っていて「乾いた」は自分の身体より乾いている意味であり，「固い」は自分の身体より固くて「柔らかい」は自分の身体より柔らかい，「大きい」は自分の身体より大きいであり「小さい」は自分の身体より小さい，等々と続く。これらの概念は，子どもが修飾語や比較の語――ぐにゃぐにゃ，枕のように柔らかい，かなり柔らかい，本当に柔らかい，ぶよぶよ，気持ちいい，ふわふわ――をつけ加えることを学ぶと，語句の次元で仲介を受ける。対概念は比喩により身体を越えてその他の次元にまで拡張する。そのようにして，内／外の対概念は身体から部屋や家にまで拡張され，大きい／小さいの対概念は小さい木がしばしば大きい人よりも大きいことを認識するまでに拡張される。

　上に述べた多くのことには議論の余地があるようだ。すなわち，対概念的構造は文化的集団や子どもの間でどれほど強力で基本的な現象なのか，また，対概念的構造が部分的には，頭脳の中の「配線」によるものなのか，それとも，言語上の本質によるものなのか――言語／頭脳と簡単に分けられるわけではないが――といった議論があるだろう。議論の余地がない部分は，対概念的構造が人間集団のどこでも見いだされるという事実であり，今日の子どもたちによって普通に使われているという事実である。もしこの事実が認められるのであれば，その教育的意義は何であろうか？　これ

以上，あれこれ議論することがあるだろうか？

　本書の後の部分で，私は対概念的構造の教育的意味合いを詳細に追究するつもりである。しかし，本章においては，このような抽象的観点が毎日の授業実践やカリキュラムにどのように影響するかを指摘するだけで十分だろう。そのために，カリキュラムの中から歴史の教科を例に取り上げることにしよう。

　学校教育の低学年の段階で，歴史の教科が含まれていることはほとんどない。低学年で教えられるのは，たいてい，子どもの生活環境に大きく影響を与えるその地方や地域の事実に関する事柄である。子どもがすでに知っていることや身近に経験することから世界の探求を始め，日常の生活環境から徐々に理解を拡大しなければならないとする進歩主義者の理論に応えて，歴史の教科は低学年のカリキュラムから外されてきた。進歩主義はまた，子どもが能動的に関わることができない内容をカリキュラムから外すようにと勧めてきた。低学年の学習の根本は「物事のやり方」（Dewey, 1966, p.184／1975上巻, p.291改訳）にあるので，歴史的出来事を実践的な体験学習にするのは不可能であるとする。デューイはさらに，「歴史が始まる本当の時点は，つねに，問題を抱えた現在の状況である」（Dewey, 1966, p.214／1975下巻, p.36改訳）と論じた。歴史教科の消滅と除外はピアジェ派の研究によって，一層の裏づけを得た。ピアジェ派の研究では，歴史理解にとって決定的に重要な概念のあるものは「形式的操作」が必要であり，10代になるまでそれは「発達」しないとした（Elkind, 1976；Hallam, 1969）。また，ピアジェによれば，幼児は「前操作」または「具体的操作」[★4]の思考者であるので，歴史的資料とうまく関わることができないとされた。これらの影響が重なって，カリキュラムは低学年の子どもを歴史に関して無知の状態に置いている。なぜなら，一方で子どもは歴史を理解できないと考えられ，他方，子どもの関心と活動は日常の経験と地域の生活環境に中心を置くべきで，そこから拡大していくべきものであると考えられているからである。

　因果関係のような，歴史理解に決定的に重要な「形式的」概念は10代になって突然降って湧いたかのようにその「発達」が出現するわけではない。たとえ低学年の子どもが歴史的因果関係の概念をとらえないとしても，子どもは，『ヘンゼルとグレーテル』や『シンデレラ』や『ピーター・ラビット』のような物語の展開に沿ってみられる因果の原則をはっきりとらえていることは確かである。さらに，もしティーン・エイジャーが歴史的因果関係の込み入った概念を発達させるのだとしても，前段階的な因果の概念の発達は刺激され，うながされなければならない。『ピーター・ラビット』にみられる「ナラティブによる因果関係」が，トゥキディデスの歴史的因果論にみられる論理の前触れであるのは明らかである。カリキュラムから歴史の教科を抹殺するのではなく，低学年の子どもがはっきりと理解するような概念の上に構成された歴史的内容を導入することは可能である。これらの概念は，子どもの実際的で日常的な活動から順を追って拡張するだけで理解が可能になるものではなく，子どもの思考に普

通にみられる対概念的構造を利用することにより，おそらくはもっと魅力のあるものとして理解が可能になる。

　たとえば小学校１年生に，自由と抑圧，知識と無知，安全と不安などの対概念の上に構成される世界史のナラティブが導入できるかもしれない。これらの対概念の意味を，低学年の子どもははっきりと理解できる。なぜならこれらの対概念は，子どもの好きな物語や自分でつくる空想的ナラティブの中にも，自身の経験についてのおしゃべりの中にもみられるからである（Paley, 1981, 1984, 1990）。結局のところ，われわれの歴史とは，ドラマと事件と生き生きとした人物像で満ち満ちた，われわれの知る中でも最も偉大な物語である。５歳児向けにそのようなナラティブを構成するには，もちろん歴史的事実を単純化しなければならない。しかしその単純化は，最高に緻密な歴史的叙述が現実をどれほど単純化しているかに比べれば，単なる程度の問題であろう。そのようなナラティブは子どもの経験の生き生きとした一部になっている概念の上に築かれることになる。家庭であろうと，隣近所であろうと，教室や校庭であろうと，子どもたちは自由と抑圧に関する事柄をすでに経験している。世界が自分たちの経験と似ている大きな闘いと問題を通り抜けてきたことを学びながら，これらの概念を使ったり練り上げたりすることは，教育的に非常に意義がある。

　また，『ヘンゼルとグレーテル』の物語を語るとき，語り手は対概念——ここでは安心と不安——を言葉にして議論したり説明したりしないことに注意しよう。深い意味で子どもたちはこの対概念をすでに知っていることを，われわれは前提にしている。語り手は子どもに馴染みのある事柄を使って，ある遠くの森ではるか昔に起こった出来事を理解させる。同じようにして，世界史のナラティブの中に，抑圧や自由について言及することも，その用語を使うことさえも必要ではない。家庭や学校での経験から，この基本的な対概念が子どもたちにとって意味あるものだということを，われわれは前提にしている。歴史的出来事を子どもたちにとって意味あるものにするために，ナラティブによる構成で対概念を使うことだ。対概念的構成は，これまで知らなかった新しい内容の把握を子どもに可能にする道具である。対概念的構成について教える必要はない。

　対概念的構成は言語や精神の姿であって，ニーチェが激しく議論しているように世界の姿ではない。世界が対関係で構成されているのではない。しかし，世界をとらえるために，最初に対の用語にまとめることが効果的である。学習の過程には，現実の複雑さにさらに本当の意味で近づくために，精神が使う用語を練り上げる努力が含まれる。精神が使う用語は——言語が主なものであるが——不明瞭な事柄を攻略するという課題には常に不十分である。しかし，不正確で，ずれがあり，滑って，消えうせ，朽ちていく言葉とその意味について耐え難いほどの格闘をすることが，教育の中心である。つまり，教育の要点は，対概念を教えることでもないし世界が対の項で構成されていることを教えることでもなく，最初の構成概念を仲介し，練り上げ，意識的な

認識へ向かって常に導くことである。しかしながら，なんらかの手がかりが最初に必要とされるのであり，それがなければ，確実に練り上げるべきものもない。だから，対概念的構成は，新しい意味をとらえるために効果的なものである（こう言ってしまうと平凡だが，これは仏教的思考の中心的テーマを反映しているし，初期の西洋の著述にも見いだされる。たとえば，知恵とは多くのものを知っていることではなく，競い合う対立の中にある一致を知ることであるというヘラクレイトスの教えがある）。

　しかし，たとえ子どもに世界史を教えることができたとしても，前述の進歩主義者の原則が他方にあって，それによれば世界史をはじめに教えるべきではないし，世界史の学習にはなんら「能動的行為」を含めることができない。後者の見解をはじめに取り上げてみよう。この見解はデューイの意見に結びついていて，「人に最初にわかる知識で最も深くいつまでも刻みつけられているものは，物事のやり方についての知識である。歩き方，話し方，読み方，書き方，スケートの仕方，自転車の乗り方，等々かぎりなくある」(Dewey, 1966, p.184／1975上巻, p.290改訳, 強調は原文による)。これはまったく間違っている。歩き方や自転車の乗り方を学ぶ前であっても，あるいは，そのどちらもできるようにならないにしても，われわれは抑圧と自由，愛と憎しみ，善と悪，不安と安心の概念をとらえている。さて，この比較は，比較できる同等の知識が含まれていないので明らかにおかしい。しかしながら，われわれの関心事は教育なので，理解を助けるためには〔これらの対にみられる〕概念上の基礎のほうが物事のやり方よりは重要だろう。

　低学年の教育について，新しい知識は「子どもがすでに知っていることの上に築かれるべきだ」(Jarolimek, 1982, p.12)というのが一般的である——無作為に教員養成用教科書を取り上げれば，まったくすべての教科書がまるで疑問の余地がないとでもいうように，同じことを述べている。これが，進歩主義者の考えの根本原理であり，広大な影響力を及ぼしてきた原則である。

　これを自明の原理だとするときの問題点は，これがどのように解釈されてきたかにある。低学年の子どもは日常的環境の内容を知っていると想定されている。そのため，子どもは郵便配達夫，隣近所，家庭について教えられる。しかし子どもが自由と抑圧について知っているとは想定されていないので，ギリシア人とペルシア帝国，西アフリカ諸国と奴隷貿易，中国の古代王朝について，また，闘争や勝利，時代を経て男性にも女性にも共同体にも起こった悲劇については何も教えられることがない。

　そうではなくて，世界を最初に理解する手がかりである対概念を使って子どもも知っている事柄について考えを及ぼすならば，そのような概念を用いてはっきりと表現できるどんな内容，どんな知識でも子どもに導入することができるだろう。子どもの経験から学習を始めるべきで，すでに知っていることからまだ知らないことへと学習を進めるべきだという考えを受け入れるにしても，今日実施されているような低学年のカリキュラムにする必然性はない。幼い子どもは，地域の状況や活動などに固有

な経験をする以上に，早くから愛と憎しみ，不安と安心，抑圧と自由をも経験している。この経験は現行のカリキュラムよりもずっと豊かなカリキュラムが実現するための起点として役立つ——この年齢の子どもには世界をとらえるために想像力がエネルギーに満ちて生き生きと働いているのに，現行のカリキュラムは地域の茶飯事や「体験的」(hands-on) 教育活動に焦点があって，知的に貧弱なテーマの組み合わせから成っている。

　対概念とその仲介だけが子どもが何かを学習する唯一の方法だと言っているのではない。そうではなく，対概念は子どもが通常学習に使う一連の手順のうちのほんの一部である。私がここで対概念やその仲介を強調する理由は，対概念に注目することが，子どもの学習の仕方について非常に影響力を持っている限定的な見解を，鮮やかに崩壊させることになるからである。私は対概念を最も有力なものというよりは，子どもの学習の特徴でたいてい無視されているものの代表として考えている。この特徴を教師は比較的容易に利用することができ，そうすることでカリキュラムの内容を子どもにとって魅力的で意味のあるものにできる。ジェローム・ブルーナー★5は「どの教科でも，知的性格をそのままに保って，発達のどの段階のどの子どもにも効果的に教えることができる」(Bruner, 1960, p.31／2010, p.42) という主張をして批判されている。私の議論のこの部分は，ブルーナーの主張を支持する議論の追加として読んでくださってもよい。

　対概念的構成が広くみられることをとりたてて指摘するのは，少し奇妙なことかもしれない。なぜなら，対概念的構成が西洋文化史を通じてみられることは明らかだからである。対概念を使う明白な教育的対応としては，弁証法——議論の論理的分析方法で，両極の立場を打ち立てて，その両極の1つの立場を支持してもう1つの立場に反対するか，または新しい立場に向かって仲介する方法——がある。弁証法は学問的分野では修辞学の衰退とともに消え去っているように見える。非常に影響力を持ちながらも概して独創性に欠ける学者であったピーター・ラムス (Peter Ramus：1515-1572) は，弁証法が「世界についての意識の構成全体を支える」との信念に思いをめぐらせた (Ong, 1958, p.3)。私の結論はこれよりは少し控えめである。しかし対概念的構成は広くみられるので，教育の場でもっと多くの注目を浴びるだけの価値がある。

◆ファンタジー◆◆◆

　神話の目立つ特徴はファンタジーであり，われわれが生きる白昼の世界の日常的法則から遊離することにある。話しができて衣服を着ているウサギだのクマだのその他の動物で満載され，日常的白昼の経験で知っているどんなものからも遊離しているファンタジーを，世界中の幼い子どもが喜んでいるのは明らかである (Brown, 1991)。

子どもがファンタジーを喜ぶのは単に大人がそのような物語を話して聞かせるからだと考える人々もいる。この説明は十分納得のいくものではないと考える多くの理由がある，と私は思う。

第1に，語られる物語に対して聞き手が影響を及ぼさないでいることはない。大人が語り聞かせる物語の中で，子どもの反応はかなり決定的な役割をする。もし子どもの理解が，多くの教員養成用教科書で主張されているように，直接的な経験や地域の生活環境や実際的活動に縛られているとしたら，親はファンタジーを話して聞かせるのをすぐにやめてしまうことだろう。小学1年生の好きな物語と嫌いな物語を調査したロジャーズとロビンソン（Favat, 1977）によれば，さまざまな子どもに広範な物語が好まれたが，「話しができる動物」や「王子と王女」や「魔法の指輪」が出てくる童話が好きなものの一番上位であることがわかった。下位は，「宇宙飛行士の仕事」「テレビの出演者」「橋の建設」など現実世界についてのものだった。

第2に，ファンタジーが世界中にある神話物語と共通点を多く持っていることは，親による条件づけ以上の何かが働いていることを示唆する。

第3に，非常に幼い子どもがグループや1人でつくり上げるナラティブには，家庭や地域の生活環境が，おとぎの国や海賊の島や魔法の世界に変容することも大変多い。このようなファンタジーへの衝動が，子どもが聞いたことのあるほんの少しの物語によって起こるという説明は，十分でないように思われる。最後の理由として，人生のあらゆる段階でさまざまな形をしたファンタジーが続くことを考えれば，ファンタジーは，少数の語り手による曖昧で偶発的な発明品ではなく，われわれの精神的生活の奥深い特徴と何か結びついていることを示唆している。

アーサー・アップルビーは，一般的に幼い子どもが『ピーター・ラビット』のような物語を理解し喜ぶ理由を説明し，伝統的な議論をさらに進める。「子どもが物語に要求する親しみやすさは，たいてい社会的なものであり，自分もしたかもしれないと思う行為にある。このようにして，『ピーター・ラビット』は馴染みのある家庭生活に状況が設定されているので，2歳8か月のキャロルにも理解のできる物語となる」（Applebee, 1978, p.75）。この見解は教員養成用の教科書で広くみられるものであり，カリキュラムに対するその影響は，おそらく社会科に最もはっきりと現われている。「このようにして，幼稚園と小学1年生は社会科の多くの時間を自分と家族を知るための学習に費やす。なぜなら，この2つのテーマは低学年の子どもに意味があるし身近なものであるからだ」（Ellis, 1986, p.9）。

もし，低学年の子どもの経験の中で親しみがあり身近なことが，物語やその内容を理解できて意味があり，受け入れられるものにするのであれば，なぜピーターが話したり衣服を着たりしているのかを，訝る必要がある。また，どうして怖い森が安全であり，耕作されている菜園が危険な場所であるのかが不思議になる。子どもの「自己中心的」思考を強調していて，あきれるほどに子どもを見下げている理論家の皆様に

お尋ねする。なぜ子どもは安全な菜園や怖い森という通常の経験からすれば，逆さまなことをすぐに受け入れるのか？　なぜ子どもはこのような事柄について，そのウサギの視点にすぐ立つことができるのか？

　ピーターがウサギであることは偶然ではない。ピーターは子どものお気に入りの物語に満載されている，数限りない空想上の生き物のほんの一例である。それなら，話すウサギはどこからくるのか？　さて，対概念を考えてみよう。対概念は非常に広範囲の現象について言語上，概念上の操作力を子どもに与えるのに役立つ。たとえば，猫としばらく話した後で，子どもはその動物が話し返すことができないし，衣服を着るのをいやがるし，食べるときはもちろんフォークとナイフを使わないことを知る。動物というものは人間とは大きく違うものだということがはっきりする。そこで，もう1つの対概念――人間／動物――が構成される。同じように，子どもは文化的に変容されたものと自然界のものの間の重要な違いを認識する。子どもは生／死，自然／文化，人間／動物のような対概念の用語をはっきりと言葉にすることはめったにない。しかし，対概念は，世界の意味を構築する際の一段階で行なわれる基本的な差異認識である。

　温度についての概念を精緻化する際に，これらの対概念的構成を仲介過程に当てはめると非常にうまくいくのだが，そのとき，どうやっているだろうか。暑い／寒いは暖かいを生み，乾いた／濡れたは湿ったを生み，生／死は――一例を挙げるならば幽霊を生む。幽霊は生／死を，暖かいは暑い／寒いを，湿ったは濡れた／乾いたを仲介する。人間と動物についてはどうだろうか？　イエティや人魚やサスカッチ★6だ。それでは，自然と文化についてはどうだろう？　さて，それはピーターのような話すウサギだ。ピーターは話したり衣服を着たりする文化的な特徴を持つ自然界の生き物だ。

　このような空想についての説明もしくは説明の一部――ファンタジーは，世界を表現する言語や概念の操作をしやすくするための技法上の産物であるという説明――は，不適当な概念にまで一般化を拡大しすぎているだろうか？　言語はものに名前を与え，カテゴリーを設定し，多くの連続的現象を対概念的構成に便宜的に組織化し，対概念的用語の間を仲介して物事の理解を練り上げる。基本的な対概念の中には状態が連続的でなく，現実世界には仲介するカテゴリーがないものもあるので，概念操作を練り上げる技法を無制限に使うことができる空想の世界が紡ぎ出される。

　もしこの説明が簡単すぎるというなら，ファンタジーについての非常に込み入った心理分析的説明については，どう考えたらよいだろうか？　オッカムのチェーンソー★7を振り回してよいのだったら，ユングやフロイトのような不必要に複雑な説明はばっさりと切り捨て，最も簡単な説明で十分だとしたい。しかし，これらのどの説明も大いに検討されずにすまされないのは，もちろんである。ここで重要なのは，世界中の神話にファンタジーと現実遊離が普遍的にみられるものだと認識することである。子ども向けのファンタジーが深い意味を持つ対概念的差異の間を仲介するカテゴ

リーであるとする説明は，レヴィ=ストロースが示唆した，神話の中のファンタジーと現実遊離に関する説明と呼応する。

空想と現実遊離の世界に子どもが簡単に入り込めるという事実の教育的意義は，前項で述べた内容を補強する。つまり，子どもの学習は，既知の内容から未知の内容へという論理的順序を常に辿る過程ではないという点である。もしそのような過程が優勢なら，なぜとても幼い子どもが意地悪な魔女や宇宙戦士やしゃべるウサギについてすぐに理解するように見えるかを説明するのは難しいだろう。一方で，このように子どもが空想に簡単に入り込めることは，これまで述べた対概念的構成と仲介の過程を通して考えると簡単に説明がつく。われわれが学習内容を何かと結びつけて多くのことを学ぶのは明白である。しかしそのような学習が，カリキュラム作成者によって排他的教義として受け取られてきた。重要な点を繰り返すと，もし対概念的構成と仲介過程は子どもが知識に近づくもう１つの道であると認められれば，その暁には，現在の低学年用カリキュラムにある制約〔抽象的とされる内容を除外する傾向〕を心配せずに外すことができ，それは利点をもたらす。要点を繰り返すが，「拡大する生活環境」[*8]という教義が多くの子どもたちの教育を貧しいものにしている主な原因である，と私は思っている。

◆抽象的思考◆◆◆◆

現行の教師養成用教科書では一般的に，幼い子どもは「具体的」思考者だとの視点が受け入れられている。そしてこの信条により，西洋社会のいたるところで，授業実践とカリキュラムが大きく影響されてきた（Roldão, 1992）。具体的とか抽象的とかいう用語を精神の内容について使用するのはおかしなことである。精神は具体的なことを求める場所ではないからである。ある意味で，精神上のすべての事柄は抽象的である。しかしわれわれはこの２つの用語を一般性と特殊性の度合いを表わすために使う。幼い子どもは特殊性，つまり感覚とより直結している事柄を，知的に処理できる存在だとされている。

言語の発達には抽象化の使用も含まれていて，抽象的思考は──日常生活の中で少し曖昧な意味でではあるが──具体的思考と同様に幼い子どもに普通にみられることを，私は指摘したい。

「言語は，認識主体と認識対象との間に距離をつくり出す。言語は物事を一般化し，ある特定の個別の認識を共通のものに変えていく。言語は現実を抽象に変質させる」(Coe, 1984, p.253)。この意味で言語は抽象化の精神的作用を必然的に含む。さらに深く考えれば，抽象的理念は具体的対象との出会いの結果として生まれるものではない。むしろ，抽象化を行なうことにより，具体的対象が認識可能になる。

われわれの意識的な経験もしくは内省において具体的な個々の事項が中心的位置にあり，

抽象とはそこから導かれるという点を，私は否定しようとは思わない。だが私には，この主観的な経験が当面の問題の根源であり，これらの具体的な個々の事項とは抽象化（個々の感覚や知覚や印象を経験するためには，精神が持っているに違いない）の産物であるという認識を妨げるものに感じられる。　　　（Hayek, 1970, p.311／1984, p.425）

　童話の特徴は，上に述べたように，対概念の上に構築されていることである。対概念の明らかな特徴は，それらが非常に抽象的な概念であることだ。さらに，子どもがダース・ベイダー，意地悪なお化け，話すウサギのような例を理解するのは，それらが「体現」している，もしくは具体的形を与える抽象的概念によって可能である。これはハイエクの議論を説明するように見える点である。
　幼い子どもが具体的思考者であるとの見解が広くあるので，子どもは明らかに抽象的思考者でもあるという意識が霞んでしまった。たとえば，もし抑圧／憤り／反抗の概念とその関係に表わされる抽象化が，なんらかの形で4歳までに起こることはないとすれば，典型的な子どもはロビンフッドやノッティンガムの保安官やルーク・スカイウォーカーやダース・ベイダーの物語を理解することはできないだろう。理解するとは，その子どもが「抑圧」「憤り」「反抗」などの語を口にするとか，それらを定義することさえできるというのではない。しかし，そのような概念は，物語の出来事に関する子どもの理解の一部であるはずだ。出来事の意味は，子どもが概念をとらえ，概念の間に働く力関係をとらえるときに明らかになる。概念は意識される必要はないし，潜在意識にある必要さえない。しかし，「姿を現わすことなしに意識過程を支配する」ものなので「超意識的」（Hayek, 1970, p.319／1984, p.438）だとするハイエクの言う意味で，これらの概念を考えるとよいかもしれない。
　抽象化の働きを，概念というよりは，「精神操作」として考えるほうがよいとハイエクは示唆している。抽象化は精神的内省の結果として意識に上り概念となる。つまり，抽象的な概念の形成は，何か意識的な過程を通ってなされるのではなく，それまで精神操作を導いてきたものを発見することによって行なわれる。だから，幼い子どもに抽象化という自覚がなく，それを口に出さず，操作もできないことが，幼い子どもには典型的な大人と同じほどの抽象化の働きがないという徴にはならない。自覚がないというのは，単に子どもは内省しないという意味であり，自分が常に使っている抽象化操作を意識的に行なう思考方法の自覚が子どもにはないという意味である。したがって，われわれの言語発達過程で後から出現する抽象化操作は，具体的思考に続く自然発生的な結果ではない。むしろ，子どもが成長して内省するようになった結果，それまでの長期にわたる活発な精神的操作が発見されるのである。
　進化や考古学や歴史上の記録を調べれば，同じ結論が見いだされる。言語は先住民の文化の中で，道具の製作や食糧の調達のような実際的で具体的な活動の中から発達し練り上げられ，より込み入った社会的会話に役に立つようになり，年代が進むと複

雑な神話の発展もうながしたにちがいないと，少し前までは信じられていた。しかしドナルドの説得力ある議論（Donald, 1991, Ch.7）によれば，実際的技能はたいてい見習うことによって伝達され，その場合言語は普通あまり重要ではないという。ドナルドは，部族社会や後期旧石器時代から推測して，次のように言う。

> 最も高度な使い方をされる言語は……神話創作の領域——人間世界についての概念的「ひな型」の構築——にある。何万年もの間，生活技術が基本的には変わらないままの最も原始的な人間社会でさえも，常に，創造と死に関する神話があるし，世界の起源や構成について部族の持つ理念をまとめる物語がある……このような言語の使い方は，具体的実際的な使い方の後で発達したものではなく，最初に発達した使い方の1つである。
> (Donald, 1991, p.213)

ドナルドが先住民の文化について書いていることは，今日の子どもの言語発達にも映し出されていると私には思える。「神話的」な人々と，彼らに続くすべての人々は，「常に世界をひな型化しその結果を蓄積する」と彼は特徴づける（p.256）。同じことが子どもにも当てはまる。統合し，象徴化し，神話化しようとして常に構築されるひな型は，それを表現するための言語形式の発達を駆り立てる。この過程を推し進める力は具体的個物ではなく，新しい理解様式であり，「新しく，さらに強力な思考方法」である（p.216）。

人類がどのように言語を発達させたのか，また，われわれ一人ひとりがどのように言語を発達させるのかについては，現在でもあまり知られていない。しかしどちらの過程も，具体性から象徴性への動きとして述べることは適当ではない。ドナルドも指摘しているように，その過程は，われわれの認識が何か全体的な印象から始まり，次にその印象の中で具体点が見いだされてくるのと似ている。たとえば，ある部屋に入るとき，その中の個々のものすべてから印象がつくり上げられ，その後で全体の印象に気づくことはない。むしろ最初に全体の印象がつくられ，その後でその部屋の個々のものに気づく。子ども時代の初期の概念化を抽象化であるとか，「超意識的」「統合的神話」（p.267），あるいは「ゲシュタルト」など何と表現するにしても，この思考様式は子どもが常に構築しては再構築していく世界についての象徴的ひな型と基本的に結びついている。具体的個物はこのひな型の中でだけ意味を持ってくる。つまり，子どもが背景にある象徴的ひな型を表現しないからといって，象徴性がそこに存在しないとか，象徴性は子どもの理解に最初はないということにはならない。これらの複雑な概念形成の過程とそれについての用語は大雑把で厳密でないので，子どもの日常的思考の基本的部分について述べるためには，「抽象化」の用語が理に適っているように思われる。

ここでハワード・ガードナー[9]が言っていることに注目しておこう。「歩き始めた

ばかりの幼児でさえも世界のきわめて抽象的な事柄（数値や生命現象，さまざまな因果関係にいたるまで）を理解しているという明らかな証拠を，発達心理学者たちは蓄積してきている」（Gardner, 1993, p.182）。ガードナーはまた，ケアリーとゲルマンとの研究（Carey & Gelman, 1990），自らの「脱学校の精神（the unschooled mind）」についての研究（Gardner, 1991），そしてケイルの論文（Keil, 1989）を引き，非常に幼い子どもでも，目に見える具体的な手がかり以上に，抽象的属性に注目する場合があることを示している。

　幼い子どもが具体的思考者であるとの見解を支える主なものは，ピアジェの発達理論からくる。ピアジェの立場の妥当性を疑う多くの根拠がある（参照：Brainerd, 1978; Donaldson, 1978; Egan, 1983; Gardner, 1991; Siegel & Brainerd, 1978）が，これらの議論にどれほど説得力があるかに関わりなく，もっと重要な点がここに関係している。ピアジェの理論とそれに続く新ピアジェ派の研究（参照：Case, 1985, 1991; Fischer, 1980）は子どもの思考についてほんの狭い範囲しか取り扱っていない。その理論は論理的・数学的思考または本質的・数的能力と呼ばれるものに焦点がある。夢や遊び，最近では感情や芸術が研究対象であるときも，それらの研究者たちの関心は「数値，数字，数的関係に向かう人間の感性」（Gardner, 1991, p.28）にある。ガードナーによると——彼が少し大げさな言い方だと認めている結論だが——ピアジェの主な業績は，「ある生き物が数的能力を持つことの意味について深い理解を発展させたことと，また……数字もしくは数というものについての精巧な知識を手に入れる人類の能力に中心をおく，彼の発達論にある」（p.26）という。

　教育についての問題は，ピアジェの理論が子どもの思考の全体像を描いているとして一般的に無批判に受け入れられていることから生じる。数的能力の発達についての真実は比喩能力についても真実であると信じる理由はないし，論理的・数学的思考についての真実が想像力にも当てはまると信じる理由もない。まったくのところ，それは違うと信じる理由もある（Gardner, 1991, Ch.2）。子どもの思考に鋭敏な注意を向ければ，彼らの思考にはいつも高度に抽象的事柄についての比喩的推察や哲学的内省が含まれている（Ashton, 1993; Matthews, 1984; Paley, 1990）ことがはっきりする。

　というわけで，思考の「抽象性」と「具体性」に関する考え方は不正確である一方，子どもの思考が「具体的なもの」に制限されているとする，現在広く行き渡っている見解は，明らかに適当ではない。抽象化機能を子どもが力強く使っていることは明らかなので，子どもの思考は具体的であるとの主張を考え直し，その主張が低学年の子どもの授業やカリキュラムに与えている影響を考え直すようにと，われわれは声高く呼びかけられている。低学年の子どもは一般的に具体的思考者であると信じると，抽象的なものを含むように見える授業内容が締め出され，「能動的参加」や実際的操作に焦点が置かれ，典型的な小学校の授業はあるべき姿から離れ，知的に貧弱なものになる。

　たとえ子どもの抽象化が「超意識的」だとしても，子どもが明らかに使っている力

強い抽象化の様式で知識が表わされるならば，子どもはあらゆる種類の知識を理解する下地を持っている。『ピーター・ラビット』が幼い子どもにとって魅力的であり意味深いのは，それが家庭を舞台とした物語だからではなく，安全／危険，原野／耕地，命／死，自然／文化，従順／不従順などの抽象的な対概念の上に構築されているからであり，子どもに身近な「抽象的」な動機，意図，希望，不安の上に構築されているからである。

　もちろん，「能動的操作」を強調することは，学習のある領域では重要である。しかし，これについて現在行なわれている強調のしすぎは，幼い子どもの論理的・数学的手段以外の理解能力を低く評価することから生まれるし，またさらにその低い評価を推進することになる。

　算数の簡単な例を考えてみよう。それについてはピアジェから生まれた見解がより妥当だと考える人もあるだろう。私がこれまで述べた所見から生まれる方法で，低学年の子どもに位取りや10進法の概念を教えてみることにしよう。新しい知識が力強い対概念のうえに構築されるときに，子どもたちは容易にその知識を理解すると信じるなら，どのような教え方になるだろうか？

　あるとき，王と女王が自分たちの軍隊にいる兵士の数を数えたいと思った。6人の大臣の中で，5人は威張っているのに想像力に欠け，残る1人は控えめであるのに独創性豊かであった（ここで，想像力に欠ける／独創性豊かという対概念が使われている。これらの概念が選ばれたのは，子どもにとって身近なものだからである。身近に知っているものと算数の独創性を，子どもが結びつけて理解してほしいというのが私の考えである）。

　軍隊は戦闘に行く前にはいつもするように，平原に集まった。想像力に欠ける大臣たちはそれぞれ，兵士の数え方として効果的でないものを提案した。そこで，王と女王は独創性豊かな大臣に相談した。その大臣の提案で，王と女王が想像力に欠ける大臣たちに命令をし，彼らに10個の石を持たせることにした。それで，想像力に欠ける大臣たちはそれぞれ空の容器を置いたテーブルの後ろに並んで立った。それから軍隊がそのテーブルの前を，列をつくって行進した。1人の兵士が通るたびに，テーブルの一番端の大臣は1個の石を自分の容器に入れた。10人の兵士が通った後自分の石が全部容器に入ると，その10個の石を容器から取り出し，また兵士1人が通るたびに1個の石を容器に入れた。隣にいる想像力に欠ける大臣はその様子をよく見ていて，最初の大臣が10個の石を容器から取り出すたびに，自分の石を1個自分の容器に入れた。2番目の大臣は10個の石を全部容器に入れてしまったら，容器から石を取り出し，また同じことを繰り返す。3番目の大臣は2番目の大臣の容器を見ていればよい。2番目の大臣が一杯になった容器から10個の石を取り出すたびに，3番目の大臣は自分の容器に1個の石を入れた。次々と他の大臣も同じようにした。そうするうちに軍隊の列は過ぎ去り，5番目の大臣の容器には1個の石，4番目の大臣には3個，3番目の

大臣には7個，2番目の大臣には8個，最初の大臣には2個の石がそれぞれの容器にあった。それで独創性豊かな大臣は王と女王に，軍隊には13,782人の兵士がいると報告することができた。

　この物語の後で，教師はこれを発展させることができる。教師はこの方法を使って生徒の数を数えるようにうながすのもいいだろう。生徒の2人が「数える役」になり，その他の生徒が「兵士」になって2人の側を通過するのを数える。あるいは，もっと大きな数を数えることもできる。この方法で，10以外の数を基本にすることもできるだろう。

　これまでこの例を私が使ったときには，子どもを「体験的」方法で参加させたのがうれしいという反応を，教師たちからよくもらった。「能動的参加」が学習を子どもにとって意味のあるものにし「納得がいく」ものにするからうれしいとの反応だった。ある教師は最近次のようなことを詳細に語った。彼女はアメリカの南北戦争を学校で学び，そのときにはゲティスバーグ戦の重要性を学び，リンカーンの演説を暗記した。しかし最近その戦場を訪れてすべてがはじめて意味あるものになり，彼女は感動でぞくぞくするほどだった。その場所に行き，実地に身体的に体験すること，これが本で学んだことすべてを意味深いものにするのだと，彼女は話した。

　ゲティスバーグは普通の平原と変わりはない。しかしこの教師にとってぞくぞくするほどの体験になったのは，本で学んだ歴史を彼女が覚えていたからであり，この戦場がアメリカ形成の物語の中で彼女にとって重要な位置を占めていたからだと，私は教師たちに示唆した。子どもにとって位取りを意味あるものにするのは，子どもが結びつきを感ずることができる大臣の独創性についての物語である。その後で行なう実際的活動は，彼らが物語から得たものを明瞭にし，発展させ，再強化する。物語も実際的活動も，それぞれが相互の滋養となる。現在広まっている教育的教義は，子どもが意味をつかむために持っている知的能力をないがしろにするほどに，実際的活動が決定的に重要だとする。確かに実際的活動は有益だと私も思う。しかし，実際的活動は強力な抽象化の文脈の中で行なわれるときに，学習を意味深いものにする助けとなる。具体的内容は，抽象的文脈の中でこそ意味を持ってくる。

　先ほどの物語は，賢い大臣の上手な策略にみられる独創性を，子どもの感情と結びつける。このようにして算数の技能はよそよそしい演算法として学ばれることがなくなる。算数の技能はある重要な意味で子ども自身のものとなる。算数の賢い手法との感情的な結びつきは，学習に関するもう1つの決定的要素であり，正統的学者の提唱する現在の低学年向け教育では顧みられていない点である。

　もっと一般的に言えば，低学年の子どもは「物事のやり方」を一番はじめに一番よく学ぶ「具体的思考者」だとし，論理的・数学的思考に大きな焦点を置く理念が持つ影響力は，低学年の教育に奇妙で破壊的な効果をもたらす。低学年の子どもが最も不得意で，ゆっくりとしか発達しないそれらの知的技能——計算機的で論理的・数学的技能——がとてつもなく強調されてきたし，それと同時に，子どもが一番得意とする

こと——比喩と想像に富んだ思考——が無視されてきた。その結果，言語習得に伴って幼いときから発達する能力を使わせず，またその能力の発達を目的にしないで，低学年の子どもに欠けている知的能力と考えられているものを目的とし，その能力を使わせるカリキュラムや授業実践が行なわれている。教育学上注意を向けるべき方向は，幼い子どもが急速に力強く学習すると進化論的にも既定されている領域——私がますます説得力があると思うようになった理論家たちの用語で言えば——特別な精神的「モジュール（modules）」が働いている領域である（参照：Fodor, 1983; Pinker, 1994）。

幼い子どもが意識して明確に表現する内容に注意を向ければ「具体的思考」が彼らにあることは特にはっきりしているが，その内容は何か力強い抽象的なものと結びつく程度に応じて子どもに意味を持つようだ。何か抽象化による支え——超意識的操作——に結びつかないときには，具体的内容や実際的操作は文脈を失い，さらに一般的には意味を失う。このことが，低学年の多くの授業活動でよく起こる結末である。つまり，たいていの子どもは，T. S. エリオットを引用すれば，「あの体験がありながら，意義を摑みそこねている」[★10]ことになる。

だから，授業案とカリキュラム案を立てるときには，物事の理解が「知っていること」から「知らないこと」へ進むという原則を保持するとしても，「知っていること」を力強い抽象的なものとしてとらえ，「知らないこと」をそのような抽象的なものに結びついているすべてのこととして考えてもいいだろう。子どもに何か話したり教えたりするとき，最初に，どんな対概念的抽象化がその事柄についてできるのかを考えるとよい。この教え方は，——子どもの知的能力の不足，「具体性」や実際的操作が1世紀近くにわたって強調されてきたことを考慮すれば——ある人々にはちょっと難しいかもしれない。

◆**比喩**◆◆◆

神話と同じように比喩も学者にとっては長い間謎であった。比喩について，実証主義者的傾向（inclination）がある人々は，彼らが得意とする（be at home）字義通りの（literal）言語に縮小する（reduce）言い換えがいつでもできる言語の装飾（frills）だとみなして，比喩を学問的カーペットの下に隠して（sweep under rugs）しまいがちだった。今述べた文は，比喩であふれかえっている——inclination, be at home, literal, reduce, sweep under rugsはすべて比喩を含む。こう書いてもよかったかもしれない。「比喩には，字義通りの言葉に還元できないものは何もないので，実証主義者たちは比喩を無視する」と。こうすれば，比喩の持つ役割を縮小することになるだろうが，比喩の役割を排除するわけにいかないのは確かである。この言い換えは，はじめの表現と同じことを言っているだろうか。イエーツの「汚いぼろと骨を売る骨董店のような心」[★11]という表現を縮小された言い換えにしようとする人があるだ

ろうか。老年期のイエーツの感情的内面の状態について，捨てられてばらばらにされたぼろと骨のようなガラクタを売る乱雑な骨董店とする表現を，字義だけの表現に言い換えられる人がいるだろうか。もしこのような言い回しを字義だけの縮小された言い換えにすることができるとしたら，なぜ比喩はこれほど広く使われているのか。

　比喩が言語発達の産物であり，それゆえに，神話的思考にも幼い子どもにも明らかにみられるものだという主張から話を始めよう。エルンスト・カッシーラーは神話と言語発達の関係を指摘し，「神話と言語との内容がどれほど大きく異なっていても，なお精神的概念作用という同一の形式がこの両者に働いているからである。比喩的な思考と名づけてもよいのがその形式である」(Cassirer, 1946, p.84／1946, p.118) と論じた。ローマの修辞学者クインティリアヌスの時代以来，すべての神話的思考が比喩で充満しているのは当然と考えられてきたことを，カッシーラーは指摘している。レヴィ゠ストロースは「比喩は，言語に後からつけ加えられた修飾ではない。むしろ言語の基本的な様相の１つ——推論的思考の主要な形式——である」(Lévi-Strauss, 1964, p.102) と言っている。

　比喩が言語の根源にあるものを目に見える形で表現するという，推論的主張をどのように考えるにしても，神話的思考の中で比喩が際立っていることは否定できない。幼い子どもが言語を発達させるときにも同じことがみられるのではないだろうか。次のような状況を考えてみよう。ある暑い日に１人の５歳の男の子が４歳の妹と３歳の弟と一緒に，玄関の前でジュースを売っていたとする〔アメリカやカナダではよくある風景〕。最後のお客さんは電話工事のおじさんで，10セントのジュースをありがたく飲み干した後，ビールとかウイスキーはないのかと冗談半分に言った。おじさんが行ってしまった後で，５歳の男の子は家に入り，お店にビールかウイスキーを出してもいいかとお母さんに尋ねた。１〜２分して家から出てきた彼は，肩をすくめて妹と弟に言った。「ママは僕たちの思いつきをつぶしたよ (Mom killed that idea)」。

　その３歳の子どもにとっても４歳の子どもにとっても，その文意の解釈が難しいことはない。２人ともビールやスコッチを店に出すことができないと理解する。思いつきをつぶすという比喩を以前に聞いたことや使ったことがあろうとなかろうと，２人は説明なしにこの比喩がわかる。このような比喩的言語の使用法をまったく普通の話し方として，２人は理解している。

　このようなことはよく見かけられるので，非常に幼い子どもがしばしばいとも簡単に比喩を使うという結論を支持するために，実証的研究が必要とは思われない。しかし実証的研究は比喩の発達の過程を明らかにするのに役立つかもしれない。ウィナー (Winner, 1988) は，比喩能力の起源と成長について，広範囲に及ぶ一連の研究を発表した。その研究の初期に，非常に幼い子どもの中には比喩を豊富に使うものがあるという，研究者も予想しなかった発見があった。また，適切な比喩の識別力を試す年齢別比較実験では，「幼稚園児が一番多くの比喩を見つけ，その数は大学生を越えて

いた。さらに，これら3〜4歳児は7歳や11歳の子どもより多くの適切な比喩を編み出すことができた」(Gardner & Winner, 1979, p.130)。最も興味をそそられることに，「ある子どもたちは驚くほどの高いレベルでこのゲームをする能力があった。試験的に被験者になった大人を困らせる対象物について，そのような子どもたちはしばしば賢い名前を思いつくばかりではなかった。もっと劇的なことに，その中のある子どもたちは，ほとんど何の苦労もなしに適切で魅力的な比喩的意味の言葉を次々に思いつくことができた」(Gardner & Winner, 1979, p.133)。

比喩の見かけを最もおおまかに言えば，あることについてまったく異なるものから出てくる用語を使うことにある。これは「逸脱的名称化」あるいは「特殊述語化」(Ricoeur, 1991, p.8) である。また，話題の対象に何かつけ加え，もしくは新しい光を投げかけて，2つの異質な考えの間に新しい関係をつくり出すことである。比喩は物事の同質性を認識することによって機能することが多いわけではない。むしろ「比喩は最初からある同質性を明確化するという言い方よりも，比喩は同質性をつくり出すという言い方のほうが，もっとわかりやすい」(Black, 1962, p.83)。

私が提唱するこの教育体系にとって特に興味を喚起させられる事柄は，比喩が明らかに持つこの生成能力である。比喩を簡単に使うということは，学習にとって中心的である生成能力を人間が持っていることの証拠である。したがって，比喩を幼い子どもたちが認識していて巧みに使うことを，教育者は教育の中心的重要性としてとらえるべきである。理解は，比喩に代表される生成的理解の様式に乗って拡張されるようだ——これは，またもや，現行の教師用教科書に目立つ学習内容の関連づけとはまったく異なる論理から生まれる。ネルソン・グッドマンはこう言う。「比喩は単なる装飾とは程遠いもので，知識の進展に大きく参与する。比喩は，面白みのない『当然の』範疇を，理解に光を与える新しい範疇と取り替えて，事実を考察し，理論を修正し，新しい世界をわれわれにもたらす」(Goodman, 1979, p.175)。

まず，比喩は「言語の成長とわれわれの言語獲得の双方を支配する」(Quine, 1979, p.160)。「言語の比喩的使用は字義的使用とは大きく異なるが，字義的使用にも劣らず理解しやすいし，深い意味を伝え，実際的であり，真偽に関係しない」(Goodman, 1979, p.175)。これにマックス・ブラックの簡潔すぎるほどの主張——すべての科学は比喩に始まり，代数で終わる——をつけ加えてもいいかもしれない。

詩人であろうと科学者であろうとどんな「作者」にとっても，アリストテレスの意見は正しいように見えるだろう。「とりわけもっとも重要なのは，比喩をつくる才能をもつことである」(『詩学』, 1459a, p.87)。比喩の生成的側面を認識することは決定的に重要である。なぜなら，「普通の言葉はわれわれがすでに知っていることを伝達するだけだからである。比喩を使用すると，われわれは何か新しいものを最もよくつかむことができる」(『弁論術』, 1410b, p.230)。比喩能力を発達させることの社会的・教育的重要度は，個人が持っている能力にも左右されるが，同時に，「どんな文化も，

その質はたいてい，その文化が生み出し維持する比喩運用者の質と同じである」(Booth, 1979, p.70) という考え方にも左右される。

　比喩の重要性についてさまざまな権威者の意見を積み上げたくなる衝動に私が駆り立てられる原因は，現在の教育研究や教育論文には，論理的・数学的思考形態への関心に比べて比喩への関心が不足していることにある。おそらく比喩は言語活動の単なる結果というより，言語発達そのものに内包されている認知的能力なのだろう。基本的にはカッシーラーによるこの主張は，いくらか推測的なところがある。推測的でないところと言えば，すべての言語使用において比喩は広くみられ，人間の精神機能の中で目立つものであり，人間精神の生成的機能の中心だという点である。特に構成主義者（constructivist）の学習に関する見解──子どもの精神を，単に世界の印象を写し取るものと考えるのではなく，常に世界についての自分の概念を構成し再構成しているものとする見解──に立てば，比喩は柔軟で生産的な学習を助ける重要な道具になる。

　比喩は論理に対立するものだと言われることがある。しかしわれわれの思考の中で，この両者が分離していないと強調する価値はあるだろう。比喩は言語発達に内包されるものの1つであるが，言語は比喩によって論理よりもさらに深い意味を運ぶという点を，カッシーラーは指摘している。われわれが言語を次第に意識的にとらえるにつれて──言語意識を増大させる最も顕著な手段は書き言葉であるが──論理が一層顕著になる。言語に内包される論理的関係の網目を理解すると，われわれは論理関係をはっきりと表現できるようになる。なぜなら論理関係を理解することによって，われわれは言語がとらえようとする世界についての確実で実際的なコントロール力を獲得できるからである。

　比喩は歴史のうえでも個人的経験のうえでも，論理よりも早い時期に，より簡単に発達する。比喩と論理は言語使用が続いていく過程での，重要な2つの点である。生産的で生成的などんな思考にも，その二者が区別はあっても適切に協力して役割を果たしているのを見いだすのは簡単である。「メタファー〔比喩〕が理性と想像力を結びつける」や「したがってメタファーは想像力を働かせた理性活動なのである」とするレイコフとジョンソンの主張（Lakoff & Johnson, 1980, p.193／1986, p.273）は少しわかりにくいかもしれない。しかしながら，比喩が論理性に欠けるたわごとではなく，われわれの建設的思考のきわめて生産的な特徴であるという理解を，彼らの主張はしっかりととらえている。また，これには，およそ2世紀前のワーズワースの見解に呼応するものがある。想像力は「最も高揚した状態の理性である」(*The Prelude*, XIV, line 192)★[12]。

　比喩についてのこれらの考察，そして幼い子どもたちの比喩創作力と把握力が年上の子どもや大人の能力よりすぐれているとの発見もまた──ある人々には驚きかもしれないが──幼い子どもの思考について無視されている結論を指摘する。過去におい

ては，子どもの思考は大人の思考に劣っていると不当にも想定されてきたし，前提とさえされてきた。知的発達についてわれわれが持っているすべての理論は——最も影響力のあるものはピアジェの理論であるが——今の大人の思考形式を理想的なものととらえていて，子どもの発達を大人の形式にどれだけ近づいたかによって計っている。ピアジェの場合，その考え方は彼の心理学理論の下にまつわりついている生物学的比喩を反映している。したがって，大人は完成された形であって，その前の未熟な形は単に大人に向かう途中の段階だととらえられる。ピアジェのような理論は「階層的統合」である——つまり，成長の過程で，後の段階は前段階で達成したものを包含する。それらの理論は，認知能力の獲得だけを考慮し，認知能力の損失は考慮しない。特に，それらの理論は，西洋文明が払ったのと同じ知的代償を，その知的発達過程を反復することにより，今の子どもも払っているかもしれないということを認めない。しかし，代償を払っていることを認めない限りは，代償を払うだけの価値があるのか，その必要があるのかを問うこともできない。

　ある点に関しては，比喩能力は子どもの年齢が上がるにつれて減少する。シナプス〔神経細胞の接合点〕の発達は，人間の場合，9か月から2歳までの間に頂点に達し，その時点で，子どもは大人より50％も多くシナプスを持っている。脳の新陳代謝活動は子どもの月齢9～10か月までに大人と同じレベルに達し，その後まもなく大人を越え，4歳頃に頂点に達する。大量の神経細胞が胎児で死に，誕生後も数年は死に続けて，細胞の死減数は7歳頃に横ばいになる。シナプスは2歳から子ども時代を通じ，思春期に脳の新陳代謝が大人のレベルになる頃まで減少し続ける。このような考察を踏まえ，ピンカーは「となれば，言語発達は歯と同様に，成熟過程へ組み込まれているのかもしれない」と推論する（Piker, 1994, p.289／1995下巻，p.93）。言語発達と比喩の間に密接な関係があることと，ほとんどすべての思考形式にとって比喩の巧みで柔軟な操作力が重要であることを考えれば，教育の早い時期に比喩を巧みに操れるようにと支援し，それを強調するのは賢明なことであろう。

　もし西洋社会における個人の比喩能力発達図表を考案することができるとすれば，その表は現在の発達心理学の理論が勝ち誇る漸進的曲線にならないことは確かであろう。そうすれば，歴史的にも個人的にも西洋における知的発達には，なんらかの損失が内包されていることに賢明にもやっと気づくことになるだろう。つまり，ある点に関しては，幼い子どもの知性は典型的な大人の教師の知性よりも拘束が少なく，よりすぐれていることに気づくであろう。

　そうすると，もし私が提唱する「神話的理解」についてはっきりと把握したいと思うなら，選り分けなければならない部分は，子どもが典型的に大人よりすぐれているこれらの重要な知的機能だということになる。その後で，それらの知的機能をいったいどのように取り扱うべきかを決めなければならない。大雑把すぎるたとえであるが，もし読み書き教育のために比喩使用の巧みさと創造的活力をある程度犠牲にする必要

があるとすれば，何をすべきだろうか？　もちろん，これはあまりにも大げさで過激な言い方ではある。しかし，このたとえは私が教育の一部であると考える損失（trade-off）を前面に持ち出すことになる。教育において，われわれは常に，できるだけ〔生徒の〕能力を保持させたいし，できるだけ能力の損失を少なくしたいと願う。しかしどんな技能もなんの代償もなく獲得できて何も失う可能性もないとする現在の教育界の平然として暢気な信念を維持し続けることはとてもできない。もし知的損失の可能性や現実を認めないでいれば，その損失を最小限に抑えるために何もできないのは確かである。そしてこの問題が今われわれの直面している状況である。われわれはその危険を認識していないので，必要以上の損失が起こっている。

　したがって，私の提唱する「神話的理解」を構成するもう１つの要素は比喩ということになる。比喩運用能力は豊かで柔軟性に満ちていればいるほど，幼い子どもの理解力に対して貢献する可能性が大きい。比喩は認識と取り組むための道具の１つである。比喩はわれわれが多角的に世界を見ることを可能にし，世界と柔軟に関わることを可能にする。比喩は，ある人々が考えてきたように，おおよそ装飾的で冗長で詩的な言葉のあやなどではなく，人間が意味を探究するためのより根本的な特徴である。

　「思考は比喩的であり，（１つの事柄を別の事柄に置き換えて考えながら）比較することによって前進する。言語の比喩活動はそこを起点に生まれる」（Richards, 1936, p.940）。しかしながら，対概念構成と比喩という明らかに異なる話題の間にある関係は，どんな分析でも同じことだが，有機的全体として考えるほうがよい事柄に，不適切な区別をつけてしまいがちである。

◆リズムとナラティブ◆◆◆

　伝統的話し言葉中心の文化では，人々は記憶可能なことだけを知っている。ある部族の中で，いったん何かが忘れ去られれば，その知識はたいてい永久に失われる。この問題に対抗しようとして，話し言葉中心の文化は記憶を助けるために言語を活用してきた。たとえば，リズムや韻に乗せられた考えや伝承は記憶しやすいことが発見された。このようにして宗教的物語はドラムを叩き弦楽器をかき鳴らす音に合わせて詠唱された。パターン化された音が聞き手の精神にそれらの話を刻みつけるのを助けた。

　韻とリズムは西洋の読み書き文化に育つ幼い子どもによっても普通に使われてきた。文字があるので，現代の気ままに変わる伝承を確実に記憶させる社会的必然性はもはやない。しかし，韻とリズムは今日の子どもにも常に使われているし，楽しまれている。韻を踏むあだ名で悪口の辛味をきかせる例，なぞなぞ，ゲームなどに使われている例，また，児童研究家の熱心な観察により集められた学校児童の伝承や言語の蒐集宝典——たとえばオピー（Opie & Opie, 1959, 1969, 1985），ペイリー（Paley, 1981, 1984, 1990），ナップ（Knapp & Knapp, 1976），サットン＝スミス（Sutton-Smith, 1981）——に掲載された例で，今も使われている韻とリズムを知ることができる。テ

レビ広告,「セサミ・ストリート」, わらべ歌や童話などに韻やリズムが広く使われていることも, 今もって韻やリズムの魅力があることを証明している。

　韻やリズムにあるもっと大きな仕掛けは, 言語につきもののリズムに, もっと一般的で日常的にめぐってくるパターン——希望・絶望, 不安・安心, 抑圧・憤懣・反抗, 若さ・老い, 喜劇的感情の高まり・悲劇的悲しみと不安等々——を乗せることにある。言語にあるリズムを工夫し, われわれの生活パターンに合わせるときに, ナラティブと呼ばれるより大きな形式となる。「人間の生にはある決定的形式, ある種の物語とも言える形式がある。叙事詩や英雄譚は人間に起こることを物語るだけではなく, それが語る人生の中にすでに存在する形式をとらえている」(MacIntyre, 1981, p.117／1993, p.60改訳)。

　だから, 言語のもう1つの結果, つまり神話的理解のもう1つの構成要素であらゆる文化に普遍的なもう1つの要素 (参照：Brown, 1991) は, 世界と経験の意味を理解しようとするときに, 特にナラティブ的衣装をまとったリズムを使うことである。この事実は, 精神とは他の機能と相まって「ナラティブに関する」(Sutton-Smith, 1988, p.22) ものだ, という結論を支持する (精神はまた論理的・数学的な機能, 審美的な機能等々でもある)。バーバラ・ハーディの有名な見解を思い出すとよい。「われわれは, ナラティブで夢を見, ナラティブで白昼夢を見る。すべてのことをナラティブにして, 思い出し, 予想し, 希望を抱き, 絶望し, 信じ, 疑い, 計画し, 改訂し, 批評し, 構築し, ゴシップもすれば, 学んだり, 憎んだりして生きている」(Hardy, 1968, p.5)。

　ナラティブ——感情のリズムに形を与え, 感情のリズムを「形として表出する」言語パターン——は, あらゆる種類の知識の獲得に寄与する力強く魅力的な方法となる。ナラティブは最近ではかなり多くの注目を集めるようになったが, 過去においては教育研究の場で一般的に無視されていた。それでもなお, ナラティブが持つ明らかな魅力的な力を, どのように教育実践上の利点とするかについての研究に費やされる創意工夫はほとんど見当たらないと言ってよい。特にこれほど多くの子どもが機能的な読み書きができないという状況では, 研究の価値があるように思える。ナラティブは読み書きができる人にもできない人にも, 論理的・数学的思考が得意な人にも得意でない人にも親しみやすい。「ナラティブは誰もが心の奥底に持っている能力である。それだけでなく誰にでも差別なく与えられていて, 他者と共有できるナラティブに対して敬意」(Coles, 1989, p.30) をもっと払うことが賢明だろう。

　リズムとナラティブに関するこれらの見解は, 授業とカリキュラムに対して重要な意味合いを持っている。たとえば, 低学年に豊かでドラマチックな世界史を導入するとよいという先に挙げた私の提案を, これらの見解は支持している。また, そのようなカリキュラムは教育的になぜ重要であるかについても, これらの見解がその理由をつけ加えている。われわれの感情生活にあるリズムのパターンは, 歴史に相似してい

る。行為は「あるナラティブの中に定位されることで理解可能になる」(MacIntyre, 1981, p.196／1993, p.257一部改訳)。われわれの生活は，人類の歴史の中で目につく，より大きなナラティブの中に位置づけられる。「ナラティブの定義となる特徴は，全体が部分に意味を与えることにある」(Hicks, 1993, pp.131-132)。どんなリズムでもその特徴はリズムをつくる個々の要素から生まれるのではなく，それらの要素間にある関係の組み合わせから生まれる。このことはさらに，現在普及していて主流を占めている拡大する地平線カリキュラムを捨て去るためのもう1つの理由となる。われわれは自分および自分の周囲を，文脈の中で知るものである。アッシジの聖フランシスが常に自分の弟子たちに思い出させていたように，自分自身のことを忘れ他の人に仕えることを通して，われわれは自分自身を知るようになる。T. S. エリオットも同じようにわれわれに思い起こさせてくれる。「…すべての探究を終わったとき，元の出発点に到達し，その場所を始めて知る」(Little Gidding)★13。

　今述べてきたことは，神秘的でとんでもないことのように思えるかもしれない。子どもによる世界の探求は子どもの身のまわりから始めて，学習が進むにつれて自分の理解と自分の地域社会の意味を修正していくべきだと想定する常識に反するものに思えることだろう。しかしながら，その想定とは異なり，普通起こってくるのは，学校のやり方で自分と地域社会を探究すると，地域社会や身近な経験が，規範，適切な振る舞い，与えられた枠，「当然な」ものとして，子どもに印象づけられてしまうことである。そのため，違いがあり縁遠い「他者」は，最初に知識を得た地域性と自分の姿に一致する程度に応じて，理解でき受け入れることができるものとなる。そのような低学年教育の進め方は，いわば，偏狭，硬直，無知をつくる処方箋である。リズムとナラティブの中で最初に全体をつかみ次に部分を理解することによって意味が確立するのだとしたら，地域社会の日常から学習を始めるのではなく，世界，世界の宇宙での位置，生命の多様な形態などの一般的事柄から学習を始めたほうがいいだろうというのが，私の要点である。結局のところ身近なことは単純な日常的経験から学べることだろうし，それについての意味はもっと大きな文脈の中に日常的経験を置くことによってはっきりとしてくる。

◆**イメージ**◆◆◆

　言語発達の興味深い結果として，言葉は聞き手の精神にイメージを喚起するために使うことができるという発見，またそれらのイメージは実際の出来事自体と同じほどに力強い感情的効果を発揮できるという発見があった。これらのイメージ (mental image) は，われわれが知っているどんなものにも似ていない。つまり，イメージは，絵画的なものに最も近いときでさえ，われわれが目で見るものとはまったく違う。それらには非常にさまざまな種類がある。本当の映像──目を閉じて細かいところを「隅々まで探査できる」ほどの映像 (Shepard, 1975) ──のようなものから，精神の

中に絵画とはまったく違うものを喚起させる匂いや音の「イメージ」さえある。

　リズムと同様にイメージは，伝統的話し言葉の文化で記憶を助けるため，社会的に決定的な役割を果たした。神話は生き生きとして，時には奇妙なイメージで満ち満ちている。そのイメージは力強い「文学的」効果と呼べるものを神話にもたらす。イメージは一連の心理的効果を刺激することによって，この目的を達成する。イメージが発達したもともとの理由である社会的目的がとっくの昔に消滅している現在でも，まったく違う状況の中でイメージの果たす役割は続いている。それと同じように，存在していないものについてイメージを喚起して，まるでそれらが実在しているかのように感じる能力が，言語発達に伴って子どもにもたらされる。

　想像力一般について語ることなしに，イメージを議論することは難しい。しかし，私はできるだけ，イメージ自体について考えてみたい。言葉から構築するイメージに必ずあると思われる1つの特徴は，イメージが何か感情的な要素を，それがたとえどんなに小さくても運ぶという点である（Egan, 1992）。イメージを用いて考え感じるというこの能力の持つ意味合いは，低学年の教育のために重要であるが，いささかないがしろにされている。

　教員養成の課程では，教科内容を組織化しそこにある概念を明確にするために役立つ技術を教師に授けるために，かなりの時間が費やされる。コミュニケーションと教授において発揮されるイメージの力について議論するために，時間が割かれることはほとんどない。また，授業でイメージを使うための体系だった技法もほとんどない。手引きによるイメージ遊び（guided imagery）はその1つである。これはたいてい，教師の言葉掛けまたは録音された音声により，生徒を現実とは違う時代や場所に連れて行き，その景色，聞こえる音，匂い，その他の感覚を描写する。教師の手引きによるイメージ遊びは多くの状況で力を発揮する効果的な技法である。しかしながら，ここで私がイメージの使用というとき，このイメージ遊びよりはもっと小規模のことを考えている。それは，大掛かりな準備とか仕掛け花火的な演出などを必要とせず，あらゆる授業の主題の一部にある生き生きとしたイメージを教師がいつももっと意識し，知識や概念をイメージに乗せて生き生きとさせることを要求するものである。

　たとえばミミズについての授業であれば，にょろにょろと土の中に入り，あちこちと探りながら方向を探し，もぐりやすい通路を見つけ，節々を伸ばしたり縮めたりして，湿り気や匂いや餌などを感じ取ることのイメージを生徒に喚起することによって，教師はミミズの感覚や構造についての事実を増し加えることができる。ミミズの体の構造を学びながら，ミミズと似た感覚を喚起するイメージを使うことによって，ミミズの存在についての何かを感じ取ることができる。自分の感覚でミミズを見るというのではなく，自分の中にミミズ的なものを感じ取る想像上の行動をするのである。ここでの課題は，「自分の外側にある」何かについての事実をただ学習するのではなく，想像力で世界と一体化することである。同じようにして，花についての授業であれば，

次のようなことを想像してみることができるだろう。冷たい土から顔を出し，光に向かって伸び，暖かい空気に酔いしれ，太陽にあこがれて顔を向け，駆け上ってくる樹液を感じていると，次には冷たくなり萎れて地中に戻る恐怖を味わう。精神に感情豊かなイメージを常に呼び覚ますことによって，学習内容を覚えやすくするし，子どものよく知っている事柄に学習内容を関連づけて意味深いものにするのに役立つ。

イメージは世界についての理解を，制約はあるにしても本当の意味で広げてくれる。感情を喚起するイメージは授業内容を縮小する必要がない。むしろ，それは子どもが授業内容と「一体化」する手段を提供する。このことによって，算数も歴史も科学も自分とはかけ離れて縁遠い知識で成り立っているものではないと生徒に悟らせる。想像力を駆使して知識をとらえることにより，逆に子どもが知識から働きかけられ，知識を自分の一部にする。このようにして，子どもは自分が算数的，歴史的，科学的存在であることを発見する。

したがって「神話的理解」は，読み書き能力の上に築かれる理解様式に普通みられるよりは，もっとイメージ的である。イメージに連動して感情が刺激を受けるので，読み書き能力による理解より，もっと明瞭でもっと感情と結びついている。低学年の子どもを教えるときは，イメージや感情が豊かな精神的活動の可能性が子どもにはあることを忘れるべきではない。またわれわれはこれらの能力を支え発達させる教科課程を考案すべきである。

◆物語とその意味◆◆◆

ある種のナラティブが聞き手に，状況にぴったり合う感情的興奮を生み出すということの発見は，人類の文化的発達の中で最も重要なものの1つであった。ナラティブは2つの決定的な力を持っていた。第1に，記憶を助けるために最も有効であった。そのため，物語構成にされた重要な伝承は維持されやすくなった。第2に，聞き手の感情をその内容に向けることができた。もし内容が人間のさまざまな集団や家庭に対して適切な社会的位置を規定するものであり，適切な位置，経済問題の諸関係，部族内あるいは部族間の適切な振る舞いなどを規定するものであれば，ナラティブはその部族の社会規範としての役割をすることができた（Malinowski, 1954は，神話の他の特徴をいくらか差し置いて，この「社会規範」としての神話の機能を強調した）。

現代の文字中心の文化にあっては，物語が持つ，記憶を助ける機能の重要性はずっと少なくなっているし，その「社会規範」的役割も減少している。しかし，物語には心理的効果があるので，今も物語は，われわれの生活に大きな役割を確実に果たし続けている。記憶と規範の機能は減少したというより，変容してつけ加えられていると言ったほうがいいかもしれない。われわれは今も，社会的行動を形成するために子どもに向かって「訓戒的なお話」をする。テレビや映画の物語は，よい子になることや社会的寛容の態度を勧めるメッセージを娯楽と結びつけようと試みているし，その反

対に娯楽をメッセージと結びつけようとしている。家庭に伝わり繰り返し語られる物語はアイデンティティを確立し強化する役割をする（Rosenbluth, 1990）。

そのようなわけで，伝統的話し言葉中心の文化の中でも，現在の幼い子どもの知的生活の中でも，言語が発達すると，物語形式にあるさまざまな用法や喜びが発見されることになる。ものものしい判決文と同じように，物語は特定の種類の意味を運ぶ特定の言語単位である。どのような種類なのか？　それにしても，物語とは何なのか？

ディックがトムを撃ったという話を聞いたとしても，あなたは特にはっきりとした感情的反応を示さないことだろう（あなたの名前がトムだったら別だろうが）。誰かが誰かを撃ったのを遺憾だとは感じるかもしれない。しかし物語の中の出来事だと知っていても，ディックがトムを撃ったことを喜ぶべきか遺憾と思うべきか，決定的なことがあなたはわからない。しかしもし出来事や人物の特徴がもっとつけ加えられたらどうだろう。ディックは美男子で身なりがきちんとした若者で，おばあさんを愛しているとか，トムは薄汚くて人前で鼻くそをほじったり，子どもの前で汚い言葉遣いをするなどがつけ加えられた――今日の使い古された小説手法に従うが――とすると，あなたはディックがトムを撃ったことを喜ばしいと思い始めるかもしれない。しかし，さらに物語が込み入ってきて，ディックとおばあさんは学校の外で子どもを対象に麻薬を密売するリーダーであり，彼のおばあさんに対する愛情は恐ろしい関係を示唆することがわかり，次にトムのほうは，ぱっとしない外見にもかかわらず，優しい心の持ち主で，そのおばあさんと孫の極悪な麻薬密売をやめさせるためにひどい危険を冒そうとしていることがわかる……そうなると当然のことながら，ディックがトムを撃ったことをあなたは遺憾に思い始めることだろう。

物語の上手な語り手は，出来事に対するわれわれの感情的反応を操る。われわれは予期しない筋書きのどんでん返しに特に喜びを感じる。しかしながら，物語を構成している出来事についてどのように感じたらいいのかわかるときに，物語が終わりにきたことをわれわれは知る（筆不足のためか実験的な書き方のためか，時にはどのように感じたらいいかわからないままに物語が終わることがある。そのような場合，われわれの典型的な反応は，物語に対する失望や不満である）。物語の構成の仕方を決めるすっきりした論理的公式はない。巧みな物語と，人物と事件から成る別な種類のナラティブとをコンピューターに区別させるプログラムは存在しない。われわれが持っている精巧な道具は，われわれの感情的反応であり，喜劇であろうと悲劇であろうと，物語が終わったことをわれわれに告げる満足感を認識する能力である。われわれは喜びを感じるかもしれないし，悲しみを感じるかもしれないし，気分が高揚するかもしれないし，落ち込むかもしれない。しかし，その時われわれは物語が終わったことを知る。

物語の決定的特徴は物語が終わることにある（Kermode, 1966）。人生と歴史はこの点で都合が悪い。われわれは「そのど真ん中」にいるので，人生や歴史の決定的な

意味に帰結をもたらすことができない。世界の終わりが明日に迫っていて，多くの警告がされてきた壊滅的な環境破壊によりすべての人は死ぬことを知っていると仮定した場合と，道徳的社会的改善が進み，寿命を延ばし人生の喜びを増やす恵み深い技術が発達して，人類の生活と文化は何千万年も続くことを知っていると仮定した場合とでは，今日までの人類の歴史についてのわれわれの概念は非常に異なったものになるだろう。われわれは人生の出来事の持つ重大性についての概念を新しい出来事の光に照らして常に改訂し続ける。人生や歴史についてのこれらの概念の違いは，単に論理的な計算からくるのではない。これらの概念は感情的な意味を出来事に付与する感情的な評価だと，われわれは考えたほうがいいかもしれない。

したがって，「神話的理解」は物語として際立った位置を占める。また，物語構成は虚構の出来事や人物に限定されるのではない。いったん物語の約束事や物語がもたらす感情的意味をつかんでしまうと，世界や歴史やわれわれ自身の生活に起こる出来事について，われわれは「神話的理解」をどんどん当てはめるようになるものらしい。われわれは確かな意味を見いだすために，物語が提供する明確な意味を，暫定的なものであったとしても，自分の生活や歴史に与えようと試みる。虚構の出来事であれ，本当のことであれ，白昼夢が混ざったものであれ，特別なやり方で出来事を理解するために，われわれはそれを「物語化」する。出来事や事実や理念や人物が感情のうえで意味を持つようにするために，「神話的理解」は経験を物語に形成する大きな働きをする。

われわれはカリキュラムを知識――科学，歴史，算数，地理等々――の塊だと考えがちであり，このような知識を子どもに手際よく伝えることが授業だと考えがちである。そうではなくて，子どもは「神話的理解」を柔軟に活用して世界や経験について最初の把握をするものであり，物語構成が「神話的理解」の重要な特徴だと認めてみよう。そうすると，カリキュラムは子どもに伝えるべき一連の偉大な物語だと考え直され，小学校の教師はわれわれの文化について語る語り部として考え直される（認められる？）ことになる（ヴァルドルフ〔シュタイナー〕学校ではすでに教師をそのように認めている）。

この考えを採用しても，カリキュラムの内容を減らす必要はまったくない。しかしそうすると，カリキュラムを違った角度からみられるようになる。たとえば数学や科学を特別な技能や知識や操作と考えるのではなく，人生にとって数学や科学が重要な意味を持っていた人々についての，ドラマ，希望と失望，発見と発明で満ちた，人類の最も偉大な冒険の一部として見ることが可能になる。数学や科学を，具体性を欠いた（disembodied）知識や技能のかけらと考えるのではなく，実在した人々の発明や発見であり，彼らの希望と失望，闘いと難問解決の結実として考えることにより，これらの学科を適切な人間的文脈に再び置き直すことができるようになる。そのような人間的文脈の中で，それらの学科は感情のうえでも純粋な認識のうえでも，最初は意

味を持っていたのである。そして，感情のうえで意味あるものこそ，今日のほとんどの授業の主な関心事である純粋な認識上の意味をもたらす道となるはずである。

　教育界であまり言及されない物語の一種に，冗談がある。ユーモアが「身体的」起源を持つことは確かであるが，相手に冗談を飛ばすことを可能にするのは，言語だけである。冗談は文化的にも世界中でみられるものであり，冗談に笑い転げることは人類特有の行動である。言語には最も基本的なレベルで，漠然としてはいるが何かおかしなところが——少なくともある人々にとっては——ある。相手の言葉の意味を，意識的にせよ無意識的にせよ，違った意味に解釈する自由がある。ピンカーは「比喩とユーモアは，文を理解するために必要な2つの心的活動を要約するのに役立つ」と述べている（Pinker, 1994, p.230／1995上巻，p.312一部改訳）。

　ユーモアについて退屈なことを長々と書くと，大変な危険を冒す。ここでは，ユーモアが言語発達の結果普遍的にみられるものであり，ユーモアの発達は十分な理解力の発達にとって決定的に重要だということだけを指摘しておきたい。本書の教育理論の中で，ユーモアは個々の理解様式の発達にとって重要な働きをし，「アイロニー的理解」の段階では複雑で中心的な役割を果たす。

3節　結論

　言語発達は，私が今まで概要を述べてきた一連のもの以外にもさまざまな特徴を持っている話し言葉の形式に，昔も行き着いたし，今も行き着く。伝統的な話し言葉中心の文化に生活していても現代都市に生活していても，われわれは自分が所属する共同体に特有な活動や生活環境によって形成される話し言葉の形式を蓄積し発達させる。われわれはそれぞれの場面——出会いと別れの挨拶，晩餐会，両親との会話，探検ごっこやスカッシュをしに行く道での友だちとの会話，日常雑務をしながらのゴシップ，親しい友との親密な会話，人前での演説等々——にふさわしい話し言葉の形式を学ぶ。「話し言葉の蓄積……話のジャンルは多様で豊かである」（Bakhtin, 1986, p.78）。これらのジャンルの多くは，対概念や物語構成を妨げることはあまりない。

　子どもは，特定の生活環境や社会的行動の要求に応えて言語の使い方を適合させることを学ぶ。彼らの言語環境や行動は——特に中産階級の家庭では——読み書き中心で，それに起因する知的な環境によって深く広く影響されているので，子どもが取り入れて思考に使う発話形式もまた読み書きに影響されている。そのため，今日の子どもが伝統的話し言葉中心の文化に通常みられる話し言葉形式を反復するという私の主張する体系は，うまくいったとしても幾分すっきりしないものになってしまう。今日の子どもが言語を学ぶ文化的・制度的環境は，われわれ人類が最初に発達させたときのものとは大きく異なっている。

　反対意見があることを少なくとも自覚していることを示すために，私の主張に対し

て起きる可能性がある反対論について述べておく。私の体系はたとえばバジル・バーンスタイン（Bernstein, 1975）やシャーリー・ブライス・ヒース（Heath, 1983）などの研究成果と食い違うものではないと示す必要がある。これらの複雑な反対論については後で議論するつもりだが，ここではそれらに対する私の答えの方向を暗示するだけに留めよう。第1に，これまで述べてきた言語の特定の特徴とジャンルを私が選んだ理由は，これらの特徴が世界中の話し言葉中心の文化と歴史を通じて選ばれている——名誉ある地位を与えられている——のと同じ理由である。それらは，社会集団の仲間を規定する理解形式に，子どもを手ほどきする目的のために選ばれている。

第2の反対論はもっと物議を醸す。私の2つの答えをほのめかすだけでも，もろもろの問題を噴出させないではおかないと思う。その反対論は，今日の子どもは読み書き文化に影響されている話し言葉の中で成長しているし，それを吸収しているので，「話し言葉文化」の反復など決してできない，というものである。

この反対論は，文化的文脈から隔離された個人的発達，思考技術，認知過程に焦点を当てる心理学研究に対して批判的な人々の中で，最も痛烈に湧き上がることが予想される。このような批判をする人々は，この種の研究成果からは人間の精神のイメージを構築することはできないと知っている。なぜなら，人間の精神は外界から隔離された現象ではないからである。つまり，肉体としての頭脳が外界から頭蓋骨で分け隔てられているのと同じようには，人間の精神は文化的文脈から分け隔てられてはいない。個々の精神的性向は，文化的文脈によって形成されるし，また文化的文脈と混在する。それゆえ，現在進みつつある文化的文脈の研究と合わせた研究形態によってのみ，人間の精神についての十分な探究は可能である，とこれらの人々は言う。

これらの洞察は否定できないことのように私には思われる。これらの洞察は，個人の精神形成に果たす社会の役割についてイデオロギー的傾向による鋭い感覚を持つ批判家によって，最も熱心に説かれているものである。文化的文脈から遊離した個人にいきすぎた関心を払うことに対して修正を主張する説は，特に心理学に——ワーチ（Wertsch, 1991）が言っているように——有益なものかもしれない。このようなイデオロギー的傾向は，ある過度の傾向を別な過度の傾向に置き換えることを可能にする点で，意義があると私は思う。個人を社会から遊離する考え方を，その対極である，精神の形成は文化的文脈に完全に責任があるとする考え方に置き換えるのは，遺憾なことである。両方の相互的働きによる仲介で，よりよい結果が得られるだろう。

この第2の反対論に関して，私は2つの回答を示すことができる。第1に，言語発達は共同体が使う発話（discourse）の観点だけで理解されるべきものではない。精神は活動的な器官である。精神はその発達の「滋養」（ピアジェの用語を使えば）として役立つ要素を周囲の環境から選ぶ。非常にアカデミックな環境——高度な文法構成の文が用いられ洗練された微妙なアイロニーが普通の発話形式であるような環境——で育つ3歳児が，この発話形式を実際に取り入れるというわけではない。もちろ

ん，その子どもの言語発達は特殊な影響を受けることだろう。しかし，その子どもが高度な文法構成の文を話し微妙なアイロニーを用いるようになるわけではない。文化的役割が言語発達に果たす形成力には制約がある。それは，われわれの言語獲得能力を司るプログラミングによる制約である。そのプログラミングでは，言語環境の一定の特徴を選り好みする。言語発達のプログラミングは，ある特徴には熱心に取り組み，他の特徴からは大きく影響を受けないままでいる。ある子どもの言語環境が読み書き文化的な発話形式から非常に影響を受けているからといって，読み書き文化的な特徴がその子どもに他の影響力と対等な感化力を持つのではない。また，私がこれまで「特別扱いしてきた」「話し言葉」の特徴と対等に，読み書き文化的な特徴が子どもによって選び採られるのでもない。

　第2の回答は「読み書き文化」の影響を受けた発話形式の蔓延に関するものである。そのような発話形式は特殊な環境の特殊な活動と結びつきがちである。その環境条件が続かないでいると，読み書きの影響を受けた発話形式は精神に対する影響力も緩める。現代都市の真ん中をすばらしく精巧な車で駆け抜けて行く間でさえ浮かぶあなたの人生についての考えや，信号の色が変わるのを待つ間あなたが見る白昼夢は，イメージ的であり，物語的であり，比喩の連想で変化する。人々は高度な読み書き文化の環境に生活しているし，子どもたちは読み書き文化に影響された発話形式にどっぷりと浸かったメディアの世界に心を奪われている。しかしだからと言って，子どもたちが読み書き文化に影響された発話形式だけを拾い上げることにはならない。

　われわれの発話形式はほとんどの場合，「言語化」された特異な世界理解である。「人間に固有の高度精神機能の決定的な特質は，それが道具や自然言語などの記号システムによって媒介されているということである」（Wertsch, 1991, p.21／2004, p.39）。われわれは否応なしに言語化された理解に身をゆだねる以外にないが，われわれの仲間である哺乳動物の理解を特徴づける，自然界との本能的で生き生きとした親密な関わり合いを失ってきているように思える。教育の課題は，言語的理解をできる限り豊かにすることであると同時に，われわれが動物として生来持っている「自然との一体感」をできるだけ失わないようにすることである。

　われわれは一人ひとり特有な意識，現実に対する特有な「受け入れ方」を持って生まれてくる。言語は慣習的であり，社会に共有されるものとして制限を加えるやり方でわれわれの意識を形成する。それゆえ，教育の第1の課題は，子どもの特有なものの見方と意識を表現する手段となるように，言語を巧みに柔軟に使うことを子どもに確実に学ばせることである。これに関連してまず起こる教育上の危険は，慣習に引き戻す言語の影響力が優勢となり，個人に特有なものの見方や意識を制限したり，抑えるようになることである。子どもが身近に聞くさまざまな種類の発話形式は，いつも，言語能力を開放するものであると同時に閉じ込めるものにもなる。

教育の第2の課題は，ものの見方や意識を表現し，それを伝え，現実を映し出す道具として言語を確実に役立たせるようにするだけでなく，言語自体がまぎれもなく躍動的な命を持つものだと子どもに認識させることである。言語はそれを使いそれを通してわれわれの経験を表現する媒体であるだけでなく，それ自体がわれわれの経験の拡張拡大されたものである。言語は最初便利な道具として始まったかもしれないが，われわれの理解を拡大し美的喜びを与える大きな可能性に満ちている。

　教育の第3の課題は，自分と似ているが同じではなく，孤立して固有な意識を持つ他者とのコミュニケーションの手段として，言語を巧みに使うためのさまざまな約束事を子どもに教えることである。読み書きのような言語学習は，微妙な教育的バランスの上に置かれている。バランスをとるとき，言語の約束事を学ぶために要求される規律と，その約束事の制約と戯れを探究する自由が秤（はかり）にかけられる必要がある。言語の約束事や決まりと戯れ，その偶然性（contingency）を認識するようにうながされれば，子どもはその約束事や決まりを最もよく学ぶものだということを鋭敏な教師は知っている。

　「最初の教育が一番重要なものである」とルソーは言った（『エミール』1973, p. 565）。それはプラトンの「ところで君も知るとおり，どのような仕事でも，その始めこそが最も重要なのだが……」（『国家』367E, 2008, p.171）と呼応している。すべての主要な教育思想家たちは幼児教育の決定的な重要性を強調してきた。それにもかかわらず，今日の教育を考えてみると，カリキュラムの大半が偏狭でくだらないことで占められ，授業ではプリント学習や「体験」学習が横行している状態で，教育の重要な課題に十分応えているとはとても信じることができない。

　私の提唱する導入期のための教育体系では，これまでの教育体系に代わり，人類の言語構築について反復説を用い，言語能力を刺激し発達させるために必要な，世界と経験についての理解様式を用いる。あるレベルの言語発達は，言語を使用する環境に育つ子どもの場合「自然に」起こる。しかしもっと十分な言語発達とそれに結びつく知的能力を獲得するには，熟慮された教え方が必要になる。われわれの世界や人間の経験についての最も大切で生き生きとした物語が，低学年の適切なカリキュラムを提供する。

　最初の教育的段階となる「神話的理解」は，低学年の子どもがさまざまな言語形態を巧みに効果的に使えるようにうながすために意味を持つ。それは，対概念を形成しそれらを仲介するための能力，抽象的思考のための能力，比喩，リズム，ナラティブ，イメージ，物語と感情に訴える意味，ユーモア，その他言語発達に伴う多くの能力を誘発，刺激し，発達させることを通して達成される。このことは，幼い子どもが美的，数量的，論理的，具体的，体験的等々のやり方で，世界についてのなんらかの理解を得ることを否定するものではない。

　「神話的理解」をうながすこれらの言語能力は，想像力を働かせる器官として考え

ることができるかもしれない。言語の持つ可能性によって紡がれる想像の世界と現実の世界との関係は，果てしなく複雑である。ホイジンガは子ども時代の想像力を「第2の詩的世界を，自然界と並んで」創造する力と呼んだ（Huizing, 1949, p.23／1973, p.23改訳）。この詩的な世界——感情的，想像的，比喩的な世界——は人類全体としても個人としてもわれわれの文化生活の基盤である。論理的・数学的な思考形式や合理性は詩的な世界とすっかり置き換わるものではなく，むしろ，詩的な世界から出発して成長し，それと手を携えて発達するものである。論理的・数学的な思考形式は詩的世界の一部である。幼い子どもの言語と伝承，空想的ナラティブ，比喩を使った遊び，その他の遊びは世代から世代に綿々と続いている話し言葉の文化から成り立っている。話し言葉の文化は詩的想像力の技法によって維持されてきたし，最初は記憶するための必要から起こり，刺激され，発達した心理的能力によって維持され，次第に言語がわれわれにもたらす力が拡張していく満足感によっても維持されてきた。

　「神話的理解」の特徴は，詩人が持つ主要な道具を表わしている。幼い子どもが世界をとらえ，子どもの感覚を表現する主な道具は詩的であると考えても非現実的ではないと私には思える。この結論はヴィーコ★14の神話研究の結論に呼応するものである。彼の著書『新しい学』（1744年）★15の根底にある主要な洞察には，神話は知的能力の欠損や合理性の混乱や言語の疾病などの産物ではなく，詩的様式を用いる精神の働きの産物であるとの認識があった。神話作者は「詩的記号によって語る詩人」であったと彼は宣言した。「この発見にいたるまでには，私たちには学問生活のほとんどすべてを費やした粘り強い探究が必要とされたのであった。それというのも，そのような最初の人間たちのそのような詩的なあり方は，この私たちの洗練されたあり方のもとにあっては，それを心の中で具体的に想像することはまったく不可能であり，ただ辛うじて頭の中で理解することが許されているにすぎないからである」（Vico, 1970, p.5／2007-2008, p.43一部改訳）。同じことが現代のわれわれが幼児期の理解をするときにも言えると思う。幼児期には詩的性向があるので，合理的あるいは論理的・数学的思考の発端だけを探すことに関心を持つ人々が幼児期を理解するのは難しい。

　もちろん，幼い子どもの思考を「詩的」と呼ぶとき，その意味を誤解される危険がある。その言葉があまりに一般的な意味を想起させ，そのため近現代の著名な詩人と比べたりするばかばかしいことになる。また，その言葉は子ども時代を感傷的に考える傾向を推し進める。「詩的」という言葉が意味することを，これまで述べてきたさまざまな能力に限定するなら，一般化のしすぎを避けることができるし，この用語が適切であるという意味がわかる。

　感傷的に考えることには別な問題がある。子どもが詩人であるという考え方は，子どもは詩人なのでその表現は大人の詩人や画家や音楽家の表現を評価するのと同じように価値あるものとみなすべきだと，ある人々に向かってはっきりと示唆することになる。また，この考え方は子どもを無垢で汚れなきものとする感傷的な考えと結びつ

く。私ははるか昔，カトリックの教育を受けたが，私の学年が受けた最初の聖体拝領のことを思い出す。古色蒼然としたオブライエン神父は今計算するとそのときおそらく45歳くらいだったと思うが，彼が教会で私たち子どもの後ろに座る大人に，子どもの頭越しに語りかけた。彼が非常に感動的に子ども時代の無垢について話したことを私は思い出す。オブライエン神父はあまりに年をとっているので，子どもはどんなものかをすっかり忘れてしまったのだなと，そのとき私が思ったことを覚えている。しかしながら，彼は聖職者になったのだからきっと，私や教会の椅子に座っている見かけは天使のような友だちとはまったく違った，本当に無垢な子どもだったのだろうなと，私は思い直した。オブライエン神父が自分たちより無垢であることは明らかだと思えたし，自分たちの悪事悪行の程度が幼い頃と変わった点があるとすれば，その表現方法が年とともに変わってきただけだということも明らかだと思えた。

訳注―――――

★1：チョムスキー（Noam Chomsky：1928-）　アメリカ合衆国の言語学者，哲学者。すべての人間の言語にみられるある種の普遍性は生得的なものであるとする，生成文法の理論で知られる。

★2：『神話論理』（Ⅰ・Ⅱ），早水洋太郎（訳）みすず書房，（Ⅰ）は2006，（Ⅱ）は2007，『神話論理』（Ⅲ），渡辺公三ほか（訳）みすず書房，2007，『神話論理』（Ⅳ-1）（Ⅳ-2），吉田禎吾ほか（訳）みすず書房，（Ⅳ-1）は2008，（Ⅳ-2）は2010．

★3：ブルーノ・ベッテルハイム（Bruno Bettelheim：1903-1990）　アメリカ合衆国の心理学者。オーストリア生まれのユダヤ人で，ナチスの迫害を逃れてアメリカに移住した。精神分析や，知的・情緒的な障害を持つ児童の心理研究で知られる。

★4：「前操作」「具体的操作」「形式的操作」　スイスの心理学者ジャン・ピアジェ（Jean Piaget：1896-1980）の用語。ピアジェは人間の認知能力が「感覚運動期」「前操作期」「具体的操作期」「形式的操作期」の四段階を経て発達するという発達段階説を唱えた。感覚による認知から表象を用いる認知へ，具体的思考から抽象的思考へという発達が，身体的成熟とともに段階的に現れるものだとの見解を示した。

★5：ジェローム・ブルーナー（Jerome Seymour Bruner：1915-）　アメリカの心理学者，認知科学者。行動主義の克服を目指し，認知科学，文化心理学を生み出した。知覚，思考，幼児の言語発達，ナラティブ（物語）などについて，幅広く学際的な研究を行っている。また，1960年代から70年代初頭にかけてのカリキュラム改革運動の主導者としても大きな影響を持った。

★6：「イエティ」はヒマラヤに住むと伝えられる生き物。「サスカッチ」はビッグフットとも呼ばれる，北アメリカに住むと伝えられる生き物。

★7：「思考節約の原理」と呼ばれる「オッカムの剃刀」への言及で，「剃刀」という言葉は，説明に不要な事柄を切り落とすことを比喩している。中世の修道士ウィリアム・オッカムに由来する表現で，「ある事柄を説明するためには，必要以上に多くを仮定するべきでない」という意味。イーガンは大げさに，チェーンソーと言っている。

★8：「拡大する生活環境」　デューイの「既知のことから未知のことへ」と向かうカリキュラム原理に言及している。これ以降，本書では，「拡大する地平線」（expanding horizons）として言及されている。

★9：ハワード・ガードナー（Howard Gardner：1943-）　アメリカの心理学者，認知科学者。

「多重知能」（multiple intelligences）の理論で知られる。
- ★10：T. S. エリオットの詩「ザ・ドライ・サルヴェイジズ」『四つの四重奏曲』，森山泰夫（訳）大修館書店，1980，p.162.
- ★11：W. B. イェーツの詩 'The Circus Animals' Desertion' (1939) の最終行からの引用。'In the foul rag-and- bone shop of the heart'
- ★12：『プレリュードⅡ』，野坂穣（訳）地平社，1971，p.319.参照
- ★13：T. S. エリオットの詩「リトル・ギディング」『四つの四重奏曲』，森山泰夫（訳）大修館書店，1980，p.174.
- ★14：ヴィーコ（Giambattista Vico：1668-1744）イタリアの歴史哲学者，修辞学者。デカルト派の知識観や認識論に対する批判を展開した。
- ★15：初版は*Principi di scienza nuova*（1725年）『新しい学』（1-3巻），上村忠男（訳）法政大学出版局，2007-2008.

第3章
ロマン的理解

1節　はじめに

　典型的な5歳の子どもにシンデレラの話をする場合，妖精のおばあさんがどんな移動手段を使ったのか，お話に出てこない場面でおばあさんはどこにいて何をしているのかなどと質問されることはあまりないだろう。しかし典型的な10歳の子どもに同じように空想上の人物であるスーパーマンの話をする場合には，スーパーマンの超能力についての説明を，惑星クリプトンで生まれたとか，その惑星の分子構成はわれわれの太陽とは異なるなどと用意しておく必要があるだろう（残念！　私は詳しいことを忘れているし，哀しいことに，手元に役に立つ参考書もない）。聞き手が幼い場合，話が進行していく限り，魔法はまったく気にならない。ピーター・ラビットの世界では，リチャード・アダムスの『ウォーターシップ・ダウンのうさぎたち』[★1]の世界に出てくるうさぎヘイゼルとビッグウイッグに必要な現実的調整――たとえばヘイゼルの手は指がないのでビッグウイッグにカモミール茶を持っていけない，のような説明――は施されない。

　5歳と10歳の間のこの違いの原因は何だろうか。規則的なもののほうが信頼に足るということを，経験が子どもに告げるからだと，常識で簡単に考えることもできる。現実世界の条件――雪の坊や（Jack Frost）だの歯の妖精（Tooth Fairy）[★2]などは除外するが，コンピューターのプログラマーと僧侶は含み，魔法は除外するが魔法が気にしている親戚つまり虚構（fiction）は含むとするなど，何をもって現実とするかという条件――を理解するには少し時間がかかるものである。この期間中に，典型的な子どもはサンタクロースや幽霊やその他魔法の国の住人たちを信じるのをやめる。子どもはエデンの園から抜け出し，もっと散文的な大人の世界に向かって歩み始める。次第に散文的現実に順応するというこの説明は十分とは言えない。なぜなら，順応すること自体に説明が必要とされるからだ。文化によっては，空想と魔法が解釈を施す世界からの移行は，西洋でよくみられるのとまったく違った形で起きる。それに，この移行が西洋でどれほどよくみられるかについては，過大に見積もられがちである。スーパーマーケットのレジ近くに並ぶ売れ行きのよい大衆誌をざっと見ても，読み書き中心の文化である西洋社会に住む人々が持つ世界理解の目立った特徴として，空想や魔法の簡単な受容から脱却していると強く主張するには，注意が必要であることを

示している。

　この年頃の子どもが学校で経験するもう1つの事柄で，物語に対する態度の変化を説明できるかもしれない。それは，「暑い」とか「寒い」などの違いを感覚的に教えることから移行して，世界に関して抽象的な手段で教師が教えるようになることである。温度について言えば，温度計の任意の数字と関連づけて教えるようになる。一度，温度計の使い方を理解すれば，自分が直接経験する以上の温度を，生徒は簡単に取り扱うことができる。そのようにして，生徒は摂氏10度と30度の違いと同じように，摂氏100万度と100万20度との違いを理解するだろう。しかし，それでも毎日の生活では，10度のことを「涼しい」とか「寒い」とか言うだろうし，30度のことを「暖かい」とか「暑い」とか言うだろう。太陽の中心を「熱い」と表現しても何の役にも立たないが，2階にいる自分の息子や娘に向かって，風呂の温度について「熱いですよ」と叫ぶには，とても役立つ言葉である。

　だから，世界について抽象的で「客観的」な方法を学んでも，それが感覚をもとにした方法に取って代わるわけではない。2階に向かって，風呂の温度は「約摂氏74度だ」と叫ぶこともできるし，「熱い」と叫ぶこともできる。この2つの方法は，われわれの精神に一緒に住み続ける。ここでのコツは，両方の仕組みに精通することだし，また，適切な仕組みを適切な文脈に適用できることである。「言うは行うより易し」という格言があるが，温度について言うのは道徳について言うよりもやさしい。

　温度，空間，運動などに関する抽象的仕組みについての学習は，数字とその関連を把握することに大きく依存している。身体から外に言語を抽出するシンボルの仕組みに関連するのが，書き言葉である。話し言葉の使用は身体的活動であり，「その人全体」に関係する。書き言葉は，身体の外側に移された言語であり，目と精神とに関係する。

　学校がこれらの「非具体的」で「脱文脈的」な「読み書き」の技術を巧みに使えるように教え込むのに失敗していることが，巷に騒がしく聞こえてくる不満の源である。学校の責任者にとって，読み書きの技術を十分に使いこなしている生徒の割合は，容認できないほど少ない。教育学者にとってさらに大きな失望感をもたらしているものは，これらの成功例として「お墨付き」の生徒でさえ，たいていの場合，読み書きの技術のほんの表面的な習得を示すにすぎないことである。

　思考の変革とか，間接的な経験を蓄積する宝庫だとか，自分自身と世界についての理解を大きく向上させる手段だとか，現実理解への王道などと鳴り物入りで進められてはいるが，読み書き中心の教育は，仕事に要求される実際的機能以上のこと，商品の説明書や新聞を読む以上のことについては，人々の益になっていないようだ。いずれにしても，このようなことが，失望感を抱いている教育者の意見である。方策を講じてもそれは闘いの半分でさえないと教育者は言う。文化的知的な喜びに向かうには，たいていの人が棒で追い立てられ，なだめすかされ，後押しされ，言いくるめられ，

無理強いされる必要があるということは明らかだ，と彼らは言う。プラトンのぞっとするような解決法は，彼の考えに沿って可能な限りの思考能力を発達させるために，読み書きを学ぶ精神に対して50年間に及ぶカリキュラムを要請するものだった。ルソーは粗雑な技術習得を教育成功の基準とする野暮な教育学者に警告を発した。「やすやすと学べるようにみえるということは，子供の破滅の原因である。人々にはこの容易こそ，子供がなにひとつ学んでいない証拠だということがわからないのである。滑らかにみがかれた彼らの頭脳は，ちょうど鏡のようにさし出された物体を映しだす。しかしなにひとつあとに残らず，なにひとつ内部にはいらない」(Rousseau, 1911, p. 71／1973, p.90)。もっと最近では，大学レベルの物理講座の優等生についての調査で，公式として教えられた事柄とわずかでも異なる文脈で問題が提出されると，最も基本的な物理問題すら，それらの学生は解くことができないことがよくあるという結果が示された。小学校の子どもにみられるのとまったく同じ混乱や誤解が，これらの学生にみられるのが典型的だという (Gardner, 1991, Ch. 1)。これらの学生は特定の技術や知識を学ぶことにかけては優秀であるが，その技術や知識は物理学の理解を変換させることができない。人生の初期に形成されたのと同じ誤解や混乱や類型化が，学ぶうえでのしつこい抵抗力としてほとんどの学生に残っていることを，ガードナーは示している。標準テストで測定された「できる」とされた学生は，彼らが学習で頼りにしている公式的文脈からわずかにでも逸れると，「学校教育を受けていない精神」を持つ幼い子どもが見せる理解力に優るものを使えず，問題に立ち向かうことができない。

　教育とは個々の人間が文化史の中で発達してきた理解様式を反復する過程である，と理解するのが最も適当だと私は提唱する。この見解が示唆するところは，歴史的に理解様式の移行がどのように起きてきたかを研究すると，教育に対する実際的価値を学べるし，多くの人にとってその移行がなぜそれほどに難しく，さらに多くの人は表面的にしかその移行に到達できないのはなぜかを理解できるということである。われわれの文化史において知識を獲得する方法，(ガードナーの用語を使えば)「学問以前」から「学問的」方法への移行が難しかったことがわかるならば，現在の生徒が抱える困難にもそれほど驚かなくてもすむかもしれない。また，歴史上の発達過程がどのように起こったのかを分析することにより，今日の生徒の発達を助けるための，現行の形式よりもよいカリキュラムや教授方法を編み出すことができるかもしれない。

　生徒に奨励したい理解力の発達とは……さて，この短い序説の中にみられる語彙──「学校教育を受けた」「理論的」「非具体的」「脱文脈的」「抽象的」「公式的」「訓練的」「客観的」思考★3──に関するものでなければならない。われわれの文化史の中で，話し言葉という最初のシンボルの仕組みの学習から，数字やアルファベットなどの書き言葉という第2のシンボルの仕組みの学習への移行は徐々に起こり，はっきりした段階を踏んでいる。今日の教育でも，同じようにはっきりとした段階として反

復されることが可能である。その最初の主な一歩は，私が「ロマン的理解」と呼ぶ段階に導かれる。

2節　理性，現実，そして読み書き

　かつてA．R．ルリヤが中央アジアの文字が読めない村人に向かって投げかけた有名な問いを，今，本書の高邁な読者諸氏に投げかけたとしたら，皆様は正しい解答を何の苦もなく出すことがおできになるだろう。問い：「雪が降る遠い北の国では，熊の色はみんな白です。ノヴァヤ・ゼムリャは遠い北の国です。そこの熊は何色でしょうか。」また次に，シリウスの周りを回る7番目の惑星では，奇妙な進化の結果，花はすべて青色で，中でも，発見者アイルランド人フラワリング・シャムロックの名で呼ばれる一段とすばらしい花は高さが150cmにもなるというが，さて，フラワリング・シャムロックは何色か，と聞かれたとしたら，青だと何の苦もなく皆様はお答えになるだろう。ある部屋の猫はみんな黒で，その中の1匹は小雪ちゃんという名だと言われてから，小雪ちゃんは何色かと聞かれれば，小雪ちゃんは黒だと簡単に皆様は推論なさるだろうし，その名前をつけた人は奇妙なユーモア感覚の人だと推論なさるだろう。

　果てしなく続く馬鹿げた質問を我慢していただくとして，'window'という言葉からできる短い言葉は何かとさらに聞かれれば，皆様は'win'と簡単にお答えになるだろう。また，'cat'から硬音'c'を取り除くとできる言葉は何か，'flat'から'l'を取り除くとできる言葉は何かなどと聞かれても，皆様は正しい答えを何の苦もなくお答えになることだろう。また，'stopwatch''lighthouse''daytime'などの言葉を構成する2語を簡単に特定することがおできになるだろう。

　これらの問いを上手に解けたからといって，皆様は自分の腕前にそれほど感心なさりはしないだろう。しかし，これらの問いに答えることは，話し言葉中心の伝統的文化の，読み書きができない人々には，不可能でないにしても難しいことになる。最初の段落にあった三段論法は，その中の論理に注目すれば，うまく答えられるものである。これらは，高度な読み書き文化にいるわれわれ西洋人が得意とする言語／論理の遊びの例である。ルリヤが最初の問いを投げかけた村人は，皆様や私と同じくらいの知性の持ち主であることは間違いない。しかし，村人の答えはこのような仮定の事柄の「脱文脈的」な言語の使い方にまったく慣れていないことを示唆した。村人は丁寧に，自分たちはノヴァヤ・ゼムリャに行ったことがないと答えただろうし，そこの熊のことを知りたいならば，自分で行ってそこの人々に聞いたらよいと言ったかもしれない。2番目の問いについては，フラワリング・シャムロックについての細部やつくり話を無視して三段論法に注意を向ければ簡単に解ける。黒猫の名前が小雪ちゃんであっても，高度な読み書き能力のあるわれわれは，それによってまごつくことはない。

なぜなら，われわれはその問いの文の中にない経験や実際的な予想をしないで，三段論法の論理に従うからである（参照：Cole & Scribner, 1974; Luria, 1976, 1979; Tulviste, 1979)。

アルファベット文字を読めない人々は，これらの課題を簡単に処理できないか，まったくできないかのどちらかである。このことは，英語を話すがまだ読めない幼い子どもや，文字を読むことはできるがその表記法がアルファベットではない言語を用いる人々や，まったく読み書きができない大人にも当てはまる（Bertelson & DeGelder, 1988; Scholes & Willis, 1991)。オルソンは確信を持って次のように論じた。「書き言葉の仕組みは，われわれが話し言葉を意識するカテゴリーをつくり出す」(Olson, 1993, p.15)。これは，人々が使う特定の記号文字が言語についての考え方の規範的役割をする，ということである。アルファベット文字を使うあらゆる言語体系の源であるギリシアのアルファベットはわれわれに言語を意識させる特徴がある。もしくは，言語について発達する意識の種類を決定する特徴があると言うほうがいいのかもしれない。たとえば，アルファベットを使用すると，われわれの話し言葉が音素に分割される要素からなるものとして聞こえてくる。それゆえに，先ほど紹介した課題をわれわれは簡単にこなせるのである。伝統的漢字を使う中国人は，このような音素の分割に気づかないが，中国語の表音法ピンイン*4を使う中国人は，それを意識する（Read et al., 1986)。

エリック・ハヴロックは「ギリシアのアルファベットが持つ卓越した技術」について，「十分に発達した読み書きに使うための唯一の道具としての位置は，現在にいたるまで」変わらないと書いている（Havelock, 1991, pp.24, 26)。ハヴロックによれば，この技術は他の表記法や意思疎通のための口語の手段に比べてすぐれているという。なぜなら，それは古代ギリシアの思考上の変革をもたらしたからである。その変革の過程で，プラトン，アリストテレスやその他の古代ギリシア人，およびそれに続くアルファベットの継承者たちが「定義，叙述，分析などから成る省察的な統語法」を開拓した。現代精神と呼ばれるものをつくり上げている哲学，科学，歴史，叙述，法律，道徳を表現する言説形式は，これらの人々により生み出された。

私の関心は，ここからの「近代精神」への移行と，「近代精神」を構成する「理解様式」にある。その移行の過程は，読み書き能力が原因であるのか，触媒であるのか，結果であるのか，ここに混乱があるように思えるので，読み書き能力に関する最近の研究に少し注目することが適当だと思う。私はその中でも，読み書きのできる人にとって獲得が困難であるように思われる現実を把握する能力の発達に，特に関心を抱いている。それは子どもの好む物語の特徴が変化していく事実にその困難解決への手がかりがあると思うからである。

古代ギリシア時代の比較的短い期間に，われわれが教育と呼ぶものに関係するように見える特別な文化的発達が，決定的な一歩を踏み出した。その古代の終わりに，ギ

リシア都市国家は近隣諸国とあまり違わず，同じような文化的社会的生活を謳歌したし，悩みもあった。ギリシア社会の物質文化は周辺の国々と違いがないのは明らかだったし，戦争の英雄譚はそれらの社会に共通の分野で，その神話の躍動性と力強さもその他の国々のものと大きな違いはなかった（古代ギリシア初期の目立つ特徴や特にその政治的社会的制度の中に，後の発達の起源を探知する多くの学問活動がなされている（Lloyd, 1988, 1990; Vernant, 1982）ので，私のような確信を持って今のような大胆なことを言うべきではないのかもしれない）。しかし古代ギリシア時代の紀元前6世紀から5世紀の間に，文化史上，劇的かつ加速的に何かが起こり，それが今にいたるまで，良きにつけ悪しきにつけ，ほとんどすべての人間経験に影響を与えている。

　アルファベットによる読み書き能力が，物事の原因，また触媒となる働きをするということに焦点を当てる，多くの独創的な研究がなされてきた。ギリシア近隣諸国では，書き言葉の仕組み（writing system）が，穀物やぶどう酒やオリーブを入れる壺に印をつけたり，王や祭司のリストを刻んだり，古来の敵に勝利して祝うときに様式化された形式で使われた。一方，ギリシア人は書き言葉の仕組みを，その仕組みの考案者が想像もつかなかったような方法で利用し始めた。そもそも書き言葉は，ものの量があまりに多くなり，生活があまりに複雑になってきたときに，記憶を助ける単なる方策だった。多くの道具は，考案されたときの目的である課題を効果的に成し遂げることを可能にするだけでなく，同時に新しい可能性を開いてくれる。この点に関して，歴史上，アルファベットによる書き言葉ほどの道具は，他に見当たらない。それが果たした役割は他にも多くあるが，アルファベットは歴史時代とわれわれが呼んでいるものの幕を開いた。読み書き能力を巧みに操ることは，考えてその思考の結果を書きとめるというだけの事柄ではない。むしろ，書き言葉は思考過程の一部になる。長い推論的な文書は，頭の中で進行する思考様式をそのまま外にコピーしたものではない。それは，読み書き能力による，1つのはっきりとした思考様式を表わすものである。

　「ギリシアの奇跡」と今世紀のはじめにロマンチックな名前で呼ばれていた紀元前5世紀の発達——民主主義，哲学，歴史学，演劇，内省的思考の誕生——はアルファベットによる読み書き能力の発達とその使用の拡大の結果であるとおおよそ説明できることを，過去30年ほどの間に複数の学者たちが論じ，かなり受け入れられるようになっている（Havelock, 1963, 1982, 1986; Goody, 1977, 1987; Goody & Watt, 1963; Olson, 1977; Ong, 1977, 1982）。どのようにしてアルファベット文書の誕生，工夫，蓄積，解釈がこれらの知的発達を導いたかについてのもっともらしい説明が，前述の学者やその他の学者によって，1980年代から1990年代にかけてなされた（参照：Olson & Torrance, 1991。エネルギーに満ち魅力的なこの研究分野についてすぐれた記述がある）。紀元前5世紀のギリシアの発達は，ヘロドトスの『歴史』のように当時生ま

れた新しい様式の文書にみられるだけではなかった。それとともに，そのような文書の書き手，読み手の思考様式，あるいは，そのような文書が読まれ演じられるときの聞き手の思考様式にも，その発達はみられた。

　もし古代ギリシアのアルファベットによる読み書き能力の発達がこれらの新しい思考様式をもたらしたとすれば，読み書き能力獲得のために今日の学校教育を受けるだけで，われわれが「近代的」と呼ぶ思考様式がもたらされることになる。ある重要な意味で，このことは固定観念を解放する結論のように見える。伝統的話し言葉中心の文化よりずっとすぐれていると当たり前に考えられている現代西洋思考の実際的効率性は，ヨーロッパ人の遺伝子の優秀性の結果であるとみなされるのではなく，アルファベットによる読み書き能力の仕掛けから生じる技術的な利点の結果であると，今度はみなされることになる。このようにして，学者たちは，「近代的」と「伝統的」な思考の違いを，人種や民族に関わる連想や結論に巻き込まれることなく，研究できることだろう。

　これに関しては2つの問題点がある。第1に，コーカサス系遺伝子の優秀性という説の上に築かれた過去の民族中心主義は，今では，一見，中立的でどんな立場もとらない読み書き能力という技術上の方法という装いをしている。学者たちは，話し言葉と書き言葉にはそれぞれはっきりとした利点と不利な点があって，別個の技術であると示唆を試みるにもかかわらず，読み書きができないことを，「貧困，栄養失調，教育の欠如，衛生観念」などと結びつけて，読み書き能力の卓越性を一様に主張する（Pattanayak, 1991, p.105）。これら「抑圧の理論化」は過去の単なる民族主義より，それに対抗し撃退するのにずっと手こずる。なぜなら，この立場は読み書き能力を優等／劣等の概念と明らかに結びつけているので，読み書き能力を世界中に広めるプログラムによって，その差を解決しようとする「問題」を起こす。そして，その生活と思考形態のレベルを上げるために，世界の8億人という読み書きができない人々は，ギリシア方式の治療が必要だとみなされる。

　第2に，読み書き能力を喚起しても，古代ギリシアや中世ヨーロッパで読み書き能力の発達に結びついていた認知上の変化や社会的変革を，いつでも刺激するわけではないという問題がある（Stock, 1983）。スクリブナーとコールの研究報告によれば，「リベリアのヴァイ族では，読み書き能力を獲得しても，その結果，一般的認知的能力の向上」が何らみられなかったという（Scribner & Cole, 1981, p.158，また，彼らがグディと論じた文献も参照のこと；Goody, 1987, Chs.9,10）。さらに，メソジストの牧師ジェームス・エヴァンスにより1840年頃カナダ周辺のクリー族のために考案された表音文字が瞬く間に広まったという注目すべき話があるが，それによれば，読み書き能力が与えた効果は限定されたものであったことを示唆している。その表記法はクリー族の間に広範囲に急速に広まった。その速度は宣教師の活動範囲の広がりをしのぐほどであり，クリー族には紙もペンも学校制度もなかったにもかかわらず，10年

以内に実質的にすべてのクリー族の間に広まった。クリー族はその表記法を，メモや手紙を書き，日記や記録やその他の「個人的」活動を記すことだけに用いたようで，その表記法は社会生活上の利便をもたらす役割を果たした。しかし，その表記が，ギリシアで起きたアルファベット文字と結びつく劇的な文化上の変化や認知上の効果をクリー族にもたらし，刺激したという証拠は何も見当たらない。同様のことを，ナラシマンはインドについて指摘している。インドでは，「文書による活発な読み書き文化の伝統が豊富にあるにもかかわらず，文書使用の伝統の結果起こるとされる社会的レベルでの科学・技術的発展や個人的レベルでの認知的発達は実現していない」(Narasimhan, 1991, p.179)。インドには読み書き文化の長い伝統があるにもかかわらず，神話と歴史の区別，または，超自然的な説明と合理的な説明のはっきりした区別が発達しなかった。読み書き能力を身につけても，精神がそのような区別をするにはいたらなかった。読み書き能力と認知的活動の因果関係についての少し前の主張に〔前述のハヴロック，グディの主張〕さらに混迷を加えることになるが，フェルドマンの論じるところによれば，近代的で西洋的と考えられる思考形態のあるものは，多くの伝統的話し言葉中心の社会にもみられるという。イロンゴット族の雄弁術やワナ・キヨリ*5やインドの神話的詩にみられる，日常会話体（everyday discourse）とは異なる技巧に満ちた特別な言語の使い方が，内省や解釈をうながすとフェルドマンは言う。彼女は，「文章と解釈を切り離し内省の発達をうながすものは，書く能力ではなく，様式だ」(Feldman, 1988, p.210) と言う。

　このような議論やその他の不都合な事実から，「読み書き能力がもたらす革新的な認知能力は，書き言葉を持つすべての文化から普遍的に生まれるものではない」(Kittay, 1991, p.169) と考えざるを得ない。もちろん，教育者たちもそれに似た観察をしている。読み書き能力に付随する革新的な認知能力は，学校で読み書きができるとされているすべての子どもに普遍的にもたらされるわけではない，との観察である。子どもたちは前に述べたような三段論法や音素を取り分ける課題はたいていなんとかできるが，古代ギリシア人のものほどに洗練され整然とした思考が再現されることはめったにないようだ。

　読み書き能力から生ずる文化的成果と認知的成果についての議論を2つに分けるといいかもしれない。つまり，1つは読み書き能力の発達の結果起きるはずの事柄は何かであり，もう1つは起きる可能性のある事柄は何か，という議論である。身体外部の精神活動——言語——で視覚的な文字形態にすることによって，何か認知的成果があるとする強い議論が残るにしても，文化的にも認知的にも何かが起こるはずだとはたいして言えないように思える。しかし，社会的レベルでは，ちょっとした利便を持つ小さな役割を果たすものとして，読み書き能力は生活と思考のさまざまな様式に吸収されやすいように見える (Heath, 1983; Street, 1984)。起きる可能性のある事柄については，例の「ギリシアの奇跡」と呼ばれる事柄——蓄えられた経験と理念と夢の

宝庫へ近づくなだらかな道を用意し，われわれの人生をより豊かにするもの——がある。しかしながら，この豊かさの可能性には2つの代価を払うことを覚悟しなければならない。第1の代価は，書き言葉に蓄えられている経験に近づき恩恵を得るためには，道徳的にも知的にも，時間と訓練が必要とされることであり，第2の代価は，思考形式における損失があり，明確さ，近づきやすさ，生きることの高揚感が減少することである。

　読み書き能力に約束されている贈り物を最大限に実現し，しかもその能力獲得からくる損失を最小限にとどめるには，どうすればよいか？　読み書き能力が手助けし導いてくれる新しい理解様式（「ロマン的理解」と私は名づけるが）へ向かう最初の大きな一歩は何か？　この理解様式の鍵となる特徴の1つは，現実とわれわれが名づけるものについて新しい意識を生み出すことである。現実へ近づくことは簡単ではないが，われわれが理性と名づけるものを発達させることにより達成可能である。これらの用語〔現実，理性〕とその意味について，われわれはプラトンとアリストテレスに多くを負っているが，彼らが組織的に論じる以前の何世紀もの間に，この理解様式が発達を遂げてきた足跡をわれわれは辿ることができる。今日の子どもたちが読み書き能力を発達させるときに，歴史上の発達過程がはっきりと反復されているのを見ることができる。「読み書き能力は現実の再定義を突き動かす大きな力となる」とブルーナーが言う通りである（Bruner, 1988, p.205）。

　ターレスやアナクシマンドロスやアナクシメネスはすべてミレトス人だったが，彼らは自然界を客観的で組織的な検証（historia）の対象として取り扱い始め，物事の現実の姿についての総合的で正確な見方（theoria）を提供しようとした。「神話」を何か嘘のように考えるわれわれの見方は，これら初期のギリシア人が，彼らの祖先の神聖な物語を無益なものとして捨て去ったことから，受け継がれている見方である。もう1人のミレトス人ヘカタイオス★6は，「ギリシア人の物語は多いが，ばかばかしいものだと私は思う」と書いている。文書を集め検証する能力によって，現実と真実を明らかにすることを目的とした新しい探究方法が，必然的にとまではいかないまでも，導入され支えられたとするもっともらしいモデルを，ギリシア人のアルファベットによる読み書き能力について先に引用した最近の研究者たちは描いてみせた。神話的思考に支配されている精神にはほとんど何も問題とならなかった物事の本質が，驚異と探究の対象となり，今や果てしもない追究の対象となった。読み書き能力が獲得され出した頃には，「現実は今はもう単に与えられたものではない。意味あるものはもはや出来事として直接に現われることはない。諸々の現象はその意味を人間にもはや直接語りかけることをやめる，——ということは正しく，神話の死以外の何ものでもない」（Snell, 1960, p.111／1974, p.219）との発見があった。

　さて，スネルは物事を大げさに語りすぎているかもしれない。このような新しい合理的思考の伝統の大元となったターレスは，すべてのものは水からできていると結論

づけた。これほどに奇妙な結論に誰かが辿りついたとは，いったいどういう訳なのか？　まったくのところ，そもそもすべてのものがある根本的な物質からできているとの結論に誰かが辿りついたとは，いったいどういう訳なのか？　F. M. コーンフォード★7のおかげで，これら2つの質問に比較的明瞭な答えが与えられている。ターレスやアナクシマンドロスやアナクシメネスによる奇妙な主張を理解するためには，これらのミレトス人が方針とした演繹的な思考形式つまり「揺るがず疑問の余地のない前提」（Cornford, 1907, p.viii）に通じている必要があると，コーンフォードは述べた。また，これらのミレトス人の合理的な探究を導いた疑問は，それ以前の神話が答えを与えている物事の本質に関するものだったと，コーンフォードは言う（Cornford, 1912）。つまり，初期のギリシア人にみられるこれらの探究は，合理的形式をとっているが，未だ，神話的要素に深く影響されているという。

　そうすると，古代ギリシアに起こった神話から合理的探究への急激な変化という説は，コーンフォードが今世紀のはじめに述べ，それ以来何人かの学者が展開しているように（参照：Dodds, 1951; Lloyd, 1990），何かの錯覚に基づくということになる。劇的だと言えるのは，物事の説明方法として魔力と神々を排除し，自律的現実（autonomous reality）★8に焦点を当てたことである。これまであまり注目されない傾向にあった事柄は，神話が「地下の」レベル，今日的な言葉で言えば構造的レベルで，そこに存在し続けていたことである。たとえば，ヒポクラテス全書の著者たちは，健康とは4つの気質の間のバランスを獲得することに決定的に結びついていると結論した。なぜか？　この考え方は，「合理的」で現実的世界論を表現してはいるが，それにもかかわらず，ギリシア神話の宇宙論――地球はすべての人々に共通だが，世界はゼウスと冥府の神ハデスと海の神ポセイドンによって別々に支配されているとする（Iliad, XV, 187ff）★9――を反映しているからである。この世界観は，天界，地下界，海洋界，地球界に分割されている世界の調和が続くためにはバランスを保たなければならないという見解を生みだし，それを反映している。（Cochrane, 1929; Cornford, 1912）。つまり，ヒポクラテスの綿密な観察は神話の原始的推論をかなりの重さでまだ引きずっていると言える。トゥキディデスの厳格な歴史書でさえ，神話から生まれた「気づかれない前提」の上に立っていると見ることができる（Cornford, 1907; Egan, 1978）。

　トーマス・クーン★10の科学革命論（Kuhn, 1962）にどんな議論の余地があるとしても，各時代のパラダイムは，その前時代の関心，疑問，方法，見解があたかも現時代と同じであるかのように，前時代の結論を書き直し，再解釈しがちであると，クーンは説得力ある意見を述べた。合理的な学者たちは，古代ギリシア人の探究に神話的要素が残っていることをないがしろにして，合理的要素を強調してきた傾向がある。高度な合理性は，ゼウスの頭から生まれたアテネのようには，一気に出現するものではない。それは，現代にいたるまで神話的起源を残しながら，少しずつ少しずつ発達し

たものである。「ロマン的理解」は，神話的特徴を保ちながら発達する理性——文化史と現代教育の両者にみられるもの——という決定的要素を表現する。

　神話と魔法から合理性と現実性への移行が反復されることは，多くのレベルでみられる。オルソン（Olson, 1994）は古代中近東の書き言葉の発達を述べている。たとえば，物事を表象する記号が物事に対応する言葉を表象する記号へと大きく移ったことについて，彼は述べる。最も初期の書体では，4匹の羊は「羊」を表わす記号を4回使って表わされていたとする。4匹の羊を2つの記号だけ——1つの記号は羊，もう1つの記号は数——で表わすことができるのは大きな発達である。そのような変化は書き言葉の仕組みを効率化し言葉の生成力を推進することになる（Harris, 1986）。またそれは新しい抽象性を表わすことにもなる。物事に対応する記号ではなく言葉に対応する記号という方向への発達は次第に精巧なものになり，翻って，その変化が表わす言語についての新しい考え方を生み出すことになっていく。「言葉で構成されているものという言語に対する新しい考え方は，また，概念上の意味合いも持っている。それは言葉が持っていた魔力の死を意味する……言葉が物事に内在するものではなく，物事を表わすものだと考えられるとき，言葉の魔力はその力を失う。まじないの中でするようにある名に働きかけても，それはその名がつけられているものに何の影響も及ぼさない。なぜなら，言葉は名とちがって，その〔名がつけられているものの〕一部ではなく，単なる言葉にすぎないからだ」（Olson, 1993, p.7）。

　ちなみに，オルソンは次のように書いている。

　　読み書きを学ぶにあたって，子どもたちがまさにこのような変化を経験することは興味深い。文字を読めない未就学児にペンをわたして「ネコ」と書けと言うと，文字のような形をした短い線をかくかもしれない。そして，「3匹のネコ」と書けと言うと，同じ線を3度繰り返す。逆に，同じように文字の読めない子どもたちに向かって「3匹の子ブタ（Three little pigs）」という単語の並びを示し，それぞれの単語を指差しつつ声に出して読んだとしたら，彼らは，それぞれの単語が子ブタ1匹を表わすしるしだと受け取るだろう。したがって，最後の単語を消して，「それなら，今度はなんて書いてあるの？」と聞くと，子どもたちは，「2匹」とこたえるかもしれない。さらにまた，3つの単語それぞれを順に指差しながら，一つひとつ何と言っているか聞くなら，子どもは，「子ブタが1匹，子ブタがもう1匹，それと子ブタがもう1匹」と答えるだろう。
　　　　　　　　　　　　　　　　　　　　　　　　　　　　　　（Olson, 1993, p.8）

　書き言葉の仕組みの発達と今日の子どもの読み書き能力の発達の間に，このようなまったく同じ種類の反復が多くみられることを彼は指摘している。これから私が言及しようとすることは，もっと一般的な反復——抽象的で脱文脈的な思考をもたらす読み書き能力の可能性を促進するために教育機関がこの能力を高めようと試みるときに，アルファベットの習得に際して，昔起こったのと細部にいたるまで同じことが反復さ

れることにより，部分的な影響を受ける複雑な理解様式の反復——である。私が敏感でありたいと思い，しかも普通は無視されていることは，合理性に向かうときの最初の襲撃を受けても，なお残り続ける神話的要素である。合理性と神話的要素の混合こそ「ロマン的理解」の中心を定義づける特徴となる。

3節　「ロマン的理解」の特徴

　「ロマン的理解」がはっきりと現われている初期のものとして，ヘロドトスの『歴史』がある。これは，読み書き能力が古代ギリシアの社会生活の一部となってきた頃に書かれたものである。またこれは，古代ギリシアで広く熱狂的に受け入れられた作品で，古代世界からもたらされ今でも楽しまれている最も魅力的な文書の1つである。ヘロドトスの『歴史』と今日の生徒に普通にみられる思考形式——読み書き能力が日常活動の一部となり，合理性を伴う「抽象的」「脱文脈的」技法を学ぶ年頃の生徒にみられるもの——との間に，驚くほどの類似があることを私は示したい。

　「歴史の父」と呼ばれるヘロドトスは，紀元前490～480年頃，小アジア半島の沿岸で，ミレトスの南にあるハリカルナッソス〔現在のトルコ，ボドルム〕で生まれた。『歴史』には，ペルシア帝国とその近隣諸国について，またギリシア諸都市国家（ポリス）を相手としたペルシア大戦争について書かれている。ヘロドトス以前に過去の時代に注意を向けた合理的精神の散文作家たち（その中にヘカタイオスもいるが，彼の作品に『系譜』があり，彼はその冒頭でギリシア人の物語は馬鹿げたものだという個人的見解を述べている）は，碑文，地誌，家系図，風俗・習慣の記録，その他，神話以外でもっと信頼性があると思われる情報を手当たり次第何でも収集した（Pearson, 1939; Fornara, 1983）。ヘロドトスの『歴史』は，われわれが単純に歴史と考える傾向のあるものも含め，民族的資料とエピソードと地理的情報を混ぜ合わせている点で，彼以前の作家たちと共通したものがある。しかし，ヘロドトスの作品は，そのスケールの大きさと資料を一貫性のある雄大な記録にまとめ上げた点で，彼以前の作家たちのものと比べものにならない。その中の多くの記事は，比較的遠い過去や離れた地域の出来事を取り扱っている。実際に目にしたこともなく確実に知ることもできなかったことを述べるヘロドトスのやり方から，「知ること」と「見ること」を密接に関連づけるギリシア人の間では（Snell, 1960, Ch.7），ヘロドトスに「嘘つきの父」という称号を与えることになった（Momigliano, 1966）。

　『歴史』は今でも心を奪われる読みものである。そこには，異国情緒に溢れ，数奇で，驚きに満ち，心を躍らされる出来事と，恐るべきペルシア帝国と群雄割拠するギリシアの小都市国家の間の雄大な闘いが描かれている。ヘロドトスが，喜ぶ聴衆の前でその本の一部を朗読し，アテネ市から謝礼を得たと後の時代に言われたようだが，それは何も不思議なことではない。彼は，後の時代に現われる吟遊詩人——詩ではな

く散文を朗読する——の変り種だったということもできよう。今，その本の最初の4巻のどこでも手当たり次第に開いてみるとよい。すると，リビア人の探検隊が黒人の小人に攻撃され連れ去られる話〔『歴史』，Ⅱ-32〕★11や，エジプト人が死後3～4日するまで美女や著名な女性の遺体に香油を塗らせたがらない理由〔Ⅱ-89〕とか，バビロニアのベル神［聖書のバール神］の像の建立に22トンの金が使われた話〔Ⅰ-183〕とか，エジプトの女性は市場で商売をし男性は家にいて織物をした〔Ⅱ-35〕とか，エジプトの女性は立って小用を足し男性は座って用を足した〔Ⅱ-35〕とか，ワニの捕まえ方〔Ⅱ-70〕，アマゾン族の女性★12はスキュタイ人の若者からなる分隊とともに暮らすようになったが，闘いで敵を1人殺すまでは結婚しないという習慣を守った〔Ⅳ-117〕とか，ペルシア王はアケス川にダムを築いたがその下流の水に頼っていた部族には問題が起こった〔Ⅲ-117〕とか，その他，前代未聞の悪知恵，大胆不敵で残酷な行為，復讐，人殺し，強盗，性的不道徳等々，延々と物語が続く。これらの多くは，スーパーマーケットのレジ付近に置いてある新聞雑誌の記事とどことなく似通っている。

　残りの5巻は，ペルシアの圧倒的な陸軍，海軍の勢力を詳しく述べ，彼らのギリシア人攻撃に焦点を置く。それぞれに独立した小さなギリシア諸都市国家と特に自由を愛するアテネ市民が，ひどく不利な条件の中で，絶え間ない攻撃にさらされ，勝ち目もなく，絶体絶命の危機を乗り越え，最後には，暴君的な東洋の帝国を打ち倒す。

　『歴史』は古代版の『ギネス・ブック』のようなものだといえる。高貴な英雄たちの物語，異国情緒に満ち奇異な事柄についての叙述，驚嘆すべき行為や巨大で奇妙な建造物についての驚きに満ちた表現が満載されている。ここにみられる理解様式は，書き言葉なしには，維持不可能である。この理解様式は，時にはその他の理解様式以上にエネルギーに満ちた形で——近代ヨーロッパのロマン派時代にみられるように——〔歴史の中で〕繰り返されるのがみられる。それについても，おいおい言及していくことにする。

◆現実世界の限界，経験の極端な事例，人生の脈絡◆◆◆

　ヘロドトスはこのようなナラティブで話し始める。「本書はハリカルナッソス出身のヘロドトスが，人間界の出来事が時の移ろうとともに忘れ去られ，ギリシア人異邦人の果たした偉大な驚嘆すべき事蹟の数々——とりわけ両者がいかなる原因から戦いを交えるにいたったかの事情——も，やがて世の人に知られなくなるのを恐れて，自ら研究調査したところを書き述べたものである」★13。この作品を通して強調される点は，メガ・エルゴンつまり偉大な事績である。作品が風変わりである理由の1つは，知られている偉大な事績のどんなことでも記録に留めたいというヘロドトスの欲求からこの作品が生まれている点である。「次に私はエジプト自体について詳しく述べたいと思うが，それはこの国には驚嘆すべき事物がきわめて多く，筆舌に絶した建造物

が他のいかなる国よりも多数に存するからである」(『歴史』, II-35)★14。

　探究から生まれたこのナラティブが古代ギリシア世界に与えた劇的な衝撃を，今のわれわれが想像するのは難しいだろう。ヘロドトスの考案した叙述法は，読み手や聞き手を，述べられている偉大な出来事をその場で体験している目撃者にする方法をつくり出した。この技法は演劇や叙事詩から引き出されたものであったが，それが対象としたのは，現実世界であり，現実世界の人間と実際に起こった現実世界の出来事――もしくは，出来事の起こるままに表現されたもの――であった。読者は目撃者としてその場にいる――読者はクロイソス★15のさまざまな会話，クセルクセス★16の計略，そして大戦争を目撃する。真面目さで正当化したゴシップの楽しさも大いに含んでいる。

　ヘロドトスは自分の身の丈に合わない作品を書いたと言って批判されている。ナラティブの脈絡にあまり関係がないにもかかわらず真に迫った物語や奇異な風習を述べていて，それを書かないですませることができないように見えるからである。しかし，脈絡は失われていない。そうではなく，ここにわれわれが読むものは，世界のロマン的描写の典型である。このような技法は，確かに出来事の完全な理解を提供しないが，ある理解様式――まさに，ロマン的理解様式――を提供する。ヘロドトスは私がここに選んだ例だが，彼にみられる特徴は，西洋の歴史の中でみられるすべてのロマンス★17に顕著で決定的なものである。ヨーロッパのロマン主義については，意見の相違があることが知られている。それでも，「見知らぬものへの関心，異質で，日常からかけ離れていて，神秘的で，近づきにくく，見慣れないもの，奇怪ですらあるものへの関心」(Ong, 1971, p.255)がそこにあることを，見過ごすことはできない。

　偉大な出来事，傑出したものの記録の保存が，ヘロドトスからわれわれの時代までのロマン的歴史記述にとっての中心である。ある中世の歴史書は，ヘロドトスに谺（こだま）するかのように，その感覚を典型的に伝えている。

> 止まることなく抗うことができない「時間」の流れは，生まれては闇の中に消え去るものすべて――くだらない行為も記念すべき偉大で価値のある行為も――を運び去り持ち去る……しかしながら，歴史学は，この「時間」の流れに対抗する大きな砦である。それは，抗い難い時の流れを抑え，表面に流れていくどんなものでもしっかりとつかみ，忘却のかなたへ流れ去るのを許さない。
> (Comnena, 1969, p.17)★18

　ヘロドトスの作品を古代世界記録の『ギネス・ブック』にたとえたのは冗談だが，冗談の要点は，両者の間にある類似点から生まれている。現代版『ギネス・ブック』は少し滑稽なほど真面目に，誰が一番大きいか，小さいか，速く走るか，遅く走るか，毛深いか，長生きか等々について，合理的探究方法を当てはめて発見しようとする。神話やほら話を排除して，現実世界の限界と経験の極端な事例を設定しようとする。

ヘロドトスの文書も，同様に，記録というだけの理由で，細々とした事実で埋まっている。例を挙げれば，エジプトのプサンメティコス王は29年間シリアのアゾトス〔現在のアシュトド〕地域を包囲したとある。これは，文書全体に何の意味もないことである。「われわれの知る限り，このアゾトスは世界の都市中最も長期の籠城に耐えた町である」（『歴史』，Ⅱ-157）★19という理由だけから，この包囲が述べられている（この事実が『ギネス・ブック』（1992年，p.241）に掲載されているのを見つけて，私はうれしくなった）。

　典型的な算数や地理の教科書より『ギネス・ブック』の内容のほうが，平均的な10歳児にとって魅力的なのはなぜだろうか？　平均的な10歳児がこれまでで一番背が高い人が誰かについて，それほど興味を抱くのはなぜだろうか？（私の聞いた範囲では，10歳の女児より男児で興味を抱く者のほうが，ほんのわずかの差であるが多い）。これに対する1つの答えとしては，このような事実にはロマンがあるという点である。それらは，世界の不思議，最も極端な経験の事例，現実世界の限界，最も偉大な行為，最も見慣れない生活様式，最も驚くべき出来事を語っている。『ギネス・ブック』は子どもたちにとって，エルガ（事績）が集められている最も身近なものの1つである。読み書き能力があり，自律的現実が無限にあるように見えることに直面している生徒にとって，これらの記録は，現実世界の範囲と限界をきれいに要約して，現実世界がすべての点で無限ではないことを知ることと結びついた安心感を与える。

　もし，自律的現実が無限の範囲に及ぶものなら，われわれは無限に無意味な存在となる。世界と人間の経験には本当に限界があることを見いだすことにより，世界の中になんらかの安心感と均衡のとれた意味を確立できる脈絡をわれわれは形成する。世界で一番大きい人や一番小さい人を知ることにより，その極端なサイズに驚く一方で，自分自身の大きさについて安心感を新たにする。一度脈絡の感覚をつかめば，物事について均衡のとれた意味の感覚が発達し始める。

　風変わりで極端な事柄を扱った本やテレビ番組や映画が，8歳から15歳くらいの子どもに与える喜びが，学習理論やカリキュラム制作に関して何の影響も与えていないのは，少々おかしなことである。前章からの脈絡を辿ってみると，現在の教師に推奨されている最も一般的な学習の原則は断然「知っている事柄から知らない事柄へ」という学習過程であり，子どもの興味を引き新しい知識を意味あるものにするためには，子どもの日常的経験に関係があるものから始め，それに新しい知識をつなぐ必要があるということである。もしこれが本当に子どもにとって最も効果的な学習方法であるなら，一番太った人，一番高価な切手，一番長い髭が，子どもの日々の生活に何の関係があるのかを訝（いぶか）る必要がある。

　教授法への応用は後に取り上げるとして，この年頃の子どもの学習に関して，「ロマン的理解様式」が持つこの最初の特徴が，今までとは違った考え方に私たちを導いてくれることを考えるために，ちょっと足を止めてみるのがいいだろう。「ロマン的」

な原則は，人間の知的探究と発見——つまり新しい知識の習得——の論理に関して，現在の教育界で主流となっているものとは違った見方にわれわれを導く。どこか丘の上にある町にあなたが連れてこられて，探検するとしよう。自分が着いたホテルの部屋のよく知っている特徴の細部に注意を集中することから始めて，次第に範囲を広げて発見したものを，次々と自分がよく知っている物質文化と経験に結びつけていくのは馬鹿げている。もっと賢明なやり方としては，町の広さ，町の城壁や境界，主要な建物や広場，人々の携わっている活動等々を発見することから始めるとよい。つまり，脈絡と限界と主なエルガと風変わりな特徴等々について，何かしら感覚をつかむ。これはまさに，ヘロドトス的な方法である。この方法で，異質なもの，見慣れないものを理解し，そこにある脈絡を打ち立てる。それは，すでによく知っているものから少しずつ範囲を広げていくやり方ではない。

さて，われわれに両方のやり方があるのは，はっきりとしている（その他にも無数の方法があるが）。私が気にしているのは，よく知っているものから次第に範囲を広げるやり方で理解力を育てるという現在主流の試みが，やり方の一部でしかないという点である。この方法は，ロマン的理解の発達には有効ではないし，まったくのところ，この方法自体に効果がない。その伝統的概念によれば，学習とは，何かの絵をつくるジクソー・パズルのように，少しずつ積み上げることにより理解力を育てることになる。それに替わる「ロマン的」な概念によれば，学習とは，ホログラム[20]の感光板に全体像が徐々に浮き上がってくるような理解力を育てることになる。もし砕けたホログラム板の一片を手にしてレーザー光線を当てれば，ぼやけた全体像が浮き上がる。もっと多くの破片を加えれば，もっとはっきりした全体像になる。

理解力を築くために，われわれがホログラムとジグソー・パズルの両方の方法を用いるのは，もちろんのことである。われわれはよく知っていることと新しい知識の間を関連づけて学習するし，また，ほんやりとつかんだ全体の脈絡に新しい知識を当てはめることによっても学習する。そうすると，その新しい知識がぼんやりとした全体像をはっきりさせてくれる。ホログラム的方法は，暫定的におおよそ把握している脈絡全体にまたがる一連の関係の中に新しい知識を組み込んで，意味を確立するために特に重要であるように思われる。しかしながら，ホログラムの比喩によって示されるこの学習の原則は，われわれの経験と一致するところが多いにもかかわらず，教育界ではあまり受け入れられていない。

読み書き能力の助けで自律的現実を発見すると，生徒は背丈が1,600メートルの巨人や親指の大きさにも満たない小人に惹かれることがなくなり始める。生徒はこれまでに実在した一番大きい人や一番小さい人を知的に発見することに，関心を持つようになる。神話は現実世界に取って代わられるが，探究を突き動かす疑問や興味の鋳型としての役割は果たし続ける。複雑な現実理解が増すにつれて，神話的理解にみられる単純な対概念的構成は崩れ始める。「このような［対概念による］関係づけは思考

にとってはよいことである。しかし現実は常に対概念と一致するわけではない。現実には事実の頑固さがある」(Burkert, 1985, p.217)。巨人から実在の一番大きい人へと関心が推移する中に，精神と現実との間の調整が徐々に行なわれるのがみられる。頑固な事実は，それとわれわれの理念を一致させようとする試みの対象となる。理論は頑固な現実を表現しようとする精神によって構築される。精神構造の要請に応ずる世界を形成する神話と，世界の実際の構造に一致しようと試みる理論との間に，ロマンが存在する。ロマンは現実を取り扱うが，それは神話的関心を維持しつつ現実を取り扱う。それは現実への降伏ではなく，妥協である。

　『ギネス・ブック』の例だけを挙げて，極端で風変わりな世界に惹かれるヘロドトスと生徒との共通点を指摘してきた。もっと長々といろいろな例を挙げるのは簡単であろう。しかし，この年頃の子どもにこれらの現実の特徴に対する興味があるのは明らかなので，さらに例を挙げる必要はないと思う。不思議で異質なものに惹かれるのはあまりに当然のことなので，これについて疑問の余地はないように見える。

　この年頃の生徒にみられる知的活動の中で目立つもう1つの特徴は，趣味やコレクションへの執着である。これらについては私の他の著書に詳しく述べた（Egan, 1990）が，ここでは，全セットを集め，コレクションを拡大し整理し，絶え間なく整理し直すような熱狂的な衝動を指摘しておく。コレクションは石，貝殻，切手，人形の衣装，漫画――ほとんど何でも――である。趣味も同じように種類が多い。西洋文化では典型的な例として，この衝動は読み書き能力の獲得とともに始まり，11歳頃に頂点を迎え，15歳頃までには影を潜める。

　この時期に何が起こっているのか？　コレクションや趣味を，風変わりで極端なものを追究する行為とある意味で似た，現実との関わり方と認識していいだろう。セットを蒐集し，世界のある領域について詳細を知り尽くすことにより，人は現実世界が無限なものではなく，それを把握できるという確信を得る。何かについて徹底的に知ることにより，人は世界というものが原則的には知ることが可能なものだという安心感を得る。そこで，人は自分が無意味なもので，知ることができない広漠とした現実にもてあそばれるという怖れの気持ちを減らす。もちろん，多くの人はこのような安心感を得ることもない。しかし，これは「ロマン的理解」が発達するともたらされる1つの重要な恩恵である。

　風変わりで奇怪なものについての今までの話で，多くの人は警戒心を呼び起こされるに違いない。このような話は娯楽とかくだらないことに注意が逸れていて，生徒が生活する実際的な世界で要求される重要な技術に関心を向けていない。これは，極端な現実世界とか経験の限界に焦点を当てたカリキュラムを提案はするが，生徒自身の身のまわりの世界には焦点を向けていない。これらはすべて当然の推論であろうが，これらに対して私は少し限定条件を述べよう。まず第1に，極端なものや奇怪なものに対する焦点だけが「ロマン的理解」の特徴ではないし，その他の特徴がそれぞれの

意味合いを持っている。だから，生徒が極端なものや奇怪なものだけに時間を費やすとは思っていない。第2に，現実世界の限界や極端な経験を知る一方で，同時に生徒は，自分たちの身のまわりの日常的世界について何か深いものを学んでもいる。そのような限界は，日常生活を脈絡の中に置いて理解することを助け，したがって，その意味を確立することを助ける。第3に，もしわれわれが適切な方法で世界を見るならば，世界のどんな事柄でも，ロマン的関わり方の対象にすることが可能になる。実在の一番太った人とか一番毛深い人は単純でドラマチックな魅力を持っているかもしれないが，古い発砲スチロールのコップとか建築現場とか自分の前の机とか吸っている空気などのロマン的局面を生徒に見せることにより，生徒の「ロマン的理解」を可能にし，それを拡大することができる。第4に，教育と娯楽は重要な点で違った特徴を持っており，その違いを認める必要があるからと言って，違いを誇張すべきではない。学習は楽しいものであるはずだ。特にこの年頃の子どもにとって，ロマン的関わりは，単調といたるところに蔓延する退屈に敵対する。

　簡単にまとめれば，読み書き能力は現実世界についての概念を生じさせ，精神は現実世界の限界と極端な事例を把握する試みによって，現実世界を探究する。文化史の中にも今日の生徒の中にも，その同じ過程を見ることができる。現実世界の限界と極端な事例を把握することにより，日常的世界の細部と経験に関して，より十分で明確で「現実的」な意味を与える脈絡ができる。

◆現実世界にある超越性◆◆◆

　ロマン的人物の典型は英雄である。英雄は，その他大勢のわれわれと同じように，日常世界の拘束の中に生きているが，その他大勢とは違って，われわれを取り囲む拘束をどうにかして超越できている。意のままに自然界の拘束を超越した神話の神々は，世界を正確に表現しようとする合理的衝動に押し流された（なんとロマンチックな表現！「合理性が古き神々を押し流す」とは！──これは，1つのテーマになるはずだし──確か，19世紀のあるロマン主義の寓話的絵画のテーマだったように思う）。しかし，神々が初期の合理的ナラティブから消えたにしても，神々は出来事の意味を知ろうとした初期の合理的試みに形式を与える鋳型を残した。神々とその意志の代わりに，われわれは英雄とその意志を見いだす。

　この手法の偉大な推進者たちが言うところによれば，世界を合理的に記述するコツは，「心の眼を，事物そのものから決してそらすことなく，事物の像をまったくありのままに取り入れる」(Bacon, 1965, p.323／1978, p.53) ことだとする。さて，ベーコンが提唱しているほど物事はそんなに単純ではないことがわかっている。事物を取り入れるとき，その事物に何かをつけ加えないのは大変難しいものだとわれわれは気づいているように思える。

　たとえば，ヘロドトスが彼の歴史書の中で表現している因果関係を見ると，出来事

は重要な人物の感情やそれに基づく行動の結果だとわれわれは理解する。もっと込み入った現代の歴史書で見ると，社会的経済的条件やそれ以前の社会的心理的な多くの要因の中で，われわれは出来事の因果関係を理解する。しかしながら，ヘロドトスの書には並外れて頭がよく勇敢で狡猾な英雄的人物が多く登場する。彼らの英雄的行為が出来事の原因であると表現されている。因果関係を確立するために，現代の歴史書は分析を必要とするが，ヘロドトスの文書は1つの，あるいは，多くの物語を必要とする。

　ペルシア帝国とギリシア諸都市国家との大戦争は何が原因で起こったのか？　ヘロドトスはそれ以前の物語を退け，その最初の原因をクロイソスの我欲とキュロスに対する復讐心に特定した。この物語の核心は，クロイソスがどうしてそのような大きな帝国の指導者になったのかを説明するための背景である。例を挙げれば，リュディア王国はクロイソスの曾祖父の手に落ちたが，それには次のような経過があったという。それ以前，リュディア王はカンダウレスであったが，彼は自分の妻がこの世のあらゆる女の中で最高の美女だと信じていた。それで，彼の気に入りの家臣ギュゲスという男を無理やり説得し半ば強制的に，妻が寝室に入って着物を脱ぐ様子をこっそりと扉の陰に隠れて見させ，自分の鑑識力を認めさせようとした。女王の名前は記されていないが，彼女は裸身になってから，ギュゲスが忍び出ていく姿を目にした。次の朝，彼女はギュゲスを呼び，2つの選択肢を与えた。それは直ちに死ぬか，カンダウレスを殺して王の地位に就くかの2つであった。哀れなギュゲスはその後者を選んだ。その結果，彼の曾孫クロイソスがその王座を継ぐことになったのである（王としてのギュゲスはギリシアのイオニア地方にあるミレトスを攻撃したと，ヘロドトスは語っている。「……彼の在位三十八年の間，それ以外には大した事跡もないので，彼については以上の記述にとどめたいと思う」（『歴史』，Ⅰ-14）[21]。

　合理的なヘロドトスがナラティブに何を含めるかを選ぶときの基準は，現代の典型的な歴史書を形成している基準と明らかに何かが異なる。ヘロドトスが使う因果関係の形式は，われわれにもわかりやすいので，現代の映画や小説，メロドラマやジャーナリズムの間で人気がある。彼の文書には，ナラティブをつくっている出来事を起こすような感情の持ち主で満ちている。これらの感情は，古代の神々を刺激して人間の事件に関わらせた感情——貪欲，復讐心，欲情，権力欲，同情心，愛情（必ずしも原因となる感情の順序ではないが）——とまったく同じである。ヘロドトスの文書に登場する多くの人物は，魔法の力を持つ神々がしていたようなやり方では現実を超越することはもはやできない人物が大勢登場するが，彼らは，平凡な日常の中では痕跡にすぎないものとなってしまった特質を，神々と同様に持っている。これらの英雄は現実世界の限界や自然界の法則を超越するだけでなく，彼らの内心にある拘束力も因習的慣わし（ならわし）や習性や肉体的才能等々をも超越する。

　ここでは2つの見解を指摘するのが適当だろう。第1に，英雄は因習的拘束を超越

させてくれる人間的美徳を並外れて「体現」しているので,われわれの興味を引く。英雄とその行為に対するわれわれの関心は,彼らの超越的な人間的特質とのつながりを感じることから生まれる。われわれは誰でもこれらの特質を共有している——悲しいことに,より限られたものであるにしても。

　第2に,これまで西洋の伝統における典型的な英雄は男性で,たいてい力ずくで物事を解決するタイプであった。しかしながら,男性ホルモン的な力とともに,どんな英雄の中にもあるさまざまな特質——高潔,慈愛,無私の精神,優雅,機智,創意,忍耐心等々——とわれわれはつながりを感じる。このようにして,われわれはユリシーズやガラハド卿[22]の品格のない現代版後継者にもまして,聖人や看護師や科学者を英雄とみなすことができる。

　10歳頃になると,たいてい自律的現実に直面することが多くなり,われわれはなんらかの知的心理的な安心感を確立する必要に迫られる。それ以前に持っていた「神話的理解」——自律的で異質な世界を理解する方法ではなく,エデンの園で持っていた,思索を経ずにそのまま世界を受け入れるような理解方法——による安心感はもはや役に立たない。ロマン的なつながりは,脅威的な現実世界に直面するときに新しい安心感をつくり上げる1つの卓越した技法を提供する。ヘロドトスも読み書き能力を獲得したばかりの現代の学習者も,現実世界で日常生活の脅威を超越させるように見える特徴とのつながりを持つ。世界の誰であれ何であれこれらの脅威をうまく超越できるように見えるものとつながりを感じることによって,われわれもそれらの脅威を克服する安心感を確保し,超越できるという自信を抱く。

　10歳の頃のわれわれは,まわりの世界に翻弄されるままである。典型的には,きりのない規則や決まりの——両親の,社会の,そして少なくとも自然界の——支配下に置かれている。子どもがつながりを感じる人や組織やチームが,たいていの場合,その子どもにとって一番問題となっている抑圧を発見する手がかりとなる。大金持ちで退廃的なロック・スターが英雄の一種となるし,優秀なサッカー選手も,売れっ子の作家やとんでもない歌手や俳優,ホッケーやフットボールの剛健なチームなどもそうである。現実世界の脅威にさらされる中で自分のアイデンティティの確立を求める一方で,その脅威を超越したいという欲求からロマンの特徴である緊張感が生まれる。

　つまり,「ロマン的理解」の特徴は,超越的人間的特質,もしくは超人的に並外れた能力を発揮する人間的特質と,つながりを持ちやすい点である。この見解は8歳から15歳頃までの子どもの教育に重要な意味がある。なぜなら,もし生徒が教材の中にあるそのような特質とロマン的なつながりを感じることができれば,どんなカリキュラムの教材でも,理解しやすくなるからである。ついでに指摘しておくが,これはわれわれが「権威を認める」知識を生徒に学ばせるための操作に関する事柄ではなく,どんな知識についてもよく理解できる方法に気を配る丁寧さに関する事柄である。

　例を挙げれば,イザムバード・キングダム・ブルネル[23]やジェームス・ワットのよ

うな英雄の行動力や創意に結びつきを感じることによって，われわれは産業革命の重要性を理解できるようになる。これでは言い方がよくないかもしれない。ここでの教授のコツを言うと，産業革命——さまざまな発明，人口や農産物生産増加の統計等々——を，生徒が結びつきを感じることができる行動力と創意の表現として提示することもできるし，自然を傲慢不遜な超越的な態度で従属させる試みが，今では地上の生物をすべて破壊する怖れをもたらすほどになっていると提示することもできる★24。

同様に奴隷解放運動についてなら，このために闘い苦しんだ人々，今もなお闘い苦しんでいる人々の勇気と愛と忍耐に対し結びつきを感じることによって，理解が可能になる。また，ウナギの生活史については，ウナギの幼魚を20年間追究し，その生活史と驚くべき移動について次々と詳細を少しずつ解明したヨハネス・シュミットの忍耐強い創意と結びつくことによって，理解が可能になる★25。また，岩の形成，ラテン語の格変化，化学反応，文法構造，その他どんなことについても，生徒が結びつきを感じることができるような超人的に並外れた人間的特質の中に位置づけることにより，理解が可能になる。どんな事柄でも，適切な光の下に見れば，ロマン的結びつきを感じる対象とすることができる。このようにすることが，この年頃の生徒に対する授業と学習を成功に導く鍵である。

このようなロマン的結びつきにより可能になる理解様式に，限界があるのは明らかである。しかしどんな理解にも限界がある。理解は，スイッチを入れたり切ったりして，可能になったり不可能になったりするものではない。それは，ホログラムの比喩が示すように，徐々に少しずつ鮮明になる過程である。それは理解としては未熟な形と呼ばれてもいいのかもしれない。しかし未熟さは，未熟だからといって，不満の対象とすべき事柄ではない。19世紀から20世紀初頭にかけて批評家たちが，ヘロドトスの歴史的因果関係と彼の歴史観を，現代の概念と比べて不十分で未熟なものだと分析したが，彼らの批評には限界がある。部分的には，その限界は彼ら自身の観点からのみヘロドトスを見ることから来ていて，適切な歴史文書としての彼らの基準に合わないものだと判断することから生まれる。もし批評家がヘロドトスの持つ基準を鋭敏に感じ取り，彼の歴史書から今も誇るに価する良書とされる基準を読み取ることができれば，そのとき，彼らのヘロドトスに対する評価は正当性を持つ。

ホワイトヘッド★26はロマンスの特色を「新鮮な生気」に続く「興奮」とした。その特色は，「目を向けただけで未探究のものが，半ば見えているようで，物事の量が多いから半ば隠されているような，さまざまの可能性との結びつきがあるのです。……ロマンティックな情緒というものは，本質的に，はだかのままの諸事実から，なお本人が未探究だった事実間の結びつきという重大性に最初に気づくことからくる興奮なのです」（Whitehead, 1967, pp.17-18／1986, p.27）。彼は続けて，この「素晴らしいロマンスは，霊（spirit）を持った人生」に向かわせるように，子どもに押し寄せる洪水なのです」とした（Whitehead, 1967, p.22／1986, p.34一部改訳）。私の関心は純粋

に世俗的なものではあるが，西洋的伝統の中で理念が果たしてきた霊的（spiritual）な役割を認めることなしに超越的特質を何気なく話題にすることはできない。ロマン的な超越的特質について，その神秘的連想を避けたいと願っても，それは感情的な要素を持っている。それに加えて，超越的特質が現われているもの，もしくは慈愛，勇気，憐憫のような特質を体現している人や物に結びつきを感じることは，自分の中に自律性があると認め，他者の中にもそれがあると認めることを意味する。他者の中にある超越的特質と結びつく能力は，ヘロドトスがそうだったように，敵の中にも美徳を認めるレベルへと導いていく。西洋の読み書き文化の伝統の初期には，この能力は稀にしかみられないもので，異質なものであった。サクソ・グラマティクス★27は，『デンマーク人の事績』★28の中で「トゥーレ［アイスランド］の人々の活動もみのがすわけにはいきません。……実際彼らはすべての国民の歴史を知り，記録することを楽しみにしており，他国民の英雄的行為を記述することを自国のそれと同じように名誉と心得ているのですから」(Borges, 1968, p.170)。この時点で，人は「敵」の概念を取り壊し，明晰なナザレのイエスの，敵を愛せよとの洞察に到達し，敵の中に自分と共有できる超越的特質を発見することになる。

　さてここで，私は，超越的レベルの人間的特質と「ロマン的」な結びつきを形成する能力を，伝統的に「霊的発達」と呼ばれてきたものの1つの局面として考えることは正当だと思う。そのような言い方は避けたいという人もいるかもしれない。しかしそうであっても，超越的な特質を知ると，人は人間的に共感できる範囲が拡大されることに気づく。避けられないことだが，人は自分の中にあると気づいている人間的特質を通して，自分の外部の世界に結びつきを感じる存在である。また，世界のさまざまな姿と結びつきを感じることを続けながら，われわれは自分自身の中にその特質を確立する存在である。そのようにして，われわれは自らの理解を現実世界の姿に合わせ始める。これには勇気が必要である。これをするには，自分を忘れ，他者が持つ違いとその自律性を認めることができる神秘的な能力を必要とする。エデンの園からの旅立ちは，フロイトの比喩を使えば，すべてを取り込もうとする自我からの解放を意味する。

◆**人間的知識**◆◆◆

　クラーク・ケントが成り代わる別人であるスーパーマンが現われる以前に，もっとやっかいで有能な超人について書いた著者は，われわれが常に偉大な個性的人間を愛し讃えなければならないとし，過去についての学問的研究の課題は，われわれの精神の前面にそのような人々を常に掲げることであると主張した (Nietzsche, 1962, preface／1952, 序説)。ヘロドトスの歴史はまさにこの原則の代表的例である。そこに描かれている個々のメガ・エルゴンは，ある人物またはある人物の行為の産物として示される。頻繁に取り上げられる戦闘の場面では，少数のすぐれた勇士と，彼らを際

立たせるその動機に焦点が当てられる。それぞれの戦闘の描写の後に，任務を果たした戦士の名前が記録に価するものとして載せられる。そのようにして，スパルタのピロキュオンの名前は，彼が超越的なレベルで勇敢だったので，永遠に記憶される。ヘロドトスの本の中にその名前をちらっと見かける〔『歴史』，IX-71〕★29とき，そこに記録されることがどんな報奨を意味するのかと読者は訝ることだろう。

　このように個々の人物に焦点を当てること，またその人物を行動に駆り立てた感情に焦点を当てることが，世界をロマン的に理解する方法の特徴である。個々の人物の行動から生まれたものの蓄積として，われわれは世界を解釈することができる。その解釈は，行動を生み出した感情——われわれすべてが共有する感情——の観点に立つので，より理解しやすいものとなる。結局のところ，すべての知識は人間的な知識である。われわれの知識のすべては，それを発明した人々，発見した人々，それを利用した人々などの人生を通して知ることが可能である。彼らを突き動かした希望，不安，意図などを通して，われわれはその知識に近づくことができる。たとえば，ピタゴラスの定理を学ぶとき，その定理をピタゴラスの人生の脈絡の中に置き，ピタゴラスの希望と不安の産物として見ることで，この年頃の生徒にとって定理の理解がしやすくなる（Egan, 1990, pp.267-270）★30。

　この点を主張する別の方法として，すべての歴史は思考の歴史であるとのR. G. コリングウッドの議論（Collingwood, 1946）を根拠にしてもよい。つまり，われわれはどんな歴史上の出来事，資料，遺跡，遺物からでも理解を構築することができるが，その理解は，その事柄を起こし，それに関わる人間の考えを推論できる程度によって決まってくる。特に「ロマン的理解」は，学習の対象を1人あるいは複数の人が持っている考え，意図，希望，不安の脈絡の中に見ることによって，構築される。コリングウッドが「思考（thought）」と書いているところでは，特に「ロマン的理解」の場合には，それを感情も明らかに含んだものとして解釈してよいだろう。このようにして，コリングウッドが歴史的理解について語ることを，世界についてのどんな知識にも関与する「ロマン的理解」にまで拡大してもよいだろう。もちろん，地震や代数やミルトンの『失楽園』★31についての理解を構築する場合，それに関係する人々の感情を通さないで理解することは不可能ではないだろう。しかしながら，西洋文化に育つ思春期のはじめ頃の生徒にとっては，学習の対象である事象に最も密接に結ばれている感情や考えを通して学習すれば，最も興味をそそられて最も簡単に理解が可能になる。

　ジャーナリストも教師も，読者や生徒にとって魅力的な脈絡の中で知識を提示すれば，効果的にそれを伝えることができると認めている。ジャーナリストは，「人間的興味からの視点」を見いだすことにたいてい言及している。教師も，実例となるような逸話，それが特に感情的動きが豊かなものであれば，興味を引き起こすために大きな効果があることを知っている。教授法に関して普通みられる問題は，そのような逸

話が授業や単元の本来の学習に対する序曲として，また生徒の興味を引くための「誘い水」として考えられていることにある。教授のコツは，その誘い水が持つ効果的な原則を，授業と単元全体を通して使うことである。

先に述べたように，読み書き能力から付随して生まれたものの1つに，辞書や百科事典など，知識を蓄えるための書物の編集がある。「知識を蓄える」と何気なく言うのだが，そのような言い回しの中にある「知識」の比喩的な意味が忘れられている。教えた知識の記憶に関する達成度のテスト——これが未だに最も一般的な評価の形式であり続けているが——では，教科書や百科事典や辞書が知識の達成者の模範であるというイメージが強化される（de Castell, Luke, & Luke, 1989）。そのような意識が蔓延する状況にあっては，書物は知識を蓄えないということを強調することが重要になる。書物は知識を外部に蓄えるための記憶装置の役割を果たすシンボルとしての記号を入れる容器である。知識は生きた人間の精神にのみ生きることができる。

どんな教育目的であろうと意義あるものであれば，人間の精神に教科書をなぞらせたりはしない。しかしながらわれわれは，まさにこのような例を常に目にしている。これに代わる教育の課題は，シンボルとしての記号を人間的な理解に変化させ，退屈な記号を生きた人間的知識として再構成することによって，どのように生き返らせるかを生徒に教えることである。知識を発明した人，発見した人，利用した人，知識のために苦悩した人，知識を書物に著した人の人生の中に位置づけて知識を提示することによって，記号の再構成をうながすことができるし，生徒の感情と知識を結びつければ，知識は理解しやすいものとなる。

たとえば，南北アメリカ大陸の地理を教えたいと思うなら，最初の発見者たちや移住者たちの感情の脈絡の中で始めるといいかもしれない。ベーリング海峡をはじめて渡った人々の目を通して地形や気候や草花を見ることに留まらず，これらの姿を，彼らの感情的反応（われわれはその感情をおおよそ推測できる）を通して感じ取ることができる。東へ南へと移動するときの彼らの期待，希望，不安を通して，南北アメリカ大陸の山や川について学ぶことができる。地形がつきつける挑戦的課題，地形がもたらしてくれる食糧資源，地形が支えてくれる物質文化という見地に立つと，地形は人間的なものになる。さらに，南北アメリカ大陸に散らばっていったヨーロッパ人が書いたもの——日記，手紙，公的書類，詩——を通して，われわれは「新」大陸をもっと詳しく確実な姿として感じ取ることができる。

われわれが知っているすべての事柄は，誰かによって発見され，発明され，書かれたものである。知識を創造した人物の人生から努力の結果生まれた知識の断片を抽出して，教科書や百科事典や地図や辞書の中に配置したことに，われわれは誇りを持つ。これらは検索の目的のためには，すばらしく便利な考案装置である。しかし，教育的発達上のこの段階で最初に知識に近づく方法としては，知識を創造した人物の人生の中に，その知識をもう一度埋め込んでみるほうがよい。このようにすると，宇宙の構

造や昆虫の行動や化学物質の相互作用などに誰かが関心を寄せる理由を，生徒は感じ取ることができる。

◆ロマン的合理性◆◆◆

　風変わりなもの，超越的なもの，人間的感情などを強調すると，多くの人の心に警報が鳴り続けるに違いない。学校の中等教育をセンセーショナルな人々や活動家に引き渡そうとしているのではないか？　生徒の想像力を刺激することは結構なことかもしれない。だが，社会，政治界，経済界に出て行って対処するために必要な実際的知識や技術を，生徒に装備する重大な役割もあるはずだと，警報が鳴る。私の意見をおおまかに言えば，「ロマン的理解」の特徴に注目することにより，生徒が世界にうまく対処するのに必要なあらゆる知識や技術が確実に習得できる，最も効果的な方法を提供できるということである。

　われわれの文化的発達も生徒の発達も，神話的思考から始まり，それとは多少違うもので，よりすぐれていて，より実際的で効果的な合理的と呼ばれる思考様式に移っていくのではない。そうではなく，これら2つの思考様式は区別される以上に多くのことを共有しているし，両者間にはドラマチックと言えるほどの違いがあるにもかかわらず，その下にかなりの連続性が隠れている。ここで，「ロマン的理解」を特徴づける合理性の芽生えの形が，どんな意味で明確に合理的で非神話的であるか——魔法の要素がないというだけでなく——を指摘することが役立つように思える。

　明確な合理的探究形式の生みの親であるヘロドトスの例に戻ってみよう。彼の後継者とされるトゥキディデスとは違い，ヘロドトスは歴史論を形成したのではない。ヘロドトスは注目すべきエルガを記述し魅力的なナラティブを構成することにあまりにも気をとられている。しかし，彼はそれ以前の神話作者や叙事詩人のように単に物語を語るだけではない。ホメロスは，それ以前の戦争についての物語を語り，その中に実際の出来事も使った（Gomme, 1954; Wood, 1985）。しかし，ホメロスの記述は主として，出来事の正確な記録というよりは詩的な基準に基づいている。そこでは，物語の躍動性と感情的な効果が最も重要性を持つ。人生一般についての普遍的真理を伝える必要がホメロスの最前面にある。ヘロドトスは自分の記述をナラティブに形成しているが，実際の出来事と事実を表現しようとする彼の決意が，新しい表現形式を生み出した。

　単なる事実と称して，それ以上のものを語るナラティブ形成の方法に対して，われわれはとても注意深くなっている。ヘロドトスのナラティブは現実を表現したいという彼の欲求から形成されているばかりではなく，上手に話して，聴衆の感情に影響を与えたいという欲求からも形成されている。ペルシア人との大戦争を選び，この戦争を「具体化」する出来事を選んで書いた彼は，語り手としての手法に無頓着ではない。そうであっても，フィクションの語り手やホメロスとは異なり，彼は実際の出来事に

よって制約を受けていることがわれわれにはわかる。ナラティブに取り上げるための最も興味深い戦争や出来事を選んでいるかもしれないが，読み手や聴衆の特定の感情的反応を引き起こすために，戦争や出来事を創作してはいない。

ヘロドトスはナラティブの新しい様式——ある感情的反応を喚起したいという詩人の欲求と，世界をありのままに記述したいという合理的な欲求との妥協——を生み出した。その後に発達した科学的方法について知っているわれわれは，それを妥協だと述べる。ヘロドトスの合理的探究には，詩的神話的な要素と科学的要素が混ざっている。それは，話し言葉中心の時代の後のことであり，また科学的・理論的時代の前にあたる。時代についてのこの言い方は，歴史的発達について私が提唱するナラティブの1つに，彼の作品を当てはめたものである。彼の作品は特有で，それ自体が自律的な探究形式である。それはある特定の理解様式を生み出し，それ以降発達してきた多くの形式の前触れとなった。例を挙げれば，今日のたいていのジャーナリストは事件の事実におおよそ添いつつもドラマチックな物語を語ろうとするが，話題や興味を引くと思われる事件を選ぶ。「ロマン派」の運動は，現実世界の極端な事例や，経験の限界や，謎の魅力やメガ・エルゴンへの傾倒を共有する。われわれはこの理解形式が自分の中にあるのに気づくだろう。

「今日ではだれでも，多くの科学的および数学的仮説がちょっとしたストーリーやメタファーとして誕生することを知っているけれども，しかしそれらが科学的成熟を迎えるのは形式的ないし経験的な証明可能性へと転換してゆくことによるのであり，成熟した段階でのそれらの持つ力はその劇的な起源にもとづいているわけではない」(Bruner, 1986, p.12／1998, p.18)。物語と理論の区別を，ブルーナーは「ナラティブ的（narrative）」と「体系的（paradigmatic）」思考形式と呼んで解決しているが，この区別は思考の発達過程の始まりと終わりを告げはするものの，それぞれの思考形式の特徴に少しも言及していない。中等教育の期間，「神話的理解」が目標とする意味での物語によっては形成されない思考形式を，われわれは取り扱う。また，その期間の思考はまだ「成熟」に達していない。しかしながら，その典型的な思考は，現実世界に一致しようとし，魔法を排除し，矛盾がないことの重要性を認識し，本章のはじめに挙げた三段論法に取り組もうとする試みにおいて，合理的なものである。

ロマンスについての粗野な考え方では，奇異なものや不思議なものに光を当てるのだが，現実の周縁にあるこれらの特徴が，ロマン的見方に決定的なものであることを，認識しない傾向にある。ヨーロッパ文化史のロマン主義に携わった人々に関する限りは，現実の発見が重要であったことを思い出すとよい。彼らは，あらゆる独自性と固有性を持つ自然との直接的な関わりを持つことを妨げるあれこれの人為的要素をすっかり掃き清めたことを，自分たちの偉大な業績と考えた。ロマン主義の興奮は単に，解き放たれた想像力から生まれたのではなく，人間の経験や自然界の現実を新たに探究する自由から生まれた。ブレイクは現実とのこの関わり方を，ものの見方への入口

を清めるという言葉で表現した。ロマン的見方は，世界の詳細に焦点を当てる。「ロマン的芸術は漠然とした意味で「ロマンチック」なのではなく，個別的なもので満ちた具体的な意味で「現実的」である」(Barzun, 1961, p.26)。

これは，まさにヘロドトスや，彼とおおよそ時代をともにする古代ギリシア散文家，哲学者，初期の科学者がわれわれに語った世界である。いったん書くことができるようになると，われわれはさまざまな凝った仕方で世界の具体的詳細を描写できるようになる。これに続いて探究を行なう者は，世界を観察し，以前に世界を観察した者による描写を観察し，自分の観察とそれらを照らし合わせることができる。そうして，後継者は，自らの現実の感覚に合うように，描写を形づくることができる（Gombrich, 1960）。この制作と照合の過程によって，絵や地図や文章を使って現実のより精緻な表象に近づくことができる。これは理論的でも科学的でもないかもしれない合理的過程である。これは，ごく普通にみられ，具体的な物事に焦点がある一種の「ロマン的な」合理的活動であり，なおかつ理論的科学的思考の前提条件でもある。ダーウィンがガラパゴス諸島のフィンチ〔あとり科の小鳥〕の多様性に驚きを感じたとき，彼はロマン的な関心とロマン的な合理的探究を体現していたのであり，これなしには，彼の省察的理論的探究は成功裏に結実しなかっただろう。最初の段階での驚きなしには，より体系的理論的な探究が実りある展開をとげるのは難しい。

なので，前提条件がそろわないうちに理論的思考の訓練を早まって行なわせてしまわずに，中等教育段階の生徒の「ロマン的理解」を刺激し発達させるような，ある種の合理的探究を考え出すことが可能か，検討してみたい。学校で数学や科学の理解を奨励することに失敗している大きな理由は「理論的理解」の前提となる「ロマン的理解」とそれに特徴的な合理性の感覚や合理的意味づけの仕方を区別し損ねることにある。

4節　失われることの危険とは何か？

教育を必然的に進歩し続ける過程と見るのは，重大な誤りだと私は思う。それは教育を，子どもがより多く学び，読み書き能力や計算能力の技術を増やし，より高い心理的発達段階に達する証拠を示す等々によって成功度を測る事業にしてしまう。その一方で何か獲得されるごとに，それに関連して失われるものがあることを無視し，それに注意を払うことがない。悩み多き学校や教師にとって，これは何か一風変わった新種の不平のように見えるのではないかと思う。あまりに多くの生徒があまりにもわずかしか基礎的な読み書き能力と計算能力を獲得しないように見えるのに，獲得したわずかな能力さえも奪い去られるとする考え方は，さらに気持ちを落ち込ませるものかもしれない。落ち込むかどうかは別にして，事実に向き合わなければならない。「ロマン的理解」についての議論の脈絡の中でこの事実に向き合えば，この考え方は

落ち込ませるものではなく，むしろ自由をもたらすものであることがわかる。なぜなら，この年頃の子どもたちの教育がどのように進むのかについて，よりよい理解が得られるからである。

　たとえば，読み書き能力は「ロマン的理解」を刺激し支えるだけでなく，同時に「神話的理解」からの離脱を支えることになる。このことを文化史のレベルでは，読み書き能力を持たない社会について，読み書き能力を持つものがつくり出した無理解の中に見ることができる。読み書き能力を持ったヘカタイオスが彼以前の神話を馬鹿げていると却下したのと同じことが，西洋の文化史の中では何度も繰り返し共鳴を得る。「原始的な精神」は，われわれの遺産であるにもかかわらず，不可解な謎とされる。読み書き能力に付随する合理性への「パラダイムシフト」★32の後，「神話的理解」は疎遠で取り戻せないものとされる。西洋的意識の中に常にあるテーマに，人は故郷に戻ることができないとか，エデンの園に戻れないとか，心の闇は理解不可能だとかいうものがある。このようなイメージが非常に根強いのは，それらがたとえ不正確であっても，読み書き能力がもたらす合理性という遺産の一部である喪失感をとらえているからである。「人間の経験の中で，他のどんな要因よりも子どもの持つ世界との「直感的」関係を破壊するのは，合理的言語の使用である」(Coe, 1984, p.253)。より現実的実際的な効果を持つ知的道具の発達に伴い，ワーズワースの言葉を借りれば，われわれは「自らの心を捨て」る (Sonnet, XXXIII)★33危険に陥る。自律的な現実を認識することから生じる疎外感は，たいてい，幼い頃持っていた自然との一体感から疎外されることである。その一体感が破れた後，「われらのものなるかの大自然に眼を注ぐこと少なく」★33とワーズワースは言う。合理性という道具によってもたらされる自然の実際的コントロールを喜びとする西洋文化史の中では，それらの道具によって自然界から切り離されるという感覚が，多くの人の関心の対象となってこなかったのはもちろんのことである。そのような人々とは異なるワーズワースのような人にとっては，この別離が「寂しさ」★33という感覚をつくり出した。

　これよりずっと前のプラトンは，読み書き能力獲得に伴い失われる可能性があるものについて憂慮していたことを書いている。彼は，ある物語の中ではっきりと警鐘を鳴らしている。ソクラテスが自分の若い友人であるパイドロスにエジプトの神テウトにまつわる昔の言い伝えを語る。テウトはチェッカー・ゲーム，サイコロ，代数，天文学，その他多くのものに加えて書き言葉を発明した。そこで，テウトは自分の発明品を全エジプトの王である神タモスのところに持参した——おそらく天文学を立ち上げて滑り出させる新企画のための資金を求めてのことであろう。タモスは，それら発明品の多くに心を奪われたが，テウトが一番重要だと考えていた書き言葉については見向きもしなかった。タモスは書き言葉についての反対意見を次のように述べた。

　　……人々がこの文字というものを学ぶと，記憶力の訓練がなおざりにされるため，その

人たちの魂の中には，忘れっぽい性質が植えつけられることだろうから。それはほかでもない，彼らは書いたものを信頼して，ものを思い出すのに，自分以外のものに彫りつけられたしるしによって外から思い出すようになり，自分の力によって思い出すことをしないようになるからである。……また他方，あなたがこれを学ぶ人たちに与える知恵というのは，知恵の外見であって，真実の知恵ではない。すなわち，彼らはあなたのおかげで，親しく教えをうけなくてもものしりになるため，多くの場合ほんとうは何もしらないでいながら，見かけだけはひじょうな博識家であると思われるようになるだろう……。

（プラトン『パイドロス』, pp. 134-135）

　テウトは書き言葉の要点は，記憶の負担を軽減し，もっと他の生産的な活動のために精神を解放することにあると抗議しても当然だったかもしれない。しかしタモスのほうにより深い洞察力があった。神話的意識のイメージ中心で，物語形式を使って，物語として世界を形成する方法を取り替えることにより，人は負担が減るという利点を獲得するだけではすまされない。読み書き能力は純粋な獲得事項とは言えない。人は獲得と同時に，直接的な生きた世界と交流する経験の強烈さを失う。その交流の中では，知識や伝承を精神に蓄積することが深く決定的な意味を持つ。情報を得るために重要なものとして，書き言葉から知識を効果的に引き出す目が耳に取って代わると同時に，話し手の感情たっぷりのメッセージが聞き手の身体を包み込み，身体に直接的な影響をつくり出すことはもはやなくなる（Havelock, 1963, 1986; Ong, 1982）。メッセージは書かれたシンボルの中にますます記号化されるようになり，メッセージの獲得はますます間接的で知的な事柄になっていった。

　個人のレベルでは，現代の学校で子どもたちが読み書き能力と合理的技術を教えられるにつれて，神話的能力を失っていくのを一般的に見ることができる。言語使用能力を豊かにし拡大しながら，世界を想像力豊かに探検するために決定的に思える比喩の影響力の例を取り上げてみると，読み書き指導の過程で比喩能力が抑圧されていくのに気づく。第2章で取り上げたウィナーの研究によれば，「8歳児，9歳児，10歳児は，例えば，色がうるさい〔loud＝うるさい，けばけばしい〕はずはない，人が氷のように冷たい〔icy＝冷たい，冷淡な〕はずがないと主張し，自分たちに向けられたメタファーを拒絶することがよくある」，また，「メタファーの自発的な発話の頻度は，小学校のあいだに劇的に減少するようである」としている（Winner, 1988, p.103／2011, pp.123-124）。ウィナーの比喩の重要性についての考え方を見てみよう。比喩は「簡潔で，生き生きとしており，覚えやすく，時には私たちが言いたいことが言える唯一の方法である……メタファーの効果は，はっきりさせること，説明すること，明らかにする──当該の問題に関する聞き手の理解を変えることにある。メタファーは私たちが新しい領域について知識を得るのを手助けし，また，私たちの知識体系を再構築するという効果も備えているのである」（Winner, 1988, p. 116／2011, p.140）。

さて，読み書きの指導と比喩の影響力減退との間に，単純な因果関係を見るのは明らかに不適当なことであろう。確かに相関関係はある。しかし，その相関関係を一層明らかにするためには，話し言葉中心の文化にいる同じ年頃の子どもたちについて，比喩の影響力は減退しないのかどうかを知る必要があるだろう。その次に，われわれの文化における典型的な読み書きの指導方法が比喩の使用に影響する過程について，もっと知る必要性が出てくるだろう。もちろん，生物学的に組み込まれた「言語習得モジュール」の影響力が減退することの可能性を示した前時代の考え方が，比喩の影響力の減少をよりよく説明するのかもしれない。しかし，そうであっても，読み書きの指導が比喩をつくり出すことを奨励し刺激するか，それとも，それを否定し抑えつけるかによって，比喩の減少が深刻な事態になるかどうかが左右されるという非公式な見方はできる。

エリック・ハヴロックは，人生の幼少期や文化史上の初期に発達する能力の基礎の上に読み書き能力を築く重要性も認識していた。

> 現代の教育では，中等教育のカリキュラムや成人としての生活への準備として，読み書きのすばやい習得に主な強調点が置かれている。われわれの話し言葉の伝統から可能になる条件を教育制度の運営に組み入れることを考える準備をすべきではないだろうか？……私の提案は，成長する子どもになんらかの意味でこの伝統の条件を再び経験することを求めるべきだということである——つまり，読み書きの教育にあたっては，ダンスや暗唱などのカリキュラムがそれに先行すべきであり，また，話し言葉時代からのこれらの芸術分野の指導が継続されるという前提のもとになされるべきである。
>
> （Havelock, 1991, p.21）

合理性という最も表面的な飾りが伝統的な神話的思考形式にはるかに勝っているとする文化にあって，教育過程の中で獲得する以上にもっと多くのものが失われる可能性があるという考え方が，おかしな思いつきだとされることを私は知っている。一方で，その「対概念」に当たる考え方，つまり，表面的な合理性や読み書き能力は，神話的意識の知恵と調和を大きく損なって，ほんのわずかな有用性しか持たないとする考え方が，最近流行するようになった。合理性中心の考え方に代わって流行しているこの風潮は，話し言葉中心の伝統的文化の思考形態が最高に洗練された西洋的文化形態にもましてすぐれているものとする傾向にある。この風潮によれば，これらの西洋的文化形態は家父長的，人種差別的，性差別的な認識論と避け難くからみついているとする。しかしながら，この風潮は，次のことを指摘するのに役立っている。それは，センセーショナルな新聞やテレビのスポンサーつきスポーツ界，観光業界，ハリウッドの映画界や喜びのない物質的商業主義と結びついた読み書き中心の知的生活が，多くの話し言葉中心の伝統的文化がもたらすものに勝るほど，世界や経験についての理

解の明らかな進歩とは言えないということである。

　読み書き能力に基づく合理性は，われわれの生活を高め豊かにしてくれる理解様式を支えるものだということを，私のここでの結論にしておきたい。読み書き能力に基づく合理性へと生徒を導き入れることは，私が提唱する「ロマン的理解」の支柱となる。また，この導入の仕方は，良い方向にも悪い方向にも向けられる。より良い方向とは，以前の理解様式の特徴をいくぶん変革した形で維持するものであり，より悪い方向とは，神話的理解の特徴を抑圧するものである。より悪い方向が，より一般的にみられるのではないかと私は懸念している。

5節　結論

　このような言い方が不正確で不十分なのはもちろんである。結局「ロマン的理解」とは，合理性の発達に向けられているアルファベットの読み書き能力に支えられた，特有の理解様式である。「ロマン的理解」の中心にあるものは，自律的自己についての感覚であり，同様に自律的現実世界についての感覚である。幼い子どもが現実世界，自分の外にある自律的な世界に対処しながら生きているのは明らかである。しかし，それと同様に明らかなのは，読み書き能力が内化されるようになる年頃の子どもの現実理解には，たいてい変化がみられることである。シャーンドル・フェレンツィ[34]は子どもの現実感覚の発達がゆっくりしていることと，自分の外部世界と自己意識を切り離すことから生まれる客観的で自律的な考え方の発達について書いている。フロイトも同様にあまりはっきりしない比喩を使って，誕生以来のすべてを包括する自己について述べ，次に，外部世界から自分自身を切り離す過程は徐々にしか起こらないことについて述べている。精神の「外部」の現実との関係について，このような非常に複雑な変化を把握し述べるのは，困難なことである。それで，私は「神話的」理解や「ロマン的」理解という比喩を，見いだせる限りの最上のものとして選び，重要であるがどこかないがしろにされているこの変化の特徴を指摘することにした。

　「ロマン的理解」について文化的歴史的表現を代表するものとして，古代ギリシアの例を主に使った。もっと後代の文化史の動き全体が「ロマン派」と名づけられていることから見れば，古代ギリシアの例は，少し正統的でないように見えるかもしれない。ロマン主義とロマン的理解との関係は，私の別の著書で取り上げてある（Egan, 1990）。しかし，ここでは，英国の代表的ロマン派詩人を取り上げて，「神話的理解」と「ロマン的理解」の違いを要約するのが読者の役に立つだろう。

　ワーズワスは教育について広く深い洞察をもって書いているが，詩の中だけで述べているので，教育についての専門的文献の中でワーズワスが言及されているのをあまり見かけることはない。彼は，子どもの知覚と理解を生き生きとしていて，明るく，豊か（vivid, bright, & rich）だと特徴づけた。これらの用語は，子ども時代につ

いて詳しく語る自伝の著者や，子どもが生き生きと感じる世界と親しい関係を持つ感覚を言葉で捕まえようとする人なら誰でも使うものである（Coe, 1984）。その後，このような幼い子ども時代の知覚は乱され，生き生きとした躍動感は「変哲もない日常の光」の中に色あせていく〔「霊魂不滅の啓示」, line 77〕★35。ワーズワスは成長していく子どもに取りつく「牢獄の影」について語る〔line 67〕★36。「ワーズワスはわれわれすべてに共通すること，つまり，現実の感覚の発達について語っている」（Trilling, 1950, p.148）。

"*Intimations of Immortality*（霊魂不滅の啓示）"の中で，ワーズワスは，このような現実感覚の発達について，2つの反応を示している。1つには，深刻で取り返しのつかない損失があるとしている。「わたしが赴くところどこであれ／大地から栄光が消え去ってしまったのだ」〔line 17〕★37。その一方で，それでも何かは生き残ることを彼は知っている。それは幼い頃の輝かしさであり，「この世の目に見えるものすべてを統べる光」〔line 153〕★38であり，「悟りの心をもたらす成熟」〔line 187〕★39に活力を与え続けるものである。ワーズワスはロマン的な想像力と退屈な合理性を簡単に対照的に取り扱うことに抵抗した。この対照は，他のロマン派作家やコールリッジのような詩人によくみられるテーマである。その悟りの心は，ワーズワスの児童発達論（私の理論も彼から借りたものだが）の中で，想像力と合理性があるとともに，幼い頃の理解様式の持つ新鮮さもできる限りの範囲で含んでいる。想像力は「神話的理解」の能力を維持するために決定的に重要である。しかし，どんな意味においても想像力が，発達する合理性や，何の変哲もない日常の光で見る現実についての合理的見方と衝突することはない。むしろ，「想像力は……最も高揚した状態の理性である」（*The Prelvde*, XIV, line 192）とされる。ロマン派の伝統から20世紀思想が受け継いでいる，より軟弱で軽々しい見方の1つは，理性と想像力を簡単に対立させてきた。その両者の区別が対立に陥ってしまうのはいかに簡単なことかとジョン・スチュアート・ミルが言う通りである。しかし，われわれはこのような実りのない対概念的構造を受け入れる必要はない。

「ロマン的理解」の中心は，自律的現実についての感覚が育つことにある。この感覚は，読み書き能力と，現実を叙述し制御するのに効果的だと証明されている脱文脈的思考を教える学校教育と結びついているように見える。学校教育は一般的に，「神話的理解」の特徴を損なうと同時に自律的現実の感覚を刺激することに成功しているようだが，カリキュラムに配置されている現実の局面に対して生徒を想像力豊かに取り組ませることにはあまり成功していないようだ。

これは中等教育の期間に学校教育がもたらす危険である。脱文脈的な読み書きや数的操作や合理性が「神話的理解」を損なうが，それらの技術や思考方法は十分に教えられないので，それまでの「神話的理解」と同じだけの一貫性と安心感と意味を与えるほどには，「ロマン的理解」が発達しない。ここに疎外感が起こる根源がある。よ

りよい道筋は,「ロマン的理解」を特徴的な1つの理解様式であると認め,中等教育の期間,「ロマン的理解」を刺激し発達させるような授業やカリキュラムを形づくることである。われわれの人生の初期に起こるこの広く認められる変化は,非合理性から合理性へ,具体性から抽象性へ,前学究的段階から学究的段階への単なる移り変わりとしてみられてきたので,合理的理解の最初の特徴的段階が,一般的に無視されてきた。しかし,この段階は,今述べた〔非合理性／合理性,等々の〕対概念の仲介をする,という言い方が適当である。

「ロマン的理解」は漸進的な変化を辿る。生徒の思考形態は,自律的現実の姿に徐々に適応していくが,現実を最初「ロマン的」な関係として理解する。

「ロマン的理解」は,生き生きとしていてエネルギーに満ちている。それは,体系的構成にはあまり関与しないが,それより,予期もしない関係とかそれがもたらす喜びに関与する(例：ジュリアス・シーザーに因んだ名前を持つ合衆国の州はどこか？ブリテン島を侵略したときに,シーザーはゴール海岸近くの島々に自分の軍隊を駐屯させた。それらの島々はインシュレ・チェーサレア〔シーザーの島〕として知られるようになった。何世紀も経つうちに,「チェーサレア」は「ジャージー」に音が訛って,今では「ジャージー島」と呼ばれている。それで,「ニュー・ジャージー州」は「ニュー・シーザー州」と呼ぶほうが適当かもしれない)。このことを知らなかった読者には,関係もない別々の知識の端切れの間にある予期もしない結びつきがもたらすちょっとした喜びを味わうのを,気に入ってもらえたことだろう。地理についても(歴史その他あらゆることについて)多くのことを,このような小さなエピソードを通して学ぶことができるだろう。その知識は,体系的論理的な地理学である必要はない。しかし,それは,それに続く論理的な知識をさらに意味深いものにするための必要条件であると私が考える種類の知識である。

これまでに触れたのは,「ロマン的理解」の持つ特色のうちほんのわずかでしかない。世界をロマン的に理解するときの特徴である反抗と理想,退屈と鋭敏な感覚などは取り扱わないできた。また,自律的現実の発見の副産物として発達する自己意識についても取り扱わなかったが,われわれは「自己」意識から出発して現実が自律的であることを認識するようになる。しかし,これまでに挙げた少しの特徴だけで,「ロマン的理解」が重要な理解様式であることを立証するには十分だと思う。この理解は「神話的理解」と同様に,それ以降に発達する理解様式にすっかり取り替えられるものではない。「ロマン的理解」はそれらの理解様式とある程度合体するのである。だから,この理解が持つさまざまな特徴は,われわれが一般的に世界理解をするときに,いつでもみられるはずである。

訳注────────

- ★1：『ウォーターシップ・ダウンのうさぎたち』，神宮輝夫（訳）評論社，1975．
- ★2：抜けた歯を枕元に置いて寝ると妖精が来て持っていくという西洋の言い伝えがある。
- ★3：「理論的」（theoretic），「訓練的」（disciplined）という用語は本書のここまでには出てきていない。原著者イーガン自身や，ハワード・ガードナーがよく用いる用語なので，誤って挿入されたものと思われる（内容的には問題ない）。
- ★4：中国語の音節を音素文字に分け，ラテン文字化して表記する発音表記体系のこと。中国語の発音記号。たとえば，ピンイン（拼音）はpīnyīnと表記する。
- ★5：「ワナ」（Wana）とはインドネシアの山岳に住む，5,000人余の少数部族で，「キヨリ」（kiyori）とは，彼らが持つ詩的な話し言葉のジャンルの1つで，広義の政治的な話題について用いられる。Feldman, 1991, p.53.を参照。
- ★6：ヘカタイオス（Hecataeus：紀元前550-476年頃）　ギリシアの歴史家。
- ★7：F. M. コーンフォード（F. M. Cornford：1874-1943）　イギリスの古典学者，詩人。プラトンの著作の英訳で有名。
- ★8：人間や人格化されたものの意図とは独立に，それ自身の法則で動く現実のこと。
- ★9：『イリアス』第十五歌，松平千秋（訳）岩波書店，2004．p.87.より。「われらはクロノスを父としてレアの腹から生まれた三人兄弟，ゼウスとわたし，三番目は死者の王アイデスがそれだ。全世界は三つに分割され，兄弟が各々それぞれの権能を割り当てられた。籤を引いてわたしは灰色の海にいついつまでも住むことになり，アイデスは暗々たる闇の世界を，ゼウスは高天と雲の漂う広大な天空を得た。その他に大地と高峰オリュンポスとは，われら三神に共通のものとなった」。
- ★10：トーマス・クーン（Thomas Samuel Kuhn：1922-1996）　アメリカ合衆国の科学史家。科学の進歩は累積的なものではなく，「パラダイム」──思考の枠組みのようなもの──の断続的な変革によって起こるという考えを提唱したことで有名。主著にStructure of Scientific Revolutions, University of Chicago Press, 1962.がある。日本語訳は『科学革命の構造』，中山茂（訳）みすず書房，1971.
- ★11：出典箇所は原著にはないが，興味を持った読者が探しやすいように掲載した。『歴史』（上中下），松平千秋（訳）岩波文庫，1971.による。
- ★12：ギリシア神話に登場する女性だけの部族で勇猛なことで知られる。
- ★13：『歴史』（上），p.9.
- ★14：『歴史』（上），p.183.
- ★15：クロイソス（Croesus：紀元前595-546年頃）　イオニアのギリシア人都市を次々と征服し，リュディアに併合した。大金持ちとして知られる。ギリシアの賢人ソロンと，幸福とは何かについて話し合ったとされる。
- ★16：クセルクセス（Xerxes：-紀元前465年頃）　アケメネス朝ペルシアの王。
- ★17：原著ではromance。広く物語を指し，必ずしも恋愛をテーマとするものに限らない。
- ★18：1150年にギリシア語で出版されたものの英訳。原著者アンナ・コムネナ（Anna Comnena：1083-1153）は最初の女性歴史家と言われている。ビザンチン朝の王女で，皇帝である父親アレクシオスの時代（1070-1079）について15巻の歴史書『アレクシアス』を著した。
- ★19：『歴史』（上），p.264.
- ★20：レーザー光線を照射して作成した立体画像。
- ★21：『歴史』（上），p.20
- ★22：「ユリシーズ」はギリシア神話の英雄オデュッセイアの英語名。「ガラハド卿」はアーサー王伝説の英雄。
- ★23：イザムバード・キングダム・ブルネル（Isambard Kingdom Brunal：1806-1859）　19世紀のイギリスのエンジニア。当時としては規格外の大型船の建造や鉄道の建設など，大掛か

りな計画を手がけたことで有名。
- ★24：参照：イーガン『想像力を触発する教育』，高屋景一・佐柳光代（訳）北大路書房，2010，p.100.
- ★25：参照：『想像力を触発する教育』，p.120.
- ★26：第1章訳注★11を参照。
- ★27：サクソ・グラマティクス（Saxo Grammaticus：1150-1220）　デンマークの歴史家。
- ★28：『デンマーク人の事績』，谷口幸男（訳）東海大学出版会，1993，p.5．
- ★29：『歴史』，p.282に1度だけ記述されている。
- ★30：ピタゴラスの定理で有名な古代ギリシャの数学者ピタゴラスは南イタリアのクロトンに自分の学派をつくって数に関する研究をした，数学の祖とされている。しかし重要かつあまり知られていないのは，彼の学派が今でいう数学研究者の学会や大学の学部のようなものではなく，菜食主義や秘密主義を含む生活と信仰の団体であり，数学や幾何学の研究を通じて世界を動かす原理を究明しようとしていたことである。つまり，数の研究は，ある種の人生観や世界観という文脈の中で行われたのである。参照：『想像力を触発する教育』，pp.107-108．
- ★31：『失楽園』（上・下），平井正穂（訳）岩波文庫，1981．
- ★32：本章訳注★10を参照。
- ★33：『ワーズワス詩集』，田部重治（訳）岩波書店，1938，p.161.
- ★34：シャーンドル・フェレンツィ（Sandor Ferenczi：1873-1933）　ハンガリーの精神分析学者。
- ★35：参照：『対訳ワーズワス詩集』，山内久明（編）岩波書店，1998，p.113.
- ★36：『対訳ワーズワス詩集』，p.113.
- ★37：『対訳ワーズワス詩集』，p.107.
- ★38：『対訳ワーズワス詩集』，p.121.
- ★39：『対訳ワーズワス詩集』，p.125.　「悟りの心」＝'philosophic mind'

第4章
哲学的理解

1節　はじめに

　これまでに述べてきた理解様式は，それぞれがきっちりと明確に区分される個別のカテゴリーではない。それぞれの様式がはっきりした原色であったり，互いの様式と決定的に区別されたりするのでもない。これらの理解様式を使う人の精神の中で矛盾を引き起こすような特徴を，それぞれの様式が持つことはないし，互いに相容れない思考様式（*mentalités*）を，それぞれが表わすわけでもない。日常生活の中で，われわれは考え，話し，コミュニケーションを図るが，そのとき，1つの理解様式からもう1つの理解様式へとどちらかといえば簡単に行き来し，理解様式を相互に組み合わせたり混ぜ合わせたりして使っている。私はこのような特徴について「なんらかの区別を持つ」という言い方をしてきた。それは，異なる思考様式というよりは異なる視点としてとらえるという意味である。これらの異なるそれぞれの視点から，世界と経験についての特有な姿に焦点が当てられ，目立つ特徴が露わにされ，それらが結び合わされる。

　話し言葉という「道具」を使うと，一連の特徴——世界と経験についての視点，意味の探究様式，私が「神話的理解」と呼ぶもの——に導かれる。話し言葉の使用は，この理解様式に最も大きな影響を持つし，この理解様式を形成する。「ロマン的理解」の層は，これより少し複雑である。私はこれを単にアルファベット文字の読み書き能力の道具と同一視してはいない。「ロマン的理解」は，読み書き能力からさらに進んだ古代ギリシアの社会的・文化的発達に関連するものだと，私は考えている。本章で取り上げる「哲学的理解」の層は，さらに範囲の広い「道具」あるいは「媒介手段」（mediational means）によって形成される。これは，一層洗練された言語と読み書き能力を必要とするだけでなく，ある特別なコミュニケーション様式を必要とし，同時に，そのコミュニケーション様式を支え維持するための共同体や機関も必要とする。「哲学的理解」の中心的特徴は，組織的・理論的思考であり，「真理（Truth）」は哲学的な言い方でのみ表現されるという強い信条である。

　私がこの理解様式を「哲学的」と呼ぶ主な理由は，プラトンやアリストテレスが練り上げて，あれほど圧倒的な重みのある知的権威をもって世界に伝えた教育課程の中で，この様式が発達したからである。この2人は，「真理の唯一の宝庫としての哲学

——もしくはある特定の哲学的様式と言うほうがいいのかもしれないが——を擁護して，近づくすべての人に立ちはだかる」威厳のある闘士だった（Lloyd, 1990, p.128）。この様式は，ヨーロッパのルネサンス時代を通して古代ギリシアの文献が再び読まれ影響力を持つようになった後，さらに特色ある高度なものになった。これらの文献が次々と知的発達の分岐を刺激し，啓蒙運動とごく自然に呼ばれるものを導き，1662年7月15日にわれわれが近代世界と呼ぶものの誕生をうながした。その日に，ロンドン王立協会が設立された（もしくは，その日にチャールズ2世から認可を受けたというべきか）。このようにして，1662年は，ヨーロッパ文明の中心的特色をなす要素として科学を明瞭に認証したのであり，その変遷を示す有用な道しるべになった。

　西洋の合理的メタ・ナラティブにおいて，プラトンやアリストテレス，その他多数によって推進された思考様式は，先達からの必然的な進歩と考えられている。しかし，後からの視点による手軽な定型的思考には気をつけたほうがよい。それよりも，特定の形式を持って普遍的真理を志向する抽象的・総合的・論理的思考が，際立って勝利をあげた古代の論争に焦点を当てよう。その形式は，有用性が証明され，あるものは劇的なほどの有用性が明らかになっている理解様式を生み出した。だから，われわれは今日の教育において，これらを最大限活用したいと願う。しかし，それぞれの理解様式と同様に，この理解様式にも限界がある。この様式は，その他の理解様式の重要な特徴を妨げることもある。今日の教育において，この点についてもわれわれは用心する必要がある。

　「哲学的理解様式」は，言語と読み書き能力の発達によって引き起こされ得る事柄の1つである。この様式は，ギリシアでは首座を勝ち取ったが，他の古代文明においては，その地位を与えられなかった。つまり，この方向に向かう「自然的進歩」はないということになる。「哲学的理解様式」が発達した理由は，古代ギリシア社会の特異性と，知的で才能ある人から構成されたある特別な集団の積極的教育課程に求められなければならない。一部の際立った想像力の持ち主たちがなんらかの手がかりを与える道具を使って，この方向性をつかんだ。彼らは，それらの道具と，そのような道具が生み出す世界理解の双方を，練り上げるために熱心に研究した。

　後から振り返るわれわれには，ギリシア語の中にこれらの予備的な道具のいくつかが発達しているのが見える。ブルーノ・スネルは『精神の発見』（Snell, 1960／1974）と彼が呼ぶものの足跡を，ホメロスからプラトンとアリストテレスにいたるまでの言語の変化に辿り，その本の第10章で，「科学的思考の源泉」を明らかにしようと試みた[1]。彼の議論によれば，科学的思考の最も初期の顕現に関して重要な道具の1つはギリシア語の定冠詞の発達であるという。過去の話し言葉の時代には，1匹の良い山羊，1本の良い縄，1つの良い椀という言い方をした。読み書き能力が備わると，言語の音声が目に見える符号となり，話し・聞くだけの世界では容易にできなかったような仕方でその符号を操作し，並び替え，観察することが可能になった。たとえば，

形容詞に定冠詞をつけて 'the good' のような新しい抽象的名詞をつくることができる。そのうえで, 1匹の山羊と1本の縄と1つの椀に共通する「良いこと」があるか,「良いこと」の本質は何か, と問うことができる。ヘラクレイトス★2に言及して, スネルは「冠詞の形成は彼〔ヘラクレイトス〕の抽象概念の前提条件をなしている」と述べる (Snell, 1960, p.229／1974, p.404)。このような言語上の発達は, 結果として, 現在われわれが哲学的問題と呼ぶものの形成に役立った。

　このような理論的思考は簡単ではないし, このような言語の抽象的使用法が実際的問題を取り扱うのに効果的な道であり得るのか, 自明ではない。このような思考様式の例が, 他の古代文明や話し言葉中心の文化にみられることは確かである。しかし, 古代ギリシアに特有なことは, このようなレベルの議論の組織的育成であり, 抽象的言語が世界と経験についての現実と真実をとらえる唯一の言語形式であるとの主張である。

　このような理論的議論を学習し維持する難しさは, 部分的にはその学習に専念する共同体によって克服された。初期のものの中に, 南イタリアのクロトンにあるピタゴラスの共同体がある。そこには哲学的かつ原初科学的な関心とともに政治的, 宗教的な目的もあった。このようないろいろな目的の結合は, 王立協会の設立者にも何の違和感なく認めてもらえたことだろう (「雷が鳴るときは地面に触れよ」とか「豆を食べるのを避けよ」などのピタゴラス派の教えにある食事療法とか衛生法は, 17世紀の英国ではちょっと違和感があったかもしれないが)。

　ヒポクラテス派の実践者や著述家からなる緩い共同体では, 医学に対して合理的で原初科学的な方法を生み出す試みとともに, 理論的思考の発達が顕著だった。理論的思考の発達は, イオニアの諸都市やアテネの議論好きな法廷でも同様にみられた。これらの法廷では, 公の場で事例について真実を確立し証明する過程が発達した。議論は法廷と論争に明け暮れる民主的議会の間を往復した。議会では, 反対派に対する攻撃的議論を発達させることが急務として進められた (Lloyd, 1990; Vermant, 1982)。

　この新しい思考様式は伝統の権威を低下させ, 物事の合理的再評価をうながす傾向があり, 商人たちの主導権を政治家や学者に劣らないほどに拡大した。「トムやディックやハリーが自分たちのことを協会だの国家だのと呼び始め, 個人の道徳的振る舞いについて干渉し始めると」(Shaw, 1965, p.257), 神々や神聖な祖先や伝統の権威は, 利益を合理的に検討して自分たちの活動を分析する個人へ, その座を譲った。それで, マックス・ウェーバー (Max Weber：1864-1920) は, 資本主義的経済活動とブルジョア的法律と官僚的権威の初期の発達を受け継いだ人々を分析する道具として, 洗練された合理性が発達したと考え, このような合理性は「数的で, 計算的な用語で表現できる」(Weber, 1975, p.85)★3 と見ていた。エリック・ハヴロックは古代ギリシアで発達した新しい「概念的」言語に中心的なことは,「話の構成要素をリズムに欠ける新しい順序に配列することに似た, 言語の数的計算的使用法, すなわち合理

化された言語だという点だ」と述べている（Havelock, 1982, p.77）。

　原型としてのプラトンの学問共同体は，幾何学や抽象的・計算的知識——どんな攻撃にもひるまない明白な真理を確立する知識——を身につけることを学生に要求した。古典時代後の世界でも，共同体や学問機関は，このような理論的思考とそれから生まれる哲学的理解を育成し発達させ続けてきた。

　共同体がこの理解様式では重要になる。なぜなら，この理解は哲学的文献によっては部分的にしか進められないからである。また，「近代的，懐疑的，解釈的思考に実りある基礎を提供するのは，書かれた文献についての会話による議論だ」（Olson & Torrance, 1991, p.1）からである。そのような文献についての会話は，抽象的言語を日常的思考の一部にすることに役立つ。また，人が問題や状況に遭遇したときに効果的に処理できる言語を自由に操れるようにする。孤立した学者や独学者は，このレベルの議論にしばしば熱心に取り組むが，抽象論を操る結果として，共同体の中にいる学者より，往々にして破滅したり偏狭になったりしがちである——哲学界で最も社交的に振る舞う人々の中に，破滅したり偏狭になったりする者がめったにいないというわけではない。最初に石を投げる者という言葉が心に浮かぶ★4。

2節　古代ギリシアと近代ヨーロッパの理論的思考

　さて，ヘロドトスが考案した新しい歴史的ナラティブの形式に話を戻し，そこで何が起こったかを考えてみよう。なぜなら，歴史叙述の発達はより一般的な理論的思考の発達を代表しているからである。ここでの目的のためには，2つの特徴的な発達を示すことができる。最初のものは，ヘロドトスにみられるような「ロマン的」な歴史叙述の伝統で，今も続いている。彼の時代から今日まで，このような歴史叙述が最も人気がある。それらは，劇的な出来事に焦点を当て，アンナ・コムネナ★5が述べたように，忘却の彼方へ不当にも流され捨て去られることを防ぎ，偉大な行為や傑出した人々を記憶に留める。クセノフォンの必死の「1万人の退却」の叙述★6から始まり，アーリア人によるアレクサンドロス大王の生涯と征服物語★7，自己犠牲的なカルトや連続殺人魔とその大混乱の裁判についての現代のルポルタージュ風書物，有名人やポップ・シンガーの聖人伝もどきの追悼記まで，「ロマン的」歴史叙述の調子は今も続く。このようなナラティブはまったく正確で入り組んだ詳細にわたっていて，表現が凝っている。ロマン的理解に基づく表現とロマン的理解へのアピールには，「偉大な事柄」に対する関心が明らかであり，前章で描いたさまざまな特徴が体現されている。

　第2の発達は，トゥキディデスの書いたもののように，第1のものとは大きく異なる種類の歴史への移行である。彼はアテネとスパルタ間のペロポネソス戦争について書くが，「ロマン的」歴史とは違い，個々の事件を越えたもっと一般的な真理の確立

に焦点を置く。彼は個々の出来事のナラティブとともに歴史論も明確に打ち出す。

　トゥキディデスは戦略の指南書を書きたいと思って始めたかもしれないが，歴史的過程になんらかの一般的真理をとらえようという野心から，古代社会から生き残っている不可思議な本の１つを生み出した。それは周到に調査され圧倒的に詳細を極めたもので，恐ろしくも熱情的な戦争についての非熱情的な記録である。トゥキディデス自身はアテネの将軍であったが，アンフィポリス市の敗北に彼が関与したことを短く述べている。７艘の船でできるだけ急いで出発したこと，それは冬だったこと，着いたのが遅すぎてアンフィポリスの敗北を防げなかったことを彼は述べるだけである。後になって，彼はついでの話として（その戦争についての詳細を調べるために，彼がなぜそんなに多くの時間を費やすことができたかを説明して），彼の行動が招いた結果として生まれ故郷アテネから20年間追放されたことを述べる。この事件について無実の証も謝罪もまったく述べることなく，その戦争についての必要なナラティブの範囲を越えることはない。このような書き方は，将軍が書く戦記として，われわれが予期するものではない。トゥキディデスはもっと大きな野心を抱いて，利己的関心を抑圧している。

　彼はその歴史書のはじめに，難解な本であることを覚悟するようにと述べる。ヘロドトスのように娯楽性のあるもの，あるいは単に身近な地域や今すぐに役立つものを提供する気はないと言う。彼は「世々の遺産たるべき」（『戦史』，I-23）★8価値のある書物を書くのだと言う。彼は，将来を見通すペリクレスの堅実な手腕のもとにあったアテネの栄光の時代を描く。そして，アテネが戦争の勝利をますます確信し，運命やめぐり合わせに影響されることはないと自信を増していく様を描く。その後の戦争行為に影響を及ぼしたのは「諸事につけ市民の中でもっとも過激な政見を代表」★9する「無定見なクレオーン」で，その後に，獅子と呼ばれたアルキビアデースが続く★10。このようにして，アテネの町の心理的状況をわれわれは辿る。初期の豊かで自信に満ちた頃から耐え難い終焉まで——アテネの希望と花であった軍隊がシラキュースの石切り場で破滅にいたるまでの最も偉大で最も勇敢な行動だが，その終焉ははじめから予期されていた——が描写される。この戦争に，悲哀とドラマに満ちた悲劇的ナラティブがほどこされる（Cornford, 1907; Egan, 1978）。

　トゥキディデスの目的は記憶されるべき偉大ですばらしい行為を記録することではない。それらを書く場合も，ホメロスによるとされるトロイ戦記のような「神話に陥る」ことや，ヘロドトスの手によるペルシア戦争のようにロマン的で読者を満足させる娯楽的読みものに陥ることを防ぐための余談として書かれるだけである。ヘロドトスもホメロスも歴史の適切な目的の認識に欠けている。適切な目的とは，真理を確立することであり，それもある特定の戦争についての真理ではなく，戦争一般についての真理である。トゥキディデスは戦争が病気であると信じていたようだ。ヒポクラテスが医学について書いているように，われわれは病気の症状とその経過を辿ることが

できるのと同様に，人間の行為の中で戦争がどのようにして起こるかについてその道筋を確立することができる，とトゥキディデスは言う。トゥキディデスは現代の人間には奇妙に聞こえる言い方をする。「やがて今後展開する歴史も，人間性のみちびくところふたたびかつての如き，つまりそれと相似た過程を辿るのではないか，と思う人々がふりかえって過去の深層を見凝めようとするとき」（I-23）★[11]のために，彼はこの戦争について詳しく述べると宣言する。それはまるで，ペロポネソス戦争は，彼が調査して露わになった根本構造を持つ戦争の典型としての役割をするとでも言うかのようである。ヒポクラテス派の医学研究者のように，トゥキディデスは生まれつつある科学への野心──人間の行為の辿る道を決定する「一般的法則」の発見──をはっきりと抱いている。

　トゥキディデスは歴史をさまざまな特殊な出来事の集まりとは見ていなかったようである。むしろ，注意深く冷静な探究によって露わにされる，根本的な秩序や規則性，法則を持つ，複雑ではあるが統一性のある過程であると考えていた。彼の野心は，それ以来，多くの人が共有するようになった。それらの人々をわれわれは，19世紀的意味で，「メタ歴史家」とか「歴史哲学者」と呼ぶ。彼らは，歴史の過程全体についての一般的真理を露わにすることに焦点を置いている。彼らによれば，歴史は悲劇的過程，進歩を続ける過程，有機物の誕生から成熟そして文明の死にいたる過程だったりする。

　理論的思考の源泉としてさらに知られているものは，医学である。ヒポクラテス派の文書が，彼らの関心を寄せる現象について一般的真理の確立を目指していることは確かである。それでも，その処方箋は，神殿で神々の診断に基づいて祭司が行なうのと同じくらいの治癒効果しかないように見える。たとえば，子宮が正しい位置になかった場合，患者はいい匂いと嫌な匂いの上に代わる代わるうずくまり，子宮の位置を動かすというヒポクラテスの処方箋がある。その文書の基準は，「独善的，恣意的で，勝手な推論」であり，彼が転換を図ろうとする民間治療法と区別がつかないものだと，ロイドは述べている（Lloyd, 1990, p.32）。しかし，その方法は，合理的で科学的な医学の始まりを認めざるを得ないような何ものかへの熱心な傾倒を示す。特に経験主義的な原則と呼んでいいものに，それは訴える。『古代の医学について』の著者〔ヒポクラテス〕が次のように書いているとおりである。

> 観察の範囲──たとえば宇宙や地上で起こる森羅万象──を越える解決不可能な問題を取り扱うとき，不可避性というような空しい前提条件を持ち出す必要はないというのが，私の主張である。物事についてある人が持っている意見を発表しても，彼の言うことが真理であるか否かは彼自身にも聞き手にもわからない。なぜなら，確実な知識をもたらすために適用される試験紙がないからである。　　　　　　　　　　（Cornford, 1952）

もちろん，ギリシア人が医学を発明したのでないのは，幾何学や天文学と同様である。しかし，彼らは「われわれが知る限り，これら研究の位置と方法と基礎についての自覚的な分析に携わった最初の人々」だった（Lloyd, 1990, p.58）。また，彼らはこのように困難で複雑な探究を支え深めるために研究機関を組織した最初の人々でもあった。疑いもなく，多くの民間療法や当時の薬学は，病人のために実際的に役立ったし，ヒポクラテスのものと同じかそれ以上の効き目があったかもしれない。しかし，ヒポクラテスが試みたように，理論体系を発達させようとはしなかった。

ヒポクラテスの新しい方法に関するもう1つの特徴は，それが脱文脈的な視点をうながしたことであった。「ロマン的理解」の合理性よりもさらに徹底して，この哲学的方法は，物事を自分の利益に影響するものとしてではなく現実そのものとして把握するようにと，この方法を使う共同体にうながした。そのような現実把握に到達するのは困難であることを，われわれはよく知っている。しかし，それを追い求め，獲得しようとする試みが，何か奇妙な探究の課程をもたらした。そして，驚くべき結果として，人々は実際的な利益や価値や明確な社会的目的に役立たないさまざまな事柄の探究を始めたのだった。探究が束縛を受けるのは，その方法がないときだけだった。それで，プレアデス星団の動きや蟻の行動に関する研究が，数的理論家たちの興味を喚起し，日常生活の必要についてと同じかそれ以上の関心の的となった。その結果，認識論的な手当たり次第の探究形式が生まれ，その形式により世界についての真理に到達できると，その推進者たちは論争的に宣言した。

プラトン，さらに包括的にはアリストテレスが，この新しい「哲学的理解様式」を獲得するための条件を整えた。決定的だったのは，探究から「詩的」方法を排除したことだった。文芸は曖昧さを生むだけで，新しい数的方法が把握できない事柄に焦点を向ける。数的方法や精密な観察と結びつかない比喩，洞察，イメージ，推察などの方法は，立ち入り禁止を宣言された。

> アリストテレスは，彼以前のプラトンについてもある程度言えることだが，新しい探究様式を確立し確証することに力を注いだ。2人とも，哲学の追究を奨励しその解釈をした。また，アリストテレスの場合は，自然科学の概念も含むものだった。しかし，自然界についての研究は確固とした基礎の上に立てられるべきだと彼は信じていた。特にその目的のためには，少なくとも理想的見解からは，比喩的なものが入る余地はないと彼は主張した。しかし，この新しい研究様式は高度な基準を設定し──不可能なほどに高度なものと考えてもよいが──，それと同時に，直接的で字義的な表現に競合するものを，正確さや明確さを欠くものとして，否定的，破壊的に排除した。
>
> （Lloyd, 1990, pp.22-23）

まったくのところ，アリストテレスはその厳密さで，「イデア」についての理論全

体を含む，プラトンの業績の重要な特徴を排除することになった。しかしそうではあっても，芸術や話し言葉文化や競い合うソフィストたちに共通した思考形式に——それらすべてを「神話的」として捨て去って——対抗したアリストテレスとプラトンの2人が哲学のためになした議論の勝利は，「当時もそうだったし，また現在にいたるまで科学的思考の基礎であり続ける」もので「……可視的世界には合理的知的秩序が隠されている」（Guthrie, 1962, p.29）という新しい信念を生み出した。この勝利が，その秩序を発見する方法と，その秩序の表現を可能にする言語を発見する方法を，特定し確立した。

　プラトンとアリストテレスによる哲学的思考の推進を通してわれわれが見るものは，厳密で系統的な哲学の発達であり，また現実についての権威ある見方と真理にいたる唯一の道を提供しているとの主張である。さて，ローマ帝国を含む他の古代文明を飛び越えて，12～13世紀のルネサンス時代にちょっと立ち止まってみると，アリストテレスの著作の再発見の影響が指摘できるし，アラブ人やユダヤ人学者によるアリストテレスについての熟考と注解が指摘できる。キリスト教世界である西洋では，その教えの真髄を伝えるキリストによるたとえ話が，中世の神学校や大学の抽象的・理論的神学に再編された。ヴィーコ★12が論ずるように，話し言葉中心の神話的世界が「知識追究の理性（*ratio scientiam quarens*）」（Stock, 1972, p.23; Stock, 1983）へ道を譲ったギリシアの経験の「反復（*ricorso*）」★13を，文字文化のなかったヨーロッパ諸国から辿ることができる。

　「哲学的理解様式」が決定的に明確になり洗練されるのがよくわかる次の時代は，ヨーロッパの17世紀から19世紀である。この発展の初期の権威として一般的に認められている人に，ルネ・デカルト（René Descartes：1596-1650）や変わり者のイギリス人であるフランシス・ベーコン（Francis Bacon：1561-1626）がいる。ベーコンは熱心なピューリタンの母親と，彼をあらゆる点においてこの世的追従者にしたいと願った父親によって育てられたことが，おそらく彼を非常に柔軟で力強い知性を持つ人間にし，エリザベス朝とジャコビアン時代の政治世界で策謀が渦巻く時代に，ジェットコースター的な，驚くべき人生を送らせることになったのかもしれない（賄賂を受け取った咎で1621年に大法官職の辞任に追い込まれたときに，ベーコンは賄賂によって仕事の判断が影響されたことはないとまくし立てた）。アマチュア科学者にすぎなかったが，ベーコンは新しい科学が追求すべき方向を力強く打ち出した。科学的研究は大規模に組織化される必要があり，ふんだんな予算をつける必要があると，彼は地位を利用して提案した（実際にはあまり実現しなかったが）。

　ベーコンとデカルトの理論化の底には，印刷技術の絶え間ない発達があった。エリザベス・アイゼンステイン（Eisenstein, 1979, 1983）が示したように，印刷工場は最初の頃から，その周囲に学者たちの共同体を集め始め，予約購読者名簿を通して，「ヴァーチュアルな」共同体を，より広くヨーロッパ中につくり出す刺激を与えた。

この「ヴァーチュアルな」共同体は，大学や，大都市中心部にあるものや，後には，コーヒー店やサロンやワイン店にあるもの，また，君主の庇護にあるものなど，さまざまな小規模な共同体からなっていた。しかしながら，スウェーデンのクリスティーナ女王ほどに熱心に新しい知識を求めた君主は少なかった。彼女はデカルトを執拗に招き，ストックホルムの厳しい気候のもとで，彼を過酷なスケジュールに追い込んだので，彼の死を招くことになった。イギリスでは，このような共同体の中で最も有名な団体が，1662年にチャールズ２世から金銭はなかったが認証を与えられ，ロンドン王立協会になった（政府の予算がつかなかったので，協会員は政治的独立性を維持することになった）。ジョセフ・アディソンは★14，リシュリュー宰相が1634年にアカデミー・フランセーズを創設したのは，「天才が政治に関与するのを防ぐ」（参照：Rawson, 1988, p.1336）ためだったと示唆をして悦に入った。また，チェコスロバキアの学者コメニウス（John Amos Comenius：1592-1670）は1668年に論文「ヴィア・ルシス」を，「哲学のめでたい誕生をもたらさんとする，啓蒙時代の先駆け，ロンドン王立協会の会員に」捧げた。

トマス・スプラット主教は王立協会の初期の会員で最初の歴史家だったが，協会の目的は単に科学の推進にあるだけでなく「英語，特に哲学的目的のための言葉」の改善にもあると述べた。「真の哲学」推進のために必要なものは，純粋で，詩的要素をもたず，単純で，曖昧さのない散文形式だとし，自然界を鏡のように映し出す数学的平明さに近いものが求められた。初期の会員の多くは聖職者だったが，協会の全般的目的は，宗教的論争の範囲を越える一般的真理を獲得することだった。「なぜなら，その目的はイングランドの，スコットランドの，アイルランドの，カトリックの，あるいはプロテスタントの哲学の基礎を築くことにはなく，人類の哲学の基礎を築くことにあると公に宣言されていたからである」（Sprat, 1958, p.63）。スプラットはまた共同体の活動の重要性を強調する。

> 人々の労力と知性の同盟を意図する王立協会が少なからぬ賞賛に価する理由は，人々の愛情を結びつけて，これまで事業を進めてきたからである。というのは，意見や人生観の対立する人々が憎み合うことを忘れ，同じ仕事を一致して推し進めることで団結する「英国」という珍しい光景が，協会にみられるからである。そこでは，軍人，商人，貿易商，学者，ジェントルマン★15，廷臣，聖職者，長老派，カトリック教徒，独立派，正統派，それぞれが，隔ての垣根を取り払い，業務と企画……などについて相互合意に基づいて穏やかな協議を図る。なぜなら，ここでは，暴力や恐れを気にすることなく，お互いの存在を我慢するだけでなく，お互いが仲間として仕事し考えるし，相手の新企画に対して援助を申し出るからである。
>
> （Sprat, 1958, p.427，強調はスプラットによる）

プラトンとアリストテレスが近代ヨーロッパに伝えた思考様式は，経験科学という

「真の哲学」についてある明瞭な形式を想定していたが，厳密な論理的明確さで現実についての真理を確立しようという同じ衝動が，近代ヨーロッパの人文科学の分野一般や日常的事柄についての考察にも，明らかにみられるようになった。1755年発行のジョンソン英語辞典と1728年発行のイーフレイム・チェンバーズの百科事典は，不屈のディドロや偉大なフランスの『百科全書』に影響を与えた。フィロゾーフ[16]と呼ばれる執筆者たちは，人々の考え方を変えようともくろみ，知識の明確化，正確さ，順序，獲得の過程を支えた（『百科全書』の「フィロゾーフ」の項目のはじめには「フィロゾーフにとっての理性は，キリスト教徒にとっての神の恩寵と同じである」と書かれている）。

　18世紀には，科学者が持っている真剣さ・正確さ・権威と同じくらいのやり方で，時事問題，文学，絵画，経済，歴史，政治について議論したいと考える知的共同体が拡大した。トゥキディデスのように，喫茶店の会話よりも息の長い議論を視野に入れた様式で，広く「ヴァーチュアルな共同体」に向けて発表された論理的かつ哲学的な議論の数々は，18世紀末から19世紀初頭のすぐれた論評雑誌の中に活躍の場を見いだした。*Analytical Review*は急進的なスコットランド青年のトマス・クリスティと書店経営者で出版に携わるジョセフ・ジョンソン（「書籍販売の父」と呼ばれる）によって創刊されたが，1788年から1799年まで刊行された。*Edinburgh Review*はエディンバラのビュックロイヒ・プレイス18番地の3階で1802年3月の嵐の晩に創刊されたし，*Quarterly Review*は1809年に創刊された。特に最後に挙げた2つはホイッグ党とトーリー党[17]にそれぞれ傾倒する雑誌だったので，その投稿者は科学者のような冷静さで相互合意を図ることに成功したわけではなかった。しかし，1812年までに，2つの雑誌は合わせて推定で10万人くらいの読者を獲得し，それぞれ1号につき1万2千部も販売された。「*Edinburgh Review*の投稿者は現代学問社会の最高ランクの人であると思う」とハズリット[18]は書いた（McClure, 1989-90, p.1436; Shattock, 1989も参照のこと）。そして，論評雑誌の周囲には，それについて語り合う共同体があり，その会話には雑誌の投稿者の模範が示す「哲学的」議論方法を使うことが奨励された。その中でも秀逸だったのは，シドニー・スミスだった。彼も聖職者だったが，*Edinburgh Review*の主な推進者だった。彼はホランド・ハウス周辺の魅力的な地域から自分の教区に連れ戻されるときに大声で嘆いたものだった。彼は驚くほど生き生きとして機知に富んでいたので，彼との会話の後，人々は急いで家に帰り，彼が話したことを書きとめた――それは現代のわれわれにとって幸運なことだった（Pearson, 1948）。スミスの明確で鋭く簡潔な文章スタイルは，彼の多くのセンスと同様，とても現代的に思える。「私は破滅を予期するのは好きではないが，世界には割れ目がある」（Pearson, 1948, p.308）と述べた人物について，現代的という以外の形容を思いつくことができるだろうか？

　哲学的調子は，すべての領域の研究に見いだされる。エドワード・ギボンは1776年

に『ローマ帝国衰亡史』の第1巻を発行したが，ほとんどすべての人からと言ってよいほどの賞賛を得た（特に聖職者たちは，キリスト教がその本の中で悪者として扱われていることに，賛成でなかったが）。ギボンはフィロゾーフ，特にモンテスキューに影響された。『ローマ帝国衰亡史』についてデイヴィッド・ウォーマーズレイが1989年に書いたものを引用して，ジョン・ケニョンはこのように述べる。「哲学的歴史家は『歴史推移の表面を拭い，人間社会と人間行動を支配する不変の原則を露わにする』」(Kenyon, 1989, p.1380)。19世紀の歴史文書の中でこのような哲学的野心に弾みがついた。レオポルト・フォン・ランケ（Leopold von Ranke：1795-1886）は，歴史研究を改革し，その研究は過去の出来事の特殊性（Wie es Eigentlich gewesen：そのもの自身あるがままに）を紐解き細々と探ることによってのみ，「世界発達の全般が明らかになる」と主張した（Ranke, 1956, p.57）。トゥキディデスの歴史概念が悲劇的だったとすれば，ランケは喜劇的である。彼は，歴史過程の一般的イメージを，世界の国民国家が統一と調和に向かう，神に保証された進歩の過程として提示した。

啓蒙時代の純粋な「哲学的」探究者にとって，すべての一般論的問いはただ1つの真の答えを持つ。原則として，答えは発見可能であり獲得可能であること，そして，それぞれの答えは，その他すべての答えと矛盾しないものであり，神と共有する宇宙についての単一で真正な首尾一貫した見解を成す。

19世紀を通して，哲学的議論を支える共同体と研究機関の数は増した。「17世紀の巨匠の精神が学問上の想像力を掻き立てて以来，これほど多くの人々が雄弁に科学主義を褒め称えたことはなかった」(Turner, 1974, p.9)。ヘイデン・ホワイト〔Hayden White：1928-〕は「19世紀ヨーロッパ文化のいたる所で，現実的な世界理解が渇望され」(White, 1973, p.45)，「哲学的」探究形式がこぞって発表された，と述べる。また，ジョン・スチュアート・ミルは次のように書いている。

> ［われわれの時代の］最も重要な事実として，確立された法則の範囲内では，すべての現象が次第に少なくなり，その結果として奇跡の拒絶が引き起こされ，それは物質科学の発達の決定的流れとなっている。普遍的・規則的な順序という偉大な概念は……外面的事実の忍耐強い観察と先入観の除去──これこそ物質科学的な問題が精神に強く求めるものである──からのみ生まれることができるだろう。　　　(Dale, 1989, p.3)

ミルはオーギュスト・コント（Auguste Comte：1798-1857）の影響を受け，経済的にコントを支えてそれに報いた。コントはフランスの哲学者・社会理論家で，「社会学」という語を使い始め，社会学を科学的なものにする過程を叙述した。彼はまた，『実証哲学講義』6巻を著した（1830-1842年）。これは「実証主義」の綱領的概観を述べた力作である。彼は文化史における人間精神は必然的で逆行することはない3段階──神学，形而上学，実証主義──を経てきたと論じた。実証主義は，科学だけが

価値ある知識形式で，事実こそ探究可能な知識の対象であるとの最終的認識を持つものとして特徴づけられる。そして，哲学も基本的には科学に相違ないとされたが，その任務はすべての科学に共通な原則で，より一般的なものを求めることにあり，また，この原則を人類の行為と社会的組織を導くために使うことにあるとした。そして，倫理，政治，社会的相互作用，その他知り得ることができる人間生活のすべての形式は，順次，科学の軌道に乗せられるので，適切な秩序が生まれ，その結果，世界全体の人間改善につながるであろう，とした。コントは14歳のときに熱心なカトリック教徒である家族に向かって，自分は「当然のことだが，神を信じることはやめた」と宣言したが，実証的科学を適用してつくり上げた新しい世界と新しい人類のイメージは，非常にロマンチックで宗教的な色合いを持っている。このイメージについて，トマス・ハクスリー★19はキリスト教抜きのカトリック主義と呼んだ。

　19世紀の実証主義は「哲学的理解」による1つの方向であった。物質や社会について不動不変の法則を描いた実証主義者たちの綱領は，プラトンが科学的理解に貢献したほどの役割を，詩人たちには与えなかったようだ。しかしながら，詩人たちは，それに反駁する。19世紀初期に，詩人たちは真理と知識への道は理性や科学によってのみ獲得されるわけではないと強く主張した。真理についての詩人からの主張として最も説得性があり包括的な意見は，シェリー（Percy Bysshe Shelley：1792-1822）による『詩の擁護』（1821年に書かれ，1840年に出版された）であった。その中で彼は詩について次のように言う。「それは知識の中心であり円周でもある。あらゆる科学を包含し，しかもあらゆる科学の依りどころとなるものである」（Brett-Smith, 1921, p.53）★20。一般に認められていないが，詩人は世界の法則の制定者であるとシェリーは結論した。しかしながら，この主張は，抽象的・理論的な言葉で述べられていて，コントやミルやハーバート・スペンサーなどの冗長な主張と同じくらい哲学的だった。ということは，文化史の分類上大きな役割を果たした啓蒙主義，ロマン主義，ポスト・ロマン主義という区別は，私が提唱する理解様式の観点からは，あまり意味をなさないことになる。確かに，われわれはロマン派の中に「ロマン的理解」の明らかな例を見る。しかし，主要なロマン派作家が日常的に「哲学的理解」様式の特徴を使用するのをわれわれは見いだすし，特に，詩的探究方法の適切性を論ずるときにはそうである。つまり，すべて5つの理解様式が複雑な歴史上の主張に織り込まれていることがわかり，時代によって，ある様式が他の時代よりも目立つにすぎない。

　プラトンが哲学と詩の間の論争として示したことは，もっと時代を経てから，人文科学と自然科学の「2つの文化」間の論争の中によみがえる。両者ともに，「哲学的」方法で論争し，議論を合理的に組み立て，理論的立場を構築する。論争の始まりは，精神を形成するための最良の教育は何かについての主張と結びつけられていた（結局のところ，プラトンとアリストテレスは，生涯の大部分を，教育の専門家として過ごした）。最近の「2つの文化」についての論争は，学校や大学のカリキュラムの適切

な構成に重要な意味を持つものとして，長い間行なわれてきた議論の続きである。より注目に値するものは，自然科学なのか人文科学なのか？　精神の発達により重要なのは，どちらなのか？　ほとんどの教育学上の問いと同じように，これらの問いは一般論的「袋小路」に迷い込ませる。さまざまな「解答」は論争のどちら側にも正当性を与えないし，どちら側も満足させないように思える。こういう事態は，一貫性を欠いていて論争のための十分な根拠を持たない現代の教育概念の結果だと私は考える。

　この論争は，人間の魂に関する論争として見ることができるし，あるいは，子どもをいかに教育すべきかに関する論争と同じだと見ることができる。最近の例を挙げると，科学者側の議論はたいてい，次のような残念な真実を含む残念な発言で攻撃を受ける。「科学について無知な人々を疎外し貶める不自然な思考様式が，科学にはある」(Wolpert, 1993, p.4)。それに続いて，科学について無知な人々は，何の価値ある貢献もできないという議論がくる。すると，このような軽蔑的態度は「物知り顔の，想像力に欠ける態度」とみなされ (Osborne, 1992, p.31)，科学者が使う探究方法では獲得不可能な想像力とか「おぼろな (shadowy) もの」が，全人的な生活と教育にとって中心的なものであるという主張が，再び頭をもたげることになる。

　しかし，「哲学的理解」を「不自然」だと呼ぶのは——ウォルパートは1992年の著書 *The Unnatural Nature of Science*（科学の不自然な本質）の題名に呼応して経験科学の形式を「不自然」だと呼ぶが——「神話的理解」や「ロマン的理解」や「アイロニー的理解」を不自然だと呼ぶのと同様に，不適当である。むしろ，「哲学的理解」は，その思考様式をうながすことに献身している共同体や研究機関から離れては，たいていの場合体系的に発達することがない思考様式であり理解様式だ，と言うほうが適当である。その他の理解様式と同様に，それを使用することを強要する環境にいる人なら，「哲学的理解」様式を比較的簡単に獲得できる。「哲学的理解」の獲得には，永続的で粘り強い理論的議論という「媒介手段」が必要とされる。

3節　「哲学的理解」の特質

　今日，適切な教育が必要とするものは，これまで述べてきた理解様式のそれぞれに表わされている知的能力を，個人個人が蓄積・反復し，それら全部を一緒に使うことであるというのが，私の総括的議論である——どのように「一緒に使うのか」については後に述べる。「哲学的理解」や「ロマン的理解」，また疑いもなく「神話的理解」も，それぞれ歴史上，前時代の理解様式に関して反対の立場を明らかにして，その〔新しい理解様式の〕発達を高らかに宣言したと言えるし，少なくとも，そのように，それぞれの理解様式の反対論者たちは，新しい理解様式を提示した。「神話的」思考に対する初期の合理的立場の侮蔑を象徴するものとして，私はヘカタイオスが祖先の物語を捨て去った例を使い，トゥキディデス，ヒポクラテス派，アリストテレス，

ベーコン，デカルト，その他が，彼らの前の時代や同時代の「ロマン的」探究を退けたことを例に挙げた。このような共通点を持つ西洋文化史の特徴は，多くの点で不幸なことである。私がそう言うのは，後継者によって表現されるように，「前時代の理解様式は単にひどい混乱だらけの落とし穴」なのではないと多くの人が認識するまでに時間がかかるように見えるという理由だけでなく，事実は，前時代の理解様式が後継者の好む理解様式の基礎をなしているからである。

　前時代の理解様式の痕跡をすべて根絶しようと意図的にもがく人々の場合，その結果として，新しい理解様式の発達は，不毛と無味乾燥と人間性否定の危険となるように思える。この例として，実証主義と行動主義を挙げても正当であろう。チャールズ・テイラーはこのように述べる。

> 非常に狭い意味での自然主義の世界観がいったん打ち破られると，行動主義のような理論を真面目に受け取る者があったということは，ほとんど信じ難いほどに思える。何の確実な科学的論理的根拠もなしに，人間生活についての多くの直感的に明らかな事柄が無視され，ないがしろにされるときには，非常に凝り固まった形而上学的な先入観がある。
> 　　　　　　　　　　　　　　　　　　　　　　　　　　　（Taylor, 1985, p.5）

　「哲学的理解」の発達とともに現われた議論によって，実質のない通俗的知識，感情主義，比喩に原因する混乱，前時代の皮相的なきらびやかさなどはすっかり捨て去られ，これらに代わって，冷たく堅固な事実や鋭利な論理的真理を持ち込む新しい形式が提供された。これこそ，タフな精神を自覚する人の立場である。

　しかし，文化的発達は，オングの言葉によれば「男性の精神という空虚な場所ではなく，歴史の深みの中」（Ong, 1971, p.7）に生まれてきた。この引用文で，性別に言及していることは，歴史の深みの中で「哲学的理解」を支える共同体が，20世紀になるまではほとんど排他的に男性だけだった点を指摘していて，注目に値する。これまで私が述べてきた「哲学的理解」の開発者はすべて男性であった。家長たちの一団によって生み出された「哲学的理解」は男性的思考形式なのか？　教育を受けた者となる過程で獲得が不可欠であるとして「哲学的理解」を推奨する私の教育体系は，女性は単にそれに適合すべきだとする男性的知的基準を処方する，またもや性差別的な発達理論の1つにすぎないのだろうか？　もしこの3層目の理解様式が女性の精神基盤と女性優位の歴史の深みの中で発達したのだとしたら，これまで述べた特徴とは異なる「哲学的理解」を，われわれは見ることになったのか？　つまり，「哲学的理解」は，単に状況的に性差偏見があるだけなのか，それとも，必然的に男性志向の思考様式なのか？

　それに対する決定的な答えはまだないのではないかと私は思う。それでも，「哲学的理解」にまつわる性差の関連性は，教育上の目的にとっての重要性が消え去るほど

に，まったく偶発的なものだと証明されるときがくるだろうと私は考える。男性と女性の間にある，「哲学的」思考への近づきやすさとその使用の難易度に違いがあることについてのどんな証拠もたいてい，そのような思考を形成し支えた共同体へ近づくすべが女性にはなかったことの結果に違いない。このような議論に女性が参加しなかったことが，今日のそのような共同体での女性の処遇の仕方や，女性に対する男性の期待度や，自分に対する女性自身の期待度に，重大で広範な後遺症を残し続けている。

　最も卓越した伝統を持つ「哲学的」思考の傾向や基調とその伝授の方法に，特に自然科学と数学の分野で男性的偏見の形跡があるということは，「哲学的」思考そのものに本質的なものではなく，男性優位の共同体の中でその思考が発達し，その中で議論されたことの産物であると私には思える。前にも述べたが，これらの議論の特徴は，その前の層を成しているさまざまな「理解様式」が「哲学的」思考にとって本来は基本であるにもかかわらず，それらの「理解様式」を評価しないことにある。十分な「哲学的理解」のためには，「神話的理解」や「ロマン的理解」の発達とともに獲得されるさまざまな能力を結びつける必要があるというのが，私の議論である。想像力や，比喩的思考，ロマン的結びつき等々によって豊かにされる「哲学的理解」が実現すれば，性差的偏見があるとの非難を受けることが少なくなるだろうと私は信じている。

　「哲学的理解」は今日，およそ15歳で目立ち始める。なぜ，この年齢なのかは，これから述べるつもりである。しかし，これが成熟過程の結果，自動的に起こるものではないことを，私は強調したい。現代では，「哲学的理解」の組織的発達は，人口のほんの一握りの人々——高等学校や大学にある教養科目コースのように，この理解様式を支える共同体に入って交流し，それまでに「神話的理解」「ロマン的理解」のさまざまな能力を十分に積み上げてきた人々——にしか起こらないのが普通であるようだ。

◆一般論への渇望◆◆◆

　少し前の節で，ギリシア語の発達が抽象的・理論的思考にとって必要条件だったというスネルの議論を考察した。それと同じように，近代初期のヨーロッパでフィロゾーフたちと科学者たちの企画が旗揚げされる直前やその旗揚げに伴って，言語に目立った変化があることにわれわれは気づく。フランス・アナール学派の創設者の1人リュシアン・フェーヴルは，16世紀のフランス語には，「絶対的」「比較的」「抽象的」「具体的」「意図的」「内在的」「超越的」「因果関係」「規則性」「概念」「基準」「分析」「総合」「演繹」「帰納」「共同」「分類」「機構」など，次の世紀の「哲学的」研究に特に使われることになる語彙が不足していたと指摘した。「フランス語宝典研究所」[21]の資料によれば，「社会（société）」という語は，16世紀には620回使用されたが，次の2世紀の間に，7,168回使用されているという（参照：Gordon, 1994）。もちろん，そ

の時代にはラテン語が学問的議論にはまだ重要で、この点に関して日常語ほど貧弱なものではなかった。しかし、16世紀にはラテン語が日常語に流れ込み始め、17世紀にはその流れは洪水のようになった。その過程で、ラテン語では比較的具体的で限られた意味を持つ言葉に比喩的な拡大が起こり、日常語に、もっと自由で柔軟で、抽象的な用法がつけ加わったようである。

　たとえば、「hierarchy（階層）」の語を取り上げてみよう。これは、「聖なる」とか「神聖な」という意味を表わすギリシア語 hieros と、「支配」を表わすギリシア語 arkhēs からなる。はじめこの語は、聖職者に支配される状態を表わすものだった。その後、この語がラテン語としてキリスト教の用語になり、天使の9階位——熾天使（cherubs）、智天使（seraphs）や悲しいことだが無視されているその他の天使たち（天使の名前を是非知りたいという方のために全部並べると、熾天使（cherubs）、智天使（seraphs）、座天使（thrones）、主天使（dominions）、力天使（virtues）、能天使（powers）、権天使（principalities）、天使（angels）、大天使（archangels）である）——のことを指すようになった。この語は中世英語では ierarchie として、そのラテン語の意味を表わしていた。16世紀には、現代とほとんど同じスペルで中世の意味で、普通に使われた。17世紀には、この語の意味が拡大されて天使だけではなく、天使とは少し異なる集団である聖職者の階位に適用されるようになった。そしてまもなく、意味の比喩的拡大により、われわれが今日使うように、あらゆる階位的機構を意味するようになった。「進化」「概念」「帰納」「因果関係」などフェーブル★22によりリストに挙げられた多くの用語もおよそ同じような道筋を辿り、『オックスフォード英語辞典』には17世紀を通して適用された新しくて柔軟性を持つ意味が掲載されている。その結果、広範囲な理論を処理できる概念的語彙が豊富になった。

　ウォルター・オングは近代ヨーロッパのこの発達を、印刷技術の影響と詳細な知識が書物として大量に蓄積されたことに関連づけている。拡大を続ける知識を確保し利用することが簡単になったことで、文化や文明や進化など彼が「混成語（かばん語）」★23的概念と呼ぶものが生み出された。ギリシア人がそれに関連した概念を印刷技術なしになんとか発達させたのは明らかである。しかし、近代ヨーロッパに特異な「哲学的理解」が形成されたのは、機械の音とともに複製を続ける印刷機のおかげであると、オング（Ong, 1971）やマクルーハン（McLuhan, 1962）は示唆するが、そのとおりかもしれない。

　学問的な探究に惹かれる思春期後期の若者の語彙に、上に挙げたような「混成語」的概念が芽生え始める。しかしながら、そのような用語は詳細な知識の大きな蓄積なしには生まれないとオング（Ong, 1978）は強調する。「社会」という言葉のように、学生がすでに熟知していて定義づけができるような言葉が、力強くすばらしいものとして日常生活の真面目な議論にまったく突然に出現する。明らかに、その語は新しく、より明確な意味を持つようになっている。その語の指示するものに、焦点が絞られる

ようになる。「社会」という語は，家や公共事業や政治家などをつなぐ，はっきりとした形や区別のない，曖昧な大人の用語ではもはやなくなり，これらのばらばらなもののすべてを包括する一般的実体に対する名称となる。それはまるで，1つの対象が発見されたかのようである——非常に複雑ではあるが，混成語によって把握できる対象が発見される。理論的世界に存在する抽象的なものが明確で決定的で現実的なものとして浮かび上がってくると，「自然」「文化」「環境」「機構」「過程」などの語が理論的世界に言及するために使われることに，われわれは普通気がつく。「社会」という語は，とてつもなく大きな一般的概念かもしれない。しかし，「哲学的」精神にとっては，それは現実的な何かを指す。単に部分の集合からなるものではなく，部分的なもの以上に現実性を持つ知的に理解可能な何かを指す。まったくのところ，部分は，より大きな全体におけるその位置という見地から，意味を持ち始める。

　理論的領域の発達において焦点が置かれる新しい対象は，「ロマン的理解」の視点によって照らし出されるものとは大きく異なる（今の文に挿入した比喩のズレは，意図的である。「焦点が置かれる」「照らし出す」「視点」は，互いに少しずつかみ合わないので，単純なイメージが発展するのを妨げている。観念を議論するためにわれわれが普段使う視覚的比喩は，つかみにくい概念の領域を，物理的物体の確固とした領域へと簡単に置き換えることができる。このような，おそらくできすぎた観測で注意すべき点は，われわれが，特に「哲学的理解」にはじめて携わるとき，非常に一般的な概念をまるで何か手に触れることができるもののように考え，このような置き換えをする傾向があるように思われることである。しかし，一般的概念は，過度に「哲学的」に考える人々にとってだけ，そう見えるのである。元英国首相のマーガレット・サッチャーは悪名高くも次のように言った。「『社会』などというものは存在しない！」）。

　歴史や社会や自然界についてのロマン的視点は，低学年の生徒の精神を，極端なもの，心が躍るような事実，生き生きとした実話，劇的な事件，英雄等々に向けさせた。「ロマン的理解」をする生徒は，もちろん，これらの輝かしいあれこれが，現実世界の部分であると知っているが，それら部分の間の関係を，特に興味あるものとは思わない。新しい理論的言語は，輝かしいあれこれが総括的な全体，機構，過程の一部分として見えるような，これまでとは非常に異なる視点を生み出すのを助けるし，そのような視点が生まれる兆しであるとも言える。たとえば歴史は，主にさまざまな生き生きとした出来事，生活様式や英雄的人物の寄せ集めとしてみられることはなくなり，1つの複雑な過程であり，1つの連続体をなすさまざまな様式であり，人間行動と人間本性の可能な範囲を示す例であるとみられるようになる。物事の間の関係が次第に重要性を増す。「哲学的」な学生が始める物事の関係づけは，彼ら自身も世界をつくり上げている複雑な過程と機構の部分であると認識することから次第に生まれる。

　この視点が，歴史過程の本質についての新しい問いを起こさせる。その過程は，わ

れわれの野蛮な先祖たちの汚くて，厳しく，短い人生が，次第に調和のとれた健康的で知的に豊かな経験に変わっていく向上的なものなのか？　あるいはもしかすると，その過程は——ルソーやサン=シモン★24が考えたように——私有地，人口爆発，社会的混乱，余剰財産と階級を生み出した農業の起源とともに，破滅が始まった人類の悲劇なのか？　それとも，V. ゴードン・チルデ★25が提示したように，農業世界のユートピアは階級社会，世襲性の秘密主義，原初ブルジョア，欲望と戦争を引き起こした冶金術によって滅ぼされたのか？　あるいは，文字の発明がわれわれすべての苦悩の原因なのか？　自然界を決定する法則は何なのか？　社会についての真理は何か？　人間行動の本質は何か？　何——まだ練り上げられていない哲学的精神によって，意味があると受け入れられる問い——が人生の意味なのか？

　「哲学的」精神は事物の関係に焦点を当て，学生が身近に知っているいろいろな事実を結びつけるための理論やイデオロギーや形而上学的体系を構築する。次に，学生はその体系をまとめるために必要な知識の獲得をし始める。進行中の選挙戦で，議員の候補者が芝生や窓などに設置する看板がきっかけとなる議論の例を挙げてみよう。「ロマン的理解」をする子どもは，「私たち家族」がどちらの候補者を応援するのか，政党によって看板の色が違うのはなぜか，等々の質問をする。「哲学的理解」をする15歳の子どもは，芝生や窓に選挙用看板が設置される詳しい過程を知りたがる。芝生の場所を借りるためには，他の商業用広告と同じように，政党か候補者が使用料を支払うのか？　それとも，設置してもらいたいその場所の所有者が政党にお金を支払うのか？　小さい看板より大きい看板のほうが料金が高いのか？　このような看板を見て，どのくらいの人が支持する候補者を変更するのか？　変更する人はどんな人なのか？　お金を使うならテレビの宣伝に使ったほうがよいのではないか？　少しずつ，その15歳の子どもは，選挙の「過程」について1つの理解を膨らますために必要な情報を構成していく。

　ここに今述べたことは，多くの人——これから引用するような人々——が気づき，それについて述べている発達である。この発達は，「哲学的理解」をする共同体に接しているこの年頃の学生たちについての経験的観察に基づくものであり，またこれらの学生が最も興味深く重要だと考える映画，テレビ番組，書物，ゲーム，物語などについての研究にも基づいている。しかし私は，次の2つの理由によりこの観察を支持する経験的研究を引用しない。第1に，私はそのような研究を知らないからである。現代の心理学や教育の研究方法では，たとえば数か月から数年の期間にわたる語彙の変化や用語使用法とその意味の変化を，把握するのが困難である。第2に，研究者が経験についての実験を考案するための指針となるような，この発達に関する十分に明確な理論がこれまでのところないからである。これに少し重なる理論があるが，それはピアジェ★26のものである。彼の「形式的操作」の考え方は，多くの議論の的であり問題が多いが（参照：Modgil & Modgil, 1982; Siegel & Brainerd, 1978），通常，後期

思春期の学生に理論的領域の構築が認められることを反映している。ピアジェは，内的で自然発生的に発達していく，典型的に「哲学的」な意味で実在する論理的・数学的構造に焦点を当てた——これは，非常に抽象的で，たいてい目で確かめることができないが，発達過程についての真理を含んでいる。私が一般的な言い方で「哲学的理解」の特徴——学生がこのような理論的領域に属する真理を次第に見分ける過程——として述べるものを，インヘルダーとピアジェは次のように述べる。

> 形式的思考においては，事実と可能性に関して思考の方向性の逆転が，主体が使う方法のうちにみられる。可能性はもはや経験的状況や実際の行為の単なる延長としては現われなくなる。代わりに，可能性に従属するのは，いまや現実のほうなのである……。形式的思考に最も顕著なのは現実と可能性との方向性の逆転である。具体的な推論においてなされるように経験的なデータから初歩的な理論を引き出すのではなく，ある関係が必然的であることを示唆する理論的な総合（synthesis）から形式的思考は始まる。よって，形式的思考は反対の方向に進むのである。　　（Inhelder & Piaget, 1958, p.251）

このように「可能性」が開かれていることは，私が一般理論体系と呼ぶものの特徴の１つだが，これが学生を誘惑にさらすことになる。その体系が表わす世界観の真理を信じ込ませることによって，一途な献身を生じさせることができるイデオロギー的立場に思春期の若者を惹きつけようとする人々に，この特徴が見受けられることは，ずっと以前から明らかである。典型的な国民国家が国民的物語を提示することにより，若者の献身を確保する方法を考えてみるとよい。自由で多元的な国家では，自由主義や多元主義への献身を生むが，ナチス・ドイツのようなもっと決定的に教条的な国家では，若者の熱のこもった眼差しと行動に明らかなように，熱情的な献身を生む。数十年前の西洋の大学で，優秀な学生の精神がマルクス主義にとらえられることは，珍しいことではなかった。「精神をとらえる」とは，少し劇的な比喩かもしれないが，マルクス主義の魅力は，その絶大な一般理論にあり，過去，現在，未来に関するすべての事実，出来事，制度，感情，意識についての一般的真理を語るという保証にある。その一般的真理は３つの思考の相互作用において語られる。それはヘーゲル的な命題（テーゼ），反対命題（アンチテーゼ），統合（ジンテーゼ）であり，それぞれは時と場合により異なる形式をとるが，議論は容赦なく展開し続ける。それ以前に学んだ組織的でないすべての情報——中世の村，騎士と貴婦人，修道院，羊毛の生産——は，封建主義と興隆するブルジョアの間の闘争という次の過程への途上にある部分として「真実の」位置にきっちりと滑り込む。その闘争は正反対な立場のプロレタリアートを生むなどの過程を進み，ついに理想的で階級のない社会が生まれる。このような一般理論体系は，全過程の中での学生自身の位置——社会的役割を決定し，確固としたアイデンティティを再確立する位置——を知らせるという付加的な効能も持っている。

一般理論体系のあるものは強力な磁石のように働き，学生の精神にある事実上すべての事柄を組織化するが，もっと散漫な秩序しかもたらさない弱々しいものもある。また，非常に単純な体系もあり，学生のために世界を善と悪，黒と白，正と不正などの二者に分ける。一方，もっと込み入っているものもあり，複雑で微妙な型を生み出す。それらの体系は，「ロマン的理解」をする精神の持つ乱雑さの中にいったん出現すると，すばやく定義を下し，その乱雑さに磁石のような影響力を行使するようだ。「われわれが何事かを信じるようになるとき，信じるのは個々の命題ではなくて命題の全体系である」（Wittgenstein, 1969, p.145／1975, p.42：命題141）。

　「哲学的理解」の最初の徴候は，「ロマン的」思考に出現し始める。メアリー・ウォーノック[★27]は，どのようにして「想像力が理解できないもののほうへ向かって，想像力は手を伸ばすか」（Warnock, 1976, p.58）を述べる。「それに向かって手を伸ばす」ものの１つに，「ロマン派」の時代に「崇高（the Sublime）」と呼ばれていたものがある。「ロマン派」の精神は，無限の宇宙とか無限の数とか永遠の持続などという何か不定形ではあるが魅惑的なイメージに満たされていた。カントも言うように，このような想像力を使うことにより，感覚でつかむことができる以上のものにわれわれは導かれる。それだけでなく，表現できてもつかむことができないが，その方向はつかむことができるような概念によって示される何かがあるという認識へ，われわれは導かれる。「ロマン派」の崇高な理念は，「社会についての宇宙的歴史的規模を持つ莫大な体系を生み出す啓蒙主義の傾向」（Butler, 1981, p.126）からも，これまでのところ取り除かれてはいない。ガイア仮説[★28]に心を奪われ，マルクス的観点から歴史を見る今日の学生は，われわれの文化史上に描くことができる知的過程を反復している。「ロマン的理解」から「哲学的理解」への移行は，想像力が手を伸ばすことに続いて起こる。またそれに続き，想像力が方向をつかんだものを精神が確実に維持するために，必要な言語上・概念上の道具を構築することによって，その移行が起こる。

　前章で私が述べている，丘の上の町を旅行者ふうに「ロマン的」に探究する場面を思い出してほしい。そこでは，最初に町の広場や城壁やその他最もドラマチックな特徴を探した。「哲学的」な探究は，地図作成者として提示されるかもしれない。地図作成者にとって，町すべての特徴は，全体の正確な提示を作成するにあたって重要である。

◆超越的な立場から社会的行為者へ◆◆◇

　文化史に継続する１つのことは，自己についての感覚の変化である。宇宙におけるわれわれの位置についてのコペルニクスによる新しいモデルからダーウィンによる自然界におけるわれわれの位置についてのモデルにいたるまで，近代世界の主要な理論的業績は，自己についての人々の感覚に大きな衝撃を与えた。人間は社会的動物であるとのアリストテレスの観察は，16・17世紀に成長した都市の中で新しい注釈を獲得

した。人は誰も孤島ではない。われわれ人間の社会性と相互依存性は，単に「神の子ども」としてわれわれすべてが関係し合うことによるだけではなく，われわれの動物としての本性からくる何かによるものだと，次第に認識されるようになった。この時代に，人々は次第に「歴史的」動物になる。人間には本性があるが，しかしそれは歴史的なもの——文化的本性——である。一般論的宇宙体系と進化論的体系（後者はダーウィンが化石資料にみられる変化過程を説明するメカニズムを見つけるずっと以前に口火が切られていた）は，自己についての感覚を決定する新しい方法——それはいつも歓迎されるとは限らないが——を提示した。

　現代の学生がそのような体系を反復するにつれて，彼らの自己についての感覚も変化する。自分が好きな超越的・人間的特質の体現者（ポップス歌手，スポーツ選手，社会活動家，自己犠牲的福祉活動家など）と結びつくことによって維持される「ロマン的な」自己は，背後に消え去り始める。超越的なものとの結びつきによって世界と関係するのではなく，複雑な因果関係を持つ網目によって世界と関係することを，学生は理解し始める。自分が「過去をともなって生まれた」（MacIntyre, 1981, p.205／1993, p.271）存在で，過去は現在の自己を構成するだけでなく未来の形成も始めるものだと，彼らは認識するようになる。

　一方で，これは自由の手痛い喪失——最初のエデンの園からの離別後に起こる，もう1つのエデンの園からの離別[29]のように見えるかもしれない。他方で，これは，世界について現実的で真実な事柄をもっと十分に把握させる。われわれの現在の姿はロマン的好みやロマン的結びつきによる結果ではなく，自然法則，人間の心理，社会的相互作用，歴史等々の結果であると，学生は把握し始める。ロマン的結びつきの重要性の消滅は，子どもっぽいものを片づけることのように思えてくる。それまでは鏡を通してぼんやりと見ていた学生は，今度は，世界の中の自分の位置をもっとはっきりと理論的に意識するようになる。

　意識が拡大するという感覚は，多くの学生にとって解放と活性化の経験として訪れる。W. H. ハドソン[30]は自叙伝の中で，15歳のときに起こったそのような変化を次のような言葉で述べている。「まるで，意識の力が，そのときにやっと目ざめたような具合ではありませんか。してみれば，それより前には，まだ十分に，意識というものがなかったのかしら，とも疑いました」（Hudson, 1918, p.292／1992, p.365）。これは私が調べた限り，教育を受けた人（educated people）ほとんどすべてが認識する体験である。その思い出は，非常に劇的な衝撃である場合もあるし，それほどでもない場合もあるが。われわれの精神をとらえる理念のひらめきから受ける衝撃で，馬から落ちたりする者は普通いない。しかし，「哲学的理解」への比較的突然の接近と私が呼んでいるものの特徴を述べるために，視覚的比喩が使われるのは一般的である。

　もし学生が自然，社会，歴史，その他の過程の一部として自分を見るならば，自分

についての理解や世界の中での自分の役割は，それらの過程がどのように作用するかについて彼らが持つ知識に左右されることになる。そのため，15歳から20歳代前半の学生の特徴として，人間の心理，歴史発達の法則，社会の機能の仕方についての真実の概念を彼らは求め，それを維持しようと試みる。

　例としてマルクス主義に戻ろう。マルクス主義で，学生は資本主義の矛盾を指し示し，反動的ブルジョア的理念や行為を阻止し，プロレタリアート運動を推進するような知識を求め行動を起こすように方向づけられる（このような言い方は，何と急速に古くさいものになってしまったことだろうか）。つまり一般理論体系は，その体系を支えるかそれに対抗するかを可能にする特別な知識の方向と，その体系をもっと明確に現実世界にもたらす行動の方向を，精神にはっきりと指し示す。

　歴史や社会や宇宙についての真理を確立することは，真剣な作業である。「哲学的理解」が精神を支配するとき，精神は熱烈な激しさで働く。「哲学的」な関心が真剣なものとなり，1つの一般理論体系を支持するかまたはそれに対抗する知識に焦点を当てるようになると，極端なものやドラマチックなものに対する関心は減少しがちである。このようにして「ロマン的」知識は，無意味で重要性のない，くだらないこととして，しばしば捨て去られる。「ロマン的」なホビーやコレクションへの関心が失われる。コミックスの全集は，売り払われたり，救世軍に寄付されたり，何十年も屋根裏に置き捨てられた結果，家の価値を下げたりする。人形のコレクションは埃をしばらくかぶってから，その後，プラスチック袋に詰め込まれたり，屋根裏に追いやられたり，思いがけない幸運で人形をもらって喜ぶ幼い従姉妹に送られたりする。現代の「哲学的」な学生に普通みられる熱心な態度は，ビクトリア時代にあった高度な真剣さに呼応する。両者ともに真剣な企画に携わっている一方，彼らの持つ一般理論体系の真理を理解できない多くの人々に囲まれている。ビクトリア朝の人々には，真理を世界に運ぶために，宣教師と法令とガットリング機関銃があった。現代の「哲学的理解」をする学生には，社会的で政治的な行動グループやコンピューターのモデムやインターネットがある。

　「地平の拡大」を目指す一般理論体系は特に北アメリカやオーストラリアにおいて，授業やカリキュラムにとても大きな影響を与えてきた。それは，自己についての知識がその体系の教育的出発点であるにもかかわらず，高校時代の後半に，「自己」から距離を置く学習内容に学生が取り組めるようにすることを意味していた（高校時代後半の学生の個人的生活は自己意識につきまとわれているにもかかわらず，その学生にこのような目標を期待する教育の奇妙さを考えるとよい）。しかし，「哲学的理解」は，自己について新しく綿密な理解を提供するという意義がある。私が提案している教育発達とは，関心の焦点と知的活動が世界の神話的構築を行なう過程に始まり，次に「ロマン的に」現実の範囲と限界を確立する過程，それから桝目を使う地図のように整理して世界の主な特徴を「哲学的に」位置づける過程を通るものである。この「哲

学的」な活動で，学生は自分を複雑な過程の一部分であると認識する。学生は，心理的な切迫感を抱いて自分についての真実を確立しようとし始める。なぜなら，そうすることで学生は自分についての真実を発見するからである。

　この形式による知的活動は，自己陶酔に陥りやすい。世界についての学生の関心は，世界それ自体というよりは，自分自身について明らかにしてくれるものに向かっているからである。学生は，人類学，心理学，社会学など，自分自身についての直接的な知識を約束するように見える学科に惹きつけられる。人類学の教師が失望することには，他の文化について多くの学生が抱く関心は，授業で議論されている民族の固有性を研究するという願いによってではなく，自分自身の何が文化によって決定され，何が自分の基本的・遺伝子的資質なのかを知るという願いによって大きく方向づけられているという。一般理論体系——人間本性の本性——に，教師たちは注目する。具体的な情報はその体系を照らす程度によってのみ，関心の対象となる。もし歴史も含むこれらの学科の授業が，さまざまな一般的法則と膨大な数にのぼるさまざまな説明的体系の探究を見当違いだとするならば，「哲学的理解」をする学生は幻滅を感じて興味を失い，雑誌 *Psychology Today* のようにテーマを主にロマン的に取り扱い，たまに「哲学的」に取り上げるものに心を向けるようになる。

　「私の人生の物語は常に，私のアイデンティティの源であるさまざまな共同体の物語の中に埋め込まれている」(MacIntyre, 1981, p.205／1993, p.271　一部改訳)。これほどのことが言えるくらいに，教育は「自分が属しているか，自分が対決している諸伝統に対して充分な理解を持つこと」に関する事柄であるとおおまかに言えるように思うし，また，「伝統に対する十分な理解を持っていることは，過去のおかげで現在役立てるものとなった諸可能性を把握することに，発揮されるのだ」(p.207／pp.273-274　一部改訳)。ここに言われる「十分理解」の必要性は，本当に多くを知ることの教育的必要性について論じるにあたって，本書において構築される足場を形成する。さまざまな一般理論体系が本当に十分であるためには，具体的な知識を広く集め，そこからパターンを構築する必要がある。1つの体系の構築のために，事実による基礎が多様で複雑であればあるほど，体系の反映する世界は信頼度が高くなる可能性がある。信頼性のあるさまざまな一般理論体系を構築することは，一人ひとりの学生が世界の中で現実的で理解力のある行為者になるために必要である。

◆確実性の魅惑◆◆◆

　真理——世界とその中でのわれわれの位置と目的に関する究極的で根本的な真理——は獲得可能であるとの信念を，われわれは古典時代と啓蒙時代から受け継いできた。この信念には，神話的・宗教的な源がある。以前には神からの啓示というふさわしい方法で降ってくるものとして受け取られていたさまざまな真理は，そのうちに，学問的な探究からくるものとして受け取られるようになった。17世紀の「比類ない

ニュートン氏」★31のような初期の科学者たちが，神からの啓示と学問的探究の間に特にはっきりとした区別を見なかったのを，われわれは知ることができる。聖書の神の「御言葉」や物質世界における神の「御業」を学んだ人間に，神は「真理」を獲得させた。神が世界をつくり，そこに謎を振り撒いたのだから，謎を解くことは神についてより大きな理解をもたらすと，これらの科学者たちは信じたように見える。人文科学分野の芸術家や学者にとって，以前は霊魂に結びつくとされた能力は，もっと世俗的な想像力と次第に結びついていった（McFarland, 1985）。

世界を秩序づけるために使われるさまざまなパターン，理論，一般理論体系は，それらをつくり上げているさまざまな具体的事実が真実であることと，その程度により，真実であると想定する傾向が，「哲学的理解」によくみられる。つまり，ある一般理論体系の真理は，事実や出来事自身の真実性についての関数であり，事実と出来事の選択と組織化は，適切な注意が払われれば，中立であり「客観的」であるとの想定がある。ある一般理論体系が世界の多様性の減少を意味するということを認識しないでいると，自分の一般理論体系の確実性や，そのような体系が主張する真理性を過大評価してしまいがちである。

自分自身の理論を過信するこのような傾向は，これまで長い間気づかれてきた。たとえば，雑誌 *Edinburgh Review* の投稿者たちによって培われた権威的雰囲気は，たちまち傲慢さにまでエスカレートした。シドニー・スミス★32はこの行きすぎを皮肉って，典型的な投稿者が太陽系の構築を議論するかもしれないと言った。「〔太陽系の〕光は不十分だし，惑星間の距離は遠すぎるし，彗星によって悩まされはするし，情けない考案物なので，簡単にもっとよいものにすることができるはずだ」（Butler, 1981, p.71）。メアリー・シェリーは『フランケンシュタイン』（1818年）の中で，情けない考案物である人類を改良するような過信に対して警告を送った。マックス・ウェーバーの弟であるアルフレッド・ウェーバー（Alfred Weber：1868-1958）は，「ドグマ的進歩主義」と「危険な楽観主義」について書き，それらは，科学や学問についての啓蒙時代のイデオロギーから生まれ，述べられている事柄についての確実性は保証されるという信念から生まれるとした★33。フロイト流の言い方をすれば，哲学的体系の提案者がしばしば見せる独断性は，自分の中の密かな疑いを抑圧することによるものだと言える。

一人ひとりの教育過程の中で「哲学的理解」に伴う確信の行きすぎは，古典時代から現代にいたるまで，非難をもって受け止められている。プラトンは，そのような確信を教育過程における危険な地点として認識していた。「…君も気づいていると思うが，年端もいかぬ［十代後半の］者たちがはじめて議論の仕方［問答や思惟によるカリキュラム］の味をおぼえると，面白半分にそれを濫用して，いつももっぱら反論のための反論に用い，……そのときそのときにそばにいる人々を議論によって引っぱったり引き裂いたりしては，子犬のように歓ぶものだ」（『国家』，Ⅶ-539）★34。啓蒙時代

を通して，過信した若者についての嘆きは声高く聞こえる。「生意気な若者の弟子たちが，彼らを教えた者よりも知恵があるというふうにすぐに幻想を抱くことがしばしば起こり蔓延しているが，これはわれわれの時代の愚かさである」(Watts, 1741, pp. 102-103)。「若者が自分の判断に過信を抱き，もっと経験を積んだ人々の意見を傲慢にも顧みないことほどに，自分たちの愚かさと無知を目立たせるものはない」(More, 1777, pp.92-93)。今日のわれわれのように，より心理学的な観点から言えば，同じ現象は次のように表現される。「思春期の若者の状態に暗示される危うさが，イデオロギー的確信へ向かう隙を若者に与える」(Spacks, 1981, p.262)。このような過信は部分的には，理論が適用される現象について理論が与える理解の確実性（あるいは欠如）を疑問視せずに，学生が理論的な秩序を与える概念の力に惹きつけられることから起こる。だから，「一般的，抽象的な概念は，人びとのおかすもっとも大きな過ちの源泉をなしている」というのが，ルソーの結論であった (Rousseau, 1911, p. 236／1973, p.297)。

　少し前に，「哲学的理解」を説明する典型的用語の例として，「階層」についてわれわれは考えた。「哲学的」思考をする学生の初期の経験の中で，どのように階層化が働くのかを考えると，われわれは確実性の魅惑がどのようにして学生を不適当な使い方に誘うかを理解することができる。たとえば，学生たちのある者は10代の終わり頃，「クラシック音楽」を鑑賞し始める。「哲学的」な衝動に押されて，彼らは，序列をつけようとし，誰が一番よい作曲家で，次は誰，といった議論をしばしば行なう。そうすることにより，すべての作曲家（サッカーの選手，聖人，俳優，車，作家，ビール，その他なんでも）を，なんらかの階層に位置づけるための最も基本的な基準を探そうする傾向がある。このようにして不適切な単一の基準を押しつけると，複雑さを減少させてしまう。

　作曲家たちはたいてい巧みなやり方で異なることを達成しているので，誰が一番よい作曲家かを問うことが意味をなさないのはもちろんである。しかし，それが何を意味するのかを吟味すると，次第に込み入った区別に——また，それに関連して「誰にとってよいのか」という問いに——導かれる。単一の基準による階層で使われる一番よいという考えは，無意味になる。しかしながら，ある人の好きな作曲家は誰かを問うことは意味がある。「哲学的理解」の初期の段階では，自分の持つ階層的体系を，真理についての客観的な基準と混同することが，よく起こる。いったん，作曲家（サッカーの選手，聖人，作家，ビール）を序列化する正しい基準を確定し，また，いったん，歴史的過程についての真理を示すイデオロギーを発見すると，ある作曲家，あるビール，ある作家，ある歴史的出来事，その他を取り扱う自信を感じるようになる。すると，理解する行為は，その体系あるいはその階層に，それらを入れ込む作業になる。

　学生のある者が自信過剰であるかは，彼らがすべての事柄の意味を知っていると考

えているように見えることからわかる。これは，「哲学的」思考に移行する多くの学生についての正確な描写である。彼らは，まだ学習していない事柄についてさえも，すべての事柄について真実の意味を本当に知っていると考える。つまり，確立した1つの一般理論体系，イデオロギー，理論を使って，個々の具体的事項の意味が引き出される一般論的原則を理解していると彼らは考える。真理全般を知っているので，個々の特殊事項をさらに学び組織化することを，基本的にくだらない作業で，時間の無駄使いで不必要とさえ考える。すでに一般的真理を把握したのに，どうして細部に煩わされなければならないのか，と。

◆一般理論体系と変則的事実◆◆◆

　細部を煩わしく思う理由の1つは，それが一般理論体系を支えるものとして，常に頼りになるとは限らないからである。知的安心感とアイデンティティの感覚さえもが，世界と経験の意味を知るために自分が使う一般理論体系と結びついているのなら，人は自分の体系の妥当性と有効性と真実性を確実にすることに重大な関心を抱く。そこでの問題は，その一般理論体系がどれほど練り上げられたものであろうとも，その体系にぴったりと当てはまらない事実が常に辺りに転がっているように見えるし，最悪の場合は，事実がその体系に対抗するように思えることである。

　レオポルド・フォン・ランケはトゥキディデスがギリシア史についてしたように，近代ヨーロッパの発達史——そしてそれは歴史全般を示唆している——についての一般理論体系をつくり上げた。2人はそれぞれ，自分の一般理論体系の真理性は，信頼性のある詳細を几帳面に集め，整理し，タキトゥスが忠告したように，「怨恨も党派心もなく（sine ira et studio）」確立されるべきだと考えた[35]。2人の一般理論体系の真実性は，モザイク画がそれを構成している破片をきっちりと置いてでき上がっているように，さまざまな細部から生まれている。絵画全体の見かけはそれをつくり上げている個々の破片とは似ても似つかないが，これこそ，モザイク画製作法の特徴なのである。つまり，ある一般理論体系によって主張されるような知識が，徹底的に調べ尽くされた歴史的事実によって主張されるものとは似てもにつかないものだということは，「哲学的」探究者にとって，知識がいかにしてつくり上げられるかに関する，疑問の余地のない特色である（第5章で追究するが，よりアイロニー的な視点は，積み重ねられた事実から「生まれ出る」パターンについて懐疑的な傾向を持つ。アイロニー的な目は，あるイメージをつくるためにどの事実を選択するかを決定するための「幾つかの不問に付された疑問の余地のない先入観念の図式」とコーンフォードが呼ぶものを探し出そうとする傾向がある）[36]。

　しかしながら，その一般理論体系に当てはまらない事実にぶつかるとき，あるいは，それに対抗する別の一般理論体系の支持者がそのような事実を投げかけるとき，何が起こるだろうか？　東ヨーロッパとロシアの政治・経済制度の破綻と，資本主義およ

び西洋型民主主義の採用に対して，マルクス主義体系はどのように対応するのだろうか？　とにかく破綻すべきなのは，資本主義の国々だったのだから。これは，1つの体系の変則としては極端な事実と出来事であると認めるが，「哲学的」精神の日常生活は，事実に対するさまざまな体系の射程距離を常に測ることで成り立つ。科学的研究の動向も，理論の発展，さらに多くの事実に直面したうえでの再構築という，形式的には同じような過程を辿るように見える。何かしっくりこない比喩——射程距離，発展，構築——を使ったのは意図的であり，精神の働きは精神の外側の世界について，ぴったりと表わす言葉を持っていないことを示すためである。

　一般理論体系と個々の知識との間にある絶え間ない相互作用は，学生の「哲学的理解」の発達に油を注ぐことになる。一般理論体系はそれを支えるために，さらに多くの知識を常に必要とする。さらなる知識は，たいていどこか変則的であり，体系の練り直しと改訂を要求する。翻って，新しく練り直され改訂された体系をさらに十分に支えるためにさらに多くの知識が必要となる。現実とそれについてのわれわれの理念との間の避け難く解決不可能な相違の中に，「哲学的」探究の燃料がある。

　大量で多様な知識が，一般理論体系と個々の知識との間の弁証法的過程を動かすために必要であり，それを動かし続けるためには，さらに多くの知識が必要とされる。「哲学的」思考を刺激し支える共同体に入るときまでに，比較的少しの知識しか蓄積していないか，あるいは，ある専門的知識に偏っている場合，そういう学生は粗雑で単純な体系しか生み出すことができない。問題は，粗雑で単純な体系が知識を十分に組織化しないということではなく，それが気持ちよく何でもかんでも組織化できるという点である。原理主義的宗教の信仰が持つ単純な形式は，よくみられるその例である。もし目に余るほど粗雑であれば，すべての事柄がその体系を支える証拠になるし，どんな事柄でもその体系に異議を差し挟むことがない。

　一方，他の文化との接触は，一般理論体系の調節を余儀なくする傾向があるし，ピーター・ウインチ（Peter Winch：1926-1997）が観察するように，「別な生活の仕方を真剣に学ぶことは，必然的に自分自身の生活を拡大することになる」（Winch, 1970, p.99）。ルネサンス期のヨーロッパ人による探検と発見は，キリスト教的宇宙観の一般理論体系にいくつもの変則的事実を生じさせた。宣教師たちが来るまで神を知ることがなかった他の人種をなぜキリスト教の神は創造したのか？　「野蛮人たち」のおかしな神々についてヨーロッパのキリスト者はどのように考えたらよいのか？　火星に最初に着陸する人間がその惑星に何の生命の徴も見いださない場合，法王庁が安堵のため息をもらしたとしても，現状では，それが許されることだろう。柔軟性のある精神は，そのような変則的事実に適応できるように，一般理論体系を調節することができる。もちろん，C. S. ルイスは，『沈黙の惑星を離れて——マラカンドラ火星編（別世界物語）』と『ヴィーナスへの旅——ペレランドラ金星編（別世界物語）』の中で，銀河系の他の場所にいる知的生命が投げかける神学的問題を，すでに取り上

げている★37。

　これに付随して出てくる点は，多くを学ぶことについて議論をさらに推し進めることである。無知は教育とは相容れないものだと誰でも言う。しかし因習的伝統主義者がある形式の知識を習熟しなければならないという議論をするときには，恣意的な調子がある。彼らは，教育の唯一の意義を，一連の学科について一定量の基礎を学ぶとするリベラル〔教養主義的〕な教育の伝統に結びつけようとする。それとは対照的に，進歩主義教育の立場は，どんな固有のカリキュラムでも，どんな固有の知識の学習でも，それを正当化することにためらいがある。博識という目的は，進歩主義者が教育機関に提唱するもっと重要な他の目的の背後に常に位置づけられてきた。もし私が作成している体系が伝統主義的で学問中心的で内容の多いカリキュラムに傾いているように見えるならば，私の体系は，伝統主義者のカリキュラムの持つ規範的内容とは大変違うと強調したいと思う。

　「哲学的」学生を教える教師には，柔軟性と繊細さと寛容がふんだんに要求される。たとえ学生の一般理論体系が単純で不快なものであっても，教師は学生がその体系を発達させるのを支える必要がある。教師は，学生が時折見せる過信について同情的である必要があるし，1つの一般理論体系の不十分さから，恐ろしい不安の瞬間がもたらされたときにも，学生をいつも支える用意がなければならない。学生がその一般理論体系を練り上げるようにとうながすために，教師は変則的事実と不調和を少しずつ持ち出さなければならない（いったいどんな教育機関がこのような模範に倣う余裕があるのかと，訝る人がいても当然であるが）。

　知的なエネルギーに満ちた学生を指導する人は誰でも，一般理論体系確立を妨げるものについての私の抽象的な話を，学生がぶつかる，感情のうえでの現実の危機や困難に対処できるものと，すぐに置き換えられるようでなければならない。不安，涙，憂鬱，自殺，苦しみなどは，この過程が現実世界と相関関係にあることを示す事柄である。この知的旅程において，発見する興奮によって常に鼓舞されることはあっても，世界の意味を知るために使われる体系の不十分さを認めることの憂鬱感と感情的混乱によって引きずり落とされない学生は幸運である。

◆**理論の柔軟性**◆◆◆

　きっと読者の皆様は，「哲学的理解」は発達よりも退化を表わすものだと結論なさるかもしれない。多様な歴史的出来事に1つの筋書きを施したいという願いに突き動かされたトゥキディデスの焦点を絞った探究は，相違と多様性の探索をしたヘロドトスのおおらかな精神からは，ある意味で，一歩後退のように見えるかもしれない。もし，これが文化発達の進歩過程であるべきなら，われわれは，これを反復しないことを選んでもよいのかもしれない。「……必要以上にそれ〔哲学〕にかかずらわっていると，人間を破滅させてしまうことになるのだ。」（『ゴルギアス』，484）★38というカリ

クレスの慎重な意見に，われわれは賛成することになるかもしれない。
　確かに私は，獲得とともに損失をも意味する教育の概念をお届けすることを約束した。これまで述べたところで，損失はあまりにも明らかすぎるかもしれない。「哲学的」思考をする者が一般理論体系の虜になることは，よく知られている。彼らの味方となる者の例をあげれば，歴史，神，環境とその自然過程，その他の体系を知っている真面目なイデオロギー信奉者がある。「哲学的」思考は，流行の風を吹かす悪者である「技術的合理性」，進歩主義，行動主義，原子爆弾，遺伝子技術を，傲慢（hubris）の悪臭を放ちながら熱烈に推し進める人たちをわれわれにもたらした。
　たまたま選んだのだが，「哲学的」思考の例を2つ挙げてみよう。1つはこの項目の初稿にとりかかる数日前に読んでいた——どの本で読んだか思い出せないのだが——ものであるし，2つ目はこの原稿を書き直していた今朝，郵便で届いたものである。まず，簡単に古代ローマの天文学者で地理学者であったプトレマイオスが持っていた考えについて，その遍歴を述べてみよう（これは，今朝郵便で届いたものではない）。プトレマイオスの主な業績は127〜148年頃になされた。彼の名前がつけられている理念は，すべて彼がはじめに思いついたものというわけではないのだが，彼はエネルギーに満ちた統合的思想家だった。それで，彼の業績が生き残ってきた。アラブの学者が与えた書名『アルマゲスト』によって現在知られている彼の著作は16世紀にいたるまで——多くの人にとっては17世紀にいたるまで——，天文学説の王座を占めていた。プトレマイオスの体系によれば，地球は宇宙の中心で，太陽と星がその周りを回り，惑星は地球の周りを変わった軌跡を描いて回る。彼の地理学上の著作も，およそ1500年間人々の地球に関する感覚を支配した。彼は残念なことに，地球の円周について少し低い測定値になる18万スタディオン〔1スタディオンは148〜210m〕というポセイドニオスの説を受け入れ，非常に正確なエラトステネスの測定値である25万スタディオンを採用しなかった。この結果，緯度間の距離の測定値が，ひどく低く見積もられた。また，彼は南の大陸テラ・アウストラリスの存在を仮説として述べ，アフリカ大陸の東海岸は中国とつながっていると想像した。アメリカ大陸が存在しなかったならば，地球の大きさが小さく見積もられていても，あまり問題ではなかったかもしれない。昔の格言を使えば，旅は経験を広げる（つまり，人の一般理論体系を崩し，改革する傾向がある）。ヨーロッパの初期の探検家がプトレマイオスの一般理論体系を抱いて，西方へ航海したときの混乱は，まったくもっともだった。予想していたより早くアジアに着いたに違いないと考えたのだ。アメリカ大陸のスケールの大きさを感じ取り，次にその向こうに太平洋を見たとき，これまでの推察が馬鹿げたものであったこと——大きな変則的事実にぶち当たり1つの一般理論体系が崩れ落ちる音——を経験したのももっともだった。同様に，コペルニクス（Copernicus：1473-1543）とケプラー（Kepler：1571-1630）とガリレオ（Galileo：1564-1642）らの観察と計算により，プトレマイオスの宇宙論に変則的事実が指摘され，宇宙の中心

から地球の位置を撤退させるという過激な訂正に導かれた。

「哲学的」思考の第2の例——これが今日届いた郵便にあったものだが——は，ミランダ・アームストロング先生が発行している『共同ニュース・レター』から取り上げる。彼女は，エルタム・カレッジ（オーストラリアのメルボルンの北にある，幼稚園から12年生までの私立学校）で教えているすばらしい教師である。彼女は自分の息子クリストファーとの朝食時の議論で話を始めている。その議論の中で息子は，樹木がエイリアンだとほのめかした。

「樹木がエイリアンって，どんな意味？」
「エイリアンでなくてもいいけど，いつも僕たちが考えているようなものではないかもしれないよ。蜘蛛を例に挙げれば，蜘蛛は僕たちと比べて劣っている。蜘蛛が家を見れば，それを自然現象だと思うのさ。はじめからあったものだと考えるのさ。家は「ある」，だから「現実」だ。いい？」
「そうかもしれないわね。それで？」
「だから違うんじゃない？　家は人が作ったものなんだもの。本当はまったく違うのに，自然だと信じているのだから。山を考えてみて」
「えっ？」
「人は山を自然現象だと考えるけど，本当はエイリアンが作ったものだとしたら，どうする？　僕たちの見るものすべては，自分が知っているとか知っていると考えているものによって，定義されるんだ」
「もう電車に遅れるわよ」
「どうしていつもそうなの？　やっと面白くなりそうなときに，電車がもう来るとか，僕の部屋の片づけが必要だとか言うんだ。時間なんて人間の想像力の産物なのに，電車に遅れるわけないよ。時間なんて，人間がつくり出したものなんだ」

プトレマイオスとクリストファー・アームストロングが生み出した理論と仮説はおかしな実体である。それらは事実ではないし，事実から一般化されたものでもない。それらは，物事の本性，全体または本質についての，事実と一般化に基づく推量であり，示唆であり，主張である。それらが基づいている資料はわずかしかない場合も多い場合もあるだろうが，そこから生まれた体系は，体系を支える資料の総量以上のものになっている。T. S. エリオットが言うように，理念と現実の間に陰が差すのだ[★39]。われわれはその陰があることさえ覚えておけばよいので，陰については哲学者に喜んでお任せしよう。獲得した知識と一般理論体系の間には，精神の，想像力の，信仰の働きがある。その働きが，物事そのものとは性質が異なる，物事についての概念を生み出す。言い換えれば，理論的思考の領域は，単に物事との区別があるだけでなく，物事について普通にみられる考え方とも区別される。

「哲学的」思考は，パターンを見て，それの繰り返しを探し，過程を見つめ，本質

を求め，秩序を与える原則と理論をつくり出す能力を行使し，発展させる。「哲学的」思考がパターン，繰り返し，過程，本質，秩序ある原則と理論を生み出すと言うほうが正確なのかもしれない。それらは，世界の意味を理解しようとする過程の中でわれわれの知識に貢献する精神の陰の部分にある。これはもつれのある事柄であり，ここでは，「哲学的」思考が，歴史的にも，われわれ個人にも，世界を実践的にコントロールする力を増してくれたという点をはっきりさせるに留め，これ以上特別な関心の対象としないでおこう。哲学のさまざまな一般理論体系は，世界を縮小するというよりは，理念や概念や知識——精神的な事柄——でつくり上げられるもう1つの「擬似的な」世界を打ち立てる。

　われわれは現実を精神的な事柄や概念に縮小して表象する。しかし，このように縮小された表象こそ，まさにわれわれが効果的に取り扱うことができるものである。概念をうまくつくることを学ぶならば，われわれは重要性がなく混乱を招くような現実の要素を取り除き，何かについての本質，根本的な過程，偶発的に起こる事柄のパターンを，手際よく表象することに焦点を置くことができる。「哲学的」思考に長けている人は，しばしば最も効果的に物事の核心をつかみ，問題について明確に考え，行動を決断することができるように思える。そのような明確さと決断力は，常に縮小することの結果である。もし現実についての重要な事柄を縮小の際に無視すれば，それに続く行動の決断は破滅的なものになり得る。しかし，より練り上げられた哲学的思考の持ち主は，変則的事実に注意を向け，個々の目的に向けて，現実の重要な事柄をさらによく省察することができる体系を生み出す。一般理論体系を柔軟に改訂できることは，この時点の教育による適切な結果である。

　「哲学的理解」の発達において，「神話的理解」と「ロマン的理解」で暗示されていた特徴が意識の表面に，いわば泡が上ってくるようにはっきりと浮き出てくる。まったくのところ，一般理論体系をあらためて認識することは，「哲学的理解」の中心的特徴である。体系はこれまでもずっとそこにあったのだが，今や，それが何であるかがはっきりと認識される（ハイエクの「思考の操作（operations of thought）」のように）。「神話的理解」と「ロマン的理解」の下に隠れていたもので，まるで曇った鏡を通して見るようにほんの気まぐれにぼんやりとした注意しか向けられていなかったものが，今やその活動の主な焦点となる。

　現実についての体系的概念を生み出すことができる能力は，われわれが身につけてきた因習的理念や信念や一般理論体系による束縛から，われわれを解き放つ。そのような因習は，もはや現実についての因習的な見方による疑問の余地のない枠組みとは思えなくなり，その他のものと同様，変則的事実の前に崩れやすく改訂可能な一般理論体系に思えてくる。一度，学生が一般理論体系を生み出し練り上げることを始めるなら，彼らは同時に，自分たちが受け継いだ因習の下に隠れているものに気がつくし，それらを処理できるようになる。プトレマイオスの改訂者とクリストファー・アーム

ストロングの2人は，受け継がれた一般理論体系が改訂されるときの方法が異なる例——否応なしの変則的事実によって強制されるか，あるいは，探検好きな想像力の遊びによるか——を示している。

はじめ子どもが疑いなしに受け入れがちな両親の保守的政治イデオロギーは，社会的・政治的生活における事実や出来事の整理を可能にする，数ある体系の1つにすぎないとみられるようになる。両親の世界観にうんざりし，束縛されているように感じる学生に向かって，両親に対抗する「もっと真実な」現実解釈として，過激なマルクス主義，フェミニズム，環境保全主義や，もっと厳格な保守主義のようなものさえが，両親の体系に代わって差し出される。

自分自身の一般理論体系の虜になることは，受け継いだ体系を受け入れ続けることからの解放にはならないように思えるかもしれない。体系を受け継げば，伝統の保証と幅広い受容がもたらされる。人が個人的に形成した体系は，クリストファー・アームストロングのもののように，突飛なものかもしれない。しかし，体系を生み出すことははじめの一歩にすぎない。もしその学生の「哲学的」な共同体が効力を持ち，知的に活発であれば，学生の体系はすぐに変則的事実に噛みつかれ，それに呼応して自分の体系を支えるものをさらに探し，さらに多くの変則的事実を発見するだろう。クリストファー・アームストロングのような体系は変則的事実を生み出せないので破棄されやすい。その体系を支持するにしても，それに対抗するにしても，体系を確かなものにするための何の資料もそろえることができない（イデオロギーの歩兵を一生続けるような人たちの多くは，一般理論体系を捨て去ることなく，この状態にあり続ける）。しかし，突飛な体系でさえもが，「哲学的」思考の初期の段階にみられる，あれこれの問題をつつきまわるエネルギッシュな想像力の徴候である。世界の構造の一部として当たり前に考えていた事柄を，精神の働きとして認識することによって，解放と柔軟性は生まれてくる。

4節　結論

現在，「哲学的」思考による損失とか，「哲学的」思考の代償などといった批評が，多すぎるほどの脚光を浴びている。最近の20年間は，「科学的世界観」や「技術的合理性」等々による害悪についての議論で騒がしかった。主な損失は，認識力とつながってはいるが，感情の力から距離を置くような，狭くて具体性を離れた合理性を掲げる「哲学的」な傾向から派生する。哲学的思考は，認識と感情，また精神と身体——これらの前者が合理性と関係する——の間の分裂をうながす。認識において想像力が大きな役割を果たすとは考えられず，感情は認識に混乱を撒き散らしやすいだけだと考えられている。このような合理性は，冷酷で，計算的で，非人間的で，無味乾燥な思考形式で，神話やロマンや身体に無理解である。この思考形式の中で失われ抑

圧されるものは,「神話的理解」「ロマン的理解」の特徴であり,また「身体的理解」（これについては第5章で探究する）の特徴でもある。

　自分の一般理論体系が,知っていることのすべてを一緒にまとめる,明晰で単純な形式で,現実についての真理を露わにしてくれるという信念から,「哲学的理解」の最初の興奮は生じる。それはまるで曇った鏡が取り払われ,ついに自分は本物の理解をしたというような体験である。探求的な人間には,この発見が天啓を受けたような勢いでやってくる。年月が経つにつれて,最初の頃の「哲学的理解」にあった情熱が忘れ去られるかもしれない。そして人によってそれはほんの部分的にしか体験できず,「哲学的理解」は稲光というよりかすかなひらめきになる。しかし,それはファウストがそのために自分の魂を売ったもののように感じることができるものである。われわれの学校や大学で,稲光やファウスト的体験をあまり見ることはない——しかし時には見ることがあるし,もっと多く見たいものである。

　「哲学的理解」は,西洋に遍（あまね）くみられる日常生活の様相で支えられているわけではない。しかし,「神話的理解」は,話し言葉の使用によって遍く支えられているし,「ロマン的理解」は,西洋に遍くみられるアルファベット文字による読み書きによって支えられている。もちろん,「神話的理解」も「ロマン的理解」も,日々の言語使用と読み書きによって最適な発達をするわけではないので,教育機関は組織的にそれらの発達を援助することができる。しかし「哲学的理解」の場合は,少し違うように思える。特に大学などの教育機関の意識的支援がなければ,「哲学的理解」は単に気まぐれに部分的にしか発達しそうもない。西洋のメディアや一般社会の発話形態レベルでは,「哲学的理解」を十分に維持することができる共同体は実現しない。

　近年,「哲学的理解」が目指す権威と恒久性は,「知識の社会学者」やその他の学問分野の人々から多くの批判を浴びている——その中で,自然科学者はまるでその不協和音とは関係ないかのように自分たちの仕事を続けるだけであるが。しかしながら,私の体系は累積的なものである。私の体系は,「哲学的理解」およびその野望,興奮,パターンと一般的法則を探究する能力,一般理論体系の明確な構築と改訂などを,船外に投げ捨てることはしない（一般理論体系を打ち立てようとしている本の中にそんなことを期待する人はいないだろう）。

　「哲学的」思考がどのようにして「アイロニー的理解」に包み込まれるかが,第5章のテーマである。そこでは何ももらさずにすべてを議論しよう。子どもは大人（man）の父親であるし,子どもは大人（woman）の母親である★[40]。

訳注————

　★1：イーガンは計13章からなる簡略版を参照したと思われる。新井（1974）による邦訳は計19章からなり,その第12章にあたる。ここでは「科学的思考の源泉」と訳したが,新井

（1974）では「自然科学的概念の形成」と訳している。
- ★2：ヘラクレイトス（Heraclitus：紀元前540-480年頃）　古代ギリシアの哲学者。万物は流転すると言い，ものごとは常に変化するものだと考える一方，その背後に万物の根本原理（アルケー）として火を想定した。
- ★3：原著は『ロッシャーとクニース』（Weber, 1947／2001）からの引用としているが『支配の社会学』（1.2）（1992）（世良晃志郎（訳）創文社，1960, 1962）からの引用かと思われる。
- ★4：新約聖書ヨハネによる福音書8章7節にあるイエスの言葉「あなたたちの中で罪を犯したことのない者が，まず，この女に石を投げなさい」から取られた表現。イーガンの自戒の言葉と受け取れる。
- ★5：第3章訳注★18を参照。
- ★6：クセノフォンは，ペロポネソス戦争終了後，テーバイ人の旧友の誘いに応じてペルシア王子キュロス（小キュロス）の軍に一私人として参加した。クナクサの会戦（紀元前401年）においてキュロス王子が戦死した後，ギリシア人傭兵（重装兵約1万名）の頭目に選ばれ，厳冬のアルメニア山中の退却行軍を指揮したが，その目撃体験談は自身の筆になる『アナバシス』に詳述されている（CD-ROM『世界大百科事典　第2版』　日立システムアンドサービス，1998-2001）。
- ★7：「アレクサンダーロマンス」の名で呼ばれる伝奇物語で5世紀頃から中世のものまである。
- ★8：『戦史』（上），久保正彰（訳）岩波書店，1966, p.75.
- ★9：『戦史』（中），久保正彰（訳）岩波書店，1966, p.52.
- ★10：クレオーン（Cleon：-紀元前422）。アルキビアデース（Alcibiades：紀元前450-404）。どちらもアテネの政治家。アテネがクレオーンの提案でスパルタとの和平の機会を逃し，アルキビアデースの提案によりシケリア遠征を行ない，次第に敗北に向かったことに言及している。
- ★11：『戦史』（上），p.75.
- ★12：第2章訳注★14を参照。
- ★13：ヴィーコの歴史理論で，諸民族の歴史は同じパターンを繰り返して発展するとした。
- ★14：ジョセフ・アディソン（Joseph Addison：1672-1719）　イギリスのエッセイスト，詩人，劇作家，政治家，文学者。
- ★15：大地主を含むイギリスの支配的社会層を指す。
- ★16：18世紀フランスで啓蒙の精神を普及させた知識人たち。さまざまなタイプの出版を通じて，理性の重視や寛容の精神を広めようとした。ディドロ，ボルテール，ルソーなどがいる。
- ★17：どちらもかつてイギリスにあった政党。ホイッグ党は議会と非国教徒への寛容を重要視し，トーリー党は王権神授説と国教会支持から王権を尊重した。"*Edinburgh review*"はホイッグ党に，"*Quarterly Review*"はトーリー党への傾倒がみられた。
- ★18：ウィリアム・ハズリット（William Hazlitt：1778-1830）　イギリスの作家，批評家，随想作家。
- ★19：ハクスリー（Thomas Henry Huxley：18525-95）　イギリスの生物学者。ダーウィンの番犬として知られる，進化論の支持者。
- ★20：邦訳は，『シェリー詩集』（改版），上田和夫（訳）新潮社，2007, p.254.を参照した。
- ★21：原著ではthe American Research on the Treasury of the French Languageとなっているが，おそらくthe American and French Research on the Treasury of the French Language（ARTFL）を指していると思われる。フランス語の語彙や用語法を，広範な文献から参照できるようなデータベースを作成するための，フランス政府とシカゴ大学による共同プロジェクト（http://artfl-project.uchicago.edu/）。
- ★22：リュシアン・フェーヴル（Lucien Paul Victor Febvre：1878-1956）　フランスの歴史学者。
- ★23：複数の語の一部を組み合わせてつくられた語。ルイス・キャロルの『鏡の国のアリス』第

6章の中で，'slithy' とは 'lithe'（しなやか）と 'slimy'（ねばねば）の2語から成っていて，まるで旅行かばん（port manteau）に詰め込まれているようなものだと表現したことに由来する。

★24：サン゠シモン（Claude Henri de Rouvroy, Comte de Saint-Simon：1760-1825）フランスの社会主義思想の先駆的人物。

★25：V. ゴードン・チルデ（V. Gordon Childe：1892-1945）オーストラリアの考古学者，言語学者。マルクス主義の考古学理論で知られる。

★26：第1章訳注★8を参照。

★27：メアリー・ウォーノック（Mary Warnock：1924- ）英国の哲学者。著書に *Imagination*（1976）がある。

★28：1960年代にNASAに勤務する大気学者ジェームス・ラグロックにより提唱された。地球と生物の相互作用を1つの大きな生命体のようにとらえる仮説である。

★29：無邪気な子ども時代のエデンの園からの最初の離別ではなく，思春期後期に起こるエデンからの離別。

★30：W. H. ハドソン（William Henry Hudson：1841-1922）アメリカ人の両親を持ち，ブラジルで生まれ，イギリスで活躍した作家，ナチュラリスト，鳥類学者。作品に映画化された『緑の館』（邦訳多数。原題は *Green Mansions*（1904年））がある。

★31：ロック『人間知性論』（一），大槻春彦（訳）岩波書店，1997, p.24.

★32：シドニー・スミス（Sydney Smith：1771-1845）イギリスの作家，牧師。

★33：原著では *Theory of Location of Industries*（工業立地論）（Weber, 1946）を参照となっているが，*Farewell to European History, or, The Conquest of Nihilism,* Yale University Press, 1948の誤りと思われる。

★34：『国家』（下），藤沢令夫（訳）岩波書店，2008, pp.178-179.

★35：タキトゥス『年代記』p.6.邦訳は『世界古典文学全集22　タキトゥス』，国原吉之助（訳）筑摩書房，1968.

★36：『トゥーキューディデース――神話的歴史家』，大沼忠弘・左近司祥子（訳）みすず書房，1970. p.4.

★37：C. S. ルイス（C.S.Lewis：1898-1963）『ナルニア国物語』で知られるイギリスの作家。ここでは神学的SF 3部作に言及している。『沈黙の惑星を離れて――マラカンドラ火星編（別世界物語）』（2001），『ヴィーナスへの旅――ペレランドラ金星編（別世界物語）』（2001），『いまわしき砦の戦――サルカンドラ地球編（別世界物語）』（2002），いずれも中村妙子（訳）原書房。

★38：プラトン『ゴルギアス』，加来彰俊（訳）岩波書店，1967,484C, p.122.

★39：T. S. エリオットの詩「うつろな人間たち」『世界詩人全集16　エリオット詩集』西脇順三郎ほか（訳）新潮社，pp.139-40.を参照。原典は 'The Hollow Men'（1925年）の以下の部分．'Between the idea and the reality, between the motion and the act falls the Shadow.'

★40：ワーズワースの詩「虹」の一節 'The Child is father of the man' に，イーガンが女性についての文をつけ加えた。引用された部分の訳は『イギリス名詩選』，平井正穂（編）岩波文庫，2005, p.157.

　　　　　'The Rainbow'
　　　My heart leaps up when I behold / A rainbow in the sky:
　　　　So was it when my life began; / So is it now I am a man; / So be it when I shall grow
　　　　　　old, / Or let me die!
　　　　The Child is father of the Man; / And I could wish my days to be / Bound each to each
　　　　　　by natural piety.

第5章
アイロニー的理解と身体的理解

1節　はじめに

　「あらゆる一般化は誤りである」という見解は，「哲学的」一般理論体系を崩壊に導く洞察を要約している妙な洞察である。しかしそれは，自らを否定している妙な洞察である。もし私がそれを字義通りの主張として書き，それが真実であることを論じているのだとしたら，混乱していて省察力がない私を，読者の皆さんが哀れんでも当然である。しかし，もしそれがアイロニーとして書かれ，またそのように解釈されるのなら，皆さんと私の間に，何かしらユーモアの調子を帯びる，妙なコミュニケーションが成り立つ。私が書いたことは字義通りのことを意味していないが，字義通りの意味が指し示す方向にあるなんらかのことを意味するのだと，われわれ両者は理解する。鋭敏でアイロニー理解ができる読者の皆さんは，私の冒頭の文を「意味ある叙述はすべて，証明可能な経験上の主張か概念的真実かのどちらかである」や「すべての知識は，社会的に構築される」などの主張のパロディーとして認識なさることだろう。これらの主張は，ある真実性を持っているが，同時にその主張自身をなんとかうまく否定している。私の冒頭の句は読者の皆さんに，言語とそれが示すものについてのモダニズムとポストモダニズムの問題が，本章で取り扱われるという認識の方向を示している。

　それが私の意図するところなら，なぜ私は単純にそのことを述べ，皆さんに冗談まじりの脱線をさせる手間を省かなかったのだろうか？　それは，ここでの主題がアイロニーだからであり，アイロニーは，字義通りに述べてもいいようなことをひねくれて変装させる以上のものを含んでいるからである。このようなアイロニー的冒頭句から，〔議論の〕すべてに同時に駆け回れたらいいのにと私が思うほど，多くの方向に議論が導かれる。この冒頭から，一般理論体系の破滅と崩壊から生まれる理解様式の議論へと導かれる。ここから，ビクトル・ユーゴー（Victor Hugo：1802-1885）の有名な言葉「すべての体系は欺瞞である（*Tous les systémes sont faux*）」にみられる認識を甘受しようとした19世紀の試みへと議論が導かれる。ここから，モダニズムとポストモダニズムの中で，言語と意識についての省察が積み重ねられ，この省察から分岐してきたさまざまな結果へと議論が導かれる。ここから，トラシュマコスが苛立って非難するようなアイロニーを，いつも連発するソクラテスへと議論が導かれる

(『国家』(上), Ⅰ-337A, pp. 50-51)★¹。

　これまでのところ, 本書の話は言語の発達に関するものだった。人間の感覚によって露わにされる世界の本質を表現するための初期の試みは話し言葉であり, 多くても2〜3千の語を使うものだった。読み書き能力は言語のさらなる発達を伴い, 語彙を増加させる。英語のグラフォレクト (grapholect) ★² で現在使われているものには, 150万以上の語がある (Ong, 1977)。読み書き能力は, 言葉によって経験と世界をとらえるための, さらなる正確さ, 複雑さ, 確実性, 合理性を約束した。理論的思考を支える共同体では, 言語能力がさらに発達するとともに, より組織的, 総合的で真実な現実の記述が約束された。約束された真実に対する信念が崩壊し, どれほど練り上げられた言語で表現されているにしてもその理論的体系が現実を正確に表象することができるという信念も崩壊すると, 言語がいったいどのように現実を表象すべきかについて問題が生じてきた。そして, もし言語が現実を表象しないとしたら, 言語は何をするというのか？　そして, もしわれわれの言語が現実への理解にわれわれを導くことができないとしたら, それでは, いったい何が現実だというのか？　そして, もし言語で現実を適切に表象することが真実を意味するのだとしたら, それでは, 真実とは何なのか？　さて, これらの問いは以前にも問われてきた。

　20世紀になると, 西洋知識社会は, 言語はかつて期待されていたようなことはできないものだという認識と取り組むようになった。まったく突然にまた広範囲に, 19世紀末, 現実と真実をとらえるためにわれわれが持っていた最も手の込んだ道具が, その任務に堪えないように思われ始めた。もっと悪いことに, 言語が現実への出口を与えない自己増殖的迷路を持つ牢獄のように見え始めたのだった。

　もっと最近では, われわれが知識を主張し信念についての真実性を確保するための基盤を, 言語で確立できるだろうという以前の希望が崩壊したことに, 正面から向き合うようにと急き立てられている。それどころか, 「最も重要な信念や欲求の偶然性」を受け入れ, 「そうした重要な信念や欲求は, 時間と偶然の範囲を越えた何ものかに関連しているのだ, という考え」を放棄すべきだとされる (Rorty, 1989, p. xv／2000, p.5)。物事の偶然性を認めることは, 「リベラル・アイロニスト」とリチャード・ローティが呼ぶものになるために彼が勧める, 欺瞞のない人生を送るための必要条件である。物事の中心にある偶然性を, このようにアイロニーによって受け入れることは現代に特有な立場ではない。西洋知識社会の伝統には綿々と流れているテーマである。その伝統の始めの頃, ヘラクレイトス★³ は「宇宙は, よくても, でたらめに散らかっているゴミの山のようなものだ」との主張を宣言した (Diels, fragment 124) ★⁴。そして, アイロニーの典型は, 「ソクラテスによる認識の確かさの放棄」とヴラストス★⁵ が呼ぶものに表現されている (Vlastos, 1991, p.4)。

　西洋知識社会の伝統でもっとよくみられるテーマは, なんらかの明確な基盤, すなわち真理の岩盤がなければ, 人間の生活も自然界に対するわれわれの理解も混沌に陥

り意味が失われる，というものである．あからさまな偶然性に対する恐れが，長い間，真理の追究を駆り立ててきた．しかし，20世紀になってから，衝撃的なことに，知識の基盤や物事の意味を探すことさえやめたとしても大したことは起こらないというアイロニー的な発言がなされるようになった．空は落ちてこないし，日々の生活は続く．

> 「そして僕たちは」とワルターが辛辣な口調で言い返した「人生のどんな意義も断念しなければならないというのかい！」
> なんのために意義を必要とするのか，とウルリヒは訊いた．そんなものはなくてもいいじゃないか．　　　　　　　　　　　（Musil, 1965, Ⅰ, p.255／1964, p.236）

　このような認識は，真理と確かな知識という約束された恵みを近代西洋精神が継承することを放棄するようにみえる．その認識は，「意味のある秩序を望むことは，まるで存在しない宛名に書かれた手紙のように，意味がない」（Heller, 1959, p.295）★6 ということを示唆する．しかし，神々あるいは神は，意味ある人間世界と自然界の間に，ある種の同じ尺度を保証していた．人々が世界を神によって創られ支配されていると考えていた限り，大惨事，痛み，病気，死，等々は，単なる死すべき人間にとってどれほど不可解なことであろうともなんらかの計画の意味ある部分として，すべて受け入れられることだった．ニーチェの神の死の宣言を考える人々にとって，不安に思われたのは，自然界が人間世界と同じ尺度では測ることができなくなったことだった．A．E．ハウスマン★7が述べているが，「宇宙が理解可能になればなるほど，その意味が失われる」ときに「心も分別もない自然界」の中で，われわれの運命をどう理解すべきだろう（Penrose, 1993, p.82）．ダーウィンの理論の中で非常に不安を抱かせたものは，猿の子孫だということではなかった．それについては，英国の雑誌 *Punch* やさまざまな聖職者が冗談を楽しんだものだ．しかし，われわれの大切な意識が，何か高い目的に向かう調和の枠組みをつくる神の恩恵によるものでなく，単にでたらめな偶発とあからさまな偶然性によるものだとする自然淘汰説の仕組みとその意味合いが，人々に不安を抱かせた．

　このような重い話題は，われわれがアイロニーとして言及する単純な言いまわしとは何か縁遠いことのように，確かに見える．「ボリングブルックは聖なる人間だ」というのはジョンソン博士が彼の辞書（1755年）〔本書第4章p.117を参照のこと〕の中でアイロニーの定義「意味が言葉の反対である会話様式」とともに使った例文である．「聖なる」という語ほど，頭はよいが策動家，謀反家で，口汚く，自己中心的放蕩者のボリングブルック子爵1世であるヘンリー・セイント・ジョンにふさわしくない形容はない．ではなぜ彼を聖なる人と呼ぶのか？　ジョンソン博士と同時代の読者は，博士の描写は字義通りを意味するものではないと知っていたに相違ないので，博士の文章がアイロニーの例として成り立つ．もっと正確には，言われた内容と意味の

内容との間に起こる妙なコミュニケーションが可能になる。確かに，「アイロニー的発言は，単なる現実についての叙述ではない……しかし少なくとも叙述とそれが表現するはずの現実との間の分離を暗黙のうちに自覚していることを前提としている」(White, 1978, p.208)。アイロニーに特異な楽しみは，時に，そのアイロニー的叙述を額面通りに受け取るようなあまり物事を知らない読者あるいは聞き手がそこにいることから得られるようである。ミカ（Douglas Colin Muecke, 1919-）は鮮やかな言い方で「アイロニーという金の卵は，ガチョウに深く関わっていないとふんだんに生まれてくるものではない」(Muecke, 1970b, p.4) と述べ，また，「アイロニーのメッセージが意図されたとおりに解釈されるまでは，片手による拍手しか受けられない」(p.39) とも述べた★8。しかし，この妙な話し方の姿が「われわれの時代の支配的比喩的表現」(Conway & Seery, 1992, p.3) となった。アイロニーに結びつく意識の形は，モダニズムとポストモダニズム両者の中心にある。

アイロニーは多くの顔を持つことで悪名高いので，その特徴をとらえようとすることは「霧を集めるようなもので，もし捕まえることさえできれば多量にそこにあるものだ」(Muecke, 1969, p.2) とたとえられてきた。それでも，私は本章で，もう1つの理解様式について述べて，なぜそれを「アイロニー的理解」と呼ぶのが一番よいのかを説明したいと思う。このようなテーマについては，「アイロニーの拳銃はあらゆる方向に向けられている」(Enright, 1988, p.110) ことを心に留めて，注意深く進めるのがよい。

2節　アイロニーとソクラテス

ソクラテスのいつもの皮肉についてトラシュマコスが言及したとき，彼は現代の誰かが言うかもしれないようなお世辞を言うつもりではなかった。ソクラテスとプラトンの時代には，*eironeia*が普通意味するものは，「装う」「いつわる」「ふりをする」のようなものであった。*eiron*とは，一般的に卑しい動機を持ち，率直に話すことがなく，誰かをだましたり馬鹿にしたりする意図を持っている人間のことであった。この用語は，スエアリンゲン（Swearingen, 1991）の提案する語 'dissembling scoundrel（偽りを言うならず者）' に反映されているような叱責や非難の意味を含む。

自分は正義の本質について何も考えを持っていないので，それについて他の人々から学ぶことができるとの理由だけで人々に問いかけたいとするソクラテスの主張に，トラシュマコスの不平は向けられている。トラシュマコスは，ソクラテスが正義について望ましい考え方を必ず持っていると，明らかに信じていたが，ソクラテスは彼の仲間が持つ正義についての考え方を壊すときでさえ，自分の考えを自分だけに秘めていた。議論が続くうちに，トラシュマコスをいらだたせたものは，「ソクラテスが自分の意味することを言わなかったことだけではなく，意味のあることを言うこと自体

をまったく拒否したから」であった（Bruns, 1992, p.32）。

　少なくとも初期の対話編と，トラシュマコスの不平が記されている『国家』の第1巻〔邦訳では上巻に所収〕では，ソクラテスは「万事に愚鈍でありまた何一つ知らぬような顔をしている」（『饗宴』, 216, p.146）という自分の主張のままに振る舞っている。彼は他人が主張する知識を解体するが，その代わりになる自分自身のものを何も積極的に提供しない。彼は問題を何も解決しないで，差し出されたすべての解決は不十分だと示し，われわれができるだけ自分で物事を整理するようにと，われわれを置き去りにして楽しんでいる。

　ソクラテスが何も知らないと主張することを，われわれはどう受け取ったらよいだろうか？　明らかに彼はなんらかの意味で，何も知らないということを言っている。法廷での裁判で彼は，「私が大事においても小事においても賢明でないということは，よく自覚している……」（『ソクラテスの弁明』, 21, p.20）と述べた。そしてゴルギアス，ポロスとカリクレスとの激しい論争の後で，「ぼくとしてはいつでも同じことを言うわけだが，つまりぼくは，それらのことがほんとうはどうであるかを知らないのだけれども……」（『ゴルギアス』, 509, p.223）と主張した。「現在のぼくたちがそうであると見えるような，少なくともそんな状態にありながら，それでいてしかも，何かひとかどの人物ででもあるかのように思い込んで，血気にはやった行動に出るのは，みっともないことだからだ。そのぼくたちたるや，同じ事柄について始終考えが変り，それも仔細なことについてならとにかく，一番大切な事柄について，そのありさまだのにね。——ぼくたちの無教養はそれほどのひどい状態に至っているのだよ」（『ゴルギアス』, 527, p.278）と，ソクラテスは現状を考察して結論する。トラシュマコスにとってこれは，ソクラテスが議論の弱みを人に見せないで，他の人の尻尾をつかまえるときには喜ぶのに，自分は尻尾をつかまれないようにする単なる安っぽいレトリック上の策略であった。しかしその策略の代償は，たいてい破壊的・否定的で何も打ち立てることがなく，よって，無益かついらだたせるだけのものになった。

　しかしソクラテスの周囲に集まる若者にとっては，それがソクラテスの奇妙にも魅惑的なことの一部だった。アルキビアデースは『饗宴』の中でソクラテスの偉大な奇妙さについて長々と述べている。「古人のうちにも，今人のうちにも，彼に似た**人間**は全然無いということ，この一事こそはあらゆる驚嘆に値する」（『饗宴』, 221, p.157）。酔ってソクラテスを賞賛するせりふの中で，アルキビアデースはソクラテスの「例の非常に独特な皮肉な調子」（『饗宴』, 218, p.151）について言及する。何も知らないという主張は字義通りに受け取られることはないのだが，それにもかかわらず，そのことは，ソクラテスの過激な知的懐疑について何か本質的な特徴をつかんでいるので，そこに集まる若者はその特徴に当惑させられもしたが同時に惹きつけられもした。ソクラテスは「それ以前には存在せず思いもよらないようなタイプの人間であったが，彼の同時代人にはあれほどに魅力的な人間だったし，それ以降も忘れ難い人物だった

ので，彼の死後何世紀もずっと，教育を受けた人々がアイロニーについて考えるときには，ソクラテスを心に留めないでいることはできない時代が来るのは必然的だった」(Vlastos, 1991, p.29)とヴラストスはソクラテスについて示唆して，ロマン的な言い方でソクラテスのアイロニーを要約する。

彼の死後何世紀か経つと，アイロニーに新しい定義を与えるために多くのことをした2人の著述家——キケロ★9とクインティリアヌス★10——が，アイロニーの考察の中でソクラテスについて言及する。この2人によって，その用語に含まれていたギリシア語の悪い印象は取り去られ，今や，知的な上品さを持つ明敏で洗練された言語形式として推奨される。アイロニーについてのこの概念は，1415年にスイスの聖ゴール教会の塔の中でクインティリアヌスの『弁論家の教育』★11の汚い写本が発見されたことがきっかけとなり，近代ヨーロッパに持ち込まれる。アイロニーのさまざまな形式についての，この2人のローマ人たちによる込み入った議論は，世界におけるソクラテスの奇妙な姿勢を反映している。そして，彼らが及ぼした絶大な影響力を考えると，キルケゴールの「……ソクラテスの存在についての伝説がイロニーという言葉と結びついてきたことはだれもが知っている……」(Kierkegaard, 1965, p.49／1995上巻, p.20)という観察は正しいことがわかる。それで，キルケゴールに注目し，ソクラテスのその特異な姿勢がもっと現代に近づくとどのように再解釈され，再びアイロニーの概念と結びつけられたかを見てみよう。

キルケゴールは「……イロニーの概念がソクラテスとともにこの世にやって来た……」(1965, p.47／1995上巻, p.18)と言って，彼の議論を始める。この主張をするにあたって，キルケゴールは，ソクラテスが対話の中で振り撒く絶え間ないアイロニー的発言——ソクラテスが破壊的攻撃を開始しようとしたときの言葉「むろんプロタゴラスは，そんなことはやすやすと説明を補ってくれることだろう」(『プロタゴラス』, 328, p.62)にみられる発言——以上のものを，心に留めていたに違いない。このような小さなアイロニーは，時には単なる皮肉に陥るし，ソクラテスの世界に属するとは言えないで，嘘と同じように言語に普遍的にみられる特徴のように思える。クインティリアヌスは，ソクラテスが時折アイロニー的皮肉を使うような人ではなく，徹頭徹尾アイロニーに徹している人だと言っているが，そのことにキルケゴールは明らかに同意している。「本質的な意味でイロニーを持つ者は，終日それを失うことはない」(Kierkegaard, 1965, p.23)★12。彼は世界を常に「イロニーの相の下に（*sub specie ironiae*）」(1965, p.67／1995下巻, p.167) 見る。それでは，ソクラテスに代表されるようなこのようなアイロニー的視点の特質を，キルケゴールは何と言っているだろうか？

デルフォイの託宣で一番の賢者だと言われたときソクラテスがどのように反応したかを，キルケゴールはわれわれに思い出させる。ソクラテスは，自分は何も知らないと思っていたので驚くが，自分が何も知らないと知っていることが特異なので，託宣

は自分を一番の賢者だとしたのだろうと，結論した。それで，ソクラテスは託宣を神からの使命として受け取った。神のみが賢いのであって，その神からの使命は，最ももの知りで賢いと主張する人が実際には無知で愚かだとはっきりさせ，その託宣がどんな意味で正しいのかを示すことにある，とソクラテスは考えた。それで彼は「人智の価値は僅少もしくは空無である」(『ソクラテスの弁明』, 23, p.24) ことを露わにする。キルケゴールによれば，ソクラテスは「知性の全王国を周遊して，そして全体がまやかしの知識の大洋（オケアノス）にとり巻かれているのを見いだした」(Kierkegaard, 1995上巻，p.69) という。キルケゴールは，ソクラテスの影響による全体的結果をサムソンの最後の業になぞらえる。「ソクラテスは知識をささえていた柱のもろもろをひっつかんで，すべてを無知の無の中へと突き落とすのである」(p.77／p.71)★13。

「本質的アイロニー」によって経験上生まれる結果は，「無限的かつ絶対的な否定性」(Kierkegaard, 1965, p.278／1995下巻，p.167，強調はキルケゴールによる) であると，キルケゴールはヘーゲルのアイロニー解釈を持ち出す。「それは否定性である。なぜなら，それは単に否定するだけだから。それは無限である。なぜなら，それはあれこれの特定の現象を否定するのではないから。それは絶対的である。なぜなら，それの力をかりてイロニーが否定するところのものは，しょせん現に存在することはない或る高次のものであるから。イロニーは何ものをも設立しない。……それは，さながらティムール★14のようにたけり狂って積まれた石の一つさえ残さない，神的な狂気である」(p.278／p.179，強調はキルケゴールによる)。

さて，この展望はどちらかというと快活さがないし，「愉快な」生活スタイルをつくる魅力的な要素として宣伝するのは簡単ではない。しかしソクラテスは，死に直面するときにさえ，浮き浮きするほどの快活さを持っていたように見える。もしアイロニーの「第一の展相においてはイロニー的なるものは，認識それ自体をも無化してしまうような認識論を持ち出すこと」ならば (Kierkegaard, 1965, p.98／1995上巻，p.112)，無になってもなおソクラテスが陽気でいられたのはどうしてなのか？

キルケゴールはソクラテスを，知識に対するすべての主張を吸い上げる「弁証法的空気ポンプ」(Kierkegaard, 1965, p.203／1995下巻，p.45) と表現した。われわれ人間は，本能的に，われわれの世界についての表象を構築しようとしないではいられない。われわれの心理的安心感は，そのような表象が現実に対応しているとの自信に寄りかかっている。それゆえに，ソクラテスのアイロニーはわれわれの安心感の基盤そのものを脅かす。確かに，ソクラテスのアイロニーの対象となった犠牲者の多くが彼の弁証法的空虚さについてそのように感じた。しかし，キルケゴールによれば，ソクラテスの陽気な自信は，彼の無限で絶対的否定のなんらかの結果であるという。ソクラテスのアイロニーの結実は「〈自分を自由だと感じる〉ことである」とキルケゴールは言う。(Kierkegaard, 1965, p.273／1995下巻，p.170)

われわれは知識の不確かさ，知識を持つ者としての脆弱さとゆらぎを認識するが，

ソクラテスにとっては、それが能力を殺いだり拘束したりすることはない。むしろ、そのような洞察が真の自由を得るための条件である。「生活関係の連鎖がそのうちに主体をとじこめている拘束から主体がイロニーによって解放される……」(Kierkegaard, 1965, pp.272, 273／1995下巻, p.169) のである。そのため、アイロニストは、確実な知識を持っていると仮想する人が時と場所に縛りつけられるといった間違った知識の拘束から「逃れる」ことができる。アイロニストにとって、知識とは、ある時ある場所の現実を表わすものだと人々が互いに了解している事柄にすぎない。これらの偶然による形態を現実の確実な表象と混同すると、〔知識を〕ある一定の時と場所から引き剥がすことができなくなる。キルケゴールは多くの言葉を費やして、ソクラテスがアイロニーを持たない人の束縛を越えてどのように「浮きあがり」(Kierkegaard, 1965／1995上巻, p.255, 強調はキルケゴールによる) をするかを示している。彼は常に自由で軽く、飄々としている。単純化された信念の重荷を取り去ると、アイロニーを持つ魂は地域的拘束から「上方」に昇り自律性を獲得することができるようになる。

　プラトンは、厳格で論理中心的で家父長的な形而上学者だと、近年一般的に提示されている。彼は認識論の様式をつくり出したが、その認識論は、ポストモダニズムがわれわれをそこから救い出そうと試みているものである。彼はまた、言葉の信頼性のなさについて常に警告を発する、謎めいた冗談好きであり神話の記録者でもあったということを覚えておくとよい。多くのことは言われないままでおかれるべきだ、と彼は言う。言葉はわれわれが言いたい意味を伝えることができない。おそらく出典は彼自身のものといわれている第7書簡で、「たんに口舌の徒にすぎなくて自ら進んではいかなる行動にもけっして手を触れることはないだろうと、自分が自分自身に思われはしないか」★15 と恐れるような生活よりはシラクサの政治に惹かれると説明している★16。いかにして魂は物事の本質を見ることができるようになるか——彼の第1教義——と述べながらも、彼はアイロニストとして「これが真実にまさしくこのとおりであるかどうかということは、神だけが知りたもうところだろう。とにかくしかし、このぼくに思われるとおりのことはといえば」(『国家』(下), Ⅶ-517B, p. 101) と、肩をすくめずにはいられない。しかしながら、学者たちはプラトンとソクラテスを区別し、アイロニストであるソクラテスはプラトンの構築したものの中にだけ存在するという。もしソクラテスがアイロニストの頭であるとするならば、プラトンもそれに優るとも劣りはしない。

　プラトンはキケロの言う都会的アイロニスト (*urbana dissimulatio*) の決定的な典型であり、それはいつも他人を通して語っているほどにまで、そうである。言葉の信頼性のなさと他人に対して書かれた言葉の二重の不確かさを認識していたので——「もし書かれた文字の中に何か高度の確実性と明瞭性が存すると考えてそうするのであれば……書く本人にとって恥ずべきことなのである」(『パイドロス』, 275, p. 142)

――プラトンが字義通りの単純さで書くなど，しそうもないことだった。彼の議論は冗談や神話，語呂合わせ，比喩だらけだったし，それらはアイロニーで人をじらす。アイロニー的な読者は字義通りの言葉の不十分さを認め，むしろそれらが方向を指し示す意味を探すことだろう。読者諸君よ，あなたの目の前のこれらのページはいったい何だろうか？ プラトンの洞窟の壁に映る影にすぎないのではないか？（Seery, 1992）。プラトンは，言葉は意味の不確かな影であると主張する。「ソクラテスについて重要な点は」――プラトンについての重要な点とも言えるだろうが――「われわれはどのように彼を受け取ったらよいかわからないということである……彼は……ふざけ好きで，悪政の王のように物事をひっくり返す」（Bruns, 1992, p.32）。

　アイロニーの意味の一部としてソクラテスとの関連から与えられるのは，一方では広い認識上の懐疑主義であり，他方では，特定の時，場所，因習の拘束からの心理的な自由である。その自由が人を浮かれさせるか落ち込ませるかは，認識論によるよりはホルモンによるものかもしれない。だが，その自由を，因習的精神の持つ幻想的な安心感ととりかえようとするアイロニストはいない。「ボリングブルックは聖なる人間だ」の単純なアイロニーから始めて，われわれは遠い道程をここまでやって来たように思えるかもしれないが，この旅路は，ある人々はこのような奇妙な話し方をなぜ好むのかを理解することに役立つ。それ以外のことはないにしても，この旅路は，言葉には信頼性がないという知識を示す合図であり，ある種の自由を宣言する。このような自由は，ソクラテスほどに人を快活さにするものではないかもしれないが，重要でないわけではない。

3節　「全てが粉々の破片となって，あらゆる統一が失われた」[★17]

　言語は，無限に実りをもたらす発明品であり，その初期の贈り物の中に，神々がある。神々という理念に付随するものは，われわれの行動について，また世界についての，2つの視点である。われわれが縛りつけられている社会生活からの日常的視点があるし，その一方で，面白がり，あるいは軽蔑，賞賛，嫌悪心，無関心をもって，われわれを見下ろす神々の視点がある。神の視点から――神々の会話の中で――われわれがどのように見えるかを一度想像してみるならば，どんな事件や物事も複数の意味を持つものとして，違ったナラティブの中で別の役割を演じるときのように，見ることができるかもしれない。世俗的な人々は，自分たちの社会的ナラティブよりも神々のナラティブに注意を向けることが少ない。宗教的な人々は，できる限り神々のナラティブから，自分たちの生活を見ようと心がける。

　古代ギリシアの劇場は，神々がその中で人間の行動を見下ろす宇宙に似せられている。舞台上で，オイディプスはライオスの殺人者を追跡する。観衆は高くそびえる階段座席からそれを見聞きし，オイディプスの視点と神にも似た視点からその出来事を

感じ取る。劇場は特有な意識を刺激した。それは，劇が終わって黙々と歩いて家路につくときの意識に当てはまるかもしれない。先ほどの舞台でいばったり悩んだりしたオイディプスには観客だった自分が見えなかったのと同じように，今家路につく自分には見えない神々から，受け入れられたりあざ笑われたりするのを感じながら，歩くときの意識である。

　神々の視点が人々に発達をうながす省察力について扱う方法は無限にあるし，異なる視点から出来事や物事を見るときに入り込む一貫性のなさについての恐れを扱う方策も無限にあることは，もちろんである。多様な視点は多様な意味を露わにする――そこに立つ樹木を審美的な喜びで見ることもできるし，市場における材木としての売値を計算しながら見たり，祖先の魂の神聖な安息地として宗教的な畏怖をもって見たり，あるいは，絶滅に瀕している蛾が持ちこたえている最後の生息地として保存すべきだとの決意をもって見たりすることもできるだろう。われわれを従わせるための多数の視点や意味やナラティブが群がる世界を，われわれはどのように扱うべきなのか？

　アイロニーに長けている人は視点から視点へ滑り移ることができる。アイロニーにある本質的ユーモアは，不整合性であり，ある場合には適切な視点のとり方を，別な場合に当てはめることである。ある人はテレビの広告を哲学的な提議と受け取り，それに従う反応をするかもしれない。ある人は，接待費を節約する理由で，葬式に続いてすぐ結婚披露宴を示唆するかもしれない。ある人は，食糧供給を超える人口増加に対する解決として，赤ん坊を食べることを勧めるかもしれない。ある人は，ずるい中古車ディーラーが廃車について使う議論を，死んだオウムについてのペットショップの議論に転換するかもしれない。しかし，もっと根本的には，別々な視点の間を行き来するアイロニストの巧みさは，それらのどの視点から見えるものであっても，その確実性についての疑いを開いて見せる。

　前近代的な言語――マッキンタイアによる区分（MacIntyre, 1989）であるが――にあっては，ある規範的ナラティブが権威ある視点はどれかを決定し，その規範的ナラティブはその他の人々を抑圧するために使われる。近代ヨーロッパの初期には，聖アウグスティヌス，聖トマス・アクィナスやその他の英雄的な知的活動によって（主流のメタ・ナラティブを受け入れる用意がない人々には「宗教裁判」が後押しして），ギリシア的，ヘブライ的，ローマ的ナラティブは，キリスト教界の規範的ナラティブとの一貫性を強要された。しかし，年月を経，世紀を経るに従い，さらに「中国語，サンスクリット，マヤ語，古代アイルランドの文献がつけ加わり……さらに，13世紀から19世紀にかけてヨーロッパのさまざまな日常語で書かれた文書に平等な地位が与えられ，さらに……読み書きのないさまざまな文化が広く発見されたこと」（MacIntyre, 1989, p.196）により，規範的キリスト教的ナラティブは次第に無理になってきた。また，これらが世界にもたらした視点の拡大は，2つの一般的反応を刺激した。反応の1つは正しい視点，真実なナラティブへの熱心な探究であり，もう1つはアイ

ロニーであった。

　増殖していくさまざまなナラティブの中で確実性を求める近代の動きは、デカルトの主張に始まると伝統的には考えられている。考えに誤りがあったとしても、考えたという事実は、自分が存在するということの否定できない証拠であると、彼は主張した。〔「我思う、ゆえに我あり」という〕この認識は、そのうえに構築することができる確実な基礎を提供した。それに加えて、啓蒙時代の科学的企ては、物事の本質についての真理を確保するために、さまざまなナラティブによる不協和音を貫通する方法を発見するように見えた。しかし、さらに確実な認識論の基礎を構築しようとするこの試みは西洋の伝統に綿々と続く基調ではあるが、それとともに、確実な真実の探究は幻想でしかないと、さまざまな方法で常に発言するアイロニー的基調も、それ以上に続いている。

　楽観的な啓蒙時代の企てに関してすべてがうまく行っているわけではないのではないかという疑いが、啓蒙時代の科学研究に携わった人々からさえも、精力的に発言された。19世紀後期になると、特にドイツのロマン主義者の間で、科学者によって確立された客観的真理の数の増加と、人々が感じる知的確実性の感覚の減少との関係について、広く思いめぐらされるようになった。エリック・ヘラー（Erich Heller：1911-1990）は、このメタ・ナラティブ的パラドックスについてのゲーテの説明を要約して次のように言う。「すべての科学的理論は、世界の本質に関する意識的あるいは無意識的な信念の形而上学的根底を、単に表面的に合理化しているにすぎない」（Heller, 1959, p.26）。

　1790年に書かれた手紙の中で、ベンジャミン・コンスタン★18は「われわれとわれわれを取り巻くものの作者である神は、その作品を完成させる前に死んだ……すべてのものは、もはや実存しない目標に向かってつくられたことを現在悟っている。特にわれわれ人間は、自分たちが思いもつかないようなものへ向かって運命づけられていると感じる」（Behler, 1990, p.91）と示唆した。このようなシナリオは、実証科学の野心的企てについて、また、さまざまな文化的ナラティブ——それらすべてが物事の本質に関する権威的視点を提供しているとあれこれと主張する——の異分子集合について、困惑と不安を抱えている思想家がいたことを、少なくとも説明している。この実存的苦悩に対する解決としてアイロニーを最も執拗に推進したのは、フリードリッヒ・シュレーゲル★19だった。彼は、たとえばジョンソン博士の辞書の定義やディドロの『百科事典』の定義（「言うことと反対の意味を伝えたいときに使う話法」、vol.19, p.86）にあるアイロニーの限定的な意味を、キケロやクインティリアヌス以来の修辞学研究における使われ方とともにとらえ、練り上げたが、それ以来われわれはそのとらえ方を受け入れている。

　シュレーゲルは「イロニーとは……無限に豊かな渾沌（カオス）の、明瞭な意識である」と言う（Schlegel, 1991, p.100／1978, p.91）。彼の定義はなんらかの意味をなすという希望

をそれほど与えるものではないが,シュレーゲルのロマン的アイロニーはいろいろな解決策がある中で,その定義が認識している問題への1つの解決を用意する。アイロニー的精神,特に芸術家のそれは,奔放な想像力と深みのある真剣さ,生命への芸術的情熱と静かな科学的探究をともに駆使して,世界の混沌を超越することができる。いずれにしても,ソクラテスが極端な認識論的不可知論を維持しながら,知的にも心理的にも快活でいられたのはこのようにしてであったと,シュレーゲルは信じた。「それ〔ソクラテスのアイロニー〕は,人生に処する感覚と学問的精神の結合から,完璧な自然哲学と完璧な芸術哲学の出会いから生ずる」(Schlegel, 1991, p.160／1978, p.31)。アイロニーは芸術的想像力と科学的合理性を結びつけ,われわれの芸術作品を踏み石として用いながら,この世界の混沌の彼方へわれわれが辿り着けるようにしてくれる。

　この超越に達するために個人に求められることは,シュレーゲルの有名な言葉によれば「超然的道化 (*transzendentale Buffonerie*)」である。すべての体系は欺瞞であるとしたヴィクトル・ユーゴーの宣言の後半は「天才だけが真実である (*la gènie seul est vrai!*)」となる。だから,アイロニーのロマン的感覚は混沌の世界を露わにするが,個人的天才と超然的道化が,一般の平均的観客に当然起こると予想される無限にあふれる混沌からくる苦悩への対処法を提供する。キルケゴールも少なくともこの見解には同意している。アイロニーは「卓越した手術者である。……その機能は,人格的な生活が健全性と真実性とを獲得できるように,きわめて顕著にはたらく……」(Kierkegaard, 1965, p.338／1995下巻, p.290, 強調はキルケゴールによる)。

　ロマン主義のアイロニストたちが超越性を獲得する仕掛けは,その仕事を神の業と連結させることであった。シュレーゲルは,ドロテーア・メンデルスゾーン[20]と駆け落ちした後,カトリックに改宗した。それで,彼の無限に豊かな混沌という感覚とアイロニーによる自由は,神中心の体系——彼の場合,その体系はある時期仲間だったプロテスタントの神学者・哲学者・批評家のフリードリッヒ・シュライエルマッハーの影響を多分に受けている——の範囲内に収まっている。このロマン的芸術家で想像力豊かな学者は,神の業を露わにしそれと結びつくことにより因習的世界の拘束をなんとか克服し,神の目的に参与しない人々を縛りつける混沌を逃れようとした。ヘーゲル哲学やランケの哲学的歴史によって,あるいはコールリッジ[21]の言う「第一の想像力」——「第一の想像力はあらゆる人間の生きる力であり,またその知覚の一番最初の作働者である……それはまた,無限の『神』 (I AM)[22]における永遠なる創造作用を,有限の心の中で反復する」 (*Biographia Literaria*, XIII)[23]——によって,ロマン的アイロニストは,アイロニーが開いてみせた無意味な混沌への恐怖から逃避した。

　「天才」の役割とか神の業と結びつく天才とかいうロマン的な感覚は,今日ではちょっと大げさなものに思える。19世紀のもっと「近代的」なアイロニストであっても,神との結びつきを心から納得がいくものとは考えなかった。「〈学〉が現代ではは

なはだ巨大な成果を所有するにいたり，その結果事態はとてもまともではありえなくなってしまった。人類の秘密ばかりか神の秘密のもろもろまでも洞察した知識が，あまりにも安値で売り物に出されていて，まったくいかがわしいものとさえ見えるほどである」(Kierkegaard, 1965, pp.339-340／1995下巻，p.288, 強調はキルケゴールによる)。

　アイロニー概念へのロマン主義の貢献は，何かアイロニー的だが，認識論的な不確実さについてのある種の自覚である。それは，おそらく根本的な懐疑を次第に知るようになった結果なのかもしれない。しかし，ロマン的アイロニーには今後本書でより最近の概念を考察する際に突き当たるだろう厳しい鋭さが欠けており，アイロニーの破壊的意味合いを超越しようとする，比較的痛みを伴わない可能性を信じることと手をとり合っているのがわかる。そのようなロマン的超越の本質は，困惑している人々への実際的案内書というよりは希望を持たせるそぶりのようなもので，漠然とした言葉で通常表現されてきた。有効さを欠くその言い方が，今日にいたるまで厳しい人々の間で，「ロマン」についての評判を落とさせる原因となった。

　本書のこれまでの章で，歴史家たちの著述から例をとって考えてきたが，ここで，19世紀後半の歴史家の間におけるロマン派以降のアイロニーについての考え方をざっと見ることも役に立つだろう。ヘイデン・ホワイトは，どのようにして「対象を十分に表象することができない言語に気づき，それが問題とされるようになったか」(White, 1978, p.207) を述べた。この見解についての反応が，ランケの弟子で反旗を翻したヤコブ・ブルクハルト (Jacob Burckhardt：1818-1897) の著作にみられる。彼は，「哲学的」歴史著述に共通する一般理論体系は，過去についての研究のみから構築されるものではないと結論づけた。歴史家は単に過去を見て起こったことを述べるだけではいけない。「われわれは，自分の利己的な偏見（よくても，時代の先入観）に隷属している」(Burckhardt, 1965, pp.27-28)。彼の考えによれば，歴史研究は「体系的なものであることを要求しない」。それは，歴史の過程について一般論的真理を露わにすることはできない――それは「われわれ自身がたんに投影されたものにすぎない」(Burckhardt, 1955, pp.74-75／2009, p.17-18)。ブルクハルトは彼の革命的作品『イタリア・ルネサンスの文化』を，「偉大なる事績」が時の流れの中で忘却の彼方に消え去るのを防ぐというロマン的関心からではなく，また，歴史的過程についてのあるメタ・ナラティブを確立しようという哲学的願いからでもなく，もっとアイロニー的な視点を持って書き始めた。

> 　われわれがこれからあえて乗り出そうとする洋々たる大海には，多くの可能な路と方向とがある。そしてこの著作のためになされた同じ研究でも，他の人の手にかかれば，まったく別な仕方で用いられ，とりあつかわれるばかりか，本質的に違った結論を出すきっかけになるかもしれない。
> 　　　　　　　　　　　　　　　　　　(Burckhardt, 1960, p.2／2002Ⅰ, pp.3-4)

一般的に西洋的伝統は，啓蒙主義時代から19世紀を通じて，副産物として世界を変える技術をもたらした科学的前進と相まって，次第に声高く主張される冷酷な合理主義として一般的に提示されている。またこの期間，西洋的伝統は，自信を蝕み，意味を解消し，知的確実性についてのすべての主張を蝕むアイロニーが広がる傾向を見せている。認識論のこのような転覆に伴い，われわれの世界理解に明確さ，秩序，確実性，法則をもたらす代表として自然科学が名乗り出た。この偉大な科学事業体は，懐疑的で冷やかし気分のアイロニー的な声に煩わされることなく，懸命に前進した。それが早期に発したメッセージは，われわれの感覚が近づくことができ，また，多くの科学的探究の道具を構成するわれわれの洗練された感覚が近づくことができる範囲にある世界が，存在する唯一の世界であるということだった。世界がどのように動くのかを説明するために，神々は必要とされず，神秘的な勢力や霊魂は存在せず，出来事の超越的状況が事柄を動かすのでもなく，「イデア」や「形相」が世界の日常的個々の出来事の背後にあるのでもない。このメッセージは，光，熱，音，運動，加速，物体の落下，気体，液体，固体等々の性質について説明する法則とともに発せられた。したがって，科学はある程度，形而上学領域の解消を助けるアイロニーの同志だった。
　1895年に，ウィルヘルム・レントゲンがエックス線を発見した。1897年には，ジョセフ・トンプソンが電子を発見した。1898年に，マリー・キュリーがラジウムという語をつくり，1910年には純粋なラジウムを単離した。1914年に，エルネスト・ラザフォードがニールス・ボーアとともに陽子を発見し，それまで物質世界では普遍的に適用されると考えられていたものと異なる法則を必要とする原子以下の世界についてのモデルを提案した。それから，アインシュタインが時間と空間のような基本的考えについての一般的理解に異議を唱えた。一方ルイ・パスツールは，酸敗，発酵，腐敗，疾病などの日常的現象がその作用によって説明される，微生物の世界を露わにした。このような新しい科学によるメッセージは，世界がわれわれの感覚に映るものとはまったく違っていたということだった。われわれの感覚は現実の表面的レベルに留まる非常に限られた視野しか提供していなかった。われわれの感覚が届かない世界がどれほど多くのレベルに分解するのか，それとも無限にまで分解するのか，誰が言えるだろうか？　J. B. S. ホールデン★24が言うように，世界はひっくり返り，われわれが想像したのよりも奇妙なものになっただけでなく，想像可能な範囲を越えて奇妙なものになった。フロイトは，われわれの意識にある生活，理解可能な自分は，単なる幻想であり，そこには，意識するものとは異なっていて秘密のうちに進行している，もっと真実の生活があること，そして，それがわれわれの行動を説明する適切な情報源であると示唆した。
　このような新しい科学は，それまで人々の思考を支配していた理解の常識的枠組みの多くを取り去ったので，アイロニーと混じり合い，アイロニーのある特徴をはっきりと促進することになった。以前には安定があったところに，たとえばダーウィンの

新しい地質学と生物学が流転と変化をもたらしたように，前提されていた真実がかき乱された。ある人々にとっては，科学は既知の世界を解消するものではなく，むしろ，現実についての新しくてより信頼できる説明を構築するものだった。しかし，アイロニストは，古い「信頼できる説明」を疑ったのと同様に，新しい科学をも疑った。そしてもっと悪いことに，新しく合理的で科学的な世界の構築とその技術が形をとり始めると，多くのアイロニストは，合理性は悪夢をもたらしているとの確信を固めるように感じた。

　アイロニー的精神を持つ人々の中には，「哲学的」合理性に伴う強硬な自信が，新たに誕生した工場や監獄など合理的で全体主義的なもの——これに学校を加えるものもいるが——に特徴づけられる，より抑圧的な新しい社会に向かって導いていくように考える人もいた。この見解を持つ偉大な預言者がフリードリッヒ・ニーチェ（Friedrich Nietzsche：1844-1900）だった。「わたしたちの全ヨーロッパ文化は長いことすでに，十年また十年と加わりゆく緊張の拷問でもって，一つの破局を目指すがごとく，動いている，不安に，荒々しく，あわてふためいて。あたかもそれは，終末を意欲し，もはやおのれをかえりみず，おのれをかえりみることを怖れている奔流に似ている」(Nietzsche, 1968a, p3／1993上巻，p.14)。

　より鋭敏な精神を持つ人々にとって懸念が増してきた事柄は，合理的に組織化された社会制度にある弊害の可能性ではなく，むしろ，さらに深いところでそれらの制度についてまわる何かが，人間的関心と願望に調和しないことだった。時代の警戒的な観察者は，文明を疾病だとしてそれに対抗して立ち上がり，ひどいのは，われわれの無秩序ではなく，われわれの秩序であると宣言し始めた（そう，これを言ったのはミシェル・フーコーではない。それはバーナード・ショーで，チャールズ・ディケンズの『ハード・タイムズ』にみられる洞察に対して賞賛を送ったときの言葉である；Cunningham, 1994, p.6)。このひどい秩序が「自然にたいするわれわれの態度の全体……，機会や遠慮会釈ない技術家・工学技師の発明力の助けをかりての，われわれの暴虐な自然征服」(Nietzsche, 1956, p.248／1993, p.510) であるのを，ニーチェは見た。

　歴史的知識についてのほとんど恣意的といえるほどの不確実性を唱えるブルクハルトのアイロニー的感覚は，彼の崇拝者であるニーチェの作品でさらに広範に過激に表現された。ニーチェが追放したのは，歴史研究から推論される一般理論体系だけではなく，練り上げられた科学から「民衆のもの」として勢ぞろいする民間の知恵や民間信仰にいたるまでの，西洋精神の調度品のほとんど全部であった。彼は人をうろたえさせるような口調で西洋文化を攻撃し，知識体系を支えている柱を再びつかみ，すべてを虚無と無知にまで粉砕する。知識と真理に対するすべての主張は，空しく——「なんらかの方法で近づきうる「真理」があるとは——！」(Nietzsche, 1968a, p.249／1993上巻，p.440，強調はニーチェによる）——軟弱で単純な精神を慰めるためにでっちあげられた単なる神話にすぎない。人々は，これらの近代的神話がでっちあげ

られたものだということを忘れて、それから、忘れたということを忘れた。

　ニーチェは、哲学が詩と同じほどに虚構であると指摘し、昔からある哲学と詩の間の争いに決議を下した。われわれは、虚構と真理の間の昔からの区別を捨て去るべきであり、むしろ、2つの種類の虚構——真理の仮装をしている虚構とそれ自身が虚構であると認めている虚構——があると認識すべきである。彼が真実を暴きたかったものは、あの長々と続く仮装行列である。「あたかも、利害の問題をかえりみずに、盲目的に真理を目指す或る特別の認識衝動が……あるかのごとくである……」(Nietzsche, 1968a, p.227／1993, p.406, 強調はニーチェによる)。また「真理への意志」(p.249／p.443) があるとする主張も彼をうんざりさせた。これらは制御し、征服し、独占したいという欲望の仮面にほかならない。真理の探究は単に「優越したいとの意欲」(p.249／p.444, 強調はニーチェによる) によってつき動かされているにすぎない。

　「民衆」がその偽りの主張に気づくことと、ニーチェがそれを根絶することを困難にしているものは、言語の発達してきた道である。言語はさまざまな想定に基づく膨大な神話を吸収し、言語の構造そのものの中にさえ神話を持ち込んできた。「それがそうでなく見えるのは、すべての作用を作用者によって、すなわち一個の〈主体〉によって制約されたものと解し、誤解するところの言葉（さらには言葉のうちに化石した理性の根本誤謬）の誘惑に囚われるがためにほかならない」(Nietzsche, 1956, p.178／1993, pp.404-405)。それで、「樫の木は地面にどんぐりを落とす」のような文は、主語が行為を行なっているという、誤った示唆をする。言語は、世界をさまざまな原因に従って動くものとして表象する。ニーチェは合理主義者の世界を固めるセメントである因果関係を、現実世界の構成要素としてではなく文法の生成物として解釈する。因果関係はさまざまな視点の単なる1つの部分であり、われわれが現実に押しつけるさまざまな物語の単なる1つの部分にすぎない。因果関係は、ニーチェがののしっている言語を通して見える世界の有様を、単純な精神がそのまま受け入れているものにすぎない。「私たちが神を捨てきれないのは、私たちがまだ文法を信じているからである……」(Nietzsche, 1968b, p.483／1994, p.44)。

　『悦ばしき知識』[*25]の中で、神の死と、それとともに神が維持してきた知的宇宙の死を認識した後の人生の有様を、ニーチェは探究する。これらの死の認識は、個人の自由にとって、また、何の意味または目的（telos）の保証もない世界に生きる新しい種類の人間の存在にとって、前提条件である。もちろん、「身のまわりに暗黒しかみないことよりも、『私は真理を持っている』と考える方が気持ちよいことである……」(Nietzsche, 1968a, p.248／1993上巻, p.441)。しかし人は「真理を知っている」という幻想的慰めを受け入れるよりは、その奈落に直面しなければならない。空虚な暗闇に直面したときに、どんな芸術家もそうであるように、新しい欺瞞のない超人が、自分自身の意味をつくり出して、自分自身の歌を歌い、自分自身の踊りを踊るだろう。ニーチェは「相共に熱狂する者を求めて、彼らを新たな間道と舞踏場へ」(Nietzsche, 1956, p.6／1993, p.16）誘い，芸術的創造物としての人間的人生を生きるように呼びかける。もし人生の意味がなんらかの物語，なんらかのナラティブ，神によるなんらかの計画から生み出されることができないならば，そのときは，われわれ自身でつくり出さなければならない。もちろんこの言い方はすばらしく聞こえるし，広く多様な観点を持つ人々にはすばらしいものとして響いてきた（参照：Ascheim, 1994）。しかしニーチェが言う再生についての何か漠然とした幻を認識した次の朝に何をすべきなのか，完全に明確ではなかった。

　もしニーチェがモダニズムのアイロニストを代表する原型的人物であり，ポストモダニズムを「モダニズムの過激で，強烈な改訂版」と考える（Behler, 1990, p.5）ならば，ニーチェより過激なアイロニー的認識による懐疑として，いったいどんなものがポストモダニズムに可能なのか，はっきりとしない。モダニズムとポストモダニズムの境界線が漠然としていて曖昧なので，普通用いられている1つの解決策は，ニーチェをポストモダニズムに位置づけることである。

　前のパラグラフを書いてから，私は1か月間オーストラリアで講演し，さまざまな学校を訪問して過ごし，帰りにはハワイに立ち寄った。マノアにあるハワイ大学で，バグパイプを吹くスコットランド出身の研究仲間と話した。最近ある機会に，「勇者スコットランド」と，偶然ではあったが彼の祖先が作曲した「79連隊，ジブラルタルとの別れ」をその他の曲目とともに演奏したと，彼は私に話した。この特別演奏は聖パトリックの祝日★26のパレードの中で行なわれ，バグパイプの演奏者たちはワイキキ海岸の側のカラカウラ通りを行進し，その行列を主に日本人観光客が見守っていた。

　この文化的催しからどんな意味を読み取ったらよいだろうか？　さて，そこに当てはまる多くの認識，多くの視点，可能な限りの意味，多くの議論があることだろう。アイルランド人はバグパイプを冗談としてスコットランド人に与えたと主張する。スコットランド人はそんな冗談を未だにものとも思っていない。しかしこのパレードを主催したアイルランド人がバグパイプを望んだのは，演出上それが醸し出す意気揚々とした調子のためだったのは明らかである。「79連隊，ジブラルタルとの別れ」を書いた彼の祖先は，どんな意味を見いだすだろうか。このときの演奏の状況を彼が作曲のときに想像できたとは思えない（祖先がもしそこにいたら，女性がバグパイプを吹くのを目撃するのは言うに及ばず，心底驚いただろうにと，その研究仲間は示唆した）。その催しの写真を撮った新婚旅行の日本人カップルたちにとっては，どんな意味があるだろうか。後でそのときの写真を京都で見せられる彼らの友人たちにとっては，どんな意味があるのだろう。そして，この「ハオリ〔白人〕」の集団を見たり，この外国のギーギーいう笛を聞いたりするハワイの先住民にとっては，どんな意味があるだろうか。

　この出来事は，西洋世界ではますます当たり前の経験になってきている代表例であ

る。文化的メタ・ナラティブは，その行事の解釈を決定することがない。むしろ，その解釈は，参加者が持つ複数の視点に任されている。行事は，ある参加者にとっては，ずっと昔に遠く離れたスコットランドで案出された文化的伝統との深い関係にさまざまに訴えるかもしれないし，その他の人々には娯楽的で，その瞬間の面白い気晴らしか，醜いとさえ思える無粋なものかもしれない。これは混ぜこぜの文化的構成で，そこにはどの視点も権威ある地位を持たない——先住民の視点には，その視点に道徳的権威を与える離脱感，損失感，剥奪感という真実味があると感じる人もいるかもしれない。しかし，参加者やそれについて聞いた人，それについて読んだあなたによって構築された意味から離れては，その行事はどんな真実な意味も持つことはない。

　このような視点の分裂がわれわれに入手可能な唯一の意味または現実を構成するものだとの認識が，ポストモダニズムの中心である。ポストモダニズムが，真理を求める西洋的伝統の要素を現代的目的のために遊び心で取り扱うことを含んでいるにもかかわらず，ポストモダニズムのアイロニーは，西洋の知的活動の中で長い間求められていた類の真理は幻想であるという信念と再び結びつけられる。遊び心があるのは，おそらく部分的には，このとてつもなく深刻でものものしい企てをもはや続ける必要がないという安堵感によって刺激を受けているからであり，また部分的には，遊び心は，他人の犠牲の上に成り立つもので，ある人々にとって都合のよいメタ・ナラティブを粉砕するために戦術上も修辞学上も有効だからである。過去を振り返るポストモダンの思想家には，確実な知識を構築し，世界の現実の動きを正確にとらえ，言語で現実を映し出すための堅固な基礎を打ち立てて「物事を正そう」と，人生をかけて必死に努力する偉大な知識人たちの千年に及ぶ伝統が見える。ディドロらによる『百科全書』の表紙には，「真理」の開幕を描く凝った彫り物がある。この偉大な開幕の行事はあまりにもいつも延期されているように思われるので，ついに，ポストモダンの多くの思想家が，その企て全体に何か基本的な誤りがあると結論するようになった。「何ものか（歴史，西洋の人間，形而上学，つまり一個の運命をもつに足るほど大いなる何ものか）が，その可能性を汲み尽した」(Rorty, 1989, p.101／2000, p.207)。

　過去の各世代は，先行者の間違いと不十分さを指摘することに特に抜け目なかったので，転じれば，その世代の間違いや不十分さはその後継者によって指摘されることになる。偉大な西洋思想家たちの営々と続く哲学的業績を経てなお，合意に達しているものはほとんど何もないし，異議を唱えられないでいるものもない。もしその企てが可能だったならば，すでに現在までには何かがきっと確実にされたことであろうに。もしプラトンもアリストテレスもデカルトもカントもその他の知的企てもすべて物事を正すことに失敗したのであれば，あなた方にも私にもどんな希望があるだろうか？西洋の知的企てが漸進的に進歩的であり，真理に肉迫しつつあり，現実をより明確にして，物事の本質についての総合的で正確な解釈を累積しているという考えは，ポストモダニズムでは決定的に捨て去られた（もちろん，ポストモダニズムを，ついに物

事を正したと主張する，単に1つの巧妙で怠慢な道だとみなすこともできる)。
　アイロニーはポストモダニズムの中にあまりにも浸透しているので，リチャード・ローティがリベラル・アイロニストと名づけた高度なポストモダン的人間を簡単に描写することでポストモダンのアイロニーを特徴づけると，より理解しやすいかもしれない。西洋の知的企ての中の重要な用語，たとえば「真理」「客観性」「知識」「現実」などは，リベラル・アイロニストにとって，それまでとはいくぶん異なる新たな意味を持つようになった。なぜなら，われわれは自分の概念体系の外に出られないし，自分の概念体系が現実をどれほど十分に表象するかを判定する位置に到達できないからだと，ローティは論じる。古い意味での客観性は獲得不可能である。なぜなら，われわれは自分の視点から見た世界や経験がどれほど物事をとらえているかを決定できないからである。むしろリベラル・アイロニストは，客観性を，最も広く間主観的（intersubjective）合意を得ることが比較的簡単な事柄について言及するための有用な用語であると考える。知識はデカルトふうに，1人で座り何かの結論を出し，物事を正すものとして発見されるのではなく，対話と合意の中で構築されるものとなる。知識と意見の古い区別は，広い合意が簡単に得られるものと合意が困難なものについての主張あるいは視点の間の区別として，線が引き直される。真理は，現実に呼応するものとしてではなく，広く共有することが容易な信念について推奨される参照事項として，考え直される。
　リベラル・アイロニストは，理論を構築せずに，物語を語る。彼らは，現実を正確に表象するために要求されると考えられている知的技術より，想像力に高い価値を置く。省察的な人が世界とその中での生活についての意味を見いだそうとするとき，2つの主な方法があると，ローティは言う。

> 最初の方法は，共同体に貢献した人々の物語を語ることによってである。この共同体は人々が住む実在の歴史的共同体であるかもしれないし，時と場所が離れた別の実在の共同体かもしれないし，あるいはまったく想像上の共同体かもしれない。その物語は，歴史であろうとフィクションであろうと，あるいはその両者であろうとそこから選ばれた1ダースものヒーローやヒロインから構成されるかもしれない。2番目の方法は，自分たちを人間以外の現実と直接関係するものとして描くことである。（Rorty, 1991, p.3）

　ポストモダンのアイロニストは，この2番目の方法は幻想だと信じる。なぜならば，この方法は，概念，信条，文化的風習についての「語彙」を持つ共同体の限定から逃れることができる場合にのみ，達成可能だからである。つまりこれは不可能である——われわれは「具体的な姿をとった語彙だからである」(Rorty, 1989, p.80／2000, p.167)。第1の方法は，ポストモダンのアイロニストたちが，彼ら自身も使う文化的「語彙」の信頼性についての根本的で絶えることのない疑いを受け入れ，他の文化の

語彙によって「影響を受ける」こと——別な方法で世界の意味を知ること——に，心を開いていることを意味する。彼らは，彼らの現在の語彙で表現される議論は疑いを解消することができず，その語彙が他の文化の語彙よりも現実に近いとは言えないことを受け入れる。このような根本的な認識上の疑いを抱く立場が意味するものは，ポストモダンのアイロニストが「自らを記述する用語が変化に曝されているのをつねに意識し，自らの終極の語彙，したがって自己の偶然性と毀れやすさをつねに意識するがゆえに，自分自身を生真面目に受けとめることがまったくできない」(p.74／p.154) ということである。そして「アイロニストは，自分は誤った種族に加入させられ，誤った言語ゲームを演ずるように教えられてきたのではないか，そんなことがありうるのではないか，と憂慮して過す」(p.75／p.156)。

　物事を正し，真理に向かって理性を持って前進するという啓蒙時代の企てにまだ身を入れている人は，ポストモダンの企ての有用性に疑問を抱きがちである。もし理解し意味づけをしようとする試みが物語を取り替える以上のものではないと常に疑っているのなら，探究し議論し理解を試み意味づけをしようとすることにどんな重要性があるのだろう，という疑問である。さて，それに対するポストモダンのアイロニストの答えはこうなる。重要な点は，これら偶然性の拘束の範囲内で，よく生きること，できるだけよく生きることである。人は意味を構築できるし，よく生きるため，痛みを引き起こさないようにするために，他の人々と「連帯」を構築することができる。これは意義のない知性の用い方ではない。そして，これがわれわれの望み得る最善のことだと認識するならば，知的活動の目的として少し風当たりが和らぐ。とにかく，意義がなく目的もない活動というのが，基本的な心理的・社会的重要性が明確になるまでの遊びの定義づけだった。ポストモダニストたちはこの意味での遊び心を喜んで取り入れる。

　ポストモダニズムのアイロニーは，人々を苦しめる原因になったようなメタ・ナラティブを粉砕したいと望む人々から，特に歓迎されている。たとえば，あるフェミニストたちは，「アイロニーがフェミニズムにとって特に適切な方策である」(Ferguson, 1993, p.30) と認めている。なぜなら，ポストモダニズムのアイロニーは家父長的・支配的メタ・ナラティブを粉砕するからであり，また，「アイロニーの力で，どのようにフェミニスト理論をつくるのか，現実と真理についてのどんな考え方をその理論が可能にするのかについて，考えることができるからである」(p.35)。アイロニーは柔軟性を与え，メタ・ナラティブ志向の視点からの自由を与える。その自由は「可動的な主観主義に向かってもがくフェミニスト（またその他の人々）にとって重要な力である」(p.163)。

　本章のこの節のタイトルはジョン・ダンによる「一周忌の歌（この世の解剖）」からとられているが，タイトルとなった文に先立って「新しい学問が，全てのものに懐疑をかけるようになり」[★27]という文がある。アイロニー的哲学者たちは，少なくとも

ソクラテス以来，すべてのものに懐疑をかけてきたし，この長い伝統の中にいるポストモダン期の後継者たちも同じことを続けている。といっても，西洋文化の伝統はすべてに懐疑をかけるために，哲学者を必要としてきたわけではない。西洋の詩歌や演劇はわれわれの理解力の危うさを常に探究してきたし，それにしばしば伴う不安やアイロニーについて発言してきた。認識の危うさについての認識は，西洋の知的生活にいつも付きまとってきた。アイロニーは西洋におけるこの認識の伝統的産物であるとともに，伝統的産物を取り扱うための変化を続ける方策でもある。

4節　さらに包括的なアイロニーとしての「アイロニー的理解」

　アイロニーの中心的構成要素は，われわれ自身についての高度な省察力であり，また，世界を意味づけしようと試みるときに呼び出す概念の力が本質的に限界をもち粗野なものであると認識する，磨き上げられた鋭敏さである。つまり，アイロニーは，われわれが表象を試みる世界に対して，われわれの精神およびわれわれの使う言語がどれほど柔軟性を欠いているかを認識するほどの，精神の柔軟性を必要とする。これは本当にアイロニーである。ソクラテスが快活に両手を上げて自分は何も知らないと言うとき，彼が認めていることは，何が真実であるかを知り表現するためにわれわれが抱いてきた野心に対して，われわれが行なう言語遊びは，不十分なものだということである。「アイロニー的理解」は，われわれの精神と言語が現実を表象しようと試みるとともに，他の遊び方もできるという一層省察的な認識を含む。われわれの精神と言語は，特に芸術と呼ばれる生成的な遊び方をすることができる。

　さて，もし省察的というこの核が，「アイロニー的理解」の中で首座を占め，それに近づくすべてに影響を及ぼすなら，そのうえで，われわれは「哲学的理解」から生まれる一般理論体系を，いったいどのように考えたらよいだろうか？　確かに，アイロニーの痛烈さは，主に一般理論体系とメタ・ナラティブを解消する働きをしたものとして，近代では認識されているのではないか？　また，「神話的理解」と「ロマン的理解」の特質が，「アイロニー的理解」に吸収されて，なお存続できる方法がいったいあるのか？　これらの疑問に答えるために今しなければならないことは，濃縮された抽象的な事柄を掻き分けて，重い足取りで進むことである。さあ，分け入って進もう。

　「哲学的理解」を構成する知的能力は，非常に複雑な知識を一貫性のある一般理論体系に持ち込むことを可能にする。「哲学的」な人は，一般理論体系が現実を映し出し，物事の本質についての本当の説明をもたらしてくれると信じる傾向にある。「アイロニー的理解」が「哲学的理解」から吸収するものは，複雑な現象に知的秩序をもたらす抽象的理論的能力である。「アイロニー的理解」が吸収しないものは，一般理論体系は現実についての真実を複雑ではない形で映し出すことができるという信念で

ある。アイロニストは，新保守主義者や進歩主義者や過激派にならないで——つまり，どのように社会が働き，機能すべきかについて，あれやこれやの立場が何か一般的真理を安置していると信じることなしに——それぞれがもたらす有益な効果に対して，新保守主義や進歩主義や過激派の政治的発議を支持することができる。

　ここまでは（どちらかといえば）あまり物議を醸すことはないかもしれない。ただし，「複雑でない形」という曖昧な言い方は説明が必要だろう。ポストモダニストでさえも，メタ・ナラティブを生み出す知的能力の使用は受け入れているが，その生産物の認識論上の地位を主張すると粉砕が始まる。「アイロニー的理解」で私が維持したいものは，一般理論体系が現実についての真理を反映しているという信念を腐食させる作用ばかりでなく，真理を反映できないという信念をも腐食させる作用である。つまり，「アイロニー的理解」は，「哲学的理解」に普通みられる信じやすさへの傾倒を避けるだけでなく，ポストモダニズムに普通みられる信じにくさへの傾倒をも避ける。リオタール（Jean-François Lyotard：1924-1998）のようなポストモダニズムの理論家が，メタ・ナラティブに面と向かって不信を表明し，組織的不信について理論的に凝った声明文をつくり上げたとき（Lyotard, 1979），彼の仕事は新しいメタ・ナラティブの形をとり始め，本章の冒頭に掲げた文にみられるような自己欺瞞に陥った。「アイロニー的理解」はポストモダニズムのアイロニーを受け入れるが，その拒絶的確信は受け入れない——この問題については，これ以降第5の理解様式を述べるときに戻ってこよう。あの「複雑でない形」という曖昧語は，言葉で正確に世界を反映できる可能性についてのアイロニー的漠然性の印として，そこで使われている。

　それでは，「哲学的理解」の特徴を吸収するとは，何を意味するだろうか。それは，「アイロニー的理解」をする人の態度が啓蒙時代の企ては消滅していないという可能性に対して開かれていること，合理性はただ悪夢だけを届けるのではないこと，知識や真理や客観性は単に偶然の合意事項に留まるだけではないこと，また，西洋の科学と合理性は現実へ近づくという点では他の文化よりも権威ある論議だということを意味する。

　「アイロニー的理解」にとって省察は核心なので，本書の一般理論体系と「神話的」「ロマン的」「哲学的」「アイロニー的」理解様式を省察することによって上のパラグラフで述べた主張を説明することは，アイロニー的な態度として適当かもしれない。私の理論の全体的な構成は，「哲学的理解」の章で議論されている種類の，1つの一般理論体系であるのは明らかである。それでは，そのような一般理論体系の中に「アイロニー的理解」をする人が気づく不十分さについて，私が有罪になるのをどうして避けることができるだろうか。「アイロニー的理解」は，そのような体系が現実を複雑でない形で反映するという信念を捨て去りながらも，「哲学的理解」の発達の中で生まれた知的能力を「アイロニー的理解」自体の中に吸収できると私は論じてきた。アイロニーによる省察は，観念と現実の間にある影の領域に焦点がある。それは，そ

の前には問題でないと考えられていたことを問題と考え，複雑な現象を一般論化した理論的説明が表象しようとする現象とその理論的説明は，しっくりとしない関係にあることを明らかにする。

「アイロニー的理解」による貢献は，表象しようと試みる現実に対して，〔表象された〕カテゴリーや特徴づけが不十分であると常に前面に出すことであり，「哲学的理解」による貢献は，その現実の複雑さをできるだけ一貫性のある一般理論体系の範囲内でとらえようとする試みである。これら2つのなんらか異なる視点は，一方は懐疑的であり，他方は常に十分なものに向かってもがくものであり，完全にはっきりと合致することはないが，それでも互いに相容れないわけではない。ここでのコツは，アイロニーの力を殺いだり哲学的理解の能力を使えなくしたりすることなしに，アイロニーの力を広く懐疑的に使い維持することである。「哲学的」能力を持たないアイロニーは，役に立たない。

私が使ってきた用語とカテゴリー，そして私が描く構築物の形式は，ある特定の伝統と言説に結びついていることを認めるし，また，私がする言語遊びや私がその遊びを一緒にする仲間が，私の意味づけ（あるいは意味づけに失敗したもの）を束縛していることを認める。しかし，ある人々が主張するほどにこれらの束縛が絶対的かどうかについて，私はアイロニーを抱いて疑っている。一方で，この現実世界の中の適切な現象に関して役に立つ手がかりを，私の一般理論体系が提供していると，私は信じている。その一方で，いったいそのような粗野な体系が現実の無限の複雑さをどのように表象できるのか，ましてや十分にできるのかと，アイロニーを抱いて私は思いめぐらす。

そうすると，「アイロニー的理解」は，真理が一般理論体系に居住しているとの安易な信念をアイロニーによって防ぐと同時に，「哲学的理解」が持つ理論的一般化の能力を獲得することになる。「哲学的理解」をする人が持つある特定の体系の真理に対する特徴的な信念は多くの場合硬直性につながり，すべての事柄をその一般理論体系に一致させようとする。すべてをその体系に一致させることを達成するためには，変則的事実の増加に直面した場合は特に，とてつもない知的活動が要求される。「アイロニー的理解」は一般理論体系の単純な真理への信奉を取り除くことを含む。そこで，「アイロニー的理解」の人は，さらに大きな柔軟性を持って「哲学的」能力を，動員することができる。たとえば，ある特定の知識分野から，複数の一般理論的体系が構築できるかもしれないが，「アイロニー的理解」の人はそれらのどの体系が主張する真理をも信奉することなしに，むしろ，その中から，審美性，有用性，その他の理由で選択をする。一般理論体系は選択肢を持つ視点となり，あるものは特定の目的のために，その他のものよりもよかったり有用だったりする。もはやその体系は真理の唯一の住居ではない。だから，「アイロニー的理解」の中で「哲学的理解」は存続し，その適用能力は柔軟性を獲得し，その機動範囲は拡大する。

W. H. オーデン（W. H. Auden：1907-1973）は彼の詩「数字と顔（Numbers and Faces)」の中で，小さな数字が好きな「優しい愚か者（benignly potty)」と大きな数字が好きな「ひどい狂人（horribly mad)」とを区別する。虜にするのでなく解放する道具になるアイロニーを持っていないため，ある一般理論体系の虜になる人は，「ひどい狂人」になる危険にいつも直面している。

しかし，「ロマン的理解」についてはどうなるだろうか？　英雄の超越的特質とのロマン的結びつき，極端な経験と現実の限界についての熱中，広範囲にわたる驚異の感覚などは，どのようにアイロニーと共存することができるだろうか？　モダニズムとポストモダニズムのアイロニーはそのような途方もないことには冷たい目を向けて，軽蔑ではないにしても見下した態度でロマンへの熱狂に対処するのが最も普通である。しかし，「アイロニー的理解」の中のアイロニー概念はロマンとも結合する。どのようにしてか？

この問いを取り扱うために，別のことを先に論じなければならない気がする。「ロマン的理解」が直接的に「アイロニー的理解」へとつながるのではなく，「哲学的理解」を「通して」そこに辿りつくので，それに先立つ問いが出てくる。それで，先立つ問いは，どのようにして「ロマン的」特徴が「哲学的理解」と調和できるのかということになる。「哲学的」思考様式は「ロマン的」様式を置き換えることによってだけ生まれると主張した人々によって「哲学的理解」の特徴がつくり出されたことを思い起こすとき，そのような調和はありえないように見える。

どのように調和できるのかを，マルクス主義の例を再び取り上げて示してみよう。マルクス主義の比較的単純な形式のあるものは直截的な「哲学的」特徴，とりわけ明確な一般理論体系を含んでいる。確信を抱く党員が，マルクス主義を社会的歴史的過程についての説得性ある分析としてだけでなく，強力な感情的傾倒の対象として見る姿勢に，「ロマン的」な特徴の名残りがあると考えられるかもしれない。マルクス主義の指導者たちには，いくぶん修正された英雄的特質が吹き込まれるようになった。マルクス主義の理念は，もっと小さい頃にサッカーのチームやポップ・シンガーに投影されていた超越的特質の修正されたものを多かれ少なかれ，その周りに取り込んでいる。しかし，もし「ロマン的」能力が「哲学的」能力との協同を奨励されずに抑圧されるならば，その結果は，空理空論的，計算的，冷酷で，不毛なイデオロギーになりがちである——そうなることが，あまりに多かった。

「ロマン的」特徴が「哲学的」一般理論体系に混入するのは，もちろん，マルクス主義のような偉大なメタ・ナラティブだけに限られたことではない。また，十分な発達をしていないか，抑圧されるかしている「ロマン的」特徴は，冷酷なイデオロギーにみられるだけではない。『ミドルマーチ』[*28]中でカソボーン氏は，「すべての神話への鍵」を構築し，「哲学的」能力が「ロマン的」能力を捨てて発達するときに普通みられる，生命の乾燥，衰退，不毛を完全に体現する。教育の課題はもちろん，そのど

ちらの能力もできるだけ最大に発達させ，次に続く理解様式の発達の中でできるだけ多くその前の段階の理解を維持させることである。「ロマン的理解」を「哲学的」一般理論体系にまで維持することにより，理論的活動だけでは提供できない活力と命と広い感情的な意味が，「哲学理解」に与えられる。逆に，「哲学理解」は「ロマン的」能力に，方向性とより一般的な目的と焦点を与える。

　さて，この私の言い方はまったくあからさまに体系的である。しかし，この言い方で，たいてい1つの理解様式の中で発達する能力が，次に発達する理解様式の能力によって単にとって代わられたり抑圧されたりする必要はないことを，十分に示せればよいと私は思う。2つの「理解様式」はいろいろなやり方といろいろな割合でともに働くことができる。

　それではその前の問い――「ロマン的」特徴はどのように「アイロニー的理解」の中に残るのか，またそれはどのように修正されるのか――に戻ることにしよう。どのようなアイロニーがロマンに適合できるのか。超越的人間的特質（transcendental human qualities）とロマン的結びつきを形成する能力を考えてみよう。アイロニーは，対象に超越的な意味を生み出す「ロマン的」結びつきの熱意を腐食するだろうが，まだそこに生き残るものは，結びつきを形成する能力である。最も普通にみられる「ロマン的」結びつきは，驚きに満ちたもの，極端なもの，超越的なものに対して形成されるが，アイロニーはこの能力を，もがき苦しむ隣人，貧民街の人，道路現場に働く土木工事労働者，または平々凡々な経験と結びつくために，起動させる。つまり，アイロニーは，「ロマン的理解」に特徴的な対象との束縛を腐食することによって，「ロマン的」能力の操作範囲を大きく拡大することができる。

　「アイロニー的理解」の人も，「ロマン的理解」の人と同様にサッカーチームのすばらしさや人々の必要に応える模範的な同情心や献身と結びつきを形成することができるが，同時に，反対の立場の人々のすばらしさも認め，模範的な同情心や献身を受ける人々の中にも，彼らに特有な人間的特質を認めるのにやぶさかでない。だから，「アイロニー的理解」は「ロマン的」能力を吸収できるし，また，その起動範囲を拡大することができる。

　われわれの日常生活を取り巻く拘束を最もよく克服することができる英雄的特質とロマン的に結びつく能力は，「アイロニー的理解」においても，ほとんど同じ役割を果たすために存続できる。「アイロニー的理解」では，その「克服」が，10代の若者の自由に対する憧れとか，ポップ・シンガーやサッカー選手などの英雄が持つ力に対する憧れによくみられる，超越性という少し焦点が定まらない感覚からは修正されたものになるだろう。しかし，われわれがどれほどアイロニー的になっても，そこにはまだ，日常の拘束から自分を引き離し，わだちから抜け出て，因習的思考から自由になる必要は続く。そして，アイロニーによって修正されたこの「ロマン的」能力が，自分の知的な力で自分を引き上げるためのエネルギーと力を絶えず提供してくれる。

だから,「ロマン的理解」を構成する一連の能力は,「アイロニー的理解」に吸収可能である。その能力の貢献は,ロマンに結びつくエネルギーと魅力と生命と感情的意味を与えることであり,それ無しにはアイロニーが唯我的になり冷酷で疎外的になってしまうことを意味する(ロマン的態度に対するアイロニーの影響は,冷笑的態度を生み出すと思われることが多い。私の体系では,冷笑的態度はロマン的態度の不十分な発達段階だとし,「アイロニー的理解」の豊かさとははっきりと区別される)。

それで,豊かさをもたらす「ロマン的理解」の能力を,すばらしい船「アイロニー的理解」号に乗せ,われわれの「アイロニー的理解」がコールリッジの薦める「習慣に隷属せず,風習に繋がれない魂」を確実に保つようにしようではないか★29。

船に同乗する新鮮さと驚きの感覚は,「神話的理解」の特徴を「アイロニー的理解」の中に維持し吸収することから生まれる。アイロニーはどのようにして物語構成や対概念的思考と協同できるだろうか? しかしこの疑問に答える前に,再び,「神話的」特徴が「ロマン的理解」と「哲学的理解」の発達の中でどのように存続するのかという,それ以前の問いがある。

対概念的思考のための「神話的」能力について考えてみよう。幼いときの対概念は子どもの感情の観点で概念的カテゴリーを打ち立てるのだが,その対概念の持つあからさまな対比は,「ロマン的理解」では少なくなるが,極端な経験や現実の限界を探究するときに使われ続ける。「神話的理解」に使われる対概念は,いわば,内側に閉じ込められ,外的世界の探求に適合させられる。「哲学的理解」の中では,対概念的思考はさらに改変される。対概念的思考は,「哲学的理解」の特徴である弁証法的思考の中に明らかで,それはまた,一般理論体系と特殊な変則的事実の相互作用に適合させられる。さらにもっと図式的に言えば,どのようにして「神話的」物語が「ロマン的」ナラティブに改変され,さらにそれが「哲学的」メタ・ナラティブに改変されるかを見ることになる。たとえば,グリム童話の能動的男性と受動的女性という対概念的ステレオタイプは,英雄的男性が悪を正し,悩めるか弱き婦人を救うという「ロマン的」物語になっていく。そして次には,男性が人類の中で支配的パートナーとしての役割を持つのは当然だとする「哲学的」理論になる。

しかしアイロニーが,物語構成や対概念的思考が持つ,絶え間ない修正作用の有用性を殺いでしまうというのは,確かなことだろうか。アイロニーが持つ省察力は,世界のなんらかの姿が物語形式や対概念的に表象されるときに,これらの姿はわれわれの精神が世界に押しつけているものであると,しっかりとわれわれに認めさせる。アイロニーによって,われわれは世界が物語の形をしていないと知ることができる。これらの〔物語〕構成は,出来事を特定のやり方で意味あるものとし,出来事についてわれわれがどのように感じるべきかを決定するために押しつけられている。モダニズムとポストモダニズムのアイロニストが脱構築(deconstruct)したものは,意味の構築である。彼らは,見られている事柄の中にある,それを見ている精神の役割を示

した。このようなアイロニストにとって、この認識は、自己欺瞞的幻想をやめさせ、物事について物語にならない偶然性と対面させるものである。現実はわれわれの物語がとらえる以上のものであるという事実に直面した後で、その次には、ニーチェとローティの見解によれば、われわれは自分自身の偶然的な物語を意識的につくり上げ、よく生きることを信じられるだけの十分な意味を構築できるかもしれない。しかし、われわれが意味をその上に押しつけている現実から、これらの意味が導き出されるとするような混乱した思考にわれわれは陥るべきではない。

　物語や対概念が可能にする構成力と意味構築力は、偶然性によって動員されているのかもしれないというモダニズムやポストモダニズムの見解を受け入れるのか、あるいは、ある物語やある対概念は出来事をよく反映しているので他のものよりよいと信じるのか、そのどちらであろうとも、そのような「神話的」能力がどのように修正されて「アイロニー的理解」の中で継続して使われるかを、われわれは知ることができる。

　さてまたもや、これは、どのように「神話的」「ロマン的」「哲学的」特徴が「アイロニー的理解」の中で修正されて協同作業をするのかについての、図式的で何か理想的な説明である。アイロニーは、現実についての真理をそれ以前の理解形式が露わにするという信念を剥ぎ取り、以前の理解様式が持つ拘束の中で可能であった以上の柔軟性を持って、「神話的」「ロマン的」特徴を動員することを可能にする。教育課程は一つひとつの理解様式が持つ能力の漸進的蓄積だとする場合には、通常その過程をおびやかす無数の病理があるが、私の理論はそれらの病理と無関係だという点で、この図式的説明は理想的である。〔漸新的蓄積だとする場合〕どの理解様式の発達が不十分であっても、教育課程のある部分を抜かして飛び越えてしまうことになる。その結果、失敗、半分失敗、あるいは、達成度の差といった一連の例が、われわれの周囲やわれわれ自身の中にみられることになる。

　「アイロニー的理解」に熟達していることが明らかになるのは、疑いと「無限的かつ絶対的な否定性」★30が生まれていることだけでなく、それとともに、「神話的」「ロマン的」「哲学的」思考ができ、平凡な日常生活の見方が豊かで、広範な疑いと否定性を可能性に変革する省察力を持っていることによってである。別な著書で私は、増大するアイロニーに対する2通りの反応を区別して、1つを「疎外するアイロニー」とし、もう1つを「洗練されたアイロニー」とした（Egan, 1979）。前者は、一般理論体系やロマン的結びつきや神話的物語を捨て去り、それらを抑圧する省察力を得る結果生まれる（われわれ自身の中にも他の人々の中にもみられることであるが、先行する理解様式を抑圧することは、われわれの文化史の中で知識の先達を論争で攻撃するときによくみられるものに呼応――反復？――している。前時代の洗練性の無さを恥じて引き起こされる反応かもしれないのだが）。この疎外するアイロニーはどんな視点の価値も否定し、どんなメタ・ナラティブも信じないし、すべての認識体系を不

毛だとみなす。要するに、すべてを疑う。

　洗練されたアイロニーは、「神話的」「ロマン的」「哲学的」理解を抑圧しない省察力を得ることを達成するという点が、違っている。それより前の理解様式をできるだけ維持することにより、そのアイロニーを使う人がすべての視点に価値を認め、すべてのメタ・ナラティブを信じ、すべての認識論体系を受け入れ、すべての信念に同意を与えることを可能にするような種類のアイロニーを発達させることができる。さて、これはもちろん単純化した言い方である。可能性へ開かれたこの態度は、軽信とか単純さではなく、むしろ、どこであっても、多様な意見のある世界を柔軟に快活に認めることから生まれる。上に述べたような慎重さを欠く言い方では、洗練された「アイロニー的理解」は自己矛盾に喜んで陥っているように見えるかもしれない。一方では基礎づけ論（foundationalism）[*31]に捧げられ、他方では反基礎づけ論（anti-foundationalism）に立つ。伝統的認識論や啓蒙主義の企てにも通じ、同時に、ニーチェ的な洞察とポストモダン的企てにも身を捧げる。しかし、洗練されたアイロニストは、多様理解という豊かな意識を楽しみ、広範囲で多様な視点の価値を認め、ある特定の状況で特定の目的に向かう場合には、ある視点はその他の視点に勝っていて価値があり、有効で、美しいと考えることができる。もし理解が主要な目的であれば、ある道具は他の道具より勝っている。科学は魔法に勝つし、合理性は非合理に勝つ。しかし、理解という目的以外のものも、われわれにあるのはもちろんである。中でも風変わりな目的のためには、魔法が科学に勝つこともある。洗練されたアイロニストは、これまでわれわれが考察してきた理解のための道具セットから選んで使うことに熟達している。

　疎外するアイロニーは不能を生み、洗練されたアイロニーは解放し、力を与える。私のこの教育理論の目的は、アイロニーの発達する中で、それ以前に発達した理解様式をできるだけ生き生きと維持することに他ならない。

5節　身体的理解

　さて、これまで何回か、もう1つの理解様式があると述べてきた。それは、言語使用以前の人間の経験に一番明らかに表われる理解様式である。この理解様式の存在と、その「アイロニー的理解」との協同作業は、アイロニーの感覚の包括性を拡大するのだが、それは、モダニズム的およびポストモダニズム的アイロニーというもっと過激な形式や、疎外するアイロニーとは、相容れないところに位置づけられるように見える。このもう1つの理解様式を「身体的（somatic）」と呼ぶことは、これまで議論されてきた言語的で概念的な様式とはなんらかの区別のある、一般的で具体性のある理解様式であることを示唆している。なんらか特有な理解様式として、それについて私は少ししか述べる事柄がないのだが、この時点で、これについて議論することが重要

である。なぜなら，私の「アイロニー的理解」の中にこの「身体的理解」が持続して存在することは，前に述べたさまざまなアイロニー，特にポストモダニズムのアイロニーから，私のアイロニーの概念を，さらにはっきりと区別するからである。

「身体的理解」は，順番としては一番はじめの理解様式であり，その他の理解様式の各々の段階を通して，また「アイロニー的理解」の中へと，ずっと続いていく（ここで議論するからと言って，この理解様式が，ただ「アイロニー的理解」のごく一部であるという意味ではない。これは，はじめのものが後になるという一例にすぎない）。「身体的理解」は順番としては，「神話的理解」に先立ち，続くそれぞれの理解様式が「身体的理解」を土台として発達するにつれて，ともに有効に働く。また，「身体的理解」は言語発達以前にのみ存在するのではなく，むしろ，これらそれぞれの理解様式と同様に，理想的には，われわれの生涯を通してわれわれに留まるもので，その他の理解様式の中で，いくらか修正されながら発達を続ける。

本書の草稿を書き始めてから，私はマーリン・ドナルドのすばらしい著書 *Origins of the Modern Mind*（Donald, 1991）に出会った。ドナルドは，人類学，古生物学，言語学，認識科学，また特に神経心理学からの膨大な資料を統合して，人類の先史時代と歴史時代における主な認識様式の推移について，また，それぞれの推移に含まれる現実を表象するための新しい方法と新しい文化形式について，明確な説明を与えている。彼によれば，これらの推移に影響を与えた最も一般的な3つの道具は，身体的模倣技術，話し言葉，外的シンボルであり，これらの道具は，彼が「模倣的」「神話的」「理論的」と呼ぶ文化的発達の段階をつくり出したという。彼による「模倣的」文化についての特徴は，私が「身体的理解」の用語で意味するものとあまりに似ているので，私は，自分のやや貧弱な説明を投げ捨てることにした。その削った紙面を使って，彼による特徴づけに言及し，その際立った特徴をここに要約し，私の説明に豊かさを加えることにしよう。

もちろん私の反復説体系は，ドナルドの一般的議論とはかなり違う。しかし，先史時代の模倣的文化についての彼の説明は，その文章の中で，言語使用以前の今日の子どもの能力の例をよく引き合いに出していて，注目に値する。彼がそうするのは，先史時代の文化形式と精神的特徴は，進化論的遺伝法則または文化的推移の基本的形式によって，今日まで存続しているという彼の議論の結果である。たとえば，彼は次のように主張する。

> アイブル=アイベスフェルト★[32]の示した証拠によって，模倣による表象の層（mimetic layer of representation）が表面下にどのように存続しているかがわかる。それは，世界中に存続する形式の中にみられるが，必ずしもそれは，遺伝子的なプログラムによるものではなく，模倣（*mimesis*）が人間に特有な古代の原文化の核を成すからである。どれほどわれわれの話し言葉文化が進化しても，また，われわれの周囲の豊富なシンボ

ル素材がどれほど洗練されていても，模倣による台本は今でも，人間社会の交流の中で表現の中心を成す。　　　　　　　　　　　　　　　　　　(Donald, 1991, p.189)

　彼はさらに続けて，「現代人間社会における模倣による表象パターンの使用は，［言語や読み書き能力のような］後から獲得された認知能力の使用とは区別されて存続している。事実，模倣による文化の痕跡がわれわれの現代文化の中にまだ埋め込まれているし，模倣の精神が現代人間精神の全体的構造の中に埋め込まれている」(p.163)とする。同様に私も，「身体的理解」は先史的な形式と，それが反復される幼児の発達の両者から引き継がれ，現代成人の「アイロニー的理解」の中へと存続していく，と主張する。

　ドナルドは，模倣（*mimesis*）が意味するものを，物真似（mimicry）や見倣い（imitation）とは区別されるものとして明確化する。物真似は，そっくりそのまま，ある出来事や行動を再現しようとすることだ，と彼は指摘する。それは多くの動物が行なうような文字通りの写し替えで，オウムが他の鳥や人間の声を真似するように，他の動物の表情や音を丸写しする。見倣いは，文字通りの写し替えではなく，子どもが両親の行動を写し替えするときにみられるように，子どもは両親の行動の全般的パターンに倣うが，細部までそっくりそのまま物真似するわけではない。「模倣は見倣いに表象的次元をつけ加える」(p.169)。それは，悲しみを示すために顔を覆うようなしぐさをするときにみられる。であるから，模倣には「意図的な表象の工夫」(p. 169，強調はドナルドによる) が含まれているので，他のものと区別される。また，聴衆の前での演技は，猿や他の動物に可能な範囲を越えて，意図を伝達する。「真似する技術あるいは模倣は，意識的・自発的な表象的演技を創造することによる。それは意図的な演技であるが，言語上の演技ではない」(p.168)。

　ドナルドによれば，「模倣」文化の発達にとって決定的なことは，「個人が持つ自身の身体と空間でのその身体の動きが，どのように頭の中で表象されたか」(p.189, 強調はドナルドによる) である。「模倣」による文化の主要な構成要素はドナルドによって，次のように要約されているので，私の「身体的理解」についての特徴づけを完成するために，私はこれを使わせていただこうと思う。

- 意図的である（intentionality）：誕生から数か月のうちに，親の眼差しに意図があることが感じられる様子で，人間の赤ん坊はその眼差しを，自分を見つめる親の眼差しに合わせて動かすことができる (Scaife & Bruner, 1975; Churcher & Scaife, 1982)。もう少し経つと，赤ん坊は他人の注意を引くために何かを指差すことができる。これらは，チンパンジーにはない技術である。
- 生成力がある（generativity）：身体的動作は構成要素に分けることができるし，また，新しい出来事を表象するためとか何か新しいことを伝達するためなどと

いった，他の目的のために再合成できる。この人間の能力には，猿には欠けている生成的要素がある。ドナルドは，幼い子どもが遊ぶときの動作の実行・練習・上達について述べながら，その生成的要素を叙述する。遊びの中で，持ち上げる・笑う・叩く・転ぶ，というような同じ基本的動作が出来事を表象するために新しい展開に再合成される。「人間の子どもは，その日の出来事を再現することをいつも繰り返すし，両親や兄弟姉妹の行動を真似することを繰り返す。子どもは，彼らが表象した出来事について省察する以外の何の明らかな理由もなく，何度もそれらの行為を繰り返す」（Donald, 1991, p.172）。

・意志伝達力がある（communicativity）：模倣行為は，たいてい人前で行なわれる。意志伝達がもともとの理由でなかった場合でさえ，その行為はその社会的集団の中で意志伝達のためにすぐ改変される。

・指示的である（reference）：人間は，非常に幼い頃から，けんかの真似のようなごっこ遊びの出来事と，本当の出来事，つまり本当のけんかとを区別する。人間は，表象することと表象が指示する事柄とを，すぐに区別できる。

・対象は無限である（unlimited objects）：模倣は具体的でエピソード的な表象に限られている。しかし，表象される出来事には制限がないように見える。

・オートキューの装置を持つ（autocueing）：「模倣行為は内的で自家生成される合図（キュー）をもとに，再生可能である。これにより，外部からの合図の助けがなくても，模倣的な表象を自分で思い出すことが可能になる——おそらく，最も早期に起こる表象的『思考』であろう」（Donald, 1991, p.173）。このようなオートキュー装置に例証されるものは，知的な自律性と生成能力である。これこそ，人類に固有なもので，その発達がこの惑星の動物種族の中でわれわれをこのような奇妙な成果を得るまで導いてきたものである。

これらの技術が先史時代の共同体でよくみられるようになると，その社会的結果として，「習慣，ゲーム，それに表象活動が集団として考案され維持される」（Donald, 1991, p.173）ようになったのだろう。これらの技術により，その社会集団の個々人による再考案の必要もなしに，知識の共有が可能になった。人間の子どもたちは，自分の役割，両親や兄弟姉妹の役割等々を演じて，遊びの中で社会構造全体のひな型をつくる。棒切れとボールを使うような模倣によるゲームは子どもの文化の中では，普遍的にみられるものである。そして，模倣によるゲームが，言語を使用することなしに社会的役割や性別の役割を決めるのに役立つことがよくみられる。たとえば，手話を学んだことがない耳も聞こえず話しもできない子どもも，他の子どもとなんら変わりなくこれらのゲームをする。これらのゲームは，狩猟や，役割分担を持つ社会組織，道具づくり，教育（その社会がもつスキルを子どもに教える模倣による訓練）の，儀式的な協同作業を支える通常の活動パターンを例示している。

人類の過去において，模倣の技術は，道具づくりや狩猟のような社会的な共同作業上，非常に実際的な成功をもたらした。「しかし，その最も大きな重要性は，その集団的ひな型づくりであり，それに伴う人類社会の構成であっただろう。模倣による文化は巧妙で安定した適応方法であり，100万年以上もの間存続した人類が生き延びる方策でもあった」（Donald, 1991, p.200）。それは，大昔に発達し動員された，ある種の認知的道具セットに基礎を置く生き延び方策で，この認知的道具セットは今日の幼い子どもにも少し違ったやり方で取り入れられている。ほとんどのこれらの道具は，遺伝的要素の発露により，幼い子どもの中に発達するものである。いったん発達すると，これらの道具は，明確に人間的ではあるが，言語によらない特有の理解様式を生み出す。その理解様式の特徴は，意図的，生成的，意志伝達的，指示的等々である。

私のこの理論で「身体的理解」の重要性を強調するのは，具合が悪いように思われる。なぜなら，そうすることは多くの著名な哲学者によって，ほとんど当然とされているものと対立するからである。多くのモダニストとポストモダニストの理論は，人間の理解は基本的に言語的理解であるとの想定の上に成り立っている。「言語がそれに即している必要があるような，前言語的意識などわれわれは持っていない，そして哲学者に言語化することを義務づけるような，事物の在り様に関する深層の意味などない，というのが，私の見方にとって不可欠なことだからである」とローティは述べる（Rorty, 1989, p.21／2000, p.47）。これは，先進的思想を持つさまざまな学派を結束させている現代の憶測★33である（Norris, 1993, p.289）。われわれは言語以前の意識を確かに持っているし，もっと悪いことに，この意識は一時的に言語以前の時期に存在するだけでなく，人生を通してずっとわれわれに留まっている理解様式の一部であるように，私には（またその他多くの者にも）思える。読み書きができるようになってもわれわれは話し言葉を使うことをやめるのではないのと同様に，われわれは言語以前に持っていた理解方法を捨てるわけではない。「身体的理解」が何か共通の「人間的本質」の構成要素であるという意味ではなくて，単に，われわれは言語的ではない１つの明確な人間的方法でも，世界を理解しているという意味である。

人間の経験は「本質的に言語的である」（Gadamer, 1976, p.19），われわれは「具体的な姿をとった語彙だ」（Rorty, 1989, p.80／2000, p.167）のような見解は，多くの部分がウィトゲンシュタインの『哲学探究』★34の中の「言語ゲーム」についての議論から引き出されている。これらの議論は，基盤としての地位を確保する格闘――リオタールがその役割を演じているとローティが非難している混ぜこぜの比喩的芸当（Rorty, 1991, pp.215ff.）――の過程で，時には混ぜ合わされ単純化されてきたとしても，ポストモダニズムにとっては中心的なものである。ウィトゲンシュタインの関連議論は，言語は現実をとらえ叙述するものというよりは，むしろ，われわれにどのように現実が見えるのかを叙述するものであるという見解を支持する。たとえば，短い空洞の円筒で，片方の端は閉じていて側面に陶器の取っ手がついているものが，あな

たにはコーヒーマグとして見えるが，短い空洞の円筒で片方の端は閉じていて側面に陶器の取っ手がついているものとして見えるわけではない。われわれの言語，概念，文化的経験，社会生活，歴史によってわれわれのために事物が構築されるままに，われわれは事物を使うし事物を知る。

　さて，「アイロニー的理解」は，「神話的理解」「ロマン的理解」「哲学的理解」すべての特徴から，おおよそ成り立っているが，翻ってそれらの特徴は，言語発達の度合いによって決定される。それで，世界についてのわれわれの理解において，言語が重要であるという考え方は，すでにはっきりと議場に出されている。今考えるべきことは，人間の経験が「本質的に言語的」であるとの考え方に修正を求める議場に，何か他のもの――おそらくは，もっと穏健な「だいたいにおいて言語的である」というような考え方――を持ち出さなければならないのかということである。

　私の議論にとって重要な点は，言語使用前のとても幼い子どもが世界について理解をしているという事実である。これは「動物」の視点ではない。明確に人間の世界「把握」である。子どもの世界「把握」は，明確にわれわれ人間の視点，われわれ人間の頭脳，精神，心，われわれの身体が適応するときに動員するその他何であれ，それらを使ってわれわれが最初に物事を理解する方法で構成されている。バーナード・ウイリアムズ★35は，人間が人となる道筋は，言語と社会化だけから実現するという見解に反対する議論をした。「6歳，あるいは2歳の子供と生活したことのある人ならば，そういう子供を，人格をもつ人間だと考えるはっきりした理由をもつものである」（Williams, 1985, p.114／1993, p.190）。これにつけ加えて私が言いたいことは，赤ん坊が成長する様子を見守ったことがある人なら誰でも，言語の発達がその個々人のなんらかの始まりをはっきりと画すのではなく，むしろ，言語が個々人に新しい表現様式を与えることに気づくという点である。この新しい表現様式は大変重要であるが，個々人はその表現様式を，前段階の理解様式の発達とともに連続して使う。つまり，言語の発達は，個々人の発達の過程の中で，ある重要な非連続点を画すのではない。むしろ，個人として認められるに価する個別の人間は，自分が手ほどきを受けた共通の言語を，自分の個別の必要に合わせて使うのである。

　それで，皆様はコーヒーマグを，短い空洞の円筒で片方の端が閉じていて側面に陶器の取っ手がついているものとして，見ることもできる。それには少し努力が必要とされるが，その工芸品の特殊性を，文化的目的から切り離して再認識することができる。コーヒーマグや本としてではなく，丁寧につくり上げられた工芸品そのものとして，あなたのコーヒーマグを長い間見つめるか，この書物のことを考えてみるとよい。木材のパルプからつくられ，同じ大きさにみごとに切断され，なんらかの方法で，片端が綴じられ，3方は綴じられておらず，伝統的ないろいろな形のインク跡がついている，何枚もの紙を考えてみるとよい。その「a」の文字が，アルファベットや音と関係がなくなり，単なる形になるか戻ってしまうかするまで見つめてみよう。「本」

という言葉を考えてみよう。そして，何度も声に出して繰り返し，この工芸品との連想が消えて，奇妙な音になるか戻るまでやってみよう。ハムレットの「言葉，言葉，言葉」も試してみよう。20回か50回やってみて奇妙な音がその意味との連想を失い，人間がつくり出すおかしな音になるまでやってみよう。

　われわれは言語を持った人間である前に人間である（人間に特有なこととして，「はじめから」頭脳には言語の「モジュール」が特別に付与されているとするチョムスキーの理解を私は認めるが，私がここで言語と言うとき，それは，特定の社会や言語集団の中で発達する〔意識に上る〕明確な言語を指している）。社会化された意識層の下では，われわれ一人ひとりは特有で個別の意識体である。われわれは1人で生まれ，1人で死ぬ。その間に挟まれた短い期間，われわれの言語，歴史，文化のもとで，また，社会化されているという自覚を持って，われわれは1人で生きる。ラドヤード・キップリング★36の悪魔がトムリンソンに思い出させたように，われわれは罪を2人で犯すが，それを1人ずつ償う。これは，われわれが社会的存在である――「人間は社会的動物である」――とともに，そのうえ決定的に1人であると認めることを意味する。われわれの特有で個別の意識は生き生きとしていることもあれば，霞んでいて抑圧されていることもある。

　さて，読者の中には，そのような観察は自分の経験を正確に述べているとは思わない人がいるかもしれないことを，私は認める。ある人は，これを私の告白録として見て，慰めの葉書を送ることさえ考えるかもしれない。でも，私は何か病理的な状態を述べているのではない。われわれの社会化された経験が抑圧しがちな，人間存在のある面を指摘しているにすぎない。夜中に目が覚めて，横を向くと自分の伴侶の頭の輪郭が見える。そしてそのまぶたの下で目が微かに動くのに気づくかもしれない。人生の隅々まで，その人と何十年も分かち合ってきたのかもしれないが，側に眠っていてそれほどよく知っている人の頭の中にあるイメージや感情をはっきりと推し量ることができないとわかり始める。それで，人は暗闇の中で自分の枕に頭を戻し，1人の世界に戻る。われわれの共有する経験，言語，文化，歴史は，われわれの頭脳の活動を拘束し社会化する。しかし，眠りの境界域にあふれ出て瞬くイメージであるかのような，夢の中の劇的なイメージや「夢うつつの幻」（参照：Alvarez, 1995）は，外界をブレなしに把握させる視点の制御が利かない間に，脳神経が勝手に働いてつくり上げる一種の思考である。このような特有で個人的な精神世界は最初からわれわれに備わっている。イメージ的で，具体的で生き生きとしたその思考形式はわれわれの人生を通して存在し，言語の外でも「下」でも終わることなく活発に働く。目覚めていて外界への視点にブレがないときも，この個人的な精神活動は特有性を維持し，世界について固有な「とらえ方」を提供する。それは，最もエネルギーを持つ詩的な知性が，その課題にとって言語が不十分であることをいつも認めながらも，言語の中でとらえようとするものである。世界についてのこの特有な「とらえ方」を誇張することがで

きる一方で，現在流行しているように，われわれの理解を媒介する言語の働きの範囲を誇張することもできる。それぞれの理解様式の十分な発達を求める私の理論における教育概念によれば，われわれの経験の固有性と孤立性の感覚とともに，「身体的理解」を発達させ維持することは重要になる。この教育体系は，人類の社会化を麻痺させる動きをかわすために，「身体的理解」様式を豊かに生き生きとさせる方法を探すように要求する。

　人間の言葉を越えて，身体から発せられる知識の感覚は，もちろん詩にはよくみられるものである。またそれは宗教的体験においてもよくみられる。ウイリアム・ジェイムスはこのように言う。

　　哲学は言葉のなかで生きているが，真理と事実とは言葉による公式化を超えるような仕方で私たちの生活のなかに湧き出てくるのである。知覚という生きた活動のなかには，常に，光り瞬いて明滅するものがある。それは捕らえられることを欲せず，反省では遅すぎて捕らえられないものである。　　　　　　　　　　（James, 1902, pp.446-447）★37

　明らかに言語を越えていると主張される意識について人間が常に発言を試みてきた事実は，言語で十分に表現する必要がある，前‐言語的意識などわれわれは持っていないというローティの主張を否定はしない。しかし，人々が言葉にできない何かについて，常に言われてきたこと——「口にも出さず，考えを述べてもいないのに／心が聞いたことを霊は言い当てる」（ジェラルド・マンレイ・ホプキンズの詩「春と秋」★38——は，私が「身体的理解」の中に含めたいと思うものの一部である。「心が聞いたことを霊は言い当てる」というホプキンズの詩は，身体の中で冷厳として否定できない言葉で言い渡される年齢を重ねる過程を表わす。歯痛と同じように，年齢を重ねていく意識は，言語，概念，歴史を越え，多様な，中心的でない言説も越えてずっと続く。言語は，最も扱いにくい経験さえも「媒介」できるものだが，年齢を重ねる過程を達成，勝利として，また持続する成長の状態として表象し，この言語の力が人間の認識に究極的重要性を持つことを指し示すと結論するのは，誇張にすぎないように思える。人間の認識に関する現代の多くの理論モデルでは，言語は確かに一番主要な位置を与えられる傾向にある。マーリン・ドナルドはこのように言う。「言語はたいてい，認識活動のピラミッドの頂点に座する。しかし，言語はより広範囲な文化的文脈の中で進化し，使われ続ける……。人間の文化の中で……言語はすべての活動分野で同じように使われているわけではないし，意思疎通と思考の唯一の手段でもない。言語は特定の目的に「捧げられた」体系である。それは，特別な適用をされる特別な体系であり，一般的目的を持つ装置ではない」（Donald, 1991, p.201）。

　ウラジミール・ナボコフ★39が晩年にインタビューされたとき，彼は少し奇妙な手続きをとることを主張した。インタビュー者は，前もって質問を文書で提出しなければ

ならなかった。そして，ナボコフはそれに対する答えを書いた。実際のインタビューは，インタビュー者が紙に書いた質問を読み，ナボコフがその答えを読むというものだった。もしインタビュー者が文書からそれると，直ちにインタビューは終わりになった。今私は確かめることができないが，遠い昔の記憶を思い出す。25年か30年前のことだが，ロバート・ロビンソン[40]がナボコフにインタビューして，その結果をある英国の日曜刊行紙に投稿した。質問の1つにこのようなものがあった。「あなたはなぜこのような奇妙なインタビュー手続きを踏むのですか？」。これに対するナボコフの答えはおおよそ次のようなものだった。「私は天使のように考えるし，熟練した職人のように執筆できるが，話し方は愚か者のようになるからだ」。

多くの人々が——その中のほとんどはナボコフのようにははっきりとした根拠がないかもしれないが——天使のように考えると信じているのは明らかである。そしてその考えを言語に移し変えるとその天使的な考えに何か悪いことが起こる。われわれの言語が正直で本当のことを反映し伝えようと必死になるべき対象としての超言語的で「天使的な」意識が存在するというよくみられる考え方は，それ自体では，そんな意識は存在しないと主張する人々と議論するための十分な理由にならないのは明らかである。しかし，ローティが主張するような，言語の下にあって言語を拘束できる層を知る道はないという信念も，同じように，正当性のあるアイロニー的懐疑に対しては，脆弱な議論であるように思われる。

「身体的理解」は，「アイロニー的理解」に言語を越えた何かを提供するし，「身体的理解」の後にくるすべての理解様式に対して基礎となる何かを提供する。それは，「哲学的理解」の中に求められたメタ・ナラティブ的な基礎となる様式ではない。意識の身体的基礎とアイロニー的で柔軟な言語上部構造の間にある緊張は，アイロニー的言語使用者に超言語的経験の理解を可能にする。このような「身体的」経験は，言語の下の層に，われわれの言語がその対象に向かって真実であろうとしてもがくことができる何かを提供するし，その真実とは，言語使用仲間との同意以上のローティ的な何かであるはずだ。

> 一般的に……アイロニーに関する最も決定的な事柄は，意識した言い方や書き方の領域にあり，言語的正確さや意思疎通や真理についての理解の問題に関係する。表現のアイロニー的方法は，多くの言語上の策略を通して，少なくとも間接的に，言語にならないものを明瞭にすることによって，普通の議論や率直な話の制限を越える試みとして，また，直接的な意思疎通の範囲を越えたことを成し遂げるものとして，述べることができる。しかしながら，この態度は自動的に，普通の理性や理解に対する攻撃となる……ソクラテスがその態度を持つ集団の最初の例だった。
> (Behler, 1990, p.112)

われわれの「身体的理解」を含めて，言葉にならないことを明確にする方策が，ア

イロニーとして最も人々の間で認知されているものである。前に挙げた「ボリンブルックは聖なる人間だ」を例にとれば，このような単純で馬鹿げた主張の，話し手と聞き手の間に醸し出す何か不可思議なものが，ここにはある。それは，明確にしようとわれわれはいつも試みているにもかかわらず，明確にできる可能性を越える理解の姿があるという感覚である。アイロニーの省察力はこの感覚と絡み合っている。そして，ついでに言うが，アイロニーのこの決定的姿がローティのリベラル・アイロニストには大きく欠けている。彼は深い意味で解放的であるが，この決定的点に関しては，アイロニーの方策のそもそもの目的を切り捨てているようにみえる。

「身体的理解」という知的道具は，言語の発達につれて消えていくものではない。ドナルドも指摘しているように，言語は進化するにつれ，より広い文化的文脈の中で使われ続ける。より広い文化的文脈を持つ現代の人間にとっての基本的要素は，言語以前の「身体的理解」あるいは「模倣」による文化が精神構造の中に持続していることである。この明確に人間的な理解様式から，遠い昔に言語は生まれたのであり，現在も日々幼い子どもの生活の中で生まれている。われわれが発達させる言語的理解の多様な形式は，このような認知的で文化的な源から生まれたというはっきりとした痕跡を留めている。

6節　結論

アイロニーには多くの種類がある，または，アイロニーの表現が多様な形式をとる多くの文脈がある，とも言えるかもしれない。これらの種類あるいは文脈の中に，さまざまな程度のアイロニーが段階的に連なっている。私は，アイロニーの中心にある省察力について省察することを優先したので，それらの段階をおおよそ無視した。この省察力は，他の人について自分が抱く問いや疑いなどを，自分自身の理解，自身の理解様式，自身の信念や意見に当てはめてみることを可能にする。この省察の能力の中には，審美的，知的次元と同様に倫理的次元が伴っていることを，われわれはシュレーゲルとともに認めることができる（参照：Handwerk, 1985）。このようにして，「アイロニー的理解」は，われわれの同情心と感受性をわれわれとまったく似ていない人々にさえ向けて拡大することを要請する。これは，ローティのリベラル・アイロニストと共有する教育目的である。「われわれ」と似ていない人を対象外の集団として，われわれ自身を自己規定し，その結果，より少ない同情心，より少ない感受性，より少ない人間的感情を抱いてそれらの集団の人々に接することをやめ，われわれはもっと広くもっと広がりのある集団を「われわれ」という範疇の中に含めることを求める。

これまで述べてきたこの理論によれば，最初の理解様式は身体的である。その後，われわれは言語を発達させ，社会性のあるアイデンティティを発達させる。その後，

読み書き能力を発達させ，それから一般的真理を表現する抽象的論理的形式を発達させる。その後，言語で明確にされる世界の表象について広範囲な疑いをもたらす省察力を発達させる。しかしアイロニーは，言語の字義的形式が含めることができない意味を，言語に載せる一般的方策である。また同時に，「アイロニー的理解」は抽象的・論理的能力，読み書き能力によって刺激されたさまざまな能力，話し言葉の翼を持つ語彙や自然界にあるわれわれの身体的基礎をも含む。

訳注―――――
- ★1：トラシュマコスの発言「これが例のおなじみの，ソクラテスの空とぼけというやつさ」。
- ★2：話し言葉における方言（dialect）に対応する書き言葉のさまざまな形を指す造語で，grapheme + lect ＝文字・記号＋方言からなる。1964年にアメリカの言語学者エイナー・ハウゲン（Einar Haugen：1907-1994）によってつくられ，標準語重視の教育に疑問を投げかける語となった。
- ★3：第4章訳注★2を参照。
- ★4：『ソクラテス以前哲学者断片集』第1分冊，内山勝利（訳）岩波書店，1996，p.345.
- ★5：ヴラストス（Gregory Vlastos：1907-1991）　ギリシアの古典哲学研究家。ソクラテス，プラトンに関する研究で知られる。
- ★6：この言葉は英語版の'The Hazard of Modern Poetry'という章にみられるが，青木らによる邦訳（1969）にはこの章は収められていない。
- ★7：A. E. ハウスマン（Alfred Edward Housman：1859-1936）　英国の古典学者，詩人。
- ★8：原著の参考文献にはミカの1970年の著作は2つある。邦訳のある1970aにはこれらの言葉は見当たらないので，1970bからの引用だと思われる。
- ★9：キケロ（Cicero：紀元前106-43）　ローマの政治家，哲学者。
- ★10：クインティリアヌス（Quintillian：紀元前35頃-100頃）。
- ★11：『弁論家の教育』（1）（2），森谷宇一ほか（訳）京都大学学術出版会，（1）は2005，（2）は2009.
- ★12：この引用の邦訳は『キルケゴール著作集9　哲学的断片への結びとしての非学問的あとがき』，杉山好・小川圭治（共訳）白水社，1970，p.209にみられる。
- ★13：怪力の持ち主サムソンがペリシテ人の捕虜になったとき，自分が鎖でつながれていた広間の2つの柱を引き倒し，敵もろとも自分も建物の下敷きになって死んだ故事に基づく表現。『旧約聖書』「士師記」16章25節参照。
- ★14：ティムール（Tamerlane／Tīmūr：1336-1405）　1370年にティムール朝を創設し，その後中央アジア全域を征服したモンゴル人。
- ★15：『プラトン書簡集』山本光雄（訳）角川書店，1970，pp.40-41.
- ★16：プラトンはペロポネソス戦争の後の30人政権に失望して，参加はしなかった。しかし30人政権の崩壊後，公的な政治活動への意欲をこの第7書簡で述べている。
- ★17：ジョン・ダンの詩「一周忌の歌（この世の解剖）」からの一節。『対訳　ジョン・ダン詩集』，湯浅伸之（訳）岩波書店，1995，p.179.
- ★18：ベンジャミン・コンスタン（Benjamin Constant：1767-1830）　スイス生まれのフランス人政治家。ナポレオン失脚後のブルボン王朝復古に反対した。雄弁な演説家として知られる。
- ★19：フリードリッヒ・シュレーゲル（Friedrich Schlegel：1772-1829）　ドイツの文芸批評家，詩人。
- ★20：哲学者モーゼス・メンデルスゾーンの娘。作曲家フェリックス・メンデルスゾーンの伯母。

★21：コールリッジ（Samuel Taylor Coleridge：1772-1834）　英国ロマン派の詩人。彼は，2種類の想像力について述べている。想像力を2種類に分類する考え方はカントなどにもみられ，主としてイメージの想起を意味する「再生的想像力」と，今まで考えられることのなかった新しいことを思い浮かべる能力としての「想像的想像力」という区別であり，これが現在にいたっている。

★22：モーセの問いに対して，神が啓示した神の名「わたしはある（I am）」『旧約聖書』「出エジプト記」，3章14節

★23：『文学評伝』桂田利吉（訳）法政大学出版部，1976, p.194.

★24：J. B. S. ホールデン（John Burdon Sanderson Haldane：1892-1964）　イギリス生まれの遺伝学者，進化論生物学者。

★25：『ニーチェ全集8　悦ばしき知識』，信太正三（訳）ちくま学芸文庫，1993（原著出版は1882）。

★26：アイルランドの守護聖人パトリックの祭りで，3月17日に世界の各地で祝われる。

★27：『対訳　ジョン・ダン詩集』，湯浅信之（編）岩波書店，1995, p.177.

★28：女流作家ジョージ・エリオット（George Eliot：1819-1880）（本名はメアリー・アン・エバンズ）の小説。工藤好美・淀川郁子（訳）講談社，1998.

★29：参照：R. A, Foakes (Ed.). (1987). *The Collected Works of Samuel Taylor Coleridge, 5(2): Lectures 1808-1819 on literature*. Princeton, N.J.: Princeton University Press, p.503.

★30：『キルケゴール著作集21　イロニーの概念』（下），p.167.　強調はキルケゴールによる。

★31：「基礎づけ論」はある信念の基礎となる絶対的に正しい根拠があると信じる立場であり，「反基礎づけ論」はそのような根拠などないとする考え方である。

★32：アイブル=アイベスフェルト（Irenaus Eibl-Eibesfeldt：1928- ）　オーストラリアの動物行動学者。動物行動学研究を人間行動に応用しヒューマン・エソロジーを確立した。著書に『ヒューマン・エソロジー――人間行動の生物学』，日高敏隆（監修）・桃木暁子（訳）ミネルヴァ書房，2001がある。

★33：理性的な根拠を欠く憶測のこと。プラトンにおいては，イデアによって裏づけされた真の知識と対比される。

★34：『哲学研究』，藤本隆志（訳）大修館書店，1976.

★35：バーナード・ウィリアムズ（Sir Bernard Arthur Owen Williams：1929-2003）　イギリスの哲学者。

★36：ラドヤード・キップリング（Rudyard Kipling：1865-1936）　イギリスの詩人・作家，『ジャングルブック』で知られる。「悪魔がトムリンソンに…」の部分はキップリングの詩「トムリンソン」への言及。

★37：James, W. (1902). *The varieties of religious experience: a study in human nature*. ウィリアム・ジェームズ『宗教的経験の諸相』（下），桝田啓三郎（訳）岩波書店，1970, p.297.

★38：ジェラルド・マンレイ・ホプキンズ（Gerald Manley Hopkins：1844-1889）　イギリスの詩人，イエズス会の司祭。詩「春と秋」では，Margaretという春を象徴する名前を持つ子どもが，秋に葉の散る様子を見て，口には出せないが漠然と，人生に起こる冷厳な死という事実を思い描く。

★39：ウラジーミル・ナボコフ（Vladimir Vladimirovich Nabokov：1899-1977）　ロシア生まれの作家・詩人・昆虫学者。ヨーロッパとアメリカで活動した。

★40：ロバート・ロビンソン（Robert Robinson：1886-1975）　イギリスの化学者。1947年にノーベル化学賞を受賞した。

第 6 章
質疑応答

　教育に関して受け継がれてきた3つの主要な理念——「社会化」，プラトン的「学問」，ルソー的「発達」——は単独でも一緒にしても適切な理念とはならないことを，これまで論じてきた。その議論からすれば，これらの理念から生まれた教育のための実際的処方箋も不適切だということになる。これらの理念に代わって，私は新しい反復説の体系を提案してきた。それは，なんらかの区別ある理解様式（somewhat distinctive kinds of understanding）——身体的，神話的，ロマン的，哲学的，アイロニー的理解——を支える知的道具の発達に基づく体系である。これまで概観が述べられてきたこの体系が，どのようにして総合的な教育課程につくり上げられるかは，これから追求される課題である。その試みのいくつかを第7章と第8章に紹介することにしよう。しかし，この体系の多くの特徴についてのさまざまな反対意見を，すでに読者の皆様は抱いておられることだろう。そこで本章で，皆様が抱かれると予想される反対意見に対してお答えし，この理論をさらに明確にしてみようと思う。

　この体系は学問領域のかなり広い分野に少しずつまたがっているので，反対意見の領域も同様に広範囲で種々さまざまなものになるだろうと私は予想する。皆様が疑問を抱かれるような特徴について，きちんとした順序で，あるいは順序不同に，だらだらと続けて組織的な説明はしないことにする。その代わり，読者の皆様には，たいていの場合多様な背景を持っておられる学会参加者のつもりになっていただき，尋常でない忍耐力を持ってこれまでの章で私が述べてきたことに耳を傾けてくださったとしよう。そしてやっと今，皆様が質問したり，意見を述べたり，悪口を浴びせたり，あるいはお金を投げてくださったりする時間になったということにしよう。私が皆様の代わりに質問を出し，それに私が答える。予想される懐疑的な読者を代弁する「司会者」として時には発言をさえぎってさらに補助的な質問をし，それに私が「著者」として答えることにしよう。この手法で，皆様の心の中には，私がマイクをつかんで講壇から聴衆の間に駆け下りて質問をし，答えるためにまた講壇に駆け戻る私のイメージが浮かび上がることだろう。しかし，これは，多様な質問を取り上げるため私が思いつく，できる限りよい方法となる。

　このような手法でも完全に満足のいくものとはならないかもしれない。私があまりにも深く考えすぎるか無知でありすぎるために気づかずに，ここに取り上げられることさえない反対意見をお持ちの読者にとっては特に，不満足なものになるかもしれない。しかし本章を，これらの理念が追究に価すると考える方々の間での，予備的な議

論だと考えるといいかもしれない。なんといっても，われわれは電子工学の時代に生きていて，この時代に，印刷された書物が完全で決定的で権威ある叙述をするという考えは重んじられないのは当然である。われわれが書物に書くことは，会話を単に気取って引き伸ばしたものにすぎない。明日であろうと昨日であろうと，著者は今日と違うことを書くかもしれない。書物は，われわれが言葉に置き換える思考に対して，不十分で半永続的なものである。

それで，私はここに私のメール・アドレスを書こうと思う。どなたでも意見や疑問や関連する考えをお持ちの方は，Kieran_Egan@sfu.ca宛に送っていただきたい。私は一人ひとりにお答えするつもりだし，意見と返信，その返信の返信のファイルをつくって，さらに続いて送られてくるメールに，そのファイルを添付しようと思う。しかしながら，さらによい方法は，私のホームページ（http://www.educ.sfu.ca/kegan/）上で，多くの質問と答えをご覧になって，そこでの議論に参加していただくことである。

次の質疑応答では，私の理論のいくつかの全体的特徴を明確にするつもりで，簡単な質問から始めることにしよう。その後で，もう少し手ごわい多様な反対意見に移っていこう。さて，どこから始めるとしようか？

Q：えー。早速ですが，すみません。ずっと一生懸命にお話を伺っておりましたが，呑み込むのは簡単ではありませんでした。全体像と細部を一度に理解するのが難しかったです。それで，この時点で，あなたが提案なさっている理論の大要を短くまとめていただけると大変理解に役立つと思います。あなたの言い方をすれば，「反復」をほんのちょっとお願いします。

A：おっしゃるとおりです。どこであろうとすべての人間の精神は，ほとんど同じであるという想定から，私は考えを進めています。つまり，世界と経験についての理解の仕方に人々の間で一般的な違いがあるのは，遺伝的要素ではなく，人々が動員するさまざまな知的道具から主に派生してくると，私は考えているということです。たとえば，「神話的理解」は，遺伝的に「原始的」な精神とか未熟な精神から生まれるのではなく，遺伝的には似通っている精神が動員する，いくぶん異なった知的道具から生まれるということです。

司会者：ちょっと待ってください。最初から問題があるようです。まず，「ほとんど」とはどういうことですか？　正確な学術語になっていませんね。それに，「一般的な違い」とか「主に」などの用語もあります。

著者：この理論に対する関心の高まりを考えれば，人々の思考についてわれわれが気づく違いは，使われている知的道具の違いによるものだとして十分に説明できると，私は主張するものです。年齢，性，人種または何であろうと，それによる思考の違いはあるかもしれませんが，もしあったとしても，これらの違いは，私が考えてき

た認知的道具の影響に比べれば，理解様式の特徴を述べることに，ほとんど役に立たないように思えます。

司会者：あなたが言っておられると私が思う内容は，あなたが本当に言いたいことなのか，私には確信がありません。これらの理解様式の発達においては，年齢すらも重要ではないと言われているようですね。本当にそういう意味ですか？ この場には，多くの発達心理学者も出席しておられることをあなたはご存知だと思います。その方たちは，あなたの主張は馬鹿げていると考えるでしょう。

著者：もちろん，誰でも変人だと思われたくはありません。年齢がまったく影響しないとは私も思っていません。しかし，それがどんな影響を持つのかを，その子どもが育っている社会的文化的文脈から離れて査定することは非常に難しいし，おそらく不可能でしょう。年齢が子どもの理解発達にどんな影響を持つにしても，その影響は，理解様式発達のもっと総合的なカテゴリーの中で，付帯的なものとして組み入れられると，私は言いたいのです。

司会者：その発言をそのままにするわけにはいきません。年齢つまり成熟過程は査定できず，その一方で言語発達や理解様式は査定できるとおっしゃりたいのですか？しかしそれでは，まったく逆さまなことをあなたは考えておられることになります。言語発達は，年齢や成熟過程の関数なのですから。

著者：成熟過程が言語発達や私の述べる知的道具に結びつかない文化圏もあります。ですから，ここで考えられている種類の言語的発達を，成熟がもたらすということにはなり得ないのです。この理論を興味深くしているものは，文化あるいは教育上の発達を説明するために，われわれが使い慣れている心理的・認識論的カテゴリーとははっきりと区別される1つのカテゴリー——理解様式——を綿密につくり上げている点です。この新しいカテゴリーは心理学や認識論の影響も取り入れていますが，それらを切り捨てようとはしません。

司会者：それでは，人の世界理解に影響を与えるものとして成熟過程を考慮に入れるべきではないと，あなたは本当に主張なさっているのですね。それに，社会文化的な文脈から切り離された成熟過程や心理的発達過程の研究には意味がないとも主張なさっているのですか？

著者：いいえ，違います。まず，私が主張しているのは，もしあなたが世界理解について人々の間の最も顕著な違いを把握したいならば，その人々の年齢ではなく，人々が使う知的道具に注目するとよいということです。年齢は，意義を持つ度合いに従って，知的道具の中に組み入れられていきます。底流にある成熟や心理的発達過程の研究に関しては，それを社会文化的な問題から切り離すことは非常に難しいだろうと示唆しているだけです。

司会者：それでは，最初の質問にあなたがお答えになるのを妨げたくはないので，お続けください。それでも，この問題については，もっと質問があるとお伝えしてお

きます。

著者：わかりました。それで，第1に，さまざまな人々の精神は似ているが，使う道具が異なるという点があります。第2に，異なる文化や環境は，思考に用いる非常に多様な知的道具を刺激し，生み出してきたという点があります。しかし一般的理解様式に最も大きな影響を与えてきたものは言語的道具です。さて，ここで私は，すべての知的道具が言語的なものであると言っているのではありません。言語は大変な影響力を持っているので，言語の主要な発達過程が，それぞれの主な理解様式にはっきりと現われていると言っているのです。

話し言葉が「模倣的」活動から発達し，読み書き能力が話し言葉から，理論的抽象力が読み書き能力から，高度な省察力が理論的抽象力から発達するということをこれまで考えてきました。これらの発達は概して累積的なものですが，完全に累積的だというわけではありません。1つ加わると，それに伴って，なんらかの損失が起こるようです。それぞれの発達は，単に一連の技術ではありません。むしろ，それぞれが社会的行動の複雑さに結びつけられています。そして，人はそれらの道具を，それらを使う共同体に育つ中で手ほどきを受けることによって，獲得していきます。それらの道具の使用を学ぶことは，それらを最初に発明した人々の精神が持っていた生成的性質を，たとえ少なくても含んでいるし，要求します。読み書き能力，理論的抽象力，高度な省察力は，意図的な指導に依存しますが，一方，身体的／模倣的発達と話し言葉の発達は概して進化上の適応能力に依存します。

言語に基づくこれらの知的道具のそれぞれは発達すると分岐して，その道具を使用する人の世界理解の仕方に影響を及ぼします。私が述べてきたそれぞれの理解様式については，これまでも，いろいろな方法でその区別が明らかにされてきています。話し言葉中心の文化と読み書き中心の文化の違いは，いろいろなやり方で線引きされてきました。たとえば，「ロマンス」は，文学の分野であり，理論的あるいは科学的思考とは区別される世界での立場として，これまで長い間認識されてきました。アイロニーはその他の言葉のあやとは区別され，意識に関する1つの一般論的形式として議論されてきました。私の体系で新しい点は，複数の理解様式をセットとして示し，言語使用の具体的な発達とこれらの理解様式とを結びつけたところにあると，私は思っています。

また，これらの言語的発達が，文化史と今日の生徒の両者に同様の理解様式を刺激することを示そうと私は試みてきました。生徒がこれらの言語的発達に含まれる知的道具を使うことを学ぶときに，その教育課程で生徒は文化史の重要な面を反復します。

さらに，社会化中心，学問中心，心理的発達中心の考え方が入り混じった伝統的な観点よりは，これらの理解様式の獲得という観点で教育を考えたほうがもっと実

り多いだろうと，私は提案してきました。

Q：私には，あなたの言われる発達段階と歴史的時代の関係がわかりません。歴史についても子どもについても，それらの段階が順番に発達すると，あなたは言っておられます。でもあなたは，歴史年表のあちこちを飛び越しておられます。古代ギリシアの歴史家と19世紀の詩人を一緒にして，あなたの言う「ロマン的理解」の側面の描写を構築しておられます。その後で，またあなたはギリシア文化に駆け戻って「哲学的理解」の層を描写なさり，その代表者であるプラトンを，次の段階にくる「アイロニー的理解」にも再び顔を出させています。あなたの言われる「哲学的理解」の例は，ほとんどロマン派時代以前のものから取り上げられています。しかし，それでいてロマン主義者が「哲学的」思考の代表例にも使われているし，他のところでは，「アイロニー的」思考の発達を述べるためにも使われています。これは，まったく奇妙な反復の考え方に思えます。また，「ロマン的」と「哲学的」な段階が積み重ねられて，現代の「アイロニー的理解」に到達するという考えは，まったくばかばかしいものに思われます。地域のスーパーマーケットに行ってみれば，現代人が一般的にアイロニー的だというような，あなた好みの考えは間違いだとお気づきになることでしょう。

A：あなたが推奨なさる順序立て——生徒の年齢と歴史上の時代をぴったりと関連させるやり方——は，私の理論の基本的原則と一致しません。19世紀の多くの反復説は，あなたが想定なさっておられるように見える歴史上の時代と生徒の年齢との順序立った関係が，どんな反復説にも必然的な特徴だと明言しました。しかし，私の理論は，反復される事柄を特定することに関して，他の説とは大変異なるものです。

　私の言う理解様式とは，特定の道具を使うときの精神の働き方です。すべての理解様式は，すべての精神の中に潜在的あるいは萌芽状態で存在するものです。それらは，われわれがほとんど気づくことができないほどに，われわれの文化的環境の中であまりにも呼び出されることが少ない，漠然とした領域を含むその他の理解様式と一緒に存在しています。たとえば，話し言葉中心の文化でも，ロマン的，哲学的，アイロニー的思考方法は言語使用の中に内在しているので，それらを使うことができます。しかしほとんどの話し言葉中心の文化の社会的慣行では，これらの理解様式を常に維持するための刺激が一般的に少ないので，それらの様式の使用は気まぐれで組織的ではありません。

　1つの理解様式が組織的に発達をうながされそれを使う共同体で維持されるようになれば，十分な理性の持ち主で，適切な共同体の中で学ぶ意欲がある人なら誰でもそれを使えるようになります。このことは，ある社会のどんな時期にでもすべての人がその理解様式を「捕まえ」て，同じ知的道具を動員するだろうという意味ではありません。あなたが先ほど言われたスーパーマーケットにいる人は皆，私が述べているすべての理解様式に触れたことがあり，その刺激を受けているし，そのう

ちのあるものを使ったことがあるはずです。おそらく大多数の人は、スーパーマーケットに対して、「身体的」あるいは「神話的」に反応することでしょう。しかし、もしあなたのお子さんが属しているサッカーチームの団員の親御さんにそこで出くわすならば、お子さんたちのサッカーの優秀さについての「ロマン的」議論が刺激されるかもしれません。または、生姜の価格高騰に関する懸念が、世界貿易や政治等についての「哲学的」省察を刺激するかもしれません。どんなときでも、スーパーマーケットにいる人々の中には、あまりにも精神が「哲学的」あるいは「アイロニー的」思考に絶えず刺激されていて、それらの理解様式に支配され、たとえ、そのような高度な思考で毎週の買いものに大きな不利を被ることになるとしても、自分がしなければならない課題に無頓着でいる人々がいます。一方、シリアルの売り場を肘で掻き分けている人々は、そのような刺激を受けることはめったになく、「哲学的」あるいは「アイロニー的」思考を当たり前で簡単なものにしてくれる知的道具を獲得することはないのかもしれません。

　理解様式を述べるとき、特定の知的道具が最も力強く発達する人生の時期から私は例を選び、次にそれらが主に使われた歴史的時代から例を挙げました。私の例は、ある特定の理解様式が「ある時代の精神」を代表するものだと指摘するものではありませんが、ある人々がそれをはっきりとした目的のために使ったことを指摘しています。ですから、一般的に特定の時代が特定の理解様式を代表しているという考え方は、私の意図するものではありません。

　子どもの精神の場合は、2つの並存する想定が私の理論の特徴となっています。まず、現代文化の中では、すべての子どもの精神が、早期のうちにこれらすべての理解様式からなんらかの刺激を経験しているとの想定があります。親が赤ちゃんと遊ぶ「いない、いない、ばー」のような身体的な遊びも、なんらかのアイロニーを含んでいるかもしれません。次に、理解様式は、特定の道具を学んだり使ったりする精神の生産物だという想定があります。それで私は、特定の道具が通常最も刺激され発達する典型的な年齢に焦点を当てました。

Q：しかし、もしこれらの理解様式がすべての精神に潜在していて、それらを呼び起こす特別な社会的力に依存しているのなら、なぜ順序があるのですか？　特定の歴史的時代に特にこだわっていないとしても、これらの理解様式の歴史的発達の順序は今日の生徒がそれらを獲得する順序に映し出されていると、あなたはおっしゃっておられますね。その順序を制約するものは何なのですか？　アイロニー的理解を、その前の段階を飛び越して、なぜはじめからすぐに教えないのですか？

A：その順序は、論理的・心理的制約がともに働いて決定されます。心理的な制約は、それが実現される文化的形式から離れては、生まれることはないでしょう。論理的な制約も同様に、それを切り離すことは難しいです。なぜなら、それは心理的要素といつも混じり合っているからです。

Q：例を挙げていただけるとよいのですが。「ロマン的理解」と「哲学的理解」の関係で述べていただけますか？　かなりの「哲学的理解」が発達する前に「ロマン的理解」がある程度発達していなければならないということを，どのようにして論理的制約と心的制約は決定するのですか？

A：私が前の章で挙げたいくつかの例を考えてみてください。ヘロドトスが書いたような「ロマン的」歴史は，トゥキディデスが書いたような「哲学的」歴史に対して，必要条件でしょうか？

　心理的制約は，ちょっとぼんやりとではありますが，次のような発達過程にみられます。それは，自分や家族を讃美する手段である過去についての「神話的」「自己中心的」な関心から移行して，自分自身の社会集団と同様に他の集団にもある偉大な業や風変わりな習慣に「ロマン的」興味を持つときに，みられます。また，そこから，自分自身の社会集団でも他の集団でも同様に支配されている歴史的変化の一般的過程を動かし決定する法則への「哲学的」関心に移行するときにも，心理的制約がみられます。この順序の曖昧さは，歴史理解の論理を制約する力の曖昧さと同じです。まず留意するのは，われわれは，情報を蓄積し，さまざまな記録のおおよその信頼性を審査する手続きを確立し，その情報を年代順の体系に構成しようと試みることです。次に，変化に富み魅力的な情報を「ロマン的」な作業で，複雑であっても一貫したナラティブにします。次には，その多様性に富むナラティブの説明から引き出される規則性や理論や法則を「哲学的」に探究します。

　心理的，論理的制約のどちらにしても，かなりの「ロマン的理解」がかなりの「哲学的理解」に先行しなければならないとする歴史観を強要するものではありません。また，ヘロドトス的な歴史の書き方がトゥキディデス的な書き方に先行しなければならないと強要するものでもありません。しかし，結局のところその両者は一緒に作用し合うので，両者を一緒に考えることは，その順序を妥当性のあるものにすると私は思います。これは，2つの不確かな説明を一緒にすれば確かな説明になるという事柄ではありません。むしろ，2つの異なる種類の制約がその順序を決定する協同作業の過程にあるということです。ですから，文化史と教育において「身体的」「神話的」「哲学的」「アイロニー的」理解が順番に展開していく過程は，論理的な力と心理的な力が一緒に作用して形成されます。それは，「先行する」理解様式がある程度の発達を遂げない限りは，「後続の」理解様式がかなりの程度に発達することは起こりにくい，ということです。同じ論理的・心理的制約は，さまざまな知的道具が歴史上はじめて考案されて発達したときにも，今日の生徒がそれらを獲得するときにも，当てはまります。

　しかし，文化史を，あたかもその時代のすべての人が，ある特定の理解様式だけに「捕らわれ」たりそれを排他的に使ったりするかのように，身体的，神話的，ロマン的，哲学的，アイロニー的時代として，順番に並べることはできません。同じ

ように，今日の生徒が理解様式を獲得する順番についても，また，ある理解様式を十分に発達させて次にくる理解様式が呼び起こされ刺激されるための時期についても，そこには制約がありますが，生徒が「神話的理解」だけ，または「ロマン的理解」だけの「段階」にいるという言い方はできません。むしろ，ある特定の理解様式がある特定の時期に顕著になると想定されるということです。それで私は，最も集中的発達を遂げる年齢層をおおまかに指摘しようと試みました。

　私の述べる体系の概要は，先行する理解様式が十分に発達する前に，後続の理解様式を強調して教えることは，教育上，効果がないということを示唆しています。しかし，後続の理解様式を前もって刺激することは早くても可能だということは，生徒の「レディネス」が想定されるまで後続の理解様式を含むすべての活動を排除するのが賢いやり方ではない，ということを示します。ですから，幼い子どもの言語活動から理論やアイロニーを排除しないように心がけます。なぜなら，そのような活動が，まさに，後から発達する道具を呼び起こし始めるからです。「神話的理解」を最も力強く発達させる中で，理論的，アイロニー的議論に触れた生徒は，後になって「哲学的」「アイロニー的」理解を親しみやすいものだと思うのではないでしょうか。

Q：あなたがおっしゃる層とか段階とか理解様式が，どのような働きをするのかについて，はっきりとしたイメージがつかめません。あなたは，それらが，「なんらかの区別がある」とおっしゃり続けていますが。第1の質問は，「なんらか」とはどれくらいの区別なのかということ。第2の質問は，その区別と，あなたが主張なさる「ある程度」の混在は，どのように折り合うのですか。また「ある程度」とは，どれくらいのことですか？

A：知的発達を理解するときの問題は，それについての十分な比喩はないという点です。心臓と血液循環の機能の理解は，排水用のポンプが発明された後にやっと可能になったとするジョナサン・ミラー[*1]の主張（Miller, 1978）を，思い出していただけることでしょう。われわれ人類の起源以来，人は誰であれ，胸部に規則的な拍動を感じてきたし，血管が切れれば血が流れ出るのを見てきました。心臓をポンプとして考えれば，その機能の理解ができます。しかし同じようにして，知的，文化的，教育的発達についての理解を助ける比喩はありません。その発達に最も近い過程は生物学的な発達です。それで，確かに今世紀には，新しいことを学び経験するときに起こることのはっきりとしたイメージをつかもうとして，生物学的な発達の比喩が使われてきました。発達についてピアジェが生物学に基づく比喩をつくり上げたことは，おそらく一番よく知られています。また，ジョン・デューイは，「成長」という比喩に基づいて教育概念をつくり上げました。

　私は，生物学的でない比喩で，「発達」という用語のどちらかというと漠然とした使い方に固執しようと試みてきました。〔私の提唱する〕これらの理解様式には，

「なんらかの」区別があるだけですが，その区別は，相互の理解が不可能なほどに，思考形式がまったく異なるということではありません。これらの区別は，コンピューターの異なるプログラムに似ているというよりは，大変よく統合されているプログラムのモジュールに似ています。そのようなモジュールは異なる課題に焦点がありながら，それぞれは他の課題を理解できています。まあ，これもそんなにすばらしい比喩とは言えませんね。コンピューターの比喩を精神作用に使ってみたくなるものですが，いつも比喩は，意味を明確にするのと同じくらい混乱もさせるように思われます。それで，「なんらかの」が意味することがどれくらいの程度の区別なのか，はっきりと申し上げることができません。それぞれの理解様式の特徴の説明に戻っていただき，そこに述べられている違いが「なんらかの」という言葉で私が意味していることだと，申し上げることができるだけです。

私が頻繁に使った「なんらかの区別」という表現の「特徴的」な部分が，さまざまな理解様式を結び合わせて達成しようとする一貫性の度合いを制約します。その度合いが進化上の適応から生まれるにしても，あるいは，発明や学習から生まれるにしても，そうです。全体的（holistic）認識という考え方は，精神作用の可塑性によって支えられる幻想のように私には思えます。つまり，それぞれの理解様式は，ある程度の自律性を持っていると私は考えます。ですから，われわれの思考は一般的に，自分で考えているほどには一貫性がないものです。異なる課題は，異なる理解様式を呼び起こし刺激します。それで，特定の問題に対して，ある理解様式から別な理解様式に移り変わることが可能だし，実際に移り変わります。時には，2つの異なる理解様式が，どのようにある課題を成し遂げるべきか，どのように特定の状況で行動すべきかについて，食い違うかもしれません。森林について「ロマン的」立場をとるか「哲学的」立場をとるかという前に述べた例は，私が意味することをそのまま説明しています。われわれには，5重の精神があるとも言えるでしょうし，もっと劇的な言い方をすれば，われわれは5つの精神を持つ動物だとも言えるでしょう。われわれの中には，異なる理解様式が，ある程度混在し，ある程度「なんらかの区別」を持ったまま，一緒にもみ合い，互いに組み合わされています。

前の章で，「ロマン的」なマルクス主義者の例を使って，2つの理解様式の混じった形について述べました。その思考は，マルクスあるいはレーニンを「英雄化」する「ロマン的理解」を，哲学的一般理論体系と混ぜ合わせています。これにみられる，限定的な混在についての適切なイメージは，おそらく，よく混ざっていないスクランブル・エッグになるでしょう。スクランブル・エッグでは，「ある程度」白身と黄身を区別することができますが，あるところでは区別がつかないほど混ぜ合わされていて，それを別々にほぐすことができないのは確かです。しかし，混在とは，気体とか液体の性質から比喩的に生まれた概念です。それで，そのもともとの意味から，もっと適切なイメージを描くこともできるかもしれません。

Q：あなたのお答えはいつもこんなに長々しいのですか？
A：いいえ。
Q：あなたの提言は，私が勤務する学校の日常からかけ離れているように思えます。さまざまな学校「関係者」の善意からではあってもでたらめで一貫性を欠く要求に対して，学校が自らの立場を擁護できるような教育理念を明確にしようとなさっているあなたのお考えは，私にとっては…えー，まったく無意味に思えます。ことわざに「金を出す者が決定権を持つ」とあります。学校教育がそれに合わせて踊らなければならない曲を決めることについては，学問重視の声は舞台裏でキーキー言ったり，愚痴をこぼしたりするだけです。学校は，社会の掃除屋――雇用率が低い時代に若者が街にたむろするのを防ぎ，労働階級の家庭に生まれた子どもにデイ・ケアと基本的な職業訓練を提供し，社会階級の格差を再生産する，等々の制度――として使われています。親や実業界や政治家が学校へ持ち込む要求を駆り立てる緊急の経済的圧力を，教育理念は振り払うことができません。さまざまに起きてくるこのような現実は，一般理論を朝飯を平らげるかのごとくに食べ尽くす暴力的な勢力です。質問だけでなくコメントもどうぞと言われましたので，申し上げました。
A：まったくそのとおりです。私のような意気地なしの学者としては，あなたの現実についての鋭い観察を前に，おののきを覚えます。教育の展望には，喜びも，愛情も，光明も，確信も，平和も，痛みに対する援助もないようですね。教育は，夜中に無知な兵団がぶつかり合う暗闇の平原であり続けるのかもしれません。しかし，われわれの人生がどこから来てどこへ行くのかについて，何かを理解するように人々の手助けをすべきだと，教育に要求する声が出るだろうとの希望をわれわれは持たなければならないと私は思います。えー，マシュー・アーノルド★2は現代に共感を得る最も人気の高い盟友ではないかもしれません。しかし，あなたのようにある勢力の肩を持つと，他の勢力を過小評価することになるのかと感じます。私が前〔まえがきと第1章のそれぞれ最後〕に，理念の力についてのケインズの観察を掲載して助けを借りることにしたのは，あなたの持つような冷淡な現実主義と，それが時折見せる圧倒的なほどのもっともらしさを，私が意識していたからだと思います。人々は自分が事実だと考えることに応じて行動するものです。
Q：あなたのこの理論はおおよそ，言語使用の発達の上に構築されています。しかし，今は電子時代で，生徒が世界について知り経験するほとんどの事柄は，視覚的メディアと話し言葉による発話形式が源となっています。このような，文字よりもアイコンを通して情報を手に入れる世界では，消滅が目に見えている高次の読み書き文化と結びついているあなたのお考えは，絶望的なほど時代遅れになってはいないでしょうか。新しいメディアは新しい種類の意識を生み出していますし，それはおそらくあなたの体系外にある新しい理解様式であることでしょう。
A：記号の形で情報や理念や経験を蓄える書き言葉は，人の世界理解の仕方を変革で

きるほどのものです。新しい電子メディア，特にコンピューターは，記号化された情報や理念や経験の大量の蓄積を，より簡単に，より早く手に入れることができ，また，さらにそれらを推進すると約束しています。コンピューターは伝統的な読み書き技能の必要を排除するような方法で，これらの記号化された情報源を手に入れるわけではありません。短期的に言えば，とにかく情報や理念や経験のほとんどは，アルファベットを使った文書に記号化されているのですから。

　私の机にあるコンピューターは，どんな文書でも，それを認識し音に変えるプログラムを使えば，機械的な音声で私に読んでくれることでしょう。文書に視覚的にアクセスできることの利点は，文書を話し言葉の形態に戻すことで消滅するものではありません。確かに，ある課題は，話し言葉によるほうがうまくすばやく処理できるかもしれません。しかし，どんな思索的な課題についても，視覚的に文書を読む利点は，まだ多いように思われます。これまでの文化発達の歴史は，認知的道具の蓄積を伴ってきましたが，それらを捨て去ってはきませんでした。後続の理解様式が，先行する理解様式に取って代わるということはなく，先行の様式をある程度組み入れます。新しい視覚的技術を最も効果的にするものは，古い技術で得られたものをその中に運び込んでいます。ホメロスや彼と同じような仕事をした人々が話し言葉で達成したものを読み書きの技術につけ加えるまでは，読み書き能力は記録するための無味乾燥な道具でした。コンピューターの使い手が操作するサイバー・ワールドも同様に，その中にわれわれが読み書き能力で獲得したものを持ち込みその可能性を拡大し始めるまでは，単に功利的で無味乾燥なものに留まることでしょう。新しい道具を最大限に活用できるのは，先行する道具を最大に発達させた人です。電子メディアの時代になったからといって，この原則を変える理由は何も見当たりません——誰にも確かにはわかりませんが。私もあまり口を滑らさないほうがいいのかもしれません。でも，私の限られた経験からも，双方向的なコンピューターとテレビに膨大な時間を使い，読書に時間を割かない学生は，鋭利な最先端を行くというよりは，鈍いなまくらで終わるように思えます。インターネット技術の導入を勇んで進める指導者たちは，もし実になる食物を捨て去るならば，遠くへは行けないことでしょう。しかしこれもまた，誰にも確かではありません。

Q：あなたは，まるでどこのすべての社会でも同じだという何か一般的な子どもが存在するかのように，「子どもたち」について話しておられます。そうではないと，私は思います。私はオーストラリアのアボリジニの子どもに関わる仕事をしています。その子どもたちの物語は，あなたが「神話的理解」をそのうえに構築している『ピーター・ラビット』や中産階級の子どもが読むその他のイギリスの物語とは似ても似つかないものです。イギリスの物語は，有閑階級の自堕落な生産物で，くだらない役にも立たない「想像力」を刺激するものです。それに，自堕落な「想像力」についても，事実に反して，階級社会に基礎を置く限定されたものではなく，

何か一般的なものであるかのように，あなたはお話しになります。私が関わる子どもたちが学ぶ物語は，子どもの周囲の重要な現実への実際的な手引きです。同じように，彼らの想像力は，生き生きとして活力があるとともに，たくましく実際的なものです。あなたが「神話的理解」について言おうとしておられることは，裕福な西洋の国々の中産有閑階級には，きっと意味があるのかもしれません。しかし，これはアボリジニの子どもたちには無意味です。それに，西洋においても，移民の子どもたちや労働階級の子どもたちについては同じことだろうと私は予想します。話し言葉中心の社会で構築される重要なナラティブでは，西洋式の学校について「読み書きを教えて，愚か者にする」という言い方があります。

A：私は子ども一般について語っているのではなく，話し言葉のような，一般性のある認知的道具についてお話ししているのです。言語はもちろん互いに異なっています。言語の違いはとても大きいので，言語が刺激する理解様式は，そこに含まれるものとして私が描いた非常に一般的なもの——イメージ，物語，対概念，その他——に関して，多様性があると思います。私はウォーフの仮説（Worf, 1956）★3が言うところまでは譲歩できます。それでも，私は，ピンカー（Pinker, 1994）★4が唱えるすべての言語の類似性の議論に，より感銘を受けているとはっきり申し上げます。しかし，第2章で私が描いたすべての道具が，えー，最も甘やかされているイギリスの中産階級の子どもにみられるのと同じように，あなたが関わっている子どもたちにもみられなかったとしたら驚きです。まったく驚くほかありません。なぜなら，「神話的理解」のカテゴリーは，西洋以外の文化圏での子どもについての研究から主に生まれたのですから。西洋文化圏での例証を見つけるほうが，難しいはずです。それに，西洋の中産階級の子どもたちがなぜそんなに貶（けな）されなければならないのか，私には理解できません。『ピーター・ラビット』のような物語が，生と死，自然と文化，人間と動物についての実際的現実と子どもたちが向き合うのをどれほど助けるかは，過小評価されやすいものです。

　成長の過程は，オーストラリアの奥地であろうと北部オックスフォードであろうと，ウィニペグ，ウィガン，ワバシュ，ウーロンゴン★5であろうと，現実世界の恐怖なしにすむことではありません。

　また，「神話的理解」についての私の記述や「ロマン的理解」を支える読み書き能力への移行についての記述は，アボリジニや移民や労働階級の子どもを教える教師にとって役立つものだと私は考えます。なぜなら，私の記述は，このような子どもたちが学校に普通携えてくることが確実な知的道具を指しているからです。あまりにも多くの場合，読み書きは子どもの持つ話し言葉の文化的背景の豊かさにあまり注意を払わずに教えられています。これを心に留めると，教育の仕事は，話し言葉の道具を無視し抑圧することではなくなります。その仕事は，まず第1にその道具を刺激し発達させることになりますし，次いで，話し言葉の道具とともに働く読

み書き能力と，それに関連する道具を導入することになります。「読み書き能力に基づく発話形式」に深く漬かっている家庭からくる中産階級の子どもが簡単に読むことを学ぶという事実は，その利点の中で失っているものについて，教師の目を欺く可能性があります。私が述べる「神話的理解」が，移民やアボリジニや労働者階級の子どもに対するのと同様に，「話し言葉」の十分な発達が欠けている中産階級の子どもの教育を改善することに対しても，役立つことを願っています。中産階級の子どもが持つ話し言葉の知的道具は，狭い意味での読み書き能力が重んじられる陰にあって，多くの場合抑圧されています（だから，「愚か者」にされているのです）。

Q：ジェローム・ブルーナーは，ナラティブ思考とパラダイム思考と呼ぶ2種類の異なる思考について述べています。私が理解するところでは，この2つの思考は，物語志向の思考と理論志向の思考と呼べるかもしれないものを反映しています。われわれに降りかかる出来事の意味を解釈する日常的思考と，科学に使われる学問的客観的思考の間には重要な違いがあることを認める，多くの区別の仕方があります。マーリン・ドナルドの説明によれば，神話的段階があって，それはあなたの言う「哲学的理解」に似た理論的段階を生み出します。これら2つのより人に認められやすい思考形式の間に，あなたの言う「ロマン的理解」はどのように入り込むのですか？　その「ロマン的理解」は単に移行的なもので，はっきりとした1つの理解様式ではないのですか？

A：どのようにして発達の連続性を区切るのかは，それぞれの個別な関心によってある程度決定される戦略的なものです。私の感覚から言えば，神話的思考と理論的思考は，私がしたように別々に取り扱われるに価するだけの十分な区別があると思います。また，教育的発達過程の中に「ロマン的」と適切な呼ばれ方をしている特色的な理解様式を認めたのは，私が最初ではありません。私は他の箇所でも，「ロマン的理解」の感覚とホワイトヘッド[*6]の言う「ロマンス」という教育のカテゴリーとの，類似点と相違点を述べてきました（Egan, 1990, Ch.8）。また，ノースロップ・フライ[*7]のいろいろな神話（*mythoi*）の中の「ロマン」の議論に負っていることも，私は認めてきました（Egan, 1979, p.169）。

　おそらく，教育に当てる私の焦点は，「ロマン的理解」の特色を明らかにしています。そしてその特色が，文化史におけるそのような思考の例を指し示します。より大きな注意を「ロマン的」知的道具に向けることは，どれほど多くの生徒が中等教育期の学校生活で道に迷うかということに非常によく気づいている人々からは，歓迎されるかもしれません。たとえば，ピアジェの理論は，論理的・数学的道具しか取り扱っておらず，具体的操作と形式的操作の中間に相当するものを，何も持っていません。その時期の感情的特徴——極端で風変わりな経験に対する熱中，「ロマン的つながり」の形成等々「ロマン的理解」の中心にあるもの——に教師が気づ

くように手助けするものを，ピアジェは何も提供していません。
　同様に重要なことは，これらの「ロマン的理解」の特徴が「哲学的理解」の一部になることです。ということは，体系論的または理論的思考に通常みられる特徴は，その思考が生まれてくる「身体的」「神話的」「ロマン的」特徴によって付与される豊かさを欠いていて，いくぶん無味乾燥で面白みのないものとして表わされます。人間思考の最も高度な体系論として普通提供されている抽象的理論的思考が持つ貧弱な概念を心地よく思わない人々にとって，〔これら理解様式の〕連続体の中にある「ロマン的」要素は，私の体系を魅力的なものにします。

Q：あなたがはじめに述べられたさまざまな対概念について，私はまだこだわっています。私は，それらの対概念を，われわれが克服しようともがく，永続的なすべての種類のステレオタイプとして理解しています。5歳児にシンデレラの物語を話すことについてあなたがさり気なく第3章を始められたことは，あなたの体系についての何かを暴露していると，私は思いました。『シンデレラ』のような物語は，人生を価値あるものにしてくれる気力に満ち活動的な王子を必要とする，善良で受動的で家事に従事する女の子というステレオタイプを永続させます。シンデレラは，女性の受動性というステレオタイプの一例です。女性の受動性は，西洋文化における白人男性による抑圧の歴史全体で奨励されています。あなたは，そのステレオタイプを支持し永続させるような書き方で，あなたの議論を始めておられます。

A：『シンデレラ』や『ピーター・ラビット』のような物語が，害を与えてきたステレオタイプを体現していて，有害となる可能性がありこれまでも有害だったことは確かです。しかし，この理論の対概念の使い方の重要な原則は，ステレオタイプの危険性についてのあなたのご意見を支持するものです。破壊的ステレオタイプが入り込む物語や非公式の発話形式や社会慣行に関する問題は，それらが暗黙のうちに入り込み吟味されることがない点です。ステレオタイプが文化的な不慮の事柄としてではなく，当たり前の事実であり，現実の有様として提示されている点に問題があります。この理論の最も基本的な原則は，教育的発達過程は，以前に働いていた精神作用を意識に上らせることにより前進するものだ，という点にあります。特に，この原則は言語使用の形式に関して当てはまります。対概念によるさまざまな対比について重要なことは，それらは誰かが教え込むものではなく，われわれの言語が持つ基本的なレベルでの機能の仕方であり，われわれの言語の中にすでにあるという点です。私が推奨することは，関連する2つのことです。まず，対立する2つの概念を仲介し，それらを詳しく述べることです。次に，それらの対概念を表面に出すことです。こうして，これらの対立が物語や物語形式の教訓のもとで，子どもの精神に滑り込む代わりに，それらは表面化され，思索や探究の対象になります。

　このようなわけで，不適切なステレオタイプの上に構築されているという理由で『シンデレラ』を追放することにより教育が進歩するとは，私は思いません。また，

現代的感覚を反映するために陳腐な書き直しをすることは，その物語をあえて語る意義を単に損なうだけのことです。物語の教育的で審美的な価値は，まず，それを語ることにより，それから，それが基盤になっているステレオタイプを表面に出して考えることによって維持されます。だからといって，物語を語った後で，学問的な話し合いが必要だというわけではありません。しかし，物語について話し合いながら，それらの現代的問題点をさりげなく取り上げることはできます。ある場合は，それらの対立を批判的に議論することで，仲介できるでしょうし，また，もっと進めて，思考作業を意識や意識下にまで掘り下げ，深める場合もあるでしょう(Hoogland, 1994)。

「ステレオタイプ」という語は，われわれが好きでない概念に与える名前に成り下がっています。しかし実際は，ステレオタイプは思考にとって必要です。まったくのところ，すべての概念はわれわれが特定の目的のために行なう単純化ですし，世界についての特定の見解に適合させ，またはその見解を構築するためのものです。ですから，われわれはステレオタイプを排除することはできません。特定の時代の特定の集団にとって，ステレオタイプは有用なものもあるでしょうし，社会的に破壊的なもの（「女性の受動性」とか「白人男性による抑圧」）もあるでしょう。〔ステレオタイプに対する〕教育的な解決は，われわれの文化や歴史的記録からこれらすべてのステレオタイプの表現を排除することではないように，私には思えます。それよりはむしろ，批判的検証のために意識の表面に上らせることです。もちろん，新しくてこれまでと違う物語が，古い正典的な物語に替わって導入されるだろうと結論する人もいるかもしれません。しかしその際には，社会的，イデオロギー的基準と同様に，審美的，心理療法的基準も含められるべき（それらの基準を特定するときの問題があることは認めますが）だと，フーグランド★8にならって，私は言いたいと思います。

Q：あなたには教育について多くの著書がおありになりますが，道徳について何も述べておられないので，私は驚いています。あなたは教育を，「知的道具」が非常に際立つ役割をする純粋に知的な過程だとお考えになっていて，道徳的感受性については，まるで何も奨励しておられないかのようです。

A：私が述べてきた理解様式と道徳とを，簡単に区別することはできません。つまり，道徳と教育は切り離されたカテゴリーではないように思えるからです。プラトンについて明らかに彼の間違いであると言われていることの1つに，美徳と知識はともに結ばれている——真理の追究は道徳的企てだという彼の信念があります。後代の哲学者たちが指摘しているように，プラトンはカテゴリー上の単純な過ちを犯したとされています。しかし，私は，プラトンの見解にこっそりと共鳴しています。プラトンは，自己中心性や利己主義やその他の道徳的欠如は幻想と混乱を生み，その結果知識（*episteme*）を獲得することが不可能になるとしています。ハウスマン★9

が言うように，真理への愛は，人間の持つ情熱の中でも最も微かなもの[★10]かもしれませんが，アイリス・マードック〔Iris Murdock：1919-1999〕の「真理は単に事実の集成ではない。真実性，真理の探究，思想と現実間のより密接な関係を求めることは，美徳の実践と欲求の純粋化を要求し，それに影響を与える……だから，思想と善と現実は関連していると見ることができる」（Murdoch, 1992, p.8）という見解の中に私の言おうとする関連性が見て取れるかもしれません。さて，その関連性は，特にアイロニストには，そう簡単には見えないものかもしれません。しかし，その2つを関連づける可能性はあるので，私のこの本は知的教育と同じほどに道徳教育についての著作であると私は思っています。

Q：現在の子どもたちに文化史を反復することを求める体系はどんなものでも，基本的には保守的なものですし，反動的でさえあると思います。バジル・バーンスタイン〔Basil Bernstein：1924-2000〕とマイケル・アップル〔Michael W. Apple：1942-〕は，学校のカリキュラムに入れる知識を，社会がどのようにして選択し，分別し，分配し，伝え，評価するか，また，この過程がどのように社会の権力配分を反映しているかについて，詳細に書いています。あなたの体系は明らかに，非常にエリート的なものです。その頂点にはアイロニストがいて，彼らのような人間を再生産するカリキュラムを決定します。反復されるべきものは知的道具であると，あなたが主張しておられることはわかります。しかし，これらの道具は，特別な教科内容によって刺激され発達させられるはずのものです。あなたがよく持ち出される古代ギリシア人のことや，あなたが展開しておられる西洋文明の「発達」に関する高邁な文化的なお話は，この理論が，重たい教科内容を持つ新保守主義の教育過程に属するということを，はっきりさせています。なぜ，そうおっしゃらないのですか？

A：ここに述べた理解様式を発達させるために，多くの学習が必要とされるのは，本当です。生徒に多くを学ばせる体系が保守的で伝統主義であるという想定は，この体系が仲介し超越したいと考えている進歩主義者／伝統主義者という二分法から生まれるものです。同じように，個人的理解様式の形成における共同体と文化の役割をヴィゴツキー，バフチン，クリステヴァやハーバーマスが強調したことを，あなたはよくご存知かもしれません。ですから，この体系は，彼ら以上に急進的な立場と考えられるべきです。この体系は，学校を取り巻く，昔の不毛なイデオロギー的衝突とは相容れないものです。しかし，気安い主張に疑いを持たれるかもしれないのは当然です。

　この体系では知的道具の反復が唱えられており，その知的道具をそもそも生み出したある特定の文化に属する文化的知識の反復が唱えられているのではないことに注目していただけるとよいでしょう。

Q：現在の主要な教育概念が機能していないことを示す特徴の1つとして，プラトン

的教育課程と社会化の教育課程の衝突がその中にあると，あなたは指摘しておられます。しかし，これは，教育の理想と日常的社会の実利性の間にある必要な緊張だと，われわれはたいてい話すものです。この緊張があなたの体系でどのようにして解消されると，あなたは想像しておられるのですか？　われわれの日常社会の必要と学問的理想の間にいつも緊張があるのは，当然なのではないでしょうか？　カリキュラムの内容はいつも特定の社会的必要によって多くの部分が決定されるという意味です。これらの必要は，教育的な価値はあっても社会的な実利性はまったくないラテン語のような学科との間で調節されなければなりません。今日では，生徒はみんなラテン語を学ぶより，コンピューターに親しむほうが重要だと，われわれは考えます。

A：あなたは，複数の複雑な問題を取り上げておられます。社会化とプラトン的学問中心の教育課程は両方とも教育にとって必要な要素だと考えると，ある特殊な緊張をつくり出す——つまり，緊張状態が生まれ，互いの課程を侵害することなしに，両者を十分に実施することはできない——というのが，私の観点です。私の体系にあるものは，異なる複数の理解様式を刺激し発達させるという，もっと明瞭な課題を持つ教育概念です。つまり，社会化は教育の一部分ではなくなりますし，プラトン的学問中心の課程も教育の一部分ではなくなります。また，ルソーの発達主義も，もはや教育の一部ではなくなります。

司会者：ちょっと待ってください。あなたが前にこのように言われたのを覚えています。それら〔社会化，プラトン，ルソー〕は全部必要な要素であって，互いに相容れない（incompatible）部分や機能しない部分を剥ぎ取って，よいところだけを維持する方法を示すつもりだと，言われましたね。

著者：そうです。教育者は，子どもを社会化する方法について悩んだり，世界で考えられ述べられてきた最良のものからカリキュラムを構築するための最も価値ある知識は何かを決定したり，なんらかの適切で自然な発達過程と一致しそれを支える教授法をつくり出したりする必要はないというのが，私の提案です。今から教育者は，〔私の提案する〕これらの理解様式をどのようにさらに発達させるかということだけを考えればよいのです。このことを行なう中で，われわれは付随的に，古い理念の中から拾い上げるものも獲得することになります。

司会者：違います。あなたは質問の意味を理解しておられないようです。社会というものはそれでも，子どもを社会の必要，価値，偏見，ステレオタイプに従って成型したがるものです。それで，これらの社会的事項は，あなたの理想とされる何か特定の理解様式の発達と衝突することになります。私の質問は，この緊張関係をあなたの体系が克服できるとするのは，どのような方法によるのか，ということです。

著者：緊張は克服されません。この理論ができることは，教育や教育機関の中の緊張

を取り除くことです。どれほど社会化するべきか，どれほど学問的課程を追及すべきか，どれほど個人的発達に注目すべきか，それらにそれぞれどれほどの時間を割り当てるべきかについて，もう疑問を抱かなくてもよいということです。社会が社会化しますし，学校がこれらの理解様式を刺激し発達させます。

司会者：いいえ，それは違います。考えてもみてください。もし学校が発達させる理解様式が社会の重要な価値や偏見（この言い方でよろしければ）と衝突すれば，社会と，あなたの教育理念を信奉する学校との間の衝突は，そのままになるのではありませんか。

著者：そうです。この体系はすべての社会問題を解決するわけではありませんが，教育問題のあるものは解決できると，私は考えています。この体系が提供するものは，より明瞭な教育目的とより簡単に取り扱える教育課題です。学校を，たとえば病院と比べてみてください。われわれが現在「教育」について持っている理念に比べて，病院が持っている「健康」についての理念には異論があまりありません。もちろん，社会全般と，この教育理念の実現を目的とする学校の間には，緊張の可能性が残されています。もし学校がこの教育理念を実際に採用した場合，そのような衝突の中でも，その学校は自分の立つ位置，また立つ意味を知っていることになります。その学校はより大きな理解に立っています。もしその社会がそのようなものを望まないならば，この教育理念に固執する学校に，社会が資金を与えることはないでしょう。

司会者：しかし，そこが重要です！ 多くの社会，少なくとも政治家たちは，プラトンやルソーの理念などに関心を抱いていません。社会は，読み書きができ数学もできる子ども——生産的な仕事ができ問題を起こさない生徒——を生産することを望んでいます。

著者：そうですね。この体系によって教育された生徒は，おそらく現行の学校制度による「製品」よりは，もっと読み書きや，数学ができ，勉強もよくすることになるでしょう。「問題を起こさない」ということは，体制に順応したロボットであるとか，神経症ではないとか，不平不満だらけの攻撃家ではないという意味かもしれません。われわれが取り扱う理解様式の発達を信奉する体制では，体制に順応するロボットを多く生産するわけではありませんし，神経症や不平不満だらけの攻撃家の出現もおそらく低いことでしょう。つまり，もし教育に取り組む制度の目的そのものについて絶えず頭を悩ませることがなければ，西洋の多文化社会がそのためにお金を使いたいと望むもの——社会の基礎，社会の最低限必要とする事柄——は，かなり簡単に達成されます。

　また「社会」が，教育についてむき出しの実利性だけに関心があるのではないことはもちろんです。最も実利的な技能と知識は，使われる時間とお金を考えれば当然と思えるレベルより低いレベルしか達成されていないので，「基礎力」について

こんなにもあれこれと言われるのです。もしこれらの基礎力を日常的に達成できるとすれば，「社会」はこの体系が提案する，よく練り上げられた理解様式を歓迎することでしょう。

　社会化と教育との間の緊張関係は，この教育観を今すぐ宇宙規模で実施しても，存続することは疑いのないことでしょう。でも，あらゆる教育レベルについての目的とその実践を混乱させている，教育界内部の緊張が続くことはないでしょう。より一貫性のある理論の重要点は，よりよい実践です。

Q：プラトンや伝統的でリベラル〔教養主義的〕な教育者は，教育課程の原動力が主に特定の知識形態を蓄積することにあると考え，ルソーと進歩主義者は，原動力が主になんらかの内的発達過程にあると考えると，あなたは言われました。〔それら両者の立場で〕1つの立場だけを排他的に保持している者はいないとも，あなたは言われました。しかしまた，それら両者は，あなたが教育課程上の制約と呼ぶものの中にその原動力があるとみなすので，間違っているとも示唆されました。それでは，あなたの体系については，どうなのですか？　あなたの体系の原動力は何なのですか？　それに，知識の蓄積と心理的発達については，何が起こるのですか？

A：そのことについて質問してくださり，うれしいです。それについて1章を書いたのですが，本書の中心テーマからあまりにも外れますので削除してしまいました（私のホームページで，「削られた章（Omitted Chapter）」という題で，ご覧になることができます）。簡単に申し上げれば，この体系の中心的原動力は想像力——文化史上での知的道具の発明や教育課程におけるそれら道具の習得に際して働く精神の生成的特徴——です。想像力がつかむことのできるものは，さまざまな知識形態に固有な論理や人間の発達過程に固有な心理によって，可能にもなるし制約も受けます。ですから，この体系の原動力は，認識論的・心理的動力に導かれたり，制約を受けたりする生成的想像力という，3頭立ての馬車です。

司会者：それにまるまる1章を使ったのですか？
著者：ええまあ，そんなに長い章ではありませんでしたが。

Q：これらの理解様式が進歩を表わす段階だと考えておられるかどうかについて，あなたははっきりとさせることを避けておられます。「アイロニー的理解」は「神話的理解」と比べて，より上級なのですか？　あなたは，議論がそちらに向かいそうになると，いつもそこから退却し，その議論にのめり込むことを警戒しておられるように見えますが。

著者：何のことでしょうか？

司会者：つまり，あなたの発達体系は，西洋の白人男性的思考の優越性をこっそりと主張し，「神話的」思考者は「アイロニー的」思考者に劣っていると主張し，「アイロニー的」思考が強調される文化は「神話的」文化よりもすぐれていると主張する類の，新バージョンにすぎないということです。この理論は，「話し言葉」にどれほど建設的な特徴があるかや，読み書きができるようになるとどのようにして何かを失うかを述べて反対を唱えて騒ぎたてる者のご機嫌をとってなだめようとする，新たな文化的帝国主義の体系にすぎません。あなたが読み書き能力とその練達を話し言葉よりも上級だと考えておられるのは明らかです。「アイロニー的理解」があなたの教育課程の目標なのです。

著者：でも，神話的文化の中に生きているなら，「神話的理解」がよりよいものですし，現代の高度な読み書き文化に生きているなら，「アイロニー的理解」がよりよいものだと，私は考えます。話し言葉中心の文化に生きている人に，整然とした高度な読み書き能力を使う「アイロニー的理解」の教育をしようとしても何の意味もないと，私は考えます。

司会者：それは，単に問題点を回避しておられる発言です。あなたの体系では，「ロマン的理解」は「身体的理解」と「神話的理解」からでき上がっていて，それに「ロマン的理解」の特質がつけ加えられたものです。また，「アイロニー的理解」はその他全部の理解様式からでき上がっていて，それに「アイロニー的理解」をつけ加えたものです。つまり，それぞれの理解様式は，先行する理解様式に比べて，より高級で，より十分で，より高度で，よりよいものだ，ということです。ですから，この体系によれば，「アイロニー的」精神は，「神話的」精神よりも，はっきり言って，よりよいということになります。これは，階級的・統合的モデルと呼んでよいものです。このようなモデルでは，後続の段階が先行する段階を取り込み，そこに何か新しいものをつけ加えるのです。ですから，はぐらかすのはもうやめてください。あなたが「発達」と言われるとき，「進歩」を意味してはいないのですか？

著者：えー，ここで簡単にお答えするのを私がためらっても，きっとあなたは理解してくださることと思います。あなたのご質問が奇妙な現代的宗教裁判に当てはまることを認識しておられることと思います。つまり，ある人がそのような体系の中に「進歩」の概念があると認めると，「進歩」にまつわって長く裾を引く諸々の罪悪にその人を結びつけ，直ちに，西洋流の知識を特別視しているとの判決を下し，その優越的精神のゆえに西洋人が正当化した，歴史を通じての世界中の数限りない残虐行為について，その人に有罪を宣告するようなものです。イデオロギー的なことについて頭の回転が速い宗教裁判官は，精神に質的な違いがあることを否定しますので，世界中の不正の犠牲者の声と連帯して，自分の立場に利用します。そして，その誰かを有罪にすることに大いなる道徳的正当性を感じるもので…。

司会者：何をぶつぶつ言っておられるのですか？

著者：すみません。難しい質問にお答えする準備をしているだけです。
司会者：そろそろ持ち時間が終わりますよ。
著者：はい。このような体系の中で，なんらかの区別がある複数の思考様式の関係の本質を知るには，一般的な方法が2つあります。それらを単に階層的なものと見て，先行するものよりも，後続のもののほうがすぐれていると考えることもできます。もし後続のものがよりすぐれていないのなら，発達させようと望む理由がありません。他方，それらの様式をなんらかの区別がある思考方法として見ることもできます。その中では，どれも他のものより本質的にすぐれているということはありません。それらは単に異種であるだけですが，異なる社会的環境的条件のもとで，なんらかの異なる役割を持つために等しく価値があります。この見解では，後続の理解様式が真理や現実により近づける方法を提供するわけではなく，単に異なる環境に，ダーウィンの言う意味で，適応するだけです。それら思考様式の価値は，それが働く社会的・文化的な場での適応性で決められます。伝統的な話し言葉中心の文化で，「哲学的理解」を組織的に発達させれば，その文化が話し言葉中心のまま長く留まらないのは確かです。その場合，「哲学的理解」がその社会的・文化的な場に不適切な適合をさせられていると結論すべきでしょう。

　異種混在の概念よりも階層的・漸進的概念のほうが正しいと結論するかどうかは，人間の精神には，より偉大な完結に向かってある特定の方向に行く傾向があると考えるかどうか（その他の傾向もありますが）につながっていきます。つまり，「アイロニー的理解」は目的もない進化を単に続けるのではありません。それに先行するものよりも「よりよい」ということはなく，まったく偶然的な，社会的・文化的条件によりよく適応するにすぎないということです。言い方を変えれば，「アイロニー的理解」は先行する理解様式よりも精神の可能性をより大きく実現させる，とも言えます。進化過程は目的もなしに人類の精神をつくり出したのかもしれません。しかし今や，人間の精神はそれ自身の発達を意識的に制御できます。人間の精神はもはや，場への適応を支配する適応力に隷属していません。言語発達は人間精神の変化に関して，運転席を進化過程から奪い取りました。環境に適合するのではなく，われわれは精神の願いと欲求に合わせて，精神を変えていきます。その意味で，われわれは進化の圧力から解放されたのです。そこでの問いは，「アイロニー的理解」がさらに豊富な人間的経験をさせてくれるのか，ということになります。

　今では，以前の階層的な分類をする思考様式や精神について，人種差別者とか性差別者として非難するのが普通ですし，もっと最近では年齢差別者に対する非難もあります。つまり以前は，ヨーロッパ人によって植民地化された地域に住むアボリジニの「原始的」思考は，混乱していて単純で感情的であるとされ，女性や子どもの考え方と結びつけられていました。そのような古いドグマに代わって，そして多くの場合，そのドグマを使って以前は正当化されていたものを嫌悪してひるんだ結

果，現代のドグマが出てきました。それは，多様な思考様式は単に多様な社会的文化的環境に関係しているだけだ——どれも他のものより良いということもないし悪いということもない——というドグマです。この見解は，人種差別者，性差別者，年齢差別者などの見解との関連性から解き放たれるので，心地のよい立場と言えます。しかしどちらのドグマも，われわれがこれまで考えてきた思考様式の違いについての理解の仕方を整理することに役立つのか，はっきりとしません。以前の考え方はまったく人種差別的で，今の考え方は無責任です。

司会者：でも，「アイロニー的理解」はその他の理解様式からでき上がり，それに何かがつけ加えられているのですよね。それなら，この体系が異種混在の見解より階層的な見解をよしとしていることは，確かではないですか？

著者：その質問に単に「そうです」とお答えできない2つの理由があります。第1に，損失（trade-off）の問題があります。ある理解様式が後続の理解様式と部分的に混在するとき，先行の理解様式の何かが失われるように思われます。「神話的理解」と私が呼ぶものから「ロマン的理解」に移るときに普通起こる損失について，私はワーズワースの生き生きとした描写を使いました。消えていく部分には，自然界との生き生きとした関与と想像力が含まれます。想像力はわれわれの感情的な経験の中にある世界を体現し，豊かさをもたらします。この力は，子どもや伝統的話し言葉中心の文化にはみられますが，後続の理解様式の中では生き残れないように思われます。理想的な教育では，「アイロニー的理解」の中でもできるだけこの能力を維持したいものだと，われわれは考えます。しかし，われわれが維持したいものは，かつてあれほど輝いていたにもかかわらず，次第に消えゆく幻であるかのように見えるだけです。ですから，この体系はピアジェの体系と同じ意味を持つような，階層的・統合的なものではありません。むしろ，この体系は，階層的・統合的であろうと努めはするものの，先行する理解様式の特質すべてを統合することはできません。これらの損失は，とるに足りないものではありません。前にも述べましたが，多くの損失がまったく簡単に起こるように，私には思えます。審美的喜びと洞察の方法で獲得されるよりも多くのものが，疎外的で無味乾燥で衒学的な頑固な方法によって簡単に失われます。W. H. オーデン〔本書の第5章（p.166）を参照〕の言葉で言えば，人は「ひどい狂人」にでも「優しい愚か者」にでも，簡単になるものです。

　なぜこの体系が階層的・漸進的な道筋にすっきりと当てはまらないかという第2の理由は，新しい理解様式が発達するときに起こる混在に制限があるからです。制限のある混在は，複数の理解様式が蓄積するにつれて，粉砕されていきます。「粉砕」とはあまりにも劇的な用語かもしれません。しかし，それぞれの理解様式は理解の仕方についてなんらかの異なる原則を動員します。ですから，われわれが目立って「アイロニー的理解」を発達させるときにさえ，その他の原則は常に働い

ているのです。われわれの思考は，われわれが認めたいと思っている以上に，異種混在的なものである，と私は言いたいのです。「アイロニー的理解」が提供する豊かさは，多くの複雑な制度と同様に，不安定で粉砕されやすいという弱さを持つ相当な代償を払って生まれるものです。

「アイロニー的」な精神は，「神話的」な精神よりもよいのでしょうか？　たぶん，これに納得のいく答えはないでしょう。西洋でもその他どこでも，ますますめまぐるしく変化していく世界を考えてみれば，世界を理解するための最も洗練された知的道具は，たとえ損失や不安定感はあったとしても，「アイロニー的理解」であるように思われます。この体系は，「アイロニー的理解」に向かって絶えず「進歩 (progress)」する種類のものではありません。ですから，私は，生物学的意味を持たない意味での「発達 (development)」という，どちらかというと曖昧な言葉を使うことに固執したいと思っています。

Q：あなたが描かれたものでさまざまな段階が言いつくされたとは，私は思いません。「アイロニー的理解」を越えたところに，霊的理解に基づく第6番目の段階をつけ加えるべきだと私は思います。

A：いえ，いえ。あなたが第6番目をつけ加えるべきです。私は，自分の持ち分を果たしました。私がこれまで見てきたもので，次の段階にくる「霊的」な理解様式の候補となるものは，単純な「ロマン的理解」であるように私には思えるので，私はつけ加えることに慎重になっているかもしれません。しかしながら，仏教やキリスト教にある瞑想の伝統に明らかな，霊的経験というその他の形式もあると，私はつけ加えるべきでしょう。それらの瞑想の目的の1つは，自我の抑制です。これらの伝統にある霊的な目的は，コーヒーカップを，慣習的目的との結びつきを剥ぎ取られた陶器の物体として見る，「アイロニー的理解」の能力についての私の議論と関連するように思います。さまざまな霊的な伝統は，われわれの持つ物語，メタ・ナラティブ，哲学的体系を剥ぎ取られた世界を見ること，そして自我 (Bai, 1996) によって構築されている見解から解放された世界を見ることを，われわれに教えてくれます。私は，このような霊的な経験を，特別な理解様式だとは考えていません。むしろそれは，豊かに発達した「身体的理解」が維持されているときの「アイロニー的理解」の結実だと考えています。

Q：私が当惑していることを，どのように申し上げてよいかわからないほどです。私は，この同じホテルで予定されている歯科技工師の会議に出席するつもりでした。ですが，部屋を間違えたようなのです。足の捻挫もあったので，とにかく，あなたが話を始められた後になってから，立ち上がって部屋を出たくはありませんでした。それに，そうすれば，私とこの列の間で眠っている方々を起こしてしまうことになったでしょうから。でも，小臼歯委員会の書類を読む合間に，あなたが言われた

ことがいくつか耳に入ってきました。もし馬が神を持っているとすれば，その神は馬に似ているだろうと言った，あるギリシア人を私は思い出します。もしかしたらちょっと飛躍になるかもしれませんが，あなたが提案されている理想的な教育を受けた人のモデルは，丁度あなたのような，誰かリベラルな学者にそっくりなのだろうと私は思いました。これは，あなたやあなたに似ている人々が最上の人間だと主張する，単なる防衛的なやり方だと思いませんか？　私が言いたいのは，私や，学問研究に携わっていない私のような人はどうなるのかということです。哲学的理解やアイロニー的理解を発達させる共同体も，私にはありません。それに，あなたの話にいつも出てくる話し言葉中心の文化にいる人々については，どうなるのですか？　結局，われわれはあなた方より，劣っているというのですか？

A：この理論は，人の優越性とか劣等性に関連するものではありません。これは，精神が世界と経験を理解する方法に影響を与える知的道具についての理論です。それに，なぜ歯科技工師が「哲学的理解」や「アイロニー的理解」を支える共同体から切り離されるべきなのかも，私にはわかりません。これらの共同体は今日，われわれが読む本や雑誌，それに，われわれが交流するメディアの中にあります。学問的論議の場にいる私の経験から言うと，「アイロニー的理解」が，そこで日常的な議論の一部になっていないのは，もしかしたら，歯科技工師の会議の議論と同様なのではないかと思います。

　しかし，適切と思われるあらゆる言い訳をした後になりますが，もし教育のために多大な費用を払って設置され維持されている諸機関が，それより限定的で実利的な目的を持った機関以上に，人々に対して開かれた教育環境を提供しなかったならば，少しおかしいと，私は言わざるを得ません。

Q：あなたの体系の中の「教育を受けた人間」(the educated person)とは，生きていく過程でさまざまな理解様式を最も多く維持している人だと，あなたは示唆されました。でもあなたも指摘なさっているように，「アイロニー的理解」以前の理解様式それぞれには，問題があります。単純なカテゴリー化の原因であり，人種差別や性差別に寄与してきた「神話的」対概念的思考を，なぜ維持したいと言われるのですか？　それになぜ，「ロマン的理解」の英雄崇拝や，「哲学的理解」の気違いじみたイデオロギーを維持すべきなのでしょうか。なぜ，これらを反復させようとするのですか。

A：金槌が花瓶を壊すために使えるからといって，花瓶を壊せる金槌を直ちに追放すべきだということにはなりません。金槌には他の用途もあります。対概念的思考が人種差別者や性差別者の思考の共犯となるからといって，それが唯一でそれ以外に考えられない用法というわけではありません。「ロマン的」な英雄化は，攻撃的な男性の破壊的な行為を称賛することに使われてきたかもしれませんが，それと同じくらいに，忍耐強さ，同情心，愛情，黙ってする勇敢な行為などを称賛します。教

育的過程では，一つひとつの道具について最善の用法に強調点を置きたいものです。

それぞれの道具の特徴を維持することは，教育にとって決定的に重要なことだと，私には思われます。子ども時代の想像力あふれるエネルギー，思春期早期のロマン的な関心，思春期後期の規則性や一般化の探究はすべて，教育を十分受けた大人が持つ「アイロニー的理解」を豊かにする特質です。先行するそれぞれの時期に適切な特徴を維持することは，前から注目されていました。G. スタンレー・ホール★11 は次のように述べています。「才能のある人々は，その才能のゆえに若さを保ち，老いてますます子どもになり，特に，ますます熱情的に思春期の若者になるように見える。思春期の柔軟性と臨機応変な態度が，成熟期にまで持続されることは，確かに天才である徴の1つである」（Hall, 1904, I, p.547）。G. K. チェスタトン★12は，ジョージ・ウインダム★13への尊敬を表現するときに，ウインダムの非常にすばらしい称賛すべき特性について，「自分自身というものを失わず，青年時代，さらに幼年時代から変わらぬものを多分に持っていた」（Chesterton, 1937, p.122／1999, p.142）と述べています。もしわれわれが「神話的」「ロマン的」な特徴を「子どもじみたこと」として抑圧する——西洋における伝統的学問中心の学校教育で蔓延してきたように思われる抑圧——なら，あまりにも一般的に起こるその結果はホールによって，次のように述べられています。「私たちの心は早々に年老い，老いさらばえる……私たちの手元にあるものは，古びて，学者きどりの，店ざらし品だけで，心は乾ききって破産している」（Hall, 1904, II, p.59）。ちょっと誇張されすぎているかもしれませんが，教育による悲惨な結果を表現しています。それは，適切な時期に表われ出る豊かな合理的感覚に伴って生まれる知的特徴の発達をうながす前に，なんらかの方法で幼い子どもを「合理的」にすることができるという想定からくる悲惨な結果です。

Q：あなたはピアジェの理論を批判されています。少なくともそれが教育に適用されるやり方について批判しておられます。あなたの理論は，ピアジェのものとはどのように違うのですか？

A：ピアジェは遺伝的に組み込まれている心理的発達を述べたと主張しています。その発達は適切な環境との相互作用で，自然発生的（spontaneous）に起こるものです。私の主張は，知的道具の発達を支える社会の中で特定の知的道具を動員することを学ぶ結果，特定の理解様式が発達するというものです。ピアジェのものは，人間発達の本質についての何かを明らかにする目的を持つ科学的理論です。私のは，論理的・心理的制約とともに働く社会的・文化的状況が，どのように理解様式を形成するかを明らかにすることを目的とする批判的研究です。教育に関する限り，ピアジェは，教育過程の動力は，ルソーが述べる内的な心理発達過程にあるという信条を採用しています。つまり，カリキュラムが子どもにとって意味深く，子どもの「操作（operation）」★14の発達を支えるものであるべきなら，それは発達過程に沿っ

たものでなければならないというものです。もしピアジェが正しく，彼の理論もしくは最近出されているその修正理論が内的な心理的発達を十分に述べているのなら，それは私が述べている理解様式の発達に対する制約の1つとなるはずです。

Q：それでは，それぞれの理解様式について，子どもの年齢は何歳くらいと考えたらよろしいのでしょうか？　それぞれの理解様式は内在的な発達過程によるのか，それとも教える方法によるのか，何によるのですか？

A：私はこれまで何度も申し上げていますが，心理的発達や成熟過程は，これらの理解様式が最も力強くなる年齢に明らかに影響します。それと同様に，論理的発達も，それぞれの理解様式を構成している道具を獲得するのに必要な時間に影響を与えます。この体系の基本にあるさまざまな言語使用形式に熟達し，それを意識的なコントロール下に置くためには，ある一定の時間が必要であるとだけ，現時点では申し上げることができます。私が示した年齢は，関連する言語使用を発達させ堪能になるために生徒にどれほどの期間が典型的に必要なのかを観察したことに基づく，大まかな見積もりです。心理発達の現在の研究は，この見積もり以上の正確な資料を提供していません。もっと正確な見積もりをしようとするときの問題は，数知れません。個々の生徒が獲得する関連ある複数の知的道具を刺激するのに必要な程度と種類，後続の理解様式を支えるための先行様式の適切な発達，共同体が与える適切な支援，個々の生徒が受ける教え方の鋭敏さ，それに生徒間の一般的個人差の度合い，等々の問題があります。

Q：もう結構です。くそ真面目で自己満足的なこんなたわごとには飽き飽きしました。この理論の真意を知りたかったら，大げさな言い方をちょっと見ればわかります。ごまかしのウイットや不毛なアイロニーやいまいましい司会者だの著者だのといったばかばかしさを見ればわかります。あなたはそんなものや，ギリシア語，ラテン語だの，西洋のいまいましい知的伝統にのめり込んでいるのです。あなたのエンジンを回しているものは，どこかでいつか聖ゴール教会の塔で発見されたとかいうクインティリアヌス[15]の写本についての挿話のような，くだらないたわごとです。もう，結構！　これですべてわかります。西洋の帝国主義的知識業界の腐った死体へのロマンチックな郷愁です。あなたは，死体となった機関に「文化」を振り掛けている単なる消臭剤の1つにすぎません。その機関は，完全な権力を目指す道を邪魔するどんな人をも搾取し，権力を殺ぎ，黙らせることを基本とする仕事をしています。あなたはニーチェの周辺を跳ね回ろうとしているようですが，引用なさっている事柄を理解さえしておられません。ニーチェは，「優越したい」，物事を正したい，「真理」を捕まえたいなどという，あなたのような人について話しているのです。ばかばかしい！　知ったかぶりをして！　くそ真面目に明瞭に語ろうと努めておられますが，こんな不毛な合理性しかない伝統の中で明瞭さを求めても，それは単にファシスト的抑圧を行なう業だと認めておられないのです。あなたは，権力闘争の

中で，いやらしい秘密結社に属することを知らずにいるスパイです。大学は帝国主義的抑圧体制の共犯者で，その道具を提供し，貧しい者，無学な者，世界の労働者からなる大衆を奴隷化する「道徳」を製造し，奴隷にした人々にそれをよいものだと思わせます。大学は，その奴隷にした人々に向かって，結局のところ，「西洋的啓蒙主義」を広めているだけです！　われわれが，その抑圧から解放されるのは，ニーチェも言ったように，こういういまいましい議論全体を拒絶することで可能になります。

A：そうです。ニーチェと解放の問題です。ニーチェは次のように言っています。「自由とは，男性的な本能，戦いと勝利を喜ぶ本能が，他の本能を，たとえば「幸福」の本能を支配することを意味する。自由になった人間は，自由となった精神はなおさらのことだが，小商人，キリスト者，牝牛，婦女子，イギリス人，その他民主主義者が夢想する軽蔑すべき安寧さを踏みにじる。自由な人間は，戦士である」。これが，ニーチェが『偶像の黄昏』の中で宣伝していることです（Nietzsche, 1888／1994, p.128, 強調はニーチェ原文による）。あなたは王を倒しますが——すると「恐怖」がやってきますので，次に「皇帝」に支配されるとになります。エドモンド・バーク[★16]の視点は，あなたに感銘を与えそうもありませんね。

あなたが避けることの難しい議論をお持ちであることは否定できません。でも，それは，もちろんあなたに跳ね返ってくるものです。結局のところ，私の馬鹿げた議論は，あなたの議論よりは傷つけることもないし，害も少ないものです。

Q：そのお答えで，あなたが窮地から抜け出られたとは思いませんよ。ニーチェのダース・ベイダー的側面を指摘することで，私の仲間たち——こう呼んでもよろしければ——の反対を退けようというおつもりでしょう。でも，あなたのお答えのどの部分も，今までに持ち出された関心事に向けられていません。あなたの発達についての考えは，古い西洋的・特権的な「進歩」の概念です。「アイロニー的理解」は奥の手ですね。その他の段階についての考えは，ちょっと可愛げがあるだけです。哲学的なタイプは，一般理論体系の中で行き詰っています。ロマン的な人は，超越性という何かの夢に引きずられてしまっています。神話的な人は，対概念による物語は現実ではないということを認識していません。また，身体的なタイプは，何ですか，蝶々でも追いかけるのですか？　これは，まったく昔からある話です。進化の頂点にいる白人男性とその地位の安定を，アイロニーで擁護されるすばらしい合理性で図ろうとするものです。あれらのギリシア人についての話を続けて，あなたの真意を暴露しています——その他の世界についてはどうなのか何も述べておられません。それに，女性運動家のアイロニーの使い方についてのちょっとした段落は，一層見え透いています。

A：この体系が，今もあなたが描かれたカテゴリーに合致しないように見えるのはなぜなのかを，私は示そうとしてきました。後続の理解様式に維持されていく，理解

様式それぞれの特徴についての私の要点を，あなたは無視なさっています。もし「身体的タイプ」が蝶々を追いかけるものなら，「アイロニスト」もそうするでしょう。男性的特権的という批判も，他の発達理論から連想される遺物で，公正なものには思えません。合理性の安定を図ることで，この理論が男性志向になったり女性志向になったりすることはありません。私が推奨する「哲学的」な合理性の感覚は，「身体的」「神話的」「ロマン的」な特徴を取り入れるものです。これらの特徴は，特に実証主義者たちによって推進されている厳密で計算的な合理性の中で，抑圧されているのが普通です。私の感覚は，クリステヴァ★17の呼びかけに結びつくように思えます。クリステヴァは，女性は科学者になる過程で「論理的，制御的，科学的，理論的機能」を使うかもしれないが，そうすることによって，「女性としての個人に備わっているものの表現を抑圧する危険がある。このような事実があるので，言語的コミュニケーションの2つの面，すなわち制御的側面と，より身体的・衝動的な側面の両者を否定しようとすべきではなく，どんな状況にあってもすべての女性は，この2つの側面を適切に明確に表現する方法を見つけようと試みるべきであるように思える」と論じています（Kristeva, 1984, p.123）。しかし，私は，男性についても同じことを指摘したいと思います。それで，私は，このような明確な表現（これら2つの側面以上の多くの要素についての表現）がどのようにして可能なのかを，詳しく示してきたつもりです。

このように自説を防衛するような仕方でお答えしてきましたが，西洋的知識の伝統に特権的地位を与えるという要素はあると，私は譲歩いたします。常に自己批判的な西洋の伝統から，あなたの質問が生まれていることは，もちろんのことです。

Q：あなたが言われるすべての理解様式が言語になんらかの形で内在しているものだというあなたのご意見に，私は関心があります。また，これらの理解様式は言語を発達させた精神に内在するもので，つまりは，生命そのものに内在しているものではないかと私は思います。つまり，これらの理解様式は，最初に進化的に広がり，次になんらかの形で言語の外に広がります。ですから，アイロニー的様式は最初から言語の中になんらかの形で内在しているのです。私は，あなたが前に答えてくださった目的論的議論に入ろうとしているのではありません。それよりは，オング神父が *Interfaces of the World*（Ong, 1977, p.288）で書いていること——「アイロニーは話すことそれ自体と同じくらいに古くからある。それは，ある意味で話につきものなのかもしれない」——に，あなたが同意なさっておられるのかどうかと，考えていました。つまり，人があることを話すや否や，その話は，話されたことと異なることを述べて，同時に，ある明白な意味や描写や主張は信頼すべきでないと述べるという意味です。マストドン〔象に似た古代生物〕などそこに見えないのに「気をつけろ。マストドンが来た！」と言うようなものです。誠実さというしきたりをもてあそび，知識のない読者に向かって信頼のおけないナレーターが話すとこ

ろにアイロニーがあることがわかります。アイロニーは幼い子どもの中に豊かにありますが，学校に行くことにより邪魔されると，私はよく考えます——そう思われませんか？　学校では，いろいろな形をとる字義通りの解釈が，子どもたちの精神に刻印されます。多くの場合，それが自分にできる唯一のことだと信じている教師によって。そして，あなたの理論には，「アイロニー的理解」を早期に呼び起こすことがその後のさらに豊かな広がりのための前提だとの主張が含まれていますね。違いますか？　また，あなたの理論は両側面を取り上げておられることを考えると——つまり，子どもの発達と文化史のことですが——私は，セス・シャインの著書 *The Moral Hero: An Introduction to Homer's Illiad* を思い出します。もしご存知なければ，これをお読みになることをお薦めします。彼は，ホメロスの様式，神話的文脈，英雄のテーマ，それに韻文の価値などすべては伝統的なものだと述べていますが，また，『イーリアス』は「これらのテーマと価値についてのアイロニー的な仲介として，明瞭な意味をもたらしている」(Schein, 1984, p.42) とも述べています。アイロニーは歴史上でも個人の人生の中でも，後期にのみ出現するような何か異質なものではないというあなたの観察を，私は気に入っています。アイロニーは子ども時代に散発的に，時には生き生きと存在するものですし，早期西洋の知識人の生活の記録にもみられます。ですから，アイロニーが今日われわれの知っているようなもっと広い支持を受ける形式で繰り広げられるとき，それはわれわれにとって決して見慣れないものではありません。アイロニーは，人生の幼い時期に「予示 (adumbrated)」——今風の用語だと私は思いますが——されています。また，オング神父の「書くことによる内省 (reflectiveness of writing)」についての一般的見解を思い出します。「書くことによる内省」によって言語の生成は10倍も遅くなり，改訂が可能になります。また，まったく不自然ではないことですが，「書くことによる内省」は孤独の中に起こります——これらすべてが「意識の無意識からの成長をうながす」(Ong, 1982, p.150／1991, p.307) ことになります。その成長は，あなたの言われる理解様式が，言語についての自意識というもう1つの層——あなたが名づけておられる「精神の機能」——ハイエクを引用すれば——そのうえに重なるもう1つの層——をつけ加えるようなやり方で起こります。オング神父は，あなたの理論で強調されているのとは違って，意識の損失が他方で起こっているとは示唆していません。彼の見解は——おそらくあなたもお気づきでしょうね？——「進化の過程で，意識は前の段階を脱ぎ捨てるのではなく，後の段階で変化した形をとって，前段階の意識とともに働く」(Ong, 1977, p.49) です。さて，あなたはこれに完全に賛成しておられるわけではありませんね——正しい推測でしょうか——でも，私は，リチャード・ローティのアイロニーについての議論の中で気づいたのですが……えー，私が思っていたより，質問が長くなってしまいました。これまでのところで，あなたからのご意見がありますか。

A：いえ，いえ。私は差し出がましく意見を述べようとは思っていません。
Q：あなたは「哲学的理解」に，ましてや「アイロニー的理解」に到達できないかもしれない子どもについて，何も語っておられません。これは，プラトンがうかつにも能力の少ない人々を考慮に入れなかったのと似ています。人の間にある知的能力の分布について，あなたに責任がないことはわかっています。ですが，あなたが1つの教育理論を提案なさっておられるのなら，「発達する能力」が少ない人々の成り行きについて，あなたはわれわれに説明する義務があります。その人たちは，一生の間「神話的理解」に留まるのですか？　あるいは，私の同僚が発言したように，蝶々を追いかけて「身体的」なままに捨て置かれるのですか？
A：これらの理解様式を発達させる能力の差について，私は述べていません。なぜなら，この理論は（さまざまな）知的能力――この用語が何を意味するにしても――の不平等な分布について，何か特に役立つものを含んでいるとは思えないからです。ここで，2つのことを指摘したいと思います。第1に，現在の学校教育は，ある特殊な論理的・数学的能力の重要性を必要以上に強調する傾向にあります。そして現行制度の報奨は，不均衡にも，この特殊な能力を高度に持つ子どもたちに与えられています。私が概説している理解様式は，想像力と感情を強調していて，現在最高の報奨を与えられている種類の知的活動よりは，もっと非常に広い範囲の子どもたちを受け入れるものです。第2に，学ぶ能力の差が，それぞれの子どもが獲得する理解の速さ，程度，そして豊かさに影響することに疑いはありません。しかし，これらすべてのことが，「アイロニー的理解」の発達に大きな困難を抱える学生を，考慮に入れないことを意味するわけではありません。この体系は，「哲学的理解」や「アイロニー的理解」の知的道具を大きく発達させることに困難を抱える学生の継続的教育に対して，なんらかの有益な手引きを提供しています。なぜなら，私の唱える理解様式は，単純な意味で階層的ではありませんし，また，後続の理解様式がわずかしか刺激されないとしても，人はどの理解様式をも発達させ続けるからです。

　この体系の中に，すべての人がすべての理解様式に熟達するような教育を保証するものは何もありません。しかし，この体系は，「哲学的理解」や「アイロニー的理解」にはおおよそ手が届かないだろうと思われる，困難を抱える学生の教育的発達を，どのように続けさせるかについてのなんらかの前向きな示唆を，確かに提供するものです。またついでに申し上げますが，プラトンは気づかずに能力の少ない人を考慮に入れなかったのだとは，私は思いません。彼の教育体系を構成する知的課題は大多数の学生のレベル以上のものであると，彼は単に結論しただけです。現行の学校制度もほとんど同じ結論に達していますが，たいていの場合，自分たちが実際に行なっていることを認めようとしません。それで，どんなものであれ真剣な教育的営みからほとんどの学生を捨て去るような，残酷な教育行為の粉飾を主な目

的とする口先だけの言い回しをわれわれはしています。

Q：高度な「アイロニー的理解」の状態にいる人は，いったい幸福なのでしょうか？

A：前にも申し上げましたが，幸福は教育というよりむしろホルモンの働きに関係があるのではないかと，私は考えます。それに関して思いあたる唯一のことは，「アイロニー的理解」は冗談——宇宙スケールの冗談さえ——の価値を，人にわからせてくれるということです。

Q：私は注意深くあなたのお話を聞いておりました。でも，あなたの理論を支える実験上の根拠を引用なさるのを，一度も聞いておりません。学校の中での，または子どもについての調査をあなたはなさったことがありますか？　もしこれがまったく実証的研究（empirical research）の裏づけがないのなら，いったい誰がこの理論を真剣に取り上げるとあなたは思っておられるのですか？

A：あなたは，書物に書くほどの長さがなければ十分取り扱うことのできない問題を持ち出しておられます（しかし偶然ですが，それらの問題を十分とは言えませんが，私は本の長さにして取り上げています。参照：Egan, 1983／1988）。この理論は，普通教育界で実証的研究上の注目を浴びているものとは違って，どんな活発な研究分野についても必要だと私には思える，一般理論の構築に属します。しかし，この種の研究は，最近の教育界ではほとんど見ることがありません。そのような理論に対して「実証的研究の裏づけ」をつくり出す実験を行なうことができると想定することは，混乱を意味することになります。この理論が，置き換えたいと思う他の理論以上に教育に関してよりよい教育概念なのか，より悪いものなのかを決定するために，どんな実験を実施したらよいか明瞭ではありません。この新しい教育理論を，今日の教育研究によくみられる小規模の理論とするよりも，トーマス・クーン[18]（Kuhn, 1962）がパラダイムと呼ぶものに近いと考えると，おそらくわかりやすいでしょう。さて，しかし，クーンはこの種の一般理論を考えていたわけではありません。とはいえ，ある批評家が彼の著作の中に特定した22種類の異なる意味での「パラダイム」の1つに私の理論は当てはまるのかもしれません。パラダイムや私の一般理論は，同じような問題を持つ実証的研究者に向かっても提示されています。クーンが「通常の」研究と呼ぶもの[19]をしている人は，問うべき適切な質問は何か，それらの質問に答える適切な方法は何か，受け入れられる答えは何か，等々を決める，あるパラダイムの内部で仕事をします。つまり，パラダイムは通常の研究活動を決定する約束事としての前提条件を表現しているので，通常の研究活動がパラダイムに影響することはありません。私の一般理論のねらいは，人々が持っている教育概念を変えて，どんな研究が適切なのかを決定する前提条件に影響を与えることです。

司会者：ちょっと待ってください。それでは，あなたの理論をテストする方法はない

と言っておられるのですか？　この理論を信用して受け入れよと言っておられるのですか？

著者：先ほどもお話ししましたが，その質問にお答えするのは，あなたが思っておられるほど簡単ではありません。あなたが行なうことができる主要なテスト方法は，この一般理論を仮説として受け入れ，できるだけはっきりと理解し，そのうえで，この理論を「通して」教育をご覧になることです。そのテスト方法は，教育の分野について古い理論によるよりも，新しい理論によって考えるほうが，よりよく理解できるかを判断することで可能になります。このテスト方法を試してみれば，教育についてよく知られている特徴が，今まで知らなかった角度（たとえば物語形式の使用）から見えてきますし，今まで知らなかった他の特徴（生徒のイデオロギー的信条に異論を生じさせることなど）との関係の中で見えてきます。目立っていたある特徴（たとえば「拡大する地平線」の原則）は消えていきますし，以前には少しも気づかなかった他の特徴（たとえば「ロマンス」）が，非常に目立って見えてきます。公正なテストをするためには，ただ一時的にであっても，その人の今の教育概念に付帯している想定や仮説を放棄するという，難しい離れ業をする必要があります（これは，30歳以上の人にはめったに達成されないとケインズが考えた離れ業ですが，これを書いたとき，彼はもしかしたら，人々から無視されていると感じて，悲観的になっていたのかもしれません）〔本書第1章の終わりを参照のこと〕。

司会者：それでは基本的なこととして，あなたは〔あなたの理論に〕実証的研究の裏づけがないと認めておられるのですね。

著者：いいえ，認めていません。本書は実証的研究を満載しています。この理論は，教育界の実証的研究の成果から成り立っていますし，歴史上の実証的観察を批判的に分析しています。問題は，この理論についての評価の仕方で，私には混乱して不適当に思えるものの代表例が，あなたの質問だという点にあります。この理論を，これが置き換えようとしている今の教育概念が持つ前提条件を通して見ることは，意味がありません。教育界に起こっている現象について，私が不十分だと議論しているものは，これらの基準，これらの前提条件，今主流となっている教育概念です。両者〔現行の教育概念と私の理念〕の目的も異なり，その手段も異なり，それを構築する現象も異なるので，どちらがよいかを見極めるために，何か実証的テストをすることはできません。この理論について，公正なテストをしたいのでしたら，非常に難しい思考という業に頼らなければならないのではないでしょうか。「思考上の実験」とでも呼んでください。

Q：私の質問は，あなたが3つの教育理念について話しておられる最初の章に関するものです。私は，ジョン・デューイの社会的再構成理念の文脈の中で教育されました（専門家としてです）。デューイの理念では，心理的発達と学校教育と社会的変

化はすべて関連しています。あなたの描く主な教育概念は，私が知っているどんな理念とも似ていないということがわかりました。あなたの使われる用語は，私には非現実的なものに思えます。あなたは，現在の教育界の議論や関心事には大変疎いようです。あなたの言われる3つの理念は，重要な教育問題について現在行なわれている議論にまったく当てはまりません。あなたの理念は常軌を逸してしまいます。そういうわけで，あなたが特定なさっている一貫性の欠如に対する「解決策」は，われわれ現実世界の関心事にまったく無関係です。

A：私の議論が何も現実世界に無関係だと私は思いませんが，耳慣れない用語で表現されているかもしれないとは思います。しかしながら，3つの教育理念の特徴を述べる耳慣れない用語は，現在の教育議論が長い間あまりにも非生産的だったのはなぜか，また，教育界の外にいる人には誰にでもそう見えるのはなぜかを説明する役割を果たします。今世紀〔20世紀〕を通して北アメリカや西洋世界全般の教育界で行なわれている主要な議論を，心理的発達，学校教育の実用性，社会変化への関心が混ざったものだとあなたが特定なさっているのは正しいと，私は思います。私の言い方をすれば，あなたはプラトンをないがしろにしてルソーと社会化に優位を与える教育概念を述べておられます。進歩主義の持つ社会改革的側面は単なる社会化ではないと私は思っています。私がルソーに高い評価を与える理由は，そこにあります。デューイはルソーの理念の不十分さについて意見を述べてはいますが，教育については非常にルソー的な思想家だと私は思います。デューイにとっては，「教育の究極的問題は，心理的な要素と社会的な要素を調和させること」です（Dewey, 1972, p.228）。今世紀の主な教育的議論は，この課題に焦点がありました。同等の価値を持つどんな牽引力のある原則も，学問的カリキュラムを心理的要素と社会的要素に調和させることができなかったので，議論の難しさは，ますます増大しました。しかしながら，この調和は，それを導く適切な原則が何もなくても，なんらかの方法で取り込むべき課題であるとして，認識されるようになってきました。

Q：それぞれの理解様式が適切に発達しないならば，ある危険に陥る可能性があると，あなたは議論しておられます。しかし，もし適切に発達したならば，前段階の理解様式に属する能力の損失という危険の可能性があるとも，あなたは言っておられます。このどちらの問題についても，私にははっきりとわかりません。私がわかる範囲では，「身体的理解」の発達が不十分なら，出来事の意味の構築やパターンとリズムの理解について困難に陥る可能性があり，「神話的理解」の発達が不十分なら，無批判で単純な信条に陥る可能性があり，「ロマン的理解」の発達が不十分なら感傷や冷笑に陥る可能性があり，「哲学的理解」の発達が不十分ならすべてを知ってはいるが想像を欠いた一般理論体系に陥る可能性があり，「アイロニー的理解」の発達が不十分なら疎外的な人になる可能性があるということになります。

それに加えて，文化史上で起こったそれぞれの理解様式の初期には，その精力的

な発達が，先行する主な理解様式の最も顕著な特徴を攻撃したり，抑圧したりすることを含んでいるように思われると，あなたは考えられました。このことをあなたは個人の発達にも関連づけて，新しい理解様式の精力的な発達は先行する理解様式の特徴の損失をもたらすとしておられます。「身体的理解」に伴う損失について何も述べておられませんでしたが，「神話的理解」の発達は，〔「身体的理解」の〕まだ確かめられていない知的な可能性を切り落とすと示唆しておられます。あなたは引用しておられませんが，もしロバート・グレイヴス★20の「冷たい言語という蜘蛛の糸」についての詩を引用なされば，きっとあなたの主張点をもっと明らかにおできになったでしょうに。「蜘蛛の糸は中に私たちを巻き込む」，そしてそれは「過度な喜びや過度な恐れから退却させる」役割をする（"The Cool Web"）。この蜘蛛の糸はわれわれが経験する最初の麻酔薬です。「ロマン的理解」の発達は，魔法の感覚，自然界とつながっているという感覚の損失を含み，われわれの概念が捕らえようとし表現しようとする現実と概念との間に溝をつくり出すと，あなたは示唆しておられます。「哲学的理解」の発達は，生き生きとした感覚や知識との個人的つながりの損失を含みます。「アイロニー的」理解の発達は，自己について，自分の宇宙についての全体論的な概念の損失と，統合的知的な力の損失を含みます。

　私は，あなたがときどき使っておられる用語を要約してみました。これらすべてについて，もっとはっきりと肉付けをしていただけますか？

A：これ以上のことをお話することはできないと思います。これまでで，私はできる限りのお話をしました。

Q：あなたの体系は，ある箇所であなたが批判しておられる還元主義の段階理論の1つにすぎないように私には思えます。フレーザー★21には，あなたも言っておられるのと同じように魔法的，宗教的，合理的な諸段階があり，また，コント★22には神学的，形而上学的，進歩的な諸段階があり，ヘイデン・ホワイト★23にはヴィーコ★24を引き合いに出して，「神々の時代」を示す比喩的段階，英雄時代を示す換喩法の段階，部分を全体に統合する思考を示す代喩法的段階，否定と退廃を示すアイロニー的段階があります。それから，ある箇所であなたがはっきりと引き合いに出しているノースロップ・フライの神話的，ロマン的，悲劇的，アイロニー的な諸段階があります。歴史についてのヘーゲルの言い回しでは，誕生，幼年期，成熟期，老年期，解消または死――自然界の春，夏，秋，冬の季節のような――の段階になります。フロイトによる夢の仕事という4つの機能――圧縮，置き換え，象徴化，視覚化――は同じことをさらに反映しています。それからピアジェの段階論がもちろんありますし，マルクスによる初期，拡張，一般化，矛盾の段階があります。それにヴント★25のもの……それにスティーブン・ペッパー★26の仮説……それに……えー，まだまだあります。これらの還元主義的体系はすべて，複雑で，継ぎ目なく続く過程を別々の箱の中に押し込もうという野望を持っていることが共通しています。あな

たの体系が，これらの最悪で還元的な理論よりもましだと，いったい言えるでしょうか？

A：まあ，それらが還元的なもので，複雑な過程に人工的な区分けの線を引いていることは，もちろんです。ここでのコツは，ある特定の目的のために意味を持つ現象を，適切に提示する方法を見つけることです。異なる理解様式の間にある分断は，この体系では別々なものとして提示されていませんし，それらの理解様式は別々の箱でもありませんが，私はその過程が継ぎ目のないものだとは思っていません。ある時期には，その他の時期よりも大きくて速い変化──「中断のある進化」が続いて文化発達していく過程──が起こると，私は思います。典型化（stereotype）なしに思考することはできないように，還元化（reductionism）なしには思考はできません。ここでのコツは，〔ある目的に沿って〕明確化するために役立つ限りにおいて還元化や典型化を行なうことであり，その反対であってはならないということです。

Q：それでは，時間となったようです。みなさんお腹が空いてお疲れになっています。気が狂いそうなほどに飽き飽きしておられる方もいます。最後に何かおっしゃりたいことがありますか？

A：この理論はまだ，あちこち壊れている蒸気機関車のようで，不適切な継ぎ目から蒸気が噴き出し，油もこぼれ，一度捨てられた古い車両に不安定に取り付けられたピカピカの〔新しい〕部品のようなものだと，私は告白いたします。でも，少しずつ前に進んでいます。伝統的教育概念という機関車は，非常に多くの乗務員と，痛々しいほどに情報を与えられていない技術者を乗せて，あっぱれにもシュッシュッポッポッと煙を吐き汽笛を鳴らしていますが，実際にはどこにも到達しないか，よくても，次第に消えていく円をぐるぐる回っているだけです。少なくともそれよりは，私の機関車のほうがましなものに私には思えます。さて，またまた比喩がコントロールを失ってしまいました。プラトンは，これよりずっと上手な比喩──「洞窟の囚人」[27]「線分」[28]「エルの物語」[29]「明け方の火葬のための薪」[30]──を使って，これらすべてを説明しました。

訳注

- [1]：ジョナサン・ミラー（Jonathan Miller：1934-) イギリスの舞台監督，医師，テレビのキャスター，著述家。
- [2]：マシュー・アーノルド（Matthew Arnold：1822-1888) イギリスの詩人，文明批評家，学校監査官。19世紀イギリスの機械的文明や物質的繁栄を批判し，教養教育を通じた人格や思考力の向上を唱えた。
- [3]：ベンジャミン・リー・ウォーフ（Benjamin Lee Worf：1897-1941）はアメリカの言語学者。「ウォーフの仮説」は「サピア・ウォーフの仮説」とも呼ばれる。言語は思考を伝える単なる伝達手段ではなく，ある人の用いる言語が，その人のものの認識の仕方や考え方

を形づくるとしている。
- ★4：まえがき訳注★2を参照。
- ★5：第1章訳注★1を参照。
- ★6：第1章訳注★11を参照。
- ★7：ノースロップ・フライ（Northrop Frye：1912-1991）カナダの文芸批評家，文学者。
- ★8：フーグランド（Cornelia Hoogland）カナダの詩人。ブリティッシュ・コロンビア州在住。ウェスタン・オンタリオ大学の教員もつとめた。
- ★9：第5章訳注★7を参照。
- ★10：*Introduction to Astronomicon of Manilius*（1937年）にある言葉。
- ★11：第1章訳注★12を参照。
- ★12：G．K．チェスタトン（G.K. Chesterton：1874-1936）イギリスの執筆家。
- ★13：ジョージ・ウインダム（George Windham：1864-1913）イギリスの政治家。
- ★14：心理発達に関するピアジェの用語の1つで，抽象的・論理的・客観的な思考をいう。
- ★15：第5章訳注★10を参照。
- ★16：エドモンド・バーク（Edmund Burke：1729-97）イギリスの哲学者，政治家。歴史や伝統の重みに対して人間の知性による工夫や進歩を懐疑的に見る保守的思想をもって知られる。
- ★17：クリスティヴァ（Julia Kristeva：1941-）ブルガリア生まれ。フランス在住の哲学者。
- ★18：第3章訳注★10を参照。
- ★19：「通常科学（normal science）」を指すと思われる。
- ★20：ロバート・グレイヴス（Robert Graves：1895-1985）イギリスの詩人。引用されている詩"The Cool Web"は，バラの匂い，夜の暗闇，兵士の行進の恐ろしさなどについて子どもが持っていた鋭い感覚が，言葉の獲得とともに失われる嘆きを詠ったものである。
- ★21：ジェームズ・G．フレーザー（James G. Frazer：1854-1941）イギリスの社会人類学者。
- ★22：第4章 p. 118参照。
- ★23：第4章 p. 118参照。
- ★24：第2章訳注★14を参照。
- ★25：ヴィルヘルム・ヴント（Wilhelm Wundt：1832-1920）ドイツの医者，心理学者，哲学者。実験にもとづく近代的心理学の父として知られる。
- ★26：スティーブン・ペッパー（Stephen Pepper：1891-1972）米国の哲学者。
- ★27：『国家』（下），藤沢令夫（訳）岩波書店，2008，514A-521B，pp.104-124.
- ★28：『国家』（下），509C-511E，pp.95-102.
- ★29：『国家』（下），614-621D，pp.396-418.
- ★30：『国家』（下），621B，pp.416-417.

第II部

第7章
カリキュラムへの応用

1節　はじめに

　カリキュラムについての理論は，教育一般についての理論と同様に，2つのカテゴリーに分けることができる。19世紀半ば以前の理論はたいてい，社会や政界のエリートになるはずの少数の男性に教え込むべき道徳的美徳，人間の卓越性，それに知識に関するものだった。19世紀半ば以降の理論はたいてい，女性も男性も含む大衆を，生産的な仕事，善良な市民，満足のゆく余暇に向けて備えさせるために必要とされる技術と知識に関するものになってきている。この2つのカテゴリーの違いは読み書き能力に結びついている。前の時代には，大衆は読み書き能力に欠けていて，文書に蓄積された文化は彼らには無意味であると簡単に考えられていた。大衆は，話し言葉的－神話的－民衆的文化に捨て置かれたままだった。今世紀になると，われわれ大衆は，多かれ少なかれ読み書き能力を持つようになり，西洋的伝統に蓄積された知識に近づくための素養ができてきた。したがって，学校のカリキュラムにとって，また，近年では大学のカリキュラムにとっての決定的な問題は，あのかつてのエリート文化が大衆の生活に妥当性を持つのかということになった。この問題についての議論は，激しい論争を伴ってきたし，今も続いている。このエリート文化を発達させるためのカリキュラムに求める時間数が，現代経済界で生産的役割を果たす人々にその準備をさせるのに必要な時間数とぶつかり合うように思われるときには，特に激しい議論となる。

　そしてこれは，カリキュラム担当者が処理しなければならない，論争的な問題の1つにすぎない。この論争は，その他多数の社会的，イデオロギー的，技術的，経済的，道徳的問題と交差している。3つの古い教育理念〔本書第1章2節を参照〕のそれぞれが，差し迫る一連の問題に解決を示唆するカリキュラムについての処方箋を含んでいる。

　社会化の理念は，子どもが送ると思われる人生に向けてできるだけ十分な備えをすることを目標にしたカリキュラムに関連づけられる。そのカリキュラムは，学校外の「実際的生活」に意味を持つ技術と知識を発達させることに焦点がある。このカリキュラムは，社会の変化に対応し，家庭生活，消費者教育，保健衛生と食生活，性教育，その他，生徒が入っていく社会生活の目立って特徴的な事柄に向けられる。今日のプラトン的理念は，生徒を学問的知識形態，それもかなり深いレベルの知識形態に

まで手引きすることを目標にするカリキュラムに関連づけられる。このカリキュラムは，西洋の学問的伝統に蓄積されてきた文化に親しませることに焦点がある。このカリキュラムはマシュー・アーノルド★1が「世界でこれまで考えられ言われてきたことの，最上のもの」と呼ぶものに注目する。「最上のもの」は，揺らぐことがなく，直接的有用性の考慮外にあって，さまざまな学問分野における新しい研究成果を受けて非常にゆっくりと変化するだけである。ルソー的理念は今日，個人の可能性の十全な発達を目標にするカリキュラムと関連づけられる。このカリキュラムは，生徒の個人的経験を拡大し，洗練し，再組織し，再構成し変革することに焦点がある。このカリキュラムは，どんな特定の権威ある内容よりも手順的な技能に注目する。カリキュラムの内容は，生徒の日常的経験を拡大するために必要とされるものを基礎にして，たいてい選ばれる。

　カリキュラムに対する現在の「常識的」方策は，公立教育機関で典型的なものであるが，これら3つの体系のバランスをとろうとするものである。ここでの問題は，これら3つのそれぞれが，別々にかなりの問題を抱えているし，一緒にすれば，一貫したカリキュラムとして混じり合わないということである。しかしながら，われわれは，滅多切りにされたカリキュラムにあまりにも慣れすぎているので，それらの基本的一貫性のなさは，「利害関係者」の競争によってつくり出される必要な「緊張」として容認されている。ラテン語と消費者教育の間にある，授業時間数についての競合する要求をどのように解決すべきか，考えてみるとよい。社会化の体系だけならば，この解決に何の困難もないだろうし，プラトン的体系だけならば，これも困難がないだろう。しかし，もし両者を動員しようとすれば，それが普通にみられることだが，精神はとまどうだけである──そして，社会化基準か学問的基準かとのどちらかに大きな比重を置く勢力間の争いに任されたままになる。一貫性のない概念を償う適切な方法として，われわれはこれらの政治的争いを容認するようになってきている。

　カリキュラムに関してこれら3つの理念がそれぞれ持つ問題点は，互いに他の2つの理念の推進者によって，多くのことが書かれている。社会化のカリキュラムは，現在の社会慣習にあまりにも注目しすぎ，その結果視野の狭い地域主義に陥り，社会の現状を権威あるものとして容認し，他の〔自分たちのものとは異なる〕社会や慣習を，異なる度合いに応じて劣等なものと見る傾向にある。プラトン的カリキュラムは，真実についての信頼できるイメージを生徒のために確保しようとあまりにも懸命になりすぎ，知恵，同情心，現代の社会生活に必要な技術を犠牲にする。ルソー的カリキュラムは，個人的発達が社会的事柄であるのはどの程度までか，知的技能が学問的知識に結びつくのはどの程度までかについて無感覚なので，表面的で根拠のない自信に傾きがちである。

　本章で提供する，それらに代わるカリキュラムは，前章までで述べてきた知的道具セットを発達させるものである。「身体的理解」と「アイロニー的」理解に関するカ

リキュラムについては，それほど話すことはない。前者はカリキュラム内容にそれほど選択の余地がないほどに拘束があるし，後者は，選択の余地が多すぎるので逆に拘束がなく，それらについての処方箋を書こうとすることには意味がないと思うからである。したがって私は，「神話的」「ロマン的」「哲学的」理解の発達を支えるカリキュラムに向けた関連事項に焦点を絞ることにする。また，私の意見を，主として典型的な学校と大学向けのカリキュラムに限定したい。

幼少期から成人までの全期間にわたるカリキュラムの詳細を述べ，それを正当化することを約束するつもりはない。私がしたいことは，これらの理解様式の発達をうながすカリキュラムを構築するために，これらの理論から生まれる原則の概要を述べることである。現在の学校や大学で主流となっているカリキュラムとの違いが最もはっきりとする私のカリキュラムの特徴に焦点を当てたい。そのうちに別な機会に，ここでのおおまかな筆使いによる述べ方を，詳細なカリキュラム内容に練り直すこともあると思う★2。今の時点では，例を示す方法で，カリキュラム内容を考えることにしよう。

また，ここからは，これまでの章で使った理論的議論の仕方とは違うテンポの書き方になると思ってほしい。さていよいよ，現在の学校組織の条件の範囲内でこの理論をどのように実行に移すのかを探究し，近い将来に重大な混乱を起こすことなく実行できる変革を考える準備ができた。

2節　神話的理解

「神話的理解」の特徴には，知的道具の構成要素の中でも，比喩，リズムのある言語，言葉から生まれるイメージ，抽象的感情的な対概念，物語構成等々が特定できる。これらの道具の発達を刺激するカリキュラム内容は何か？

それぞれの理解様式について考えるときに，2つの一般的原則が働く。原則の1つは，その理解様式が要求するものから導き出されるし，もう1つは，われわれが生徒にそちらに向かって発達してほしいと望む方向が要求するものから導き出される。私はこれらの原則を「神話的理解」について述べるつもりだが，「ロマン的理解」や「哲学的理解」についての記述の中でその原則を繰り返さないときも，同じ要点が当てはまると理解していただきたい。カリキュラム内容の選択を助ける第1の一般的原則は，知的道具使用の〔歴史的〕発達をわれわれは反復していくので，話し言葉使用者によくみられる文化的形式を反映するものとする。第2の原則は，そのカリキュラムが生徒を導いていってほしいと願う「ロマン的」「哲学的」「アイロニー的」理解へ向かう方向を反映するものとする。

これは，助けになるというよりはむしろ混乱させるような，対立的原則であるように見える。話し言葉中心社会の文化形式が持つ万華鏡的に豊かな多様性を反映することは，その先にある理解様式〔「ロマン的」「哲学的」「アイロニー的」理解〕が導く

西洋的学問探究の道とは，反対の方向へわれわれを引き入れるもののように見える。進む方向のいわば前後双方に目を向けるこれらの一般的原則の両者を大切にしつつ，しかも一貫性のあるカリキュラムを構築することは可能であると，私は思う。両者を大切にするということは，発達目標とする「神話的理解」が，その先の発達方向〔「ロマン的」「哲学的」「アイロニー的」理解〕の感覚によって拘束されるという意味であるが，しかしそれは，あまりに目指す先を大切にしすぎて，特徴的な「神話的」形式をないがしろにするということではない。その特徴的な神話的形式からこそ，その後の理解様式は育っていかなければならないのだから。例を挙げれば，「神話的理解」は，過去について述べる広範な種類の物語——話し言葉中心の文化は，過去の出来事についてのまったく空想的な叙述から非常に正確な記述までを含む豊かな多くの例を示している——のどんなものによっても刺激を受けることができる。これら話し言葉による物語は，〔後の段階でも〕活用したい共通するいくつかの特徴を持っている。しかし，生徒の「ロマン的」「哲学的」「アイロニー的」理解の発達を支えることをこの理論は目指すので，われわれは小学校のカリキュラムに，過去についての西洋流の歴史的記述を選び，それを「神話的」観点の枠に入れるのである。それで，2つの原則はともに機能することができる。1つは，われわれの理解を話し言葉によって築かれる基礎に向かって導き，もう1つは，刺激したいと思う発達の諸形式〔著者が説く理解様式〕に向かってわれわれを導く。

　歴史の話題を中断したままにすべきではないのかもしれない。私が中断したのは，両方の原則を活用し両者に栄誉を与えるようなカリキュラムに辿り着くことができると説明したかったからである。今日，歴史は小学校のカリキュラムに普通みられることはない。歴史は，時代遅れの「拡大する地平線」路線をもとにして，社会科に取って代わられた[*3]。私が社会科を取り上げない理由は，本書の第2章やその他の著書（Egan, 1988）で述べた。しかし，「神話的」原則にまったく注意を払わない旧式の歴史と取り替えたいと思っているわけではない。ここでの問いは，小学校のカリキュラムに適切な歴史とはどのようなものか，ということになる。

　最初の一般的原則によって，カリキュラムの中に含めたいと思うどんな分野であれ，その学習において話し言葉によって築かれる基礎にわれわれは導かれる。歴史において話し言葉によって築かれる基礎は，神話である。過去についての数限りないさまざまな神話的記述だけでなく，それらに共通した特徴や，それらが果たした心理的社会的機能をも考えに入れる必要がある。すべての話し言葉中心の文化には，過去についての伝統的民話がある。あるものは，儀式の中で唱えられる宗教的神話の中に埋め込まれているし，他のものはそれほど形式張らず，内容も社会的有用性も変わりやすい。すべては物語形式をとっていて，現在の経験を，広がりのある，より一般的意味を持つ文脈に当てはめる役割をする。

　「神話的理解」の他の特質を活用することで，歴史のカリキュラムを，死滅と闘う

生命の広大な物語で始めることもできる(バージニア・リー・バートンの『せいめいのれきし』(Burton, 1962／1964)はそれを劇的に表現している1つの例である)。もっと最近の歴史については,抑圧と闘う自由という観点で,あちこちで今も続く物語の劇的な出来事を使い,何週間にも及ぶ授業を構成することもできる。また,歴史を専制的暴力の危険と闘う安全保障という観点で見ることもできる。話し言葉中心の文化で神話や伝統的民話が心理的・社会的目的を果たしたような,広がりのある多くの物語を思いつくことができる。そして,それらを提示するときに同じような構成上の技法を使うとよい。

　たとえば,さまざまな種類の抑圧に対抗する自由獲得への人間的闘いの物語に基づく,年間を通した歴史学習の課程を立案するのは,簡単なことだろう。私がここに挙げる簡単な例は西洋的なものが多いが,それは単に私が身近に知っているという理由による。そのような学習課程を細かく立案するとき,世界中のさまざまな種類の抑圧と自由への闘いの例を選ぶことになる。ローマに対するスパルタクスの反乱〔紀元前73-71年〕のような強烈な出来事をもとに,古代世界の奴隷制を含めることもできるだろう。また,ブーディカ女王の侵略軍に対する戦い〔紀元後60-61年〕もいいかもしれない。また,中世と現代ヨーロッパにおけるユダヤ人の処遇を見ることもできるだろう。また,ガンジーやキング牧師,その他を学習することもできるだろう。これらすべてについて,事実を歪曲する必要はない。単純化するのだが,最も込み入った歴史文書であっても単純化はある。ここでのねらいは,生徒がその中へと成長していく世界と社会について彼らの理解を助ける,人間の物語の核心的部分を伝えることにある。さまざまな時代にさまざまな場所で男や女や共同体に起こった勝利と敗北に焦点を当てるようなカリキュラムのほうが,郵便配達夫の役割や地域社会の構成に焦点がある典型的社会科の学習よりは,より教育的価値があるだろうと,私はこれまでも議論してきた。生徒が住む地域の慣習についての理想化され整理されたお決まりの教え方を通してではなく,力強く劇的な出来事を使って生徒の住む世界へと案内することは,子ども自身の幼い頃からの体験と類似している闘いと調停のイメージで,出来事を提示することである。歴史は,変化する世界での経験を理解するためにわれわれが持っている,主要な道具の1つである。歴史理解は成熟が進んでから「発達」するだけのものではない(あるピアジェ派の学者が議論しているように。参照:Hallam, 1969)。後の発達形態は,それに先行する必要不可欠な発達を基礎にして発達するものである。

　カリキュラムの「言語と文学〔国語〕」に関する課程については,一般的な目標は,生徒の「神話的」言語を刺激し発達させることであろう。言語発達に中心的なものとしてこれまでに議論してきた原則の1つは,言語意識あるいは「メタ言語的自覚」を成長させることだった。この発達に関して私には重要に思えるが教育界で普通無視されているものから,議論を始めたいと思う。それはユーモアの感覚である。洗練され

たアイロニーがある種のユーモアを必然的に含むものであるとわれわれは認めているかもしれないが，欠くことのできないユーモアの発達について，教育界ではほとんど注目されていない。

　ユーモアについて議論して，陰鬱で退屈にならないことは難しい。しかし，それが言語発達に果たす役割と，さまざまな理解様式を刺激し拡大する役割を持つという両方の理由で，その教育的価値は大きいと私には思える。繰り返すが，私はこの話題について本章の後半の2箇所〔「ロマン的理解」と「哲学的理解」〕で取り上げることはしない。しかし，「神話的理解」を刺激するときのように，「ロマン的理解」と「哲学的理解」の発達の中でも，ユーモアは，形は変えつつも，同じくらい重要な教育的役割を果たし続ける。

　一番単純なレベルで，冗談は語彙を拡大できるし，言語を明確化し思考の対象にするという重要な過程の始まりとなる。「ドアがドアでないのはどんなとき？」「ドアが半開き（ajar）（＝壺；a jar）のとき」（笑）。この単純な言葉遊び――これに似た冗談は数知れない――の要点は，開く／閉じるの間を仲介して，世界と経験をもっと正確に述べるための子どもの能力をほんのちょっと増大する。さらにもっと重要なことには，同じ音が，書かれたときには違う形をとり，異なる意味を表わすことができるという認識を育てる。

　比喩による遊びは，ビル・キアンの人気コミック『ファミリー・サーカス』[★4]にあるもののように，冗談によってうながされる。芝生に立っている子どもが観察する。「草が僕のつま先の間を〔歯磨きに使うフロスのように〕きれいにしてくれるよ」。擦り切れた靴紐は「かぎ爪を失った」と表現される。近づく嵐は「空が不平を鳴らしている」と予報される。比喩の働きで物事を面白おかしなものにしてしまう，意図的なカテゴリーの混乱を楽しむようにと，子どもたちを授業でうながすとよい。

　言語の意識をさらに高めるために，ハイエクの用語を使えば精神の働きを意識に上らせるために，パロディーを使うことも奨励するとよい。子どもたちは，そのつくり変えがパロディーだと知るとたちまちにして喜ぶのが普通である。「何って知ってる？（You know what?）」「何？（What?）」「君が言っていることさ！（That's what.）」[★5]。これを聞くと，私の3歳の娘は笑いがとまらなくなった。「カメはなぜ道を渡ったの？」「わからない。なぜ？」「ニワトリが休暇をとったからさ（Because it was the chicken's day off.）」[★6]。これにも，私の4歳の息子は，1日に10回も20回も笑いの発作を起こしたものである。

　ルイス・キャロルがアリスの本に埋め込んだ冗談は，カテゴリーの偶然性についての意識を増大させ，通常の理性の約束事を破るようにと戯れて脅す形式の代表である。「『さ，お茶のお代わりをもっとたくさんどうぞ』。三月ウサギがとても熱心にアリスにすすめました。『まだ，何もいただいていません』。アリスはむっとした口調で答えました。『だから，もっとたくさんなんて飲めません』『もっと少なく飲めませんだ

ろ』と帽子屋。『ゼロよりもっとたくさん飲むのはとてもかんたんさ』」（*Alice in Wonderland*, Ch.7)★⁷。「『いろいろなものの絵を描きました。オで始まるものをかたっぱしから……』『どうしてオなの？』とアリスがたずねました。『どうしてオじゃだめなの？』と三月ウサギ」★⁸。「『気を失いそうなときには干し草を食べる，これに匹敵するものはないのう！』とキング。……『干し草を食べるのが一番いいとは言っておらん』。キングはお答えになりました。『それに匹敵するものはないと申したのじゃ』」（*Through the Looking Glass*, Ch.7)★⁹。

　これらの冗談が「神話的理解」という知的道具を刺激するための模範的例だと言うつもりはない。しかし，冗談が言語意識を構築し，洗練された言語使用を次第に発達させるための創意豊かな方法になり得る，という例を示したつもりである。冗談の持つもう１つの価値は，もちろん，面白いということである。冗談は，使用すると直ちに報われる言語形式である。

　また，言語にはその特有なリズムがある。それは，エドワード・リア★¹⁰やドクター・スース★¹¹の意味のない言葉遊びのように，理解とか意味とは別な喜びをもたらす。リズムのある言語から子どもたちが得る広範囲な喜びは，オピー（Opie & Opie, 1969, 1985）のあれほどの大量の蒐集によっても明らかである。地域の幼稚園児の間でお気に入りのノック・ノック・ジョーク★¹²はこのように運ぶ。「ノック，ノック」「だあれ？」「ミッキーマウスの下着よ」。床を転げまわって笑いくずれるのがお決まりであるが，禁句のほのめかしによって，リズムの魅力が強化されていることは間違いない。冗談の探究が小学校の言語カリキュラムに加えられるのは，意味のあることだろう。それは，細かい分析的な学習という意味ではない。言語の働き方についての意識をうながし，生徒が自分たち自身の冗談をつくり出す中で，言語をどのように操作できるか意識することをうながすものとしての学習である。１人の子どもの言語発達は，最も基本的レベルにおいて，他の人に影響を与える音の形成を学ぶことである。その子どもの努力に対して応答することは，決定的に重要である。教師や親は，少し微妙な課題を託されている。その課題とは，支離滅裂になってしまうかもしれない探究を奨励し，同時に，意味のあるパターンを選択し，それらを洗練するために必要とされる訓練を奨励することである。

　これらの活動は，言語を通して身体を越える道筋を発見する，身体的探究とパターンの発展である。歌の中で言葉と音楽を組み合わせることにより，このような言語的探究から身体的探究にすぐに戻ることができ，言語のリズム的発達を促進する。われわれが言葉に形成する音に加えて，身体がつくるさまざまな音をもっと詳しく探究する中で，継続する身体的発達がさらにうながされる。舌打ち音（南アフリカのある言語に入っている）や，キーキー声，手拍子，足踏み，そしてまったく悲しいことに無視されている口笛で，われわれは音をつくる。われわれが楽器であり，意味伝達の方法である。だから，人間がつくる音の中のパターンと意味の構築の仕方を探究するこ

とは，言語学習のカリキュラムの一部を担う。

　詩の中のあふれんばかりの言葉遊びは，言葉がどのように意味やイメージをつくることができるかについて子どもの感覚をうながすし，意味やイメージが簡単につかめないときでさえも，まったく音そのものによって楽しむことができる。私はすでにエドワード・リアとドクター・スースのリズムについて述べた。ロバート・スージーの〔詩〕"The Cataract of Lodore（ロドールの大滝）"は豊かな言葉遊び——聞き手にとっても朗読者にとってもやりがいがある——の完璧な例である。

　読みものは，第2章で述べられている特徴と合う世界中の多くのさまざまな物語を含むものとする。これらの「民話」はおそらく，読まれるよりは，語られるほうがずっとよい。また，その物語が生まれた文化を背景に持つ人によって語られるほうが，特にその物語の文化的文脈が提供されるならば，さらによい。さらに異論があるかもしれないが，子どもたちに大いに親しむようにさせるべき種類の物語がある。これらは，世界の偉大な神話や宗教的な物語である。特に，その中へ成長していく子ども自身の文化やそこでの支配的な文化の物語である。そのような物語についての知識がなければ，子どもは自分のまわりの文化的経験の意味を知ることが難しいし，不可能かもしれない。場合によれば，これらの物語はユダヤ教のトーラーやキリスト教の聖書のような，ある宗教の中心的書物から採られるかもしれない。あるいは，イスラム文化圏のナスルディン物語のような社会の規範についての民話であるかもしれない。あるいは，神々と人間についてのギリシアや北欧の物語のような文書化された神話全体かもしれない。

　聖書の物語，ギリシアと北欧の物語，イスラム圏に源がありながら遠い昔に〔西洋文化圏に〕吸収されている物語，西ヨーロッパの民俗文化の物語などを主とした，基本的な西洋の物語を，どんなものであれカリキュラムの他の物語と単に同類に扱うことはできない。これらの物語は重要である。なぜなら，第1に，これらは西洋の言語と複雑に結びついてきたからであり，第2に，これらは生徒に吸収してほしいと思う読み書き能力の発達をうながすからである。

　今述べた最初の点を取り上げてみると，これらの物語が重要なのは，期待と満足，希望と恐れ，勇気と行動，信念と行為の〔対比的〕リズムがあって，理解のカテゴリーを形成し，美徳と悪徳についての概念を形成することに役立つからである。これらは，言語でわれわれに伝達される世界理解に，深く関係している。これらの物語を知らなければ，世界の意味を理解するための十分な備えが生徒にあるとはいえない。

　第2の点については，ノースロップ・フライが次のように書いている。「聖書やギリシャ・ローマ文学の主要作品を知らなくても，なるほど書物は読めるし，芝居は見ることができますが，掛け算の九九を知らなければ数学の知識が伸びないように，それを知らなければ，われわれの文学の知識は伸びることができません」（Frye, 1963, p.28／1980, p.47）。彼はもしかしたら少し大げさすぎる言い方をしているかもしれな

い。しかし，次にくる理解様式へ方向づけるカリキュラム内容を選ぶというわれわれの一般的原則から明らかだが，これらの物語は，われわれの小学校の読みものカリキュラムの中心として処方される。このような焦点の当て方が，多文化的社会では問題であることを，私は認識している。しかし，もしわれわれの第1の関心が教育であるならば，取り扱うべき事柄は，これらの物語を受け入れられる仕方でどのように提示するかについての方策であり，カリキュラムからそれらを消し去ることをどのように協議するかについての方策ではない。われわれは特定の状況に，思慮深くかつ柔軟な態度で賢明に対処し，狭い論理やイデオロギーによるのでなく，礼儀に適い思いやりある決定をする心構えを持ちたいものである。

　書き言葉は目に見える形にされた言語であるが，話し言葉中心の文化では不可能だったことを，言語で行なうことを可能にする。書き言葉への導入は，最初に書き言葉が可能にした技術を探究するのがいいだろう。それで，通常行なわれる初期の書き方練習とともに，リスト作成，表の作成，手順作成，フローチャートの考案等々の活動を，子どもにうながすとよい。

　この2つの原則を適用するカリキュラムでは，どんな理科学習への導入をすることになるだろうか？　科学の「神話的」形式を考案することを要求する第1の原則を適用するよりは，第2の原則を適用して，「ロマン的」「哲学的」「アイロニー的」な科学的理解に向けての必要条件を設定するほうが，おそらくやさしいだろう。「神話的科学」とは，矛盾語法のように聞こえる。第1の原則によれば，科学において話し言葉によって築かれる基礎は何か，と問うことが要求される。さて，科学において話し言葉によって築かれる基礎は，軽蔑的に魔法と呼ばれるものだったように思われる。話し言葉中心の文化が，世界を観察し，その結果として分類体系をまとめたことは確かである。しかし，それらの体系は，科学的観点からすれば，奇異で，うす気味の悪い理解不可能なものである。それらは，対象を制御するための合理的で抽象的な体系ではなく，手が届かないところに隠された対象に隠喩的に結びついている。例を挙げれば，一番単純なレベルで，多くの文化は，数え方の一般的体系を持っていない。多くの話し言葉中心の文化に生きる人々に，数を数えるように言えば，「何を数えるのか」と答えるだろう（Goody, 1977）。英語の中にも，そのような対象に結びついた数え方の痕跡がみられる——twin, brace, pair, deuce, yoke, dual, couple, binary, matesなど，これらはすべて，異なる対象について2の数に言及している。

　話し言葉中心の文化での自然界に対する探究に目を向けてみると，科学とは何かが異なることに気づく。それは，科学的精神とは程遠く快く受け入れられないものだが，自然界の対象物にもっと親しく参与する何かである。これらの両方の立場を調節し，小学校の理科のカリキュラムを構築するには，どうすればよいか？　話し言葉中心の文化を反映するような，初歩の探究は，自然について知る試みというよりは，自分が自然と親しい間柄で，疎遠ではない何者かであると知るようななんらかの参与的な方

法で，それを知る試みである。われわれの初級理科のカリキュラムに入れる要素の1つは，それぞれの生徒が自然界の何か——1本の木，1叢の草，1つの蜘蛛の巣，雨，ある1匹の犬とか猫，またはさまざまな雲——を，「養子」として自分のものにする活動になるかもしれない。生徒は，彼らが養子に選んだ自然界の1つの対象を単に観察するようにうながされ，支援される。この観察は，現在通常行なわれているような，生徒がチェック・リストを持ち，その対象の名前と部位の名称を学び，スケッチ用品を携えてメモをとり，その年齢にふさわしいレポートを提出するということではない。「神話的理解」をうながすカリキュラムでは，ある程度長い時間かけて，観察しているものの性質を感じ取るというねらいのほかは何も持たずに，生徒は黙って観察することになる。その木がどのように太陽に向かって葉を伸ばすか，雨がどのように滴り落ちるか，さまざまに吹く風の中で枝がどのように揺れるかなどを感じ取る。明らかに，これには支援と訓練が必要とされるが，多くの人が想定するよりは少なくてすむだろう。このような没入的態度は，多くの子どもにはたいてい普通に起こるものだし，ガイドも必要としないことが多い。ちょっとした工夫で，さらに多くの子どもにこのような観察をうながすことができるはずである。そのねらいは，観察する対象へのある種の夢心地の没入であり，参与である。夢心地の精神は，対象を感情へと結びつけるし，それを半分できかけのお話に結びつける。こんな言い方は，決定的におかしなものに聞こえるかもしれないと，私は知っている。しかし，自然界との断絶が決定的になって，自然界への豊かな人間的参与という基礎を忘れた科学がもたらされたと，私は思う。ここに推奨されているようなやり方で，慎重に科学を導入すれば，自然界に対するより鋭敏な感覚をうながす方向になんとか進むことになるかもしれない。注意深い観察と没入を組み合わせることにすぐれているさまざまな文化から，そのようなカリキュラムに向かう指標を求めることもいいだろう。たとえば，北アメリカの先住民の文化は，この点ですぐれている。

　現象の分類形式も，小学校の理科カリキュラムの中に入れることを奨励するべきである。〔現在の教育界で〕主流となっているピアジェ派の体系では，幼い子どもの分類感覚を，前合理的なものだとするイメージを推進し，知的進歩は合理的な分類感覚の漸進的な「発達」とみなされる。このような仮説は，幼い子どもが分類するときの「混乱し」「支離滅裂で」「自己中心的」なやり方から，われわれの注意を逸らせる。しかしながら，私の体系では，幼い子どもの分類作業を，一般に正しいとされる合理的形式に劣らず，複雑で，洗練されていて秩序があると考えるようにと奨励する。しかし，幼い子どもの「混乱した」整理方法の体系の底にある比喩的関連に，われわれは注目する必要がある。これらは，分類されている対象物の予想もされない特質と多くの場合結びついている。繰り返しになるが，話し言葉中心の文化に普通あるさまざまな種類の体系を見れば，現象を整理分類するときのさまざまな探究を子どもに可能にする種々の方法が，そこに提供されている（参照例：Lévi-Bruhl, 1985）。

これら2つの簡単な例〔自然探究と整理分類の2例〕では，第2の原則——合理性と科学的な整理方法に向かうという感覚——による影響は，どこにあるのだろうか？　両方の例のいずれの場合も，知的な関わりが合理的整理に必要な前提である。都会に住む子どもは特にそうだが，たいていの子どもは，どんな方法にしても重要で意味のあるやり方で自然界に関わる以前に，合理的な整理方法を押しつけられている。多くの場合，合理的な整理方法が，意味深い神話的関わりに置き換えられる。「観察者としての子ども」という小学校の普通の理科の単元では，子どもは，単純化された合理的法則に従った整理と分類を学習するためだけに観察をする。未来の方向は，私が今挙げた2つの例で明らかである。なぜなら，現行のカリキュラムでは破壊的なほどに無視されている，成熟した科学的理解の構成要素を，私の挙げた例は導入するからである。つまり，自然界に親しく参与する感覚は，合理的で進歩的科学が克服した原始的な混乱ではなく，適切な科学的理解の基本的な構成要素だということである。

　それでは，算数において話し言葉によって築かれる基礎とは何だろうか？　算数は，われわれの数の感覚——それは，多くの動物や昆虫にもみられるものである——から生まれる。われわれの数の感覚はツグミと同じくらいだが，ある種のハチよりは劣る。われわれの持つ数の感覚からものの数え方の仕掛けへ，次に，数え方に磨きをかける仕掛けへと，どのように進んでいくのかが，われわれの2つの原則が提示する挑戦的な課題である。トビアス・ダンツィクの『数は科学の言葉』（Danzig, 1967／2007）についてアルバート・アインシュタインは「私が今まで読んだ数学についての最上の本」と述べているが，この本は，数学能力の初歩的な発達をさせるヒントを示してくれる。われわれの数の感覚は，複数のものを一目で見てその数を認識する能力でわかる。人間はおよそ6～7個まで把握できる。しかし，これでは，牛や羊の群を飼う人々や，正確な数を記録する必要のある人々には十分ではない。それでは，話し言葉中心の文化の人々はどんな手段を使ったのだろうか，また，西洋的数学の方向に向かいつつも，話し言葉中心の文化が持っていたその手段を，われわれはどのように利用できるだろうか？

　現行のカリキュラムの構造は，算数を子どもが習得しなければならない，「技能」セットとして，あるいは，複雑さを増す手順のセットとして提示する。最も普通に行なわれているこのような学習法は——その授業がどれほど「楽しく」行なわれているにしても——昔の数え方が反映していた魔法の感覚を消し去ってしまう。私の提唱する算数の低学年用カリキュラムは，この科目をつくり上げている発明と発見の魔法的創意を再現し，反復することに焦点を置かなければならない。外的な操作は人間の内的な創意工夫の結果が単に表現されたものであることを認識しながら，子どもが実力をつけ自信が持てるように，算数が明らかにしている数え方，さまざまなパターン，操作を教えたいものである。これらのあるものは，第2章に例が挙げられているような物語構成の中に「技能」を埋め込むことによって達成できる。このやり方で子ども

は，持っている数感覚では処理できないものを数えることに成功する人物の賢さに，感情的なつながりを持つことをうながされる。

　初期の数の数え方の体系の多くは，押韻とリズムを使った。その名残りは「民衆」の労働歌に残っている数についての押韻詩で，今でも耳にすることができる。そのような押韻詩は，数え方と簡単な計算を教えるのに役立つだけではなく，そのもともとの目的を表わす意味のある文脈の中に，数え方と計算を埋め込む役割をする。数についてのなぞなぞや手品やマジック・ナンバー・ゲームなどは，数え方の創意と不思議を感じながら，数感覚の発達をうながす。「神話的理解」に注意を向けるこのような学習活動は，基礎的算数の技能の熟達を確保するための難しい学習や繰り返しの学習を不要にするものではない。これらの基礎的技能の発達は，もし「神話的」な子どもの知的道具にわれわれが心を留めるならば，本質的に難しいものではない。一方，これらの道具を無視すれば，あまり理解できない表面的な手順を無意味に積み重ねる道に，われわれを押し戻すことになる。その道は，ほとんどの子どもにとって，算数の初歩にさえある創意と驚きの感覚を葬り去るものである。

　カリキュラムの中でわれわれが目指す教科の区分は，本章の歴史，言語と文学〔国語〕，理科，算数についての記述に反映されている。しかしながら，すでに挙げた第1の原則は，これらの区分に強調点を置きすぎないことを奨励する。「複数の教科にまたがる（interdisciplinary）」あらゆる学習項目が，「神話的理解」のカリキュラムの中に，容易に組み入れられる（参照：Armstrong, Connolly, & Saville, 1994）。(伝統的教科を選択するか，それとも，複数教科にまたがるカリキュラムを選択するかということは，決定的に重要な問題だと多くの人々が考えているようである。その選択がなんらかの違いをもたらすことは間違いない。しかし，このどちらを選ぶかということは，私にとって，教育上の重大問題として気持ちを高ぶらせるほどのものではない。それにとにかく，賢明なカリキュラムなら，時に応じて，両方の原則を組み入れることだろう)。芸術のカリキュラムでは，聴覚，視覚，味覚，触覚，動作などで味わえる感覚の範囲とパターンの可能性を探究するようにと生徒をうながすことに焦点があるだろう。しかし，そのような芸術のカリキュラムは，押韻やリズムや数え方の探究が示すように，私がすでに簡単に述べたことと，明らかに大きく重なっている。

　算数，理科，国語，音楽は，子どもがその型を遵奉しなければならない性質を持つものとして，教えられることが多い。そのため，教育の成否は，達成された遵奉の度合いで計られる。私はここで，少し異なるやり方を推奨したい。そのやり方では，これらの教科の「本質（nature）」と，幼い子どもの関心を喚起する知的道具との間の調節を求める。これらの道具は，ヴィゴツキー的な意味で，教科の把握と理解を媒介する。だから，「神話的」カリキュラム立案は，これらの教科の中で，「神話的理解」の媒介的道具が理解を容易にし，意味を持たせ，関心を喚起するような学習内容を選ぶという事柄になる。

3節　ロマン的理解

　「ロマン的理解」については，極端な事例と現実世界の限界，超越的人間的特質とのつながり，知識の人間化，独特でロマン的な理性がその知的道具の構成要素に含まれると述べた。これから先は，第1に，どんなカリキュラムが「ロマン的理解」の知的道具を最も刺激し発達させることができるのかを考え，第2に，これらの道具による媒介を通して世界を見ることで，どんなカリキュラムが焦点になるのかを考えてみたい。「神話的理解」と「ロマン的理解」の間には，「ロマン的理解」の発達を刺激することを主な目的にする，明確な移行の時期を置くべきであると私は思う。ここでは，どんなことへの移行なのかをざっと述べた後に，移行期のカリキュラムについて述べることで理解を図ろう。

　もし，生徒が現実の規模と経験の限界を探究しようとするなら，このような探究を最もよく支える学習内容は，「偉大な事績」（メガ・エルゴン）——偉大な業績，最も恐ろしい災難，人間経験や自然界の最も風変わりな姿——になるだろう。このような偉大な事績をカリキュラム内容の選択基準として考えれば，この基準を2つのなんらかの区別のある方法で適用できる。第1は，どんな学習項目が学ばれるとしても，その学習項目の中に，これらの特徴を持つ内容を探す方法である。第2は，極端な事実と現実の限界を直接的に探究する時間を，カリキュラムの中に設ける方法である。これを，「人間と自然の世界記録」などと名づけるのもいいだろう。それは，広範な学習ではなく，さまざまな学習項目について，鋭く，集中的で，限られた範囲の視野を目標にしている。このような時間を毎週2～3回組み入れるといいだろう。1日の授業の終わりに10～15分以内がよいかもしれない。それは，『ギネス・ブック』の一部分のようなものになるかもしれないが，もっと実り多い作業と文脈がある。また，可能ならば図表も入れるとよい。年間を通して，生徒は個人か小グループで発表に向けて準備する。何年かかけて何百もの「世界記録」を集めれば，より深い学習やその他のやり方で学習されるさまざまな学習項目と重なり合って，世界と人間の経験の限界について，相当量の多様な知識群を生徒にもたらすことになるだろう。

　第3章で，現実の規模についての探究が，趣味やコレクションやその他の活動に対する生徒の情熱に関連づけられた。これらの活動は何かについてできる限り徹底的に探究することを意味する。このような徹底的探究の方法は，カリキュラムを選ぶときに，2つの役割を持つ基準を生み出す。第1に，この基準はどんな項目が学習されるにしても徹底的探究の機会を生徒に与えるようにと，教師に奨励する。第2に，前の段落で「世界記録」という課程のためにカリキュラムの時間を割くように勧めたのと同様に，この基準は，1～2年にわたる長期間の企画を示唆する。この企画では，生徒は個人あるいは小グループで，何か——ウナギの生活史，中世の托鉢修道会，光と

光源，甲虫類，太陽系の仲間，さまざまな卵，その他どんなことでも——について徹底的に探究する。1か月ごとにクラス全体で，生徒は自分たちの進行中の企画について議論することもできるだろう。

　超越的人間的特質とのロマン的なつながりの形成は，カリキュラムの内容を選ぶときの別な2つの役割を持つ基準を示唆している。第1にその基準は，教師がどんな学習項目を教えるときでも，強調したい内容を選択するときに使われる。ウナギについて学習するとき，込み入ったサルガッソー海域が産卵場所であるという発見に辿り着くまでの，ヨハネス・シュミット★13の創意工夫，粘り強さ，英雄的行為を前面に出す。あるいは，産業革命について学習するときには，イザムバード・キングダム・ブルネル★14のような技術者の勇敢で無謀ともいえるほどの猛進を前面に出してもよい。第2に，さまざまな状況での超越的な人間的特質とその表現について直接的に焦点を当てるような，もう1つ別の，短い時間を設けることもできる。週に2～3回，それぞれ15分ほど，ある特定の超越的人間的特質の例の1つ——スポーツ界やニュースや歴史，あるいは芸能界の中の例——に焦点を当てることができる。この時間を「人間的特質」とか「克服」とか名づけてもいいだろう。それぞれの時間で，同情心，勇気，力，忍耐，才能，希望，強さ，不屈，粘り強さ等々を，鮮やかに示す事象に焦点を当てることができる。

　カリキュラムの内容を選ぶための基準になるような，もう1つの「ロマン的」特徴は，どんな事柄であれ驚きや畏怖の感覚を刺激するものによる関心の喚起である。これまでに挙げてきたさまざまな特徴がそうであったように，この基準は，2つの方向に導く。第1に，学習するどんな項目であっても——ミミズであれ分数であれウイーン条約であれ——その項目の中の特徴で，驚きの感覚を刺激し畏怖の感情を最も効果的に生み出すことができるものを選ぶ方向に導く。ウイーン条約の条項だけでは，畏怖，または驚きの感情を喚起できない場合，その条約を「人間化」するか，その枠組みに導いた超越的な人間的特質を探すか，その他の「ロマン的」方法を探すのもいいだろう。

　第2に，この基準は，生徒の驚きや畏怖の感覚を最も効果的に刺激するような学習内容を，カリキュラムに盛り込むことを奨励する。ここでも，15分の短い時間を設定することが可能である。この時間は，生徒の驚きの感覚を少しずつではあるが継続的に刺激することに向けられる。1つのコツとしては，日常的または当たり前だとみられていることの中に，風変わりで驚きに満ちたことをあぶり出すことである。別なコツとして，奇妙で風変わりな事柄に焦点を当てることもできる。この時間は，思いつくままのさまざまな疑問——鳥はどうやって飛ぶか，目の不自由な人がいるのはなぜか，蚊が人間にとって有用な点があるか，プラスチックとは何で，どのようにつくられるか，石はなぜそこら中にたくさんあるか，土は何でできているか，のような疑問——をめぐって構成されてもよい。畏怖の感情はより複雑だし，喚起するのはより難しいが，さらに次のような質問によってうながされるかもしれない——すべてのこと

に終わりがあるか，命とは何か，星はいくつあるか，どうやってわれわれは言葉を学ぶか……。

15分では，このような疑問に十分答えることができないのは勿論である。要点は，疑問を呈して，そのテーマについての驚きを引き出すような答えを可能な限り用意することである。目的は，興味深い疑問または突飛な疑問を取り上げ，できるだけ教育効果云々の議論抜きで答えることである。教育効果云々とここで言うのは，「探究の方法」「発見の過程」など，他の場面では価値があるかもしれないことを気にしないという意味である。「土は何でできているか」の疑問は，T. S. エリオットの「体毛，肉，排泄物」★15という答えを，一瞬，引き出すかもしれない。どれくらいの時間で，どれくらいの体毛や肉や排泄物が1インチの土に溜まるのかについての情報を得るとともに，土の侵食速度やその他についても考えることができるだろう。

ここで要求される教育的技術は，びっくりさせるか，驚きを誘うような答えを持つ疑問を選ぶことにあり，その問題についての組織的で詳しい全面的な回答にこだわらないことである。おそらく10分が，安全な時間のかけ方になるだろう。その他の短い時間と同様に，生徒は，疑問の枠組みをつくることにも，答えを調査することにも関与するとよい。常に生徒の発表は風変わりで驚きに満ち，畏怖を喚起するものに焦点を置くこととする。ここでの目的は，この時代にこの世界に生きることについての驚きと畏怖を少しずつ刺激するような，世界についてのある特定のレベルの知識を，徐々に秩序立てずに構築することにある。

カリキュラムの内容を選ぶときのもう1つの基準を生み出す「ロマン的理解」の特徴をさらに挙げれば，「人間化」された知識への取り組みやすさである。またもや，この原則を使うときの2つのやり方がある。第1に，この原則は，どんな項目を教えていても，その中から学習内容を選ぶ基準を提供する。それによって，学習項目の中で，人間的感情という観点から取り組みやすい局面を持ち出すように導かれるし，主に人間的行為という観点で考えられる因果関係の概念を持ち出すようにと導かれる。人間的感情が物事を引き起こす原因だとみなす方法において，物質的なものであれ歴史的なものであれ，すべての出来事，対象，過程は，あるレベルで似ているものとして提示されるならば，それらは「ロマン的」に取り組みやすくなる。前にも述べたことを繰り返すが，これは，われわれにつくり話をすることを要求するわけではない。むしろ，出来事や対象や過程を「ロマン的」なやり方で考えることは，それらの意味を理解しようとする1つの方法である。それらは，まったくのところ，言語で言い表わせない事柄である。われわれが持つ最も込み入った提示形式や説明形式でさえ，十分ではない。このような「ロマン的」方法を単純だとみなして締め出すことは，「哲学的」方法の助長に伴って生まれた議論の遺物にすぎないやり方である。「ロマン的」方法は，その後に発達する提示と説明の様式〔「哲学的理解」と「アイロニー的理解」〕にとっても，構成要素として適切である。

第2に，「人間化」の原則は「ロマン的理解」の特定の道具を最も刺激し発達させることができるような学習内容を選ぶように導かれる。第3章で，この基準を積極的に適用した結果の代表として，私は人気があるさまざまな大衆紙や雑誌（少し例を挙げれば，*National Inquirer* や *People* や *Entertainment Weekly* など）について述べた。そこに掲載される記事は，個々の人間あるいはグループ，また，風変わりで極端な行動や業績に焦点を当てているという意味で，「ロマン的」である。これらの記事にみられる因果関係は，感情に対する直接的な反応として行動を起こす意志を通して働く。運や機会は，どれほど間接的であったとしても，善か悪かどちらかの行動や性格の結果として提示されるのが普通である。

　前の原則と同様に，これも15分の短く区切った時間とし，「短い伝記」とでも名づけるといいだろう。毎週2〜3回，教師や生徒は，誰かの生涯あるいは生涯の一部について，「ロマン的」特徴を強調する物語を準備し発表する。発表は思いつきの順番でよい——今日はビンゲンのヒルデガード★16，昨日はジェシー・オーエンス★17，明日はエドワード・G．ロビンソン★18といった具合である。それからラモン・ラル★19，メアリー・ウルストンクラフト★20，ヘンリー（エンリケ）航海王子★21，ジャンヌ・ダルク，誰かの大叔母さんや大叔父さんでもよいし，最後のタスマニア先住民でもよい。「ロマン的理解」に関連する特徴の1つに，強制的因習的勢力に対抗する反逆があった。だから，この「短い伝記」の時間では，アヴィラの聖人テレサ★22の聖職者階級制度に対する論争事件や，ガンジーの英国軍への反逆，キング牧師のアメリカ合衆国政府への反逆，シアトル首長★23の草創期ワシントン州政府への反逆，マリア・モンテッソーリのイタリア医療権威への反逆，その他，誰かの母親か父親による不公平な社会的規制への反逆も含めるとよい。

　またこの原則は，地域社会の年長者とのインタビューを録音したものから，生徒に話し言葉による歴史を編集させるような，最近よく行なわれている学習活動を支持する。この学習活動は，年長者の生活，冒険，風変わりな事件を辿り，物事が昔はどんなだったか，予想もされていなかった奇妙な現代世界に物事がどのように変わっていったかについての思い出を辿る。

　これまでのところ，「ロマン的理解」のさまざまな特徴がどのようにカリキュラム内容を決定する原則になるかを考えることにより，カリキュラムに入れる新しい時間と，学習項目のいくつかが提案されている。これらの考えを実施するにあたって，1日に2度ほど，人々の伝記や，驚きの感情の刺激，超越的特質とのつながりの形成，経験や自然界の限界の記録集などに時間を割くのがいいだろう。1〜2年にわたる長い期間に，生徒はある学習項目について徹底的に詳細を追究することもできるし，ロールプレイ——オーストラリアの羊畜産業者，中世のスラム街に住むフランシスコ会修道士，ある特定の卵や甲虫，太陽系の惑星などの役割を演じる——を通して学習項目に関わるのもいいだろう。このような一連の学習活動は，世界へ積極的な関与を

するようにと生徒を刺激し，同時に，それについての詳細な知識を組織的にではないが集中的に蓄積させることに役立つようにとの意図がある。

　簡単な形であれこれの「ロマン的」知識に頻繁に触れても，学問的理解の組織的発達に向かうことはほとんどないかもしれない。生徒の「ロマン的」言語を刺激し発達させることに組織的に焦点を当て，数学や歴史や科学に関する後期の理解形式〔「哲学的理解」と「アイロニー的理解」〕にある「ロマン的」構成要素を取り上げることにも，われわれは注意を払わなければならない。これまでの章で，私は，最も洗練された理解様式がどのように一つひとつ層を重ねて構築されるかを述べた。科学的理解は，よく提示されるように，単なる「哲学的理解」ではない。それは，また同時に「身体的」「ロマン的」「アイロニー的」理解だと言うのが適切である。すでに述べた「神話的理解」のところでは，科学を探究するために使われる原則は，2つの方向を反映することを意味した。第1に，話し言葉中心の文化では，前科学的探究はどんな形式だったか，であり，第2に，科学的探究を刺激し発達させるためには，どんな方向に向かうべきか，であった。ここで，それに類似する2つの方向を持つ問いを発しよう。文化史において，科学はどんな「ロマン的」形式をとったか？　また，最も洗練されている現代の科学的理解の発達に特に重要なのは，科学のどんな特徴か？　この2つの方向を持つ問いを，すべての学科で取り上げるものとする。

　歴史の学習では，人間の感情と意図によって進行するドラマチックなナラティブを探したいものである。「神話的」学習の後では，年代順の体系が教えられるべきであり，さまざまなナラティブを選んで詳しく述べるとよい。人間の可能性について自信がいよいよ増すという感覚は，極端な人間的経験に焦点を当てることにより，うながされる。トマス・カーライル（Thomas Carlyle：1795-1881）は，歴史は数知れない伝記から構成されるものとして考えることができると示唆した。だから，われわれのカリキュラムの中に，このような「ロマン的」原則の感覚を組み入れたいと思う。また，エドワード・ギボン（Edward Gibbon：1737-1794）が『ローマ帝国衰亡史』で，活力ある青年期から疲れた老年期までのローマ帝国の道筋を叙述するために使ったような，力強い比喩の上にナラティブを構築したいものである。風変わりで異質なものへの関与というもう1つの「ロマン的」原則は，現行のカリキュラムに通常みられる以上に，世界中の多様な文化における出来事や人々について幅広く含めることを，その他の理由からも，支持する。

　これらの基準を持つと，歴史上のどの項目も，他のもの以上に適切で価値があるわけではないことが明らかになる。そのような「ロマン的」取り扱いができるという理由で，われわれは世界中から，時代に関わりなく項目を選ぶことになる。その目的は，あまり系統的でない仕方で歴史上の知識を構築することにある。広がりを持つとともに集中的であり，生き生きとした出来事，人物，制度の興亡等々に焦点を当てる。それが上に述べた，短く区切った時間の活動と常に重なり合うことは確かであり，「短

い伝記」の時間では特に，その重なり合いが効果をあげる。

　また歴史は，「ロマン的」年頃の生徒にとっては，科学のカリキュラムをもっと学習しやすくするための役割を果たす。これは，科学を歴史に押し込むという意味ではない。むしろ，科学上の業績を，特に一番はじめにその科学知識を発達させた人々の情熱，希望，恐れ，意図を議論することを通して，歴史的場面の中に埋め込む1つの方法を示唆する，という意味である。

　それでは，科学を「ロマン的」に見ると，どんなふうに見えるだろうか？　まず，それは文脈の中に置かれる科学となる。理論と実験と事実が人間の生活と意図のナラティブの中で意味をもつようになる科学であり，物事の本質を追及するときの粘り強さ，創意工夫，忍耐，正確さ等々のような超越的特質を引き合いに出す科学である。このような特異な冒険——その中で考案された道具，それを推し進めた個性と感情，それによって露わにされた事柄への驚き——が，われわれの科学のカリキュラムを形成する。ジェームス・バークのテレビ番組シリーズ『コネクションズ』『コネクションズ2』やそれを本にしたものは，「ロマン的」な関心を喚起する方法を，科学がどのように提示できるかを示す。平均的な学校で利用可能な教材を使う平均的な教師が，バークの奇妙な演出技術と競い合うわけにはいかない。しかし，彼の魅力あるナラティブの構成と，発明発見を人間化するやり方から，教師が学ぶことはできる。

　このやり方をしたからといって，科学のカリキュラム内容を大々的に変える必要はない。理論，法則，事実の知識，自然についての系統的探究は，ないがしろにされない。科学のカリキュラムにあるたいていの目的が，捨て去られることもない。しかしながら，中心的地位は，風変わりで驚きに満ちたものに対する「ロマン的」関与に譲られる。なぜなら，これに焦点を置くことが，科学の「哲学的理解」への必要条件であり筋道だからである。「ロマン的」原則は，科学のカリキュラムになんらかの変化をもたらす選択の基準を生み出し，このような「ロマン的」取り扱いをしやすい学習項目を奨励する。〔学問的〕純正主義者にとって苦痛となることは間違いないが，このような基準を実行すると，科学的活動のもっと華々しくドラマチックな特徴を増やすことになり，系統的に積み重ねられる知識の論理的順序に沿う学習は減らされる。このような結果になる理由は，これらの理解様式によれば，知識の習得は，後の学習で課せられる規則的・論理的順序の観点ではなく，時間をかけて発達させる，お互いになんらかの区別のある知的道具によって形成される非継続的な形式という観点でとらえられるからである。ナラティブ構成，ドラマ，ミステリー，人間的次元を強調すると，よくこなれていない単純化された「哲学的」原則を用いることによる影響で，感覚が鈍ることを避けることができる。

　概して同様のことが，数学カリキュラムについても言える。学習すべき一連の技能と算法（algorithm）とを，歴史的・人間的文脈に埋め込む必要がある。数学の異なる形式が開発された人間的目的を知り，知られている範囲で，それぞれの定理や算法

や技法や数学的理解の進展を，誰が発明し発見したのかを見る必要がある。そのカリキュラムは，特にわれわれがその恩恵を享受しているエジプト人，ギリシア人，アラブ人，ユダヤ人のような，歴史上の人物を多く含むことになるだろう。

「ロマン的」な数学カリキュラムがとる形へのヒントは，今度も，神話と組織化の中間に発達する初期の読み書き能力に注意を向ければ，見いだせるだろう。そこでわれわれは，ピタゴラスのような人物を見いだす。彼が数字に熱中する有様は，数学は風変わりで驚きに満ちたことだという「ロマン的」感覚をとらえる。ピタゴラスにとって，数字や数学的関係を操作でき，その結果を世界に適用できると知ることは，魔法に近い発見だった。「ロマン的」数学を教えるとき，一つひとつの技能や技法や算法について驚きに満ちたことを掘り起こすことから始めなければならない。これは，そのカリキュラムのそれぞれの要素について大掛かりな研究を要請するものではなく，数字についてのロマンに敏感であれということである。大きな桁の割り算や掛け算を教えるとき，ギリシア人やローマ人がそれをどのように行なったかを示して，その学習項目を導入するとよい。ひるむほどの複雑さが，すぐわかる。しかし，いったい他のやり方があるのか？　そこで，アラブ人による零の数字の発明という驚くべき創意と，非常に困難だった計算の処理にもたらされたすっきりした簡便さが，ドラマチックなほどに明らかにされる。

これまでと同様に，学習内容選択についての「ロマン的」原則で，数学のカリキュラムが大幅に変えられることはない。しかし，現在では大きくないがしろにされる傾向にある，歴史的・人間的次元が導入される。一連の算法の論理的順序に沿う学習を生徒が徐々に積み上げることに焦点はあまり置かれず，なぞなぞ，数学的手品，ゲーム，数字の関係の中に見いだせる奇妙なもの等々に，より焦点が置かれる。

超越的人間的特質とのロマン的つながりの形成と，継続する言語道具の発達をうながすには，カリキュラムの中で重要な位置に，国語を置くことが求められる。文学は自分と異なる感情や信念を持つとはどんなことなのかを理解するようにする主な手段だとした，ウイリアム・エンプソンの言葉を思い出してみよう。この言葉は，適切な「ロマン的」な文学を選択するときに役立つ。おそらく逆説的になるが，「ロマン的」な文学とは，直ちに「ロマン派時代」の文学を指すものではないと，私は強調したい。たとえば，ワーズワースの作品は，「神話的理解」「哲学的理解」「アイロニー的理解」「ロマン的理解」の特徴を含んでいる。過去から現在までのその他多くの作家の作品は，私が第3章で挙げた特徴からすれば，〔ワーズワースより〕もっと純粋に「ロマン的」である。コールリッジやポーの詩は，詩人の詳しい生涯とともに導入すれば，より理解しやすく，魅力があり，意味深いものとなる。

科学と同様に詩も，人の生活の一部として見れば，もたらすものが多い。勇気，愛，粘り強さのような超越的人間的特質を取り扱い，人間的経験の極端な例に焦点を当て，奇妙で風変わりなものを考察し，「ロマン的理解」の他の特徴を照らし出す，力強く

明瞭なナラティブを持つ文学は，われわれのために教育的な仕事をしてくれる。これらの原則は，「ロマン的」カリキュラムのために適切な文学を選ぶとき，比較的そのまま使える基準となる。

　芽生えつつある読み書き能力で探究したり実験したりすることは，「ロマン的理解」の道具を発達させるために決定的に重要である。もちろん，カリキュラムの一つひとつの領域が，この目的に対してそれぞれ特徴的な何かを貢献することは確かである。しかしまた，カリキュラムの一部を，読み書き能力を使うための適切な探究や実験にもっぱら集中させることは有益であろう。その全般的目的は，生徒の言語に対する意識と，言語を意識的にコントロールする力を徐々に増すことにある。この目的のために役立つ多くの学習活動があるが，ここでは，あまり行なわれていない活動を3つだけ挙げておこう――それは，語源学，修辞学，それに「変わり種の」言語である。

　言語を自覚するための刺激剤として語源学の価値は，前から確立されている（たとえば，Temple & Gillet, 1989）。しかし，ここで私は，語源学が「ロマン的理解」に働きかけ，それを支える方法をつけ加えたい。ここでのコツは，語源についての「哲学的」で組織的な学習ではなく，語源のロマンに焦点を当てることである（ここでもまた，組織的な学習を捨て去るというのではなく，そこにうまく導くような理解様式を組み入れることである）。言葉も人間と同じように，その伝記は成長と変化から成り立っていて，時には，ドラマチックな変遷や混乱を極める冒険もあるだろう。そこに，語源のロマンを発見することになる。私は，語源の学習を，それ自体独立したカリキュラムの課程にしようとは思わない。せいぜい，言語と文学のカリキュラムによく訪れるゲスト程度に考えている。

　すべての語に，「ロマン的」精神を喚起するほどに十分な「伝記上の」背景があるわけではない。語の選択にあたっては，話すに足る興味深い生涯の物語を持っている語を基盤にするとよい。そのやり方は，図書館の大きな語源辞典にある集中的なリストづくりではなく，もっと，*The Private Lives of English Words*（Heller, Humez, & Dror, 1984）のような本にある余談的な話に近いものでいいだろう。生徒は，なぜ money は memory と muse に関係があるのか，gossip は God とどんな関係があるのか，それどころか god という語はいったいとこから来たのかというような，クイズを解くように求められる。他のやり方としては，授業のあるたびに，教師は1～2語に焦点を当ててもよいし，または，次の授業のための1語について生徒に語源を調べるように言うのもよい。興味を刺激するかどうかは，生き生きとしていて，ドラマチックで，面白い物語を持つ語を選ぶことにかかっている。ここで，その物語は重要である。曜日の名がとられた神々について教えることに，あまり価値はない。それよりは，なぜそれらの神々が英語の中に座を占めるようになったか，なぜ英語にはさまざまな文化の神々の名が混じっているか，なぜ1週間は7日から成り立っているか等々の歴史的理由が示されなければならない。

修辞学は他人の感情と，それに関連して，他人の信念に影響を及ぼすための言語使用の技術であると，普通言われている。ここで修辞学に価値があるのは，話し言葉中心の文化で主につくり出された言語使用技能が，読み書き能力のうちに維持され練り上げられたものを代表するという理由にもよる（Ong, 1982）。つまり，教育上の適切な形式を決めるために助けになるものとして歴史上初期の読み書き能力を見るなら，修辞学は重要なものだとわかる。本書のこれまでの部分で，私は，学校にやってくる子どもが身につけている話し言葉中心の文化と，学校で受ける読み書き能力の訓練との間に，たいていの場合，不連続性があることを強調した。修辞学にもっと大きな注意を向ければ，すでに発達している生徒の話し言葉の技能と早期の読み書き能力とを結びつけることが奨励される。

　修辞学は，学校でも大学レベルでも次第に勧められるようになってきているし，カリキュラムに豊かな示唆を与えてくれる。それにつけ加えることはただ，学習項目を選ぶときに，「ロマン的」な年頃の生徒の必要に目を向けるべきだということである。あまり言及されることがないもので役に立つ学習項目は，生徒の第1言語の中の，さまざまな方言の探究である。たとえば，英語の方言の範囲はとても広い。その探究をすれば，それらにある独自の形態や表現を学び，それを適切なアクセントで話すことを学び，他の方言の特徴ある躍動性，力強さ，そしてニュアンスや，特にその生徒の第1言語や標準英語にはあまりないものに親しむことができる。同じように，ウォルター・オングが「グラフォレクト（grapholect）」[24]（参照：Ong, 1982／1991, p.25）と呼ぶもので，伝統的標準的形式とは異なる文字表現形式を探究するように，生徒をうながすこともできる。これらの探究はすべて，言語についての意識を発達させ，言語へのコントロールを拡大するのに役立つだろう。また，これらの活動は，周囲に蔓延している破壊的で抑圧的な慣習に従わせる力に抵抗するのに役立つ（これらの提案が，生徒に基礎的な読み書き能力だけでも身につけさせようと格闘している先生方には，風変わりなものに見えるだろうということを，私は認識している。しかし私がここに書いていることは，十分な「神話的」カリキュラムと適切な授業を終えて「ロマン的理解」へうまく移行している生徒に期待できる事柄に向けられている。また，話し言葉の方言や書き言葉の方言の探究は，標準語の熟達をよりたやすくすると，私はつけ加えたい）。

　また生徒は，政治的議論や演説，広告，新聞報道，学校や家庭での会話，マンガ，祈祷等々の中に現われる，身のまわりのさまざまな修辞的形式を学習するとよい。その主要な目的は，言語のさまざまな形式に関して常に意識を高め，言語をコントロールする力を発達させることにある。もっと一般的な，日記をつけるような活動も，書き手である個別で私的な「私」についての意識と探究をうながすことができる。

　私は「風変わりな」言語についての学習と述べた。私はそれを，生徒が学ぶかもしれない第2言語——もし生徒の第1言語と異なる視点を提供するためだけであるなら，

最低でもう1つの現代語の学習は重要である——につけ加えるものとして述べている。自分たちの言語とは非常に異なる言語——異なる文字を持つような言語の学習に生徒は進むべきだ，と私は思う。英語が第1言語である生徒にとっては，サンスクリット語や中国語やタイ語，あるいは古代エジプトの象形文字でも十分である。その目的は，その言語に堪能になることではなく，非常に異なる言語がどのように世界を表現するのかについて，なんらかの洞察を得ることにある。

　「ロマン的」原則により示唆される言語カリキュラムの別な特徴が，その「神話的」形式から，ユーモアの感覚を発達させ洗練させることに関連する。生き生きとして柔軟な理解と比喩の使いこなしが，想像力と創造的思考，知的自由にとって決定的に重要なので，ユーモアは重要である。ネルソン・グッドマンは，「比喩は計算された，カテゴリーの誤用とみなすことができるかもしれない」(Goodman, 1979, p.73) と示唆している。古典的『モンティ・パイソン』〔イギリスの人気コメディ番組〕の寸劇は，「ロマン的」な特徴を持つと考えられる。なぜなら，そのユーモアは，比喩を字義通りに受け取ることに依存していて，その結果，日常的世界に一致してはいるがひどく食い違っている世界をつくり出していることが多い。もちろんモンティ・パイソン的な寸劇はまた，彼ら独特のユーモアを好みの問題にしてしまう別の特徴も含んでいる。しかしながら，もしそのユーモアがわからないなら，われわれの比喩的柔軟性が鈍っていて，計算されたカテゴリーの誤用に基づいた世界をつくり出す面白さがわからないほどなのかと，訝ってもいいだろう。このような鈍さは，言語的道具を発達させなかった教育上の失敗を表わしている。またその失敗は，生徒に遊び心に満ちた比喩の操作と計算された比喩的逸脱を奨励することによって，われわれが避けたいと思うものである。そのねらいは，ユーモアの感覚と同時にメタ言語的意識を発達させることにある。

　「ロマン的」カリキュラムに関する見解全般は，「哲学的」一般理論体系を発達させるための準備に必要とされるものから生まれてくる。哲学的体系の重要な特徴の1つは，その洗練度が，まとめなければならない知識の量で決まるという点である。少なすぎる知識，あるいは，視点が狭すぎる知識によって起こる問題点は，乱暴な言い方をすれば，ほとんどどんな一般理論体系にでもまとめてしまうことができるということにある。このことは，生徒がどんなイデオロギー的体系や形而上学的体系の餌食にもなりやすいことを意味する。知識があまりに少なすぎば，変則的事実を認識しその体系をさらに洗練されたものにする過程が，最も稚拙な方法で進むことになる。同様に，「アイロニー的理解」は，自分自身がいる状況の偶然性という感覚の発達を必要とする。この偶然性の感覚は，比較的無知な状態からは生まれない。無知は，アイロニーではなく，軽信を育てる。別な言い方をすれば，多くの幅広い知識を学ぶことは，「ロマン的」理解のためだけでなく「哲学的」「アイロニー的」理解へ向かうという意味でも，「ロマン的」な年頃の生徒のためのカリキュラムに必要とされ，多くの

知識の修得を確実にすることが，一層要請される。手際よさ，「批判的思考（critical thinking）」，必要に応じた知識の探し方などに比べて，知識の蓄積には重要性がないと多くの人が議論するような風潮の中で，〔私が今述べた〕この原則は見失われているように思える。手際よさは，誰もすべてを「知る」ことができないほどに多量の知識を振り分けるために重要な援助隊として，多くの場合推奨されている。しかし，精神や想像力は，図書館にある知識とは何の関係もない。精神と想像力は，記憶にある知識を必要とする。もちろん，これは乱暴すぎる言い方である。しかし，「ロマン的」カリキュラムは，生徒が学ぶことを要求する，詳細で多様性のある内容で満ちているべきだという，いくらか時代遅れの考えを私は強調したいだけである。

　これらの原則を述べるにあたって私が意識してきたことは，1つには，「就職向け即戦力」——地域のキャッチフレーズを引用するが——に主力を置くカリキュラムを望む人々に対抗する私の立場の弁護であり，もう1つには，真面目な学問的学習に含むにはあまりにも娯楽的だとして「ロマン的」なものになんでも疑いを抱く，学問的純粋主義者に対抗する私の立場の弁護でもある。しかし，私が概要を述べ始めたカリキュラムは，有用な知識と技能を教えるためによいだろうし，さらに複雑な学問的研究のための，よりよい準備となることだろう。「就職向け即戦力」への邁進は，その個人の知的才能をひどく犠牲にした挙句に，10年間くらいで使えなくなってしまう職業訓練の処方箋になる。学問的学習への邁進は，精神の狭さ，魂の鈍感さ，ホワイトヘッドが「詰め込み主義の影」（Whitehead, 1967, p.21／1986, p.27 改訳）と呼ぶものを生み出す。

　思春期のはじめ頃は，たいてい，強烈で生き生きとした感情的生活の時期である。現在の学校は，多くの場合，中等教育をどのように取り扱うかについての知識に確信がない。中等教育の時期は，それ以前のカリキュラムを動かしていた社会化や基本的情報提供という明瞭な目標が薄れるときであり，また，職業準備教育への必然性がまだ明確な方向をとっていないときである。その時期のカリキュラムについての妙案の欠如という問題は，生徒の理解発達に向けて私が「ロマン」と呼ぶものの重要性を認識することによって，大きく克服できることだろう。「ロマン的理解」は，中等教育のカリキュラムに形を与えることができるし，豊かで，複雑で，多様な世界を，生徒自身の感情的生活と同じほどに強烈で生き生きとしたものとして，生徒に提示できる。

　本節〔ロマン的理解〕のはじめに，8歳くらいのとき生徒は「神話的理解」から「ロマン的理解」への移行年を経験すると述べ，そのカリキュラムはその移行を刺激し助けるために考案されなければならないと示唆した。ここで簡単にその移行年のためのカリキュラムがどんなものかをまとめることができる。「神話的」カリキュラムの主な部分はそのままそこに残るが，教え方は次第に「ロマン的」なモデルに適合していく。本節で議論された，カリキュラムの中に短く区切った時間が導入され，「短い伝記」の時間や，超越的特質，驚きの感覚の刺激，極端な経験や自然界の限界に焦

点がある活動に，それぞれ毎週2〜3回，15分くらいの時間が当てられる。カリキュラム全体を通してその焦点は，いわば，現実世界が持つ拘束の範囲内に連れて来られる，「神話的理解」に置かれる。

4節　哲学的理解

　この理論が意味するものの1つに，中等教育の最後の2年くらいと大学の学部のカリキュラムは，何か共通するものを持つべきだということがある。何か共通するものを持つというのは，中等教育の後期が単に大学への準備になることを意味するのではない。両者のカリキュラムに「哲学的理解」の特徴が認められるべきだという意味である。

　「哲学的理解」に向かうときの明らかな障壁の1つは，大変多くの学生が抽象的理念についての重要点や重要性を把握できないことである。しかしながら，このことは，実際的な事柄に従事している実際的な人間だと自分をとらえている人々には，問題だと考えられていない。それらの人々は，表面的多様性の下にある秩序を取り扱うための枠となる抽象的言語の獲得に，どんな価値も置かない傾向にある。そのような人々が政府や教育界や司法機関の要職にあるときは，実際的で現実的なカリキュラムの方向へ圧力をかける。抽象とか理論は，怠惰なもので，分別ある生活の勇ましい現実から逃れて象牙の塔の中でうつつを抜かすものとみなされる。しかし，「哲学的理解」の発達不足は，抽象的・理論的思考が持つ実際的力について学生に認識させないばかりか，どんな魅力的な「哲学的」体系に対しても，それがナチであろうとマルクス主義であろうと，それらの現代的変形であろうと，それらに対して学生を無防備のままにする。「不十分な教育しか受けていない精神」（inadequately educated minds）は，単純な理論に対して抵抗力がない。そのような抵抗力の無さは，民主主義の市民にふさわしくない。

　「哲学的」原則を体現するカリキュラムは，それ以上の高等教育を受けるつもりがない多くの学生の必要性と状況には，縁のないもののように見える。多くの教育機関や，両親をはじめ学生自身を含む教育に関心ある人々が，もっと意図的な職業準備教育に目を向けているようなこの時代に，私の焦点は理念に親しむことを発達させる教育にあると，私は自覚している。「ロマン的」カリキュラムとその教授法は，日常の現場で必要とされる技能や知識をもっとうまく伝達できると主張してすませることもできるが，集中的な「哲学的」学習が決まりきった仕事に対するよりよい準備になると示唆しても，もっともらしく聞こえない。それでは，ただ基本的読み書き能力とある程度の常識だけが必要とされる職業に直接的に結びつくカリキュラムの中で，「哲学的」カリキュラムをどのようにしたら正当化できるだろうか？

　第1に，このカリキュラムは，今日の典型的な中等教育後期の学生のためではなく，

組織的な「神話的」「ロマン的」学習の課程をすでに経てきた学生のために，提案されている。第2に，多くのサービス業や製造業等の低所得の職業では必要とされないにしても，民主主義の中で力を発揮できる市民の資質には，ある「哲学的理解」が求められる。つまり，民主主義社会の市民の資質には，職業準備教育以上のことが含まれなければならない。それでも一方において，このカリキュラムは職業準備教育も支える（デューイが詳しく述べている点である；Dewey, 1966）。第3に，多くの学生は，中等教育後期にほんの基本的な「哲学的理解」を発達させるだけかもしれない。しかし，それでもないよりましであり，さらに，教育は，学校からの卒業をもって終わるわけではない。第4に，理解様式の発達は，高度に学究的な学生だけに制限されているわけではない。最後に，教育は，単に職業準備に関わるだけのものではない。

これらの正当化がしぶしぶ容認されたとしても，今日のほとんどの学生にとって「哲学的理解」への主な障害は，それを刺激し，発達させ，支えるために必要な「哲学的」共同体に，深く触れる機会がどんなに少ないかということである。個々の教師が折りに触れて，そのような共同体について助言を与えることもあるだろうが，典型的な中等教育期の学校の雰囲気に，「哲学的」興奮を与えるようなやり方が活発であることはない。それに，大学に進学する学生にとってさえ，進学の動機は，大学がよい就職への道であるとの理由が大きいように思える。これらの教育機関にどんな「哲学的」共同体が活動していたとしても，そのような学生からは，たいてい顔を背けられてしまう。そのような学生は，自分たちの学習が，狙っている職業の実際的側面にぴったりと向けられていないとか，「あまりに理論的すぎる」とか，不平を言う傾向にある。

「哲学的理解」の意味がもっと明確になれば，中等教育後期の学校や大学でも，適切な共同体をつくり出すことがもっと容易になるかもしれないと私は思うし，そうなることを希望している。問題は，これらの機関の教育が十分に理論的ではないという点にあると思う。さて，このような言い方をすることが危険だということは承知している。ここで私が意味するのは，現時点では，理論的・抽象的な事柄を乱暴に導入すると，生徒をとまどわせるということである。生徒は組織的な「ロマン的理解」を経験していないので，理論的思考に対して十分な備えがない。またその結果，学生は柔軟な理論的・抽象的思考が，実際的活動のための最大で最強の道具を，どのように精神に提供するのかを認識することができない。不活発，無気力で実際的現実からかけ離れているものとは，曖昧で，生半可で，未発達な「理論」のことである。

大学で西洋的「正典（canon）」[★25]の妥当性を議論している精力的な闘志たちは，ほとんどの学生にとって，その教育効果がどんなものであれ，正典はおおよそ意味をもたないことを認めたがらない。CやBの成績評価ばかりもらうか，あるいはAの評価をもらう学生でさえも，ほとんどの学生は学習を下で支えて活発に働く理念に触れることがあまりにも少ないので，実際の学習内容は，純粋に実際的で職業的目的を持つ

もの以外，彼らにとって問題ではない。ピエール・ブルデュー[★26]らは，『教師と学生のコミュニケーション』（Bourdieu et al., 1994／1999）の中で，同様の議論をしている。学問上の右派と左派がカリキュラムについて伝統的すぎるとか急進的すぎるとか口論しているが，ほとんどの学生はアカデミックな文化を吸収することがあまりにも少ないので，そのような口論はおおかた無意味だということに学者たちは気づかない。高等教育の沈滞は，あまりにも少数の学生しかアカデミックな文化の重要性がわからない，ということにある。私の体系の意図は，教育に関係する人々に対してその重要性をもう少し明確にすることであり，より多くの学生にとって「哲学的理解」の重要性がより理解しやすいようなカリキュラムを立案し，教えることを可能にすることである。

　ここで，「哲学的理解」に向かうように刺激しその早期の発達をうながすことに費やされる移行年のことから話を始めよう。これは15歳くらいで提供されるとよい。またこれは，それに先行する「ロマン的」カリキュラムや後続の「哲学的」カリキュラムとはいくらか区別がある。一般的に言えば，これは，驚きから焦点を遠ざけ，組織的なものに向かう移行を意味する。学生は自分自身を，世界の動きが決まる過程によって拘束される行為者だと認識するようになる。超越的特質に焦点があった15分間の「ロマン的」カリキュラムは，その移行年の間に，理念を焦点とするほうへ向きを変える。人々の生涯のドラマチックな出来事を通して何か人間的特質について学生は以前学んだが，今度焦点は，特質自体の本質になる。勇気や愛情などのドラマチックな例を見ることから，勇気や愛情の本質を考えることへ向きを変える。焦点の変化を示すために，この時間の名称を，「人間的特質」から「理念」と変えることもいいだろう。

　同様に，「短い伝記」に当てられていた時間は，「人々とその理論」と名称を変えてもよい。その移行年の始めに，ベンサムの驚くべき生涯と業績（そのミイラ化した遺体が1960年代か1970年代までロンドン大学の展示棚の中で，ゆっくりと朽ちていったことについても，もちろんのこと）について考えるのもいいだろうし，その年の終わりには，ベンサムの功利主義の学説について考えることにもなるだろう。功利主義についての15分間課程とは，馬鹿らしく思えることだろう。しかし，その目的は，学説の主要な特徴についてのドラマチックな提示であり，その学説自体についての組織的学習ではない。そのような課程は，その理論家の生涯との結びつきを維持すべきで，ナラティブの感覚を保ち，学説の非常に幅広い——社会的，物質的，宇宙的，超自然的，ユートピア的とどんな言い方もできる——ドラマチックな本質をとらえるべきである。前と同じように，教師がある理論を提示し，学生は個人か少人数のグループで，他の理論を調査し提示する。そして，他の教師たちや両親や訪問者たちが，さらに別の理念について述べたり提案したりする。もちろん時には，再び時間を設けて，前の時間に提示された理論や理念について議論するか，それらの反対理論やそれらと衝突

する理念を提示することもよい。そのねらいは，理論を明確にドラマチックに提示することである。そうすれば，それらの理論が，あまり知的にすぐれていない学生にさえも，近づきやすいものとなる。

　理論的抽象化に向けてゆっくり進むことが，移行年のカリキュラム全体の特徴である。たとえば，学生がこの1年に交通機関について学習するのなら，この学習項目を組織化するために多くの「ロマン的」原則を使うが，同時に，いくつかの一般論的理念も意図的に導入する。時代とともに発達してきた交通機関について考えるなら，地球を，だんだん水が沸騰してくるやかんにたとえることもできるかもしれない。地球上で，物事の速度が次第に増し始め，さまざまな交通機関の形態が発達し，人口増加と相まって，さらに多くの人々がさらに速度を増して地球上のどこにでも旅をすることを可能にし，ついには，それらの機関は，ぽこぽこあぶくを出して沸騰し，宇宙に飛び出す。まあ，最高の思いつきとはいえないかもしれない。しかしこれは，単純な理論めいた直喩でさえも，多様で複雑な現象に向けて一般論的組織化の次元を導入することができるという例である。生命体についての学習がガイア仮説――地球全体が1つの生命体であるとする説――への導入になるかもしれない。そのような理論から最大の知的恩恵を得ることができるという点が，学生の生活において重要なことである。

　すると，それ以降の学年の教師は，「神話的」「ロマン的」なやり方と同じように，このような提示のされ方をする知識に学生が取り組みやすくなっているだろうと想定できるし，「アイロニー的」な示唆や疑いも一層学生が受け入れやすくなっているだろうと想定できる。人々や人間的出来事から理念や理論へという，上に述べた漸進的移行は，すべてのカリキュラム領域で反映されるものである。適切な文学を選択する場合などは，焦点の変化になるかもしれない。しかし科学のような場合，学習項目とその取り扱いは，私がこれから述べる方向に，移行年を通してより過激に変化することになる。

　カリキュラム内容の選択について基準となる，最も一般論的な「哲学的」原則は，現象の「背後」に働く一般理論法則の探究である。「哲学的」カリキュラムは，この原則から生まれる2つの異なる推進力によって形成される。その1つは，それ以前の学年よりもっと学問志向のカリキュラム内容に導くことである。なぜなら，ほとんどの理論や一般論的・組織的な体系は，いくつかの特定の学問の中でこれまでにつくり出されてきたからである。もしそのような学問志向のカリキュラムを望むなら，一般理論法則を探す場所は，その特定の学問である。第2の推進力は，複数の学問領域間にまたがる一般理論体系の方向を指し示す。それは，さらなる一般理論，複雑な網目に絡み合う因果関係，さまざまな特定の学問が持つ理論間の関係を常に探す。高まる学問的探究心と高まる学際的探究（interdisciplinary inquiry）への衝動に対して，われわれは応えていきたいものである。

　ここに述べた後者の衝動に応ずる1つの答えは，「知識の理論」――現在の国際バ

カロレアが使っている用語を選んだが——または「メタ知識」とでも名づけるべき新しくかつ実質の伴った短い時間を導入することである。この課程は，特定の学問領域やその理論についてのメタレベルの疑問とともに，非常に一般理論的な，学際的な探究に集中する。すなわち，学生が学習している他のすべての事柄についての省察的探究のレベルに働きかけるのである。この課程は，移行年に導入されてもよいが，中等教育後期により中心的役割を果たす。

「メタ知識」の時間は，「理念と理論」の時間と明らかに重なり合うことだろう。しかし，「メタ知識」の時間は，より少数の理念についての系統的で詳細な探究を含むという点で「理念と理解」とは，異なる。これを単に「哲学」と呼ぶ危険性は，それが大学の哲学講座から影響を受けてしまうことにある。大学の哲学講座は，心理学，社会学，宇宙論，倫理体系，人類学にある最も一般論的な理念をいつも探究するものではないし，またそれらの学問間の関係を探究するものでもない。ここでの目的は，過去の哲学者の議論についての注意深い分析的研究ではない——時にはそれらも妥当性があるかもしれないが。むしろ，その目的は，最も一般理論的で，あえて言うなら陶酔的とでも呼べるレベルにある理念の世界を開いて見せることである。十分な「ロマン的」カリキュラムの後での，このような学習の関わり方は，今日の学校では通常みられない興奮をもたらしてくれるだろう。

この活動が持つ訓練の特徴は，フランスの高等学校で，すでに長い間確立されているものである。そこでは，卒業資格の項目の1つに，哲学的質問について4時間でエッセイを書くことが含まれている。いくつかの最近の例を挙げてみる。情熱は知恵と協同できるか？　芸術作品は不道徳とみなされ得るか？　知識は想像力を妨げるか？　このようなひるむほどの課題に取り組めるように，フランスの学生はたいてい，抽象的考えについての議論の構成や提示の仕方のような，修辞学的技術について訓練を受ける。民主主義の中で政治的議論に役立つ，命題—対立命題—総合命題，その他にみられる，形式を踏んだ文章構成技術の使い方を学ぶ。私は，フランスのモデルの全面的採用を提案しているわけではない。しかしながら，そこには明らかな美点がある——哲学専攻の学生は誰でも，バカロレアの哲学科目のエッセイで書いたその試験問題を憶えている。「メタ知識」の時間の主題は抽象的質問を取り扱う技術ではないが，抽象的質問は若い人を刺激する。それによって，カール・ポパーの『開かれた社会とその敵』（Popper, 1945／1980）やアラン・ブルームの『アメリカン・マインドの終焉——文化と教育の危機』（Bloom, 1987／1988）やジャンバッティスタ・ヴィーコの『新しい学』（Vico, 1725／2007-2008）のような一般理論的議論の命題に考えをめぐらすほどの名人芸ともでもいえる能力が若いうちに刺激される。

このような抽象的学習の目的は，具体的特殊性から精神を離れさせることではなく，まったくその反対であると，再び強調したい。抽象化は具体的特殊事項を特定するために必要であるとした，ハイエクの議論を思い出してほしい。主題についてのこれら

一般理論的な抽象化は，より幅広くより多様な具体的事実や出来事や現象を認識させ，コントロール下に置く。ほとんどの議論と探究が前進するのは，これらの働きによる。

　言語と文学のカリキュラムは，適切な「哲学的」言語の発達に焦点を当てることになる。単に語彙を発達させるという意味ではなく，想像力を触発して理念を練り上げることも意味する。このことを代表する著述家はボルヘス*27である。彼の『異端審問』(Borges, 1968)，その他の作品は，どのようにして理念についての文学が生き生きとして具体的な出来事や対象を鋭く認識させるか，また，歴史を決定するのは，アルゼンチンのガウチョ〔カウボーイのアルゼンチン版〕なのか神話的運命なのか，を示している。おそらく哲学的学習による影響で，フランスやドイツの著者はたいてい，理念により命を吹き込まれているフィクションを書く。学生が近づきやすい例として，カミュのことがすぐに頭に浮かぶ。

　文学の学習は，喧嘩好きで古い競争相手でもある哲学が周囲にあるときに危険にさらされる。危険とは，文学が理念に置き換えられることである。確かにそれは大学でよくみられる傾向である。楽しい本を読むことやそれについて話すことが，授業料の対価として正当化できるものに見えないようである。事実，19世紀に大学のカリキュラムが導入されたとき，文学は直ちに，いかめしい教授たちの机の上で，厳密な文献学に置き換えられた。文学の学習は，今日のどれであれ数多いイデオロギー的関心や，脱構築や，ポストモダニズム，または，「理論」と称する一般理論的で何か毛色の変わったものによって，置き換えられることがよくある。置き換えの流行は変わるが，文学の学習は生き残る。しかし文学についての「哲学的」な理解を提唱すると，これらの置き換えを支持しているように見えるかもしれない。そうではない。私が提唱していることは，理念の発達を助ける文学の学習であり，文学の置き換えを助長する理念の学習ではない。「偉大な」文学は有用である。それは，ワーズワースに関連して前にも私は指摘したが，偉大さの１つの特質は，すべての理解様式を含んでいるからである。学生が「哲学的理解」を発達させるにつれて，その焦点が移ることにわれわれは気づく。例を挙げればその焦点は，ハムレットのドラマや出来事——叔父がハムレットを殺す前にハムレットが叔父を殺すのだろうか？——から，ハムレットを動かす考えや動機へ移すし，あるいはその焦点は，ジェーン・オースティンがその登場人物につくり出した緊張から，人間関係の下にまつわりついている社会的因習の有様へと移る。この焦点の移行は，その書物の経験を豊かなものにする理解の次元が１つ，増すことを意味する。

　理論的抽象化の発達が，より広範な具体的特殊事項に鋭く焦点を当てる有様は，歴史カリキュラムの中でも明らかにされるかもしれない。「哲学的理解」は，できるだけ広範なさまざまな出来事にわたって秩序と意味をもたらすメタ歴史的体系と有力な一般理論へ向かってわれわれを牽引していくだけではなく，それと同時に，一般理論やメタ歴史的体系を支えたり崩したりする出来事の詳細や具体的事実へと，われわれ

第Ⅱ部◆第7章　カリキュラムへの応用　249

　を連れ戻す。たとえば，中世の騎士とか十字軍について学習するならば，広範な文脈の中に詳細を置くことを常に求める。これらを練り上げるには，その時代の武器とそれに伴う冶金術について，食糧生産が増し人口増加があったこの時代まで存続し，若者たちの未来と行動に影響を与えた遺産相続法について，もしくは資本蓄積の早期の発達について，さらに詳細な知識を集めることが要求される。つまり，一般理論的歴史体系を形成する力が果たすことは，それ自体には少しも「ロマン的」魅力がない一連の具体的詳細について，意味のある認識をもたらすことである。歴史上のどんな学習事項が取り上げられるにしても，「哲学的」原則は，説得力ある一般理論の構築を可能にするカリキュラム内容に，われわれを導く。
　歴史カリキュラムに最も適切な学習項目を選ぶために，その原則を使うなら，力強く明瞭な一般理論体系によってすでに整理されているものを利用するとよい。トーニーの『宗教と資本主義の興隆』(Tawney, 1926／1959)のような書物は，彼の劇的な議論(カルヴィン派のプロテスタンティズムにより強められた個人主義と労働倫理が，効率的な労働力，産業の成長，北ヨーロッパの資本主義の発達に導いたとする議論)で始めるような学習項目を含めるようにと，われわれの注意を喚起してくれるかもしれない。その目的は，歴史の「哲学的理解」と詳細についての想像力豊かな取り組みを刺激することである。トーニーの著書やそれに似た多くの書物の命題は，さまざまな意味ですべて間違っているかもしれない。しかし，それらの著作は，歴史的理解にさらにもう１つの次元をつけ加える刺激剤として，この年頃の学生には適切なものである。ある一般理論体系についての支持あるいは疑惑を構築する中で，学生は詳細について学習し，その詳細の重要性をもっと一般理論的な意味の光に当てて量りにかけることに取り組まなければならない。とりわけ「哲学的理解」に取り組む最初の２年間に理論のとてつもない一般性とドラマに焦点を当てることを，われわれは遺憾に思うかもしれない。しかしこれらのことが，確実さを増した支持可能な主張へ，これらのメタ歴史的体系の持つ問題は何かを見分けることへ，研究の分析的厳格さの発達へ，また，さらに洗練された歴史の理解へと導く道を形成する。歴史学者たちが遺憾に思うような歴史研究を取り上げようとしなければ，それは，xまたはyの事柄が起こったという以上の，もっと一般論的意味に導く歴史理解のレベルの発達を無視することになる。
　大学教育を通して，学生は一般理論体系を形成し，弁護し，〔その体系の〕欠陥を見いだすようにと粘り強くうながされるが，歴史カリキュラムは，具体性を増す学習項目へと漸次焦点を当てることになる。これは，歴史上の特定の時代や地域を処方するものではない。今日の歴史カリキュラムとの主な表面的違いは，一般論的イデオロギー的な体系やメタ歴史的体系が顕著であるものを選択することにある。歴史の一般的流れについて現在議論が進行中の問題に，歴史カリキュラムの１項目が集中的に当てられてもよい。トゥキディデス流の悲劇的過程を学習するのか，それとも文化の有

機的な興亡を学習するのか？　階級や国家間競争を通して働く経済的力学によって，われわれは動かされているのか？　われわれは「歴史の終末」を迎えているのか？　歴史は単に次々と起こるあれこれから成り立っているのか？　われわれが見ているパターンは，後から見たわれわれ自身の構築物なのか？　それとも，それらは，歴史的出来事自体を反映しているのか？

　科学は「自然」についての「哲学的」科目である。科学は，「哲学的理解」が発達する歴史的過程の中で育ってきた。それは，理論的言語を使い物事の本質をとらえることに捧げられていて，今もなお哲学的理解を理想的に具現している。しかし，蔓延する退屈感はすべてを闇に葬り去るという教育学上の法則があるにもかかわらず，10代後半のための科学カリキュラムや教え方のおかしなことの1つに，事実の蓄積を重んずるあまり，理論にまつわる興奮をたいてい否定する点がある。このことは，特に大学で顕著にみられる。大学において，たいていの科学課程の最初の2年間は，一般論的で議論の多い理論の領域を理解するための必要条件だと考えられている基礎知識の詰め込みに費やされる。どんな学問でも，より一般論的で思索的な理論は，型破りでいかがわしい親戚だとして，取り扱われる。子どもたちはその親戚のおばさんが面白くて愉快な人だと思っているのに，彼女は目につかないところに隠され，できる限り長い期間，その存在を否定されなければならない。そのため，10代後半の若者を夢中にさせる主な教育上のエンジンは停止してしまう。そして，しきたりと退屈に慣らされながら生き残る学生が，その親戚の手管を逃れるための予防接種をすませたと思われるときになってやっと，そのエンジンはちょっと顔を出すことが許される。その結果よくあることは，大いに科学の学習を楽しみ，その分野に多くの貢献をすることになるかもしれない，より想像力豊かな学生を幻滅させ，追い出してしまう。

　さて，これはあまりにも偏見に満ちた見解かもしれない。しかし，この見解は，私が見てきたカリキュラム課程から言えば，あまりにも一般的に当たっている。また，この見解は，あらゆる詳細が意味を持つようになるのを待ち望んでいると言いながら，さしあたり詳細を詰め込み続けなければならない学部学生からも支持を受けている。授業の中で，どんな面白い事柄からもわれわれを注意深く遠ざけて，面白い事柄は嫌な骨折りを何年かした後でやっと初心者が近づけるものだと示唆するような，含み笑いをする物理の先生の記憶によっても刺激されて，そのような見解を抱くのかもしれない。とにかく，われわれの「哲学的」科学のカリキュラムでは，劇的で思索的で論争的理論が早いうちに前面に持ち出される。論争的疑問点について調べていくうちに，現行のやり方では文脈もなく提示されている詳細な学習に，学生は導かれる。

　同様に社会科学でも，心理学や社会学や人類学についての大学の導入課程は，基礎的道具や事実を得るための場ではない。導入課程は，それらの分野で最も一般論的で理論的な議論を取り上げる機会を提供する。心理学の課程は，人間行動についての授業から始まることが多いが，それは認知科学に関する課程の妥当性を前提とするやり

方であり，その前提は少し前には行動主義者に関する課程の妥当性だった。私はそれとは反対に，これらの課程にある問題点を挙げることが，心についての研究へ向かう方法を提供すると考える。心理，社会，あるいは人間行動を理解する方法について論争中の理論は何か？　これらの異なる理論を支える証拠は何か？　この証拠の評価をどのようにするのか？　ある理論や別の理論を強化するのに役立つさらなる情報は何か？

　ここで，私がカリキュラムの細部を埋めようとしているのでないことは明らかである。しかし，「哲学的理解」の特質が，他の様式とは違う，ある1つのカリキュラム様式に向かわせる原則をどのように生み出すのかを示すことが，ここでの意図である。自然科学と社会科学に対して，この原則は，最も一般論的で論争的理論で始まるカリキュラムを指し示す。そこから，一連の新しい具体的特殊事項を，意味のあるやり方で見せる方向に進む。何年か経つうちに，学生は理論的理解の射程範囲をよく発達させているはずだとわれわれは想定できるので，新しくて詳細な内容を，理論的に位置づけることに必要以上に気を使わずに導入することができる。学生は，内容を吸収して次第に洗練された理論的な立場に到達することもあれば，その内容を変則的と見ることもある。そのような学生の学び方は，受け入れた理論の調整を要求し，また，「アイロニー的理解」の発達を刺激するので，特に価値がある。

　したがって，われわれの「哲学的」カリキュラムは，どんな分野の学習であれ——分子生物学であろうと不動産の売り方であろうと——最も一般論的で理論的な次元から始まる。理論的理解を動かすエンジンは，一般論的理論とそれが開いてみせる一連の具体的事実——その理論を支持するか反論するかのどちらかの，さまざまな事実，出来事，実験結果——の間の相互作用によって燃料を得る。どの分野であっても「哲学的理解」の生み出すものは，具体的事実を取り扱うときの柔軟性と力強さである。これは，不動産の学習にも分子生物学の学習にも，同じように当てはまる。

　「哲学的理解」が，ここでは主に実用的見地から述べられてきた。しかし，これまで述べてきた2つの理解様式のそれぞれと同様に，これは霊的（spiritual）次元としても述べることができるものを持っている。教育体制の管理者と最上の教育が育成する霊的文化の間には，通常非常に大きな隔たりがある。この隔たりが教育者にもたらす問題は，「哲学的」カリキュラムに関する限り，ジョージ・エルダー・デイヴィーによって，よく言い表わされている。「消費社会は……その物質的成果だけのために科学に関心を示す。また〔消費社会は〕……生み出された有用な発明に対する最終的な責任を負っている霊的活動——私欲に惑わされない研究，理念を批判する利害を超越した精神の遊び——について，忍耐もしないし理解もしない」（Davie, 1986, p.87）。試験向けのカリキュラム編成や授業，それに学校や大学の日常的業務が，このような霊的目的をわれわれに無視させる原因になり，また消費社会が偏狭な関心しか持たないことの原因となる。私欲に惑わされない研究，利害を超越した精神の遊びは，「哲学的理解」の果実であり，理論的抽象化に取り組むことから生まれる果実である。完

全にそうなることはないかもしれないし，私欲や利害を超越することを，われわれは学生に期待できないかもしれない。しかし，われわれはカリキュラムの内容を選択する中で，私欲や利害からの超越をより多くうながすこともできるし，より少なくうながすこともできる。より多くうながすほうが，よりよく思える。

大学のカリキュラムについて触れるとき，「西洋的正典」に関する厳しい議論を取り上げないのは，おかしなことに見えるかもしれない。このような議論こそ，まさにカリキュラムに含まれるべき事柄だと私は言いたい。その議論の価値を評価するために，学生は，西洋で正典となっている文献を味わい，同時に他の文化の文献についても考えなければならないだろう——これは，アングロ・サクソン系の学生と同様に，アフリカ系アメリカ人学生にもアジア系イギリス人学生にも当てはまる。その一般論的議論によって刺激されるエネルギーは，関連する詳細についての探究や精読を燃え上がらせる燃料である。

正典に関する文化闘争（*Kulturkampf*）が，「哲学的」カリキュラムにとって妥当性がないというふりは，私にはできない。もし「哲学的理解」と「アイロニー的理解」を発達させたいと思うなら，これらの理解が最初に生まれてきた探究とその結果がカリキュラムの重要な部分を形成すべきであるのは，一般的に言って当然だと私には思える。それは，西洋的伝統と西洋的学問を避けることはできないことを意味する。さて，教育される道，教育された人になる道がたくさんあることは明らかである。そして，伝統的正典の複製を持ち出す新保守主義者の主張は，本書のこれまでの議論によれば，正当化できないほど視野が狭い。しかし，西洋の正典に妥当性がないという過激な主張もまた，私の議論からすれば，正当化できないほど独断的なものである。

5節　結論

現在主流のカリキュラムに批判的な人々は，過去のよき時代——おそらくは自分や自分が非常に敬愛する恩師を育てた時代——に戻ることを，多くの場合主張する。アメリカの保守的ジャーナリストのゲイリー・ウィルズは，女性学や黒人研究のような科目の興隆について，怒りとも絶望ともいえるような感情と苦悩を抱いて述べている。そして，20世紀初頭，ナッシュビルにあるフィスク大学のようなアフリカ系アメリカ人のための大学のカリキュラムには，ラテン語のタキトゥスやホラチウス，またギリシア語のソフォクレスと聖書が含まれていたと，彼は指摘する。このようなカリキュラムから，「環境倫理」のような今の流行やその他もてはやされている学問的でない学習事項を持つカリキュラムへと変わることが，いったいどうして進歩と考えられるのかと，彼は訝る。

ジェラルド・グラッフは，保守主義者によってそれほど讃えられている昔の古典的カリキュラムが実際に含んでいたものについて調査した。学生は「古典文献学の発

音，語源学，態と時制などの細部と要点に関する授業に出席して，どんな文献でもほんの一部」学習しただけだった（Graff, 1987, p.28）。彼は，古典が普通教えられたときの思慮のなさについての多くの証言をあげつらった。きつい練習が肉体の筋肉を鍛えるのと同じように，難しい知的作業は精神能力を鍛えると考える能力心理学の観点から，古典のカリキュラムが正当化されたのは，不幸なことである。再び引用になるがここでウィリアム・ハズリット[★28]の言葉を思い出すといいだろう。「古典の教育というお決まりの段階を通り抜けてなお，それによって騙されていない人は誰でも，自分が非常に危ういところを逃げ出したと考えていいだろう」（Hazlitt, 1951, p.147）。

しかし，麻薬漬けで暴力に悩まされている世界，すみずみまで技術化されている世界にとって，ラテン語とギリシア語が持つ教育的価値を，鼻であしらうのは簡単に見えるかも知れない。その一方で最も急進的な人ですら，カリキュラムを学生の生活にとってますます「妥当性」を持つものにした進歩主義的カリキュラム課程が大変不満足なものになっているという，つきまとう疑念を避けることができない。実際，カリキュラムが，生活に切迫する「妥当性」を持つものにされればされるほど，そこから生まれるカリキュラムは，ますます漠然として曖昧模糊としたものに見えてくる。

私が古典的なカリキュラムから得ていることは，知識はかなりの程度精神を形成するという認識である。しかし，プラトンを引き合いに出すような伝統主義的教育思想家によって想定される単純なやり方で知識が精神を形成すると，私は言っているのではない。もっと急進的なカリキュラムから私が得ている認識は，精神はまた，学習の過程で発達させられる知的手順によっても形成されるということである。しかしながら，ルソーを引き合いに出すような進歩主義的・急進的教育思想家が想定しているのと同じようには，われわれはこの過程を支える発達の規則性に頼ることができない。ここに私が概略を述べたカリキュラムは，それぞれ独自な，複数の理解様式から生み出された原則を頼りにする。このカリキュラムは，今までとは少し違う道筋によって，より豊かな教育を受けた人の生活（abundantly educated life）だと私には思える方向に，学生を導く。

訳注

- ★1：第6章訳注★2を参照。
- ★2：Egan, K. (2005). An Imaginative Approach to Teaching, . Jossey-Bass. 『想像力を触発する教育』，高屋景一・佐柳光代（訳）北大路書房，2010 がこれにあたる。
- ★3：生徒の社会的認識を育成する教科は，伝統的には歴史であったが，「身近なことから遠くのことへ」「既知のことから未知のことへ」と認識を拡大すべきだという「拡大する地平線」の原則（参照：第2章訳注★8）が有力になった結果，身近な生活環境の理解により重点を置く社会科が小学校のカリキュラムに多くみられるようになったことを指す。
- ★4：1960年代から続いている連載コミック。円形の枠の中の1コマの絵に短い1～2文が添えられる。サーカスは興業的サーカスを意味しない。もともと『ファミリー・サークル』の

題名で売り出したが，別な出版物と同名だったので，変更された。英語圏の多くの雑誌・新聞に掲載されている。参照：http://www.ridleyparkumc.org/rpumc0102cartoon.shtm
- ★5： 'You know what?' は「あのね」または「知ってる？」という意味の決まった言い方だが，文法通りにとれば，「whatを知ってる？」というふうにもとれる。
- ★6： 'chicken' には，「ニワトリ」という意味と，「臆病者（＝臆病心）」という意味がある。
- ★7：『ふしぎの国のアリス』，河合祥一郎（訳）角川書店，2010，p.100．
- ★8：『ふしぎの国のアリス』，pp.102-103．
- ★9：『鏡の国のアリス』，河合祥一郎（訳）角川書店，2010，p.137．
- ★10：エドワード・リア（Edward Lear：1812-1888）　邦訳に『完訳　ナンセンスの絵本』，柳瀬尚紀（訳）岩波書店，2003．がある。
- ★11：ドクター・スース（Dr. Seuss／Theodor Seuss Geisel：1904-1991）　アメリカの作家，子ども向けの絵本で知られる。邦訳多数。
- ★12：「ノック・ノック・ジョーク」　英語圏で広く行われている言葉遊び。
  A: Knock, knock.
  B: Who's there?
  A:（この答えを創作）
  B:（答え）+ who?
  A:（誰であるか，人を笑わせる説明）
  ここでは「下着」が普通の会話では禁句なので，それをあえて使うと，子どもが喜ぶ。
- ★13：ヨハネス・シュミット（Johannes Schmidt：1877-1933）　オランダの生物学者。
- ★14：第3章訳注★23参照。
- ★15：T．S．エリオットの四連の詩 'Four Quartets'の中の'East Coker' の第1節，'the earth which is already flesh, fur and faeces, bone of man and beast, cornstalk and leaf.'
- ★16：ビンゲンのヒルデガード（Hildegard von Bingen：1098-1179）　ドイツのベネディクト会系女子修道院長，作家，作曲家。神秘的体験で知られる。
- ★17：ジェシー・オーエンス（Jesse Owens：1913-1980）　アフリカ系アメリカ人陸上競技選手。1936年のベルリンオリンピックで勝利し，ヒトラーのアーリア人優越説を打ち破った。
- ★18：エドワード・G．ロビンソン（Edward G. Robinson：1893-1973）　ルーマニア生まれのユダヤ系アメリカ人俳優。
- ★19：ラモン・ラル（ライムンドゥス・ルルス；Ramon Lull：1232-1315）　マジョルカ島出身の作家，哲学者，論理学者，フランシスコ修道会士。
- ★20：メアリー・ウルストンクラフト（Mary Wollstonecraft：1759-1797）　イギリス女性作家，哲学者，女性運動の先駆者。主著に『女性の権利の擁護』がある。また，『フランケンシュタイン』の著者メアリー・シェリーの母親でもある。
- ★21：ヘンリー（エンリケ）航海王子（Henry the Navigator：1394-1460）　ポルトガルの王子で，探検事業を奨励。大航海時代の幕開けに位置づけられる。
- ★22：アヴィラの聖人テレサ（St. Teresa of Avila：1515-1582）　スペインのカルメル女子修道会を改革した。
- ★23：シアトル首長（Chief Seattle：1780-1866）　アメリカ原住民で，白人との共存を目指した。ワシントン州の州都シアトルは，彼の名前にちなむ。
- ★24：第5章訳注★2参照。
- ★25：教育や学問で重視されてきた古典的名著を指すことが多い。たとえば，モルティマー・J．アドラーによる『グレート・ブックス』に含まれるもの。
- ★26：ピエール・ブルデュー（Pierre Bourdieu：1930-2002）　フランスの社会学者。
- ★27：ボルヘス（Jorge Louis Borges：1899-1986）　アルゼンチンの作家。
- ★28：第4章訳注★18参照。

第8章
授業への応用

1節　はじめに

　もし教育を，今まで述べたような理解様式をできるだけ十分に発達させる過程だと考え直すなら，この新しい考え方に合致する教師の役割と授業実践をどのように，考え直したらよいだろうか？

　第1章で考察した3つの古い教育理念は，それぞれ教師と授業実践の適切な役割について，いくぶん異なる理解を示している。社会化の伝統から受け継がれているのは，教師の役割は導き手であり，役割モデルだという理解である。その主な責任は，成人市民の理想の姿に生徒を近づけるための規範，価値観，技能，知識に向かって生徒を導くことである。プラトン的伝統から受け継がれているのは，教師は学問的知識のある分野についての権威者だという理解である。その主な責任は，その権威ある知識に関する知的修得を達成するようにと，生徒を教え鼓舞することである。ルソー的伝統から受け継がれているのは，教師は成長の援助者だという理解である。その主な責任は，生徒個人の成長を支えることである。今日，教師の役割についての一般的概念は，これら3つの理解が重なり合い混じり合うものから成り立っている。この混じり合いの程度は，小学校低学年，小学校中高学年，中等教育のどれを考えているかによって，たいてい違っている。また，混じり合いの程度は，それを考える人がこれら3つの伝統のどれに傾倒しているかによっても，もちろん異なる。〔教師の役割についての〕それらの理解が生まれてきた教育の一般的概念に関しても同じだが，これら3つの理解それぞれが別々に問題を抱えている。これらすべてをある割合で実施しようとすることは，非常に困難だし，いらだたしい課題になる。

　もし授業の主な責務は諸理解様式を喚起し，刺激し，発達させることだと考えるなら，この授業理解は，上に述べた3つの理解とどのように異なるだろうか。それが，本章で私が伝えようとする内容である。異なる理解様式は，異なる授業の仕方を意味する。たとえば，主として「神話的理解」を発達させる試みと，主として「哲学的理解」やその他の理解様式を発達させる試みとでは，方法や強調点，授業活動といったなんらかの違いを含んでいる。それでこれから，5つの節で，それぞれの理解様式について順に焦点を当てて論じようと思う。

　本書の主な関心は，公教育〔学校教育〕にあるので，私は典型的な教育機関の教師

の観点から，再び「神話的」「ロマン的」「哲学的」授業を強調し，考えていくつもりである。ここに示す応用法は，主に，1つの教室で30人の子どもを教育する責任を持つ1人の大人に適用されるという想定を，私はしている。「身体的理解」に関する短い最初の部分を除けば，1人または2〜3人の子どもの教育について，この理論から導き出される親向けの応用法については，ほんの簡単に取り扱うに留めるつもりである。簡単な取り扱いだが，〔親ができる〕多くの応用方法は，かなり明確になるはずだと私は確信している。また，独学でさまざまな理解様式を持続し努力しようとしている人のための応用法にも簡単に触れるだけにするが，これらの多くも明確になるはずだと確信している。

　次に，ここでのコツは，理論のレベルから授業用の原理へ，またそこから，実践技術のレベルへと進むことである。この後に続く，3つの理解様式についての記述のそれぞれの中心部分において，私は，理論によって提示されるそれぞれの理解様式の特質から授業ガイドを構築する技術について，話を始める。それから，その授業ガイドの底にある原則について議論し，その授業ガイドがどのようにある特定の項目に適用できるかという例を示そう。本章の意図は，授業実践に向けての理論の応用を詳しく追究することではなく，この理論が明確ではっきりとした実践的応用性があると示すことである。

　一般的原則の1つは，最上の授業はいつも「外向き」ということである。つまり，これらの理解様式は分離した段階からなるのではなく，大きな割合で混在するものだと心に留めるならば，たとえば「神話的理解」を発達させるための初歩の授業をしながらも，「ロマン的理解」から「哲学的理解」や「アイロニー的理解」に対する刺激剤をも含めようと試みるべきである。たとえば，第7章で私は，言語と「神話的」知的道具を発達させるための，ユーモアの価値について議論した。私は，ルイス・キャロルがアリスの本の中で使っている冗談を少し引用した。それらは，明らかに「神話的」魅力もあるが，「ロマン的」「哲学的」「アイロニー的」な響きもある。これらの「外向き」の響き——表面下にある意味の次元——は，同じように面白くはあるが「次元に欠ける」他の冗談よりも，さらに教育的価値が豊かである。ある特定の理解様式を発達させることに焦点が絞られている授業が，不十分なものだと言っているのではない。ただ，この一般的原則は，どんな項目を教えるときにも，教師が，後続の理解様式の響きも導入することに気を使うことを推奨する。

　この一般的原則は，ヴィゴツキーによる豊かな理念に関連づけると明確にされるかもしれない。その理念は，「発達の最近接領域」（Vygotsky, 1978, pp.84-91）である。ヴィゴツキーは，生徒が独力で課題を成し遂げるときに測られる発達レベルと，他人の助けがあって成し遂げるときに表われる発達のレベルとを区別する。これら2つの基準の間にある領域が，生徒の発達を評定するときに考慮に入れられなければならないとヴィゴツキーは論じる。また教師は努力の多くをこの領域内に集中するべきであ

り，そうすれば，生徒の学習が発達を前進させると，彼は論ずる。本書の理論で言われている「外向き」の教授法は，生徒がその発達の最近接領域で知的活動に関わる重要性を説くヴィゴツキーの理念を共有している。しかしながら，私の原則は，2つの意味でそれとは違っている。第1に，領域のイメージは，1つの線上の距離ではなく，1つの中心点からすべての方向に外に向かって拡大する空間となる。第2に，私は，その領域を拡大する意図的な教授上の努力を呼び求める。たとえその努力が，最上級の理解様式に向かう，散発的でわずかなものであったとしても。生徒は，そのような授業によって発せられるはるか彼方から響いてくるぼんやりとしたヒントしか得られないかもしれないが，それは問題ではない。その目的は，生徒の理解が把握するかもしれないものへ向かう次元をつくり出すことにある。あまりしっくりこない空間的比喩になってしまったが。

2節　身体的理解

　幼児の「身体的理解」の発達は，たいてい進化適応の過程を反復する。しかし，この反復が最も十分に達成されるためには，両親やその他の保護者によって援助を受ける必要がある。現代の幼児による反復の有様と歴史上の進化適応の過程の間にある顕著な違いは，現在のわれわれが望む幼児の知的発達には方向性があるという点である。〔歴史上〕高い読み書き能力を伴ったアイロニーに導いたものは，単に文化的偶然性の組み合わせだったのかもしれない。しかし，現在のわれわれは，幼児を「アイロニー的」終局へと向かわせるための準備となる能力の発達を刺激し支える最適な事柄を選択して，幼児に対応する。このような見解から直ちに必要となる限定条件は，「身体的理解」にふさわしい能力領域を除外して，読み書き能力へ向かう発達に対応してはならないという点である。浅はかで熱病的早熟ではなく，バランスが求められるべきである。

　「身体的理解」は，幼児の精神がその身体を発見することから，主として生まれる。その過程で，幼児は自分の目的を遂行するために身体を使うことを学ぶ。反復により，幼児は身体の活動を通して，また，その行動に対する世界の反応を通して，どんな範囲の目的を形成し遂行できるのかを発見する。それから再び，連動的に，それらの目的をつくり出した源としての身体を発見する。このような「身体的」探究は，特に，空間，時間，因果関係，努力と反応，空腹と満腹のリズム，快感と苦痛等々についての枠組みを構築することによって，理解の基礎的発達を打ち立てる。また，意思疎通，思いやり（care），愛情のパターン――それは進化適応の反復をし，特定の文化的パターンに形成されるものであるが――を通して，自らの属する社会の本質を発見することに目覚ましいものがある。将来のすべての理解の基礎となるこれらは，普通遊びと言われている活動の中に多くの部分が置かれている。遊びは，後にくる真面目な本

当の学習の準備であり予行練習だ，と述べられることがときどきある。しかし，遊びは，後々のすべての学習の成否がかかっているもので，われわれの関わる最も真面目な学習として考えるほうがいいだろう（ホイジンガは『ホモ・ルーデンス』(Huizinga, 1949／1973) の中で，文化を成人生活まで延長された遊びとして提示する）。これは，重大な教育学を幼児の遊びに関係づけようと呼びかけるものではない。私の要点は単に，真面目さを陰鬱さと混同する一般的な考え方の代わりに，真面目さと遊び心の間の適切な結びつきについての，アイロニー的な認識を反映するものである。

「身体的理解」は2歳半くらいまでに，最も典型的に最も豊かに発達する。その頃になると，今度は「神話的」な発達にそのエネルギーのいくらかを譲る。しかし，「身体的理解」がその時点で完全に停止するわけではない。ただ，思春期での再登場が経験されるかもしれないとはいえ，幼年期以降は減っていくものである。しかし，ちょっとしたやり方で，人生を通して意図的に延長させることもできる。5歳児が，逆立ちをして低い飛び込み用スプリングボードからプールに飛び込むことを学んだり（これを試みる前か後に，理学療法士に相談してほしいが），あるいは，それより劇的ではないが，自分の利き手でないほうの手を使って食べたり，歯を磨いたり，掃除したり，字をときどき書いたりすることなどを始めようと心に決めるとか，なめらかに口笛を吹くことを学ぼうとするとき，その子どもは，「身体的理解」をある程度延長させ続けることだろう。

後続の理解様式の方向に注意を向けながら「身体的理解」の発達をどのように支えることができるかについて，簡単に述べよう。「リズムは人間に特有の属性である。他の生き物は訓練されることなしには，人間がするように，自発的にリズムを追ったり真似たりすることはない」(Donald, 1991, p.186)。音の中のリズムは，言語使用にとって基本である。また，息を吸ったり吐いたりするときに使われる時間にいたるまで，もっと微妙なリズムが，人間の言語の文法に複雑に絡み合って関係している。われわれは言語に対して進化論的にプログラミングされている。それで，人間のすべての言語の文法は多くの共通点を持っている。まったくのところ，あまりに多くの共通点があるので，宇宙人が訪れれば，われわれ地球人はみんな，基本的「地球語」の方言を話していると思うことだろう (Pinker, 1994)。非常に早いうちから，われわれは自分の地域の言語共同体のリズムを追い始める。胎内でさえ，われわれはそのリズムに注意を向ける。だから，言語学習は素質によって支えられる一方で，両親はさまざまな声かけによる幼児との頻繁な接触を通して，その過程を豊かなものにできる。日常の文法に基づく会話が，そのような接触で重要な役割を果たすが，同様に，リズム的な言語遊び，歌，はじき音，きしみ音，口笛も重要な役割を果たす。時には，それらを幼児自身がつくり出す音に合わせてみるのもよい。数えることも言語の別なリズム的用法である。両親は，階段を上りながら段数を数えたり，箱からおもちゃを出し

たりするときに，お決まりの儀式をつくって，リズムのある数え方ができる。幼児は，ある行動に関連するリズムのある音を真似して，後の抽象化の意識へ向けてすでに備えをすることになる。

「アヴェロンの野生児」と呼ばれるヴィクトール（Itard, 1962; Lane, 1976），または，言語使用の環境から切り離されて幼児期を過ごす「野生の子どもたち」のような人物がわれわれを魅了する理由の一部には，言語によって形成されていない人間の意識はどんなものかについてのわれわれの驚きがある。野生の子どもたちがどんな知的道具を発達させたとしても，おそらく最も萌芽的な形をとっている以外には，本書で述べられている「身体的理解」以降の道具は含まれていない。それとは対照的に，「身体的理解」が発達するときの言語的環境が豊かであればあるほど，高度な読み書き文化が持つさらに進んだ理解様式を発達させるための準備が，一層よりよく幼い精神に整えられる。幼いうちに言語のリズムを強調することは，身体による活発な探究とその目的を排除するものではないし，また，できるだけ早期に大人の基準に近づかせるという，子どもの早熟な言語化を目指すものでもない。発達を刺激するためにわれわれが特に関心がある方向を考えれば，意味を構築するために人間がつくる音の豊かさと多様性を持つ環境が，教育的に重要である。

リズムが耳に対応するように，パターンは目に対応する。もちろんこの2つは相互作用する。しかし，「現在では『視覚的思考』は言語に対して自立したものとして考えられている」（Arnheim, 1974, p.167）[★1]。生まれてから2か月になる頃までには，赤ん坊は大人の目の動きに合わせて目の焦点を移動させ，たとえば部屋を見渡すとき，大人が見ているほうを見る（Scaife & Bruner, 1975; Churcher & Scaife, 1982）。このことは，どれほど早期にわれわれが他の人の視覚の明確な使い方に気づくかということについて，何かを示している。1歳児は，紙やカードの上に色のマーカーを使い始め，体の動きの記録をそこに残すことができる。親は，幼児にパターンがあることを教え始めるとよい。幼児に形や色を探究させ，つくれるパターンをなんでも探究させるとよい。すべてのジェスチャー遊びや指差し遊びは，意思疎通と意味解釈のために，体の動きをどのように調和させるかについて，幼児の理解を拡大することができる。

親は，幼児の身体的探究，その身体的探究の可能性とそれが目指す目的のために，できるだけ豊富な刺激を提供するとよい。また，パターンのある行動に向けて感覚器官が調和した働きが奨励されるとよい。それには，歌に合わせて腕を動かしたり踊ったりすることから始めて，音のリズムを身体の動きに関連させてもよいし，お決まりの儀式――意義があるもので，決めた時間に意味のあるパターンを持つ動作を振り付けるような日々の決まりごと――を導入するのもよい。

私が前に「アイロニー的理解」について議論したとき，それは「身体的理解」に基礎があること，すべてのわれわれの理解は，われわれの物体的存在に決定的な根源があることを強調して，その議論を終えた。だから，われわれの身体は，世界と経験に

ついてのわれわれの探究の出発点である。いわば，われわれの精神は，われわれの身体を通して拡大し，そして，われわれの身体から世界へと拡大する。だから，その後の授業の成功は，生徒の精神に知識を詰め込むことに求められるべきではなく，生徒の精神が知識に向かって拡大できるようにすることに求められるべきである。要点を濃縮するにはありふれた言い方になるかもしれないが，〔今述べた成功のあり方についての〕違いを認識する教師は，その実践を変革することができる。どのようにそれを実践するのかの話に進もう。

3節　神話的理解

　本節は，幼稚園から8歳くらいまでの子どもに対して教師がどのように知識を形成し提示すれば，知識が豊かな意味を持ち，想像力を触発するものになるか，そして「神話的理解」を刺激し発達させるものになるか，に焦点がある。私は第2章で述べた知的道具セット——抽象的あるいは感情的な対概念，比喩，イメージ，物語構成——で話を始め，これらから授業に向けてなんらかの原則を引き出そうと思う。次にこれらの原則から，ある学習項目について1回ないし数回にわたる授業の教案に使うことができる授業ガイドを構築するつもりである。授業ガイドは一連の問いから立案されていて，それに対する答えが効果的な授業案あるいは単元案をつくり出す。この授業ガイドの使い方の例を，「空気の性質」についてのいくつかの授業案として示そう。この単元は，ある地域のカリキュラムが，学校へ行き始めた1年生にふさわしい科学の学習項目として，勧めているものである。

　授業ガイドの支柱から話を始め，支柱の台になっている原則について簡単に述べよう。それから実施例の作業にかかろう。この方法による学習項目の組織立ては，1人の子どもに何かを説明するやり方について親が考えるものよりは，もっと形式を踏んだやり方になるし，また，多くの経験を積んだ教師が好むものよりは，やはりもっと形式を踏むやり方になるかもしれない。しかし，底辺にある原則を引き出したうえで，そうしたい人は，もっと形式ばらずに気軽に原則を使うこともできる。

◆「神話的理解」のための授業ガイド◆◆◆
1．重要事項の特定
　　"この学習項目について重要なのは何か？　感情を触発するものは何か？"
　ここでの難しい部分，もしくは，多くの教師にとって少なくとも馴染みのない部分は，与えられた学習項目のどんなものについてでも，自分自身が感動を覚えるものを特定せよという要求である。自分の感情を鋭敏にして思慮をめぐらすものとして人が学習項目について考えることは，あまり多くない。たいていの場合，子どもが興味を持つだろうと思うものについて考えるときに，われわれは，その学習項目が自分に

とって感情的に重要なものは何であるかを無視して，擁護者的な上からの目線に陥る。「神話的理解」はわれわれが成長するにつれて後ろに置き去りにする何かではないということを思い出してほしい。それは当然，われわれの理解の一部であり続けている。だから，われわれが自分自身にとって重要な感情的牽引力を探し当てるときに，われわれは子どもにその学習項目を教えるための，よい出発地点に立っていると言える。なんといっても，学習項目のくだらないさまざまな特色を，われわれは子どもに教え込みたくはない。最も重要な特色は子どもの想像力を触発しやすいし，世界についての「神話的理解」を発達させやすい（ある学習項目について真に重要な事柄を探すことによって，子ども時代と幼年時代の教育を陰険でつまらないものにする——そこでは，世界と経験について消毒され美化された概念だけを，子どもは理解できるし理解すべきことだと考えられている——ことに，少なくとも対抗できる）。この第一歩が，授業案づくりの過程で最も難しい。しかし，ここがうまくいけば，後は比較的簡単に進む。

　この原理を6歳向けの「空気の性質」という学習項目に，どのように適用できるだろうか。われわれが妨げられないで呼吸しその中を歩き回る空気について，重要なのは何か。ここでの要点は，何か「正しい」答えとか一番よい答えを見つけることではなく，あなたにとって感情のうえで刺激剤となる何かで，よい答えとなる何かを見つけることである。空気がわれわれの生命を支えるものだということは，もちろん，われわれにとって重要性を持つ明らかな要点である。しかしそのように考えることは，どちらかというと単純な理論的結論に達しているだけで，感情的な核心を探し当てていない。もしその教室に充満している空気の「ひとかたまり」を取り出すとすれば，何が得られるだろうか。空気は，なんらかの音，波や粒子，臭い，生き物，剥がれ落ちた皮膚の破片で充満している。もしも，ものの大きさを変えられたり，もう少し小さなものまで目で見えるならば，空気は空虚で特色のないものではなく，魔法とも思えるほどの性質を持つ驚きで満ちていることを，われわれは子どもに示すことができるだろう。見かけは空虚だが実際には驚きの充満があるという対比で，われわれを出発点に立たせる感情的刺激剤を探り当てることができる。

2．対概念を見いだす

　"この学習項目の感情に関わる重要点を，最もよくとらえる対概念は何か？"

　これは，通常前に挙げた問いよりは答えやすいだろう。しかしながら，適切な対概念をうまく見いだせるようになるには，ちょっとした練習が必要になる。その学習項目についての感情に関わる重要点を考えれば，かなり直接的に続いて対概念が出てくるので，対概念を見つけるのは簡単である。ここでのコツは，その学習項目の中に内在している何かドラマチックなものを探り当てることである。流血沙汰やメロドラマという意味でのドラマではない。そうではなく，緊張感があり，また，対比的な視点があるという意味でのドラマである。対比的視点が開かれると，直ちに子どもは理解

が可能になる。この原則は，子どもの知性と理解が大人と異なるのは，主に，使われている知的道具〔の違い〕によるという，前に述べた理論的議論から出てくる。それで，この原則は，子どもの思考が単純で具体的であり，それゆえにくだらないものだとする，よく見受けられる〔子どもの思考についての〕概念をさらにかき乱す。それに代わり，この理論では，子どもの思考を，複雑さ，強力な感情と抽象の概念で特徴づけ，また，「神話的理解」の知的道具に関しては大人の思考と似ているものとして特徴づける考え方を強調する。〔また教師が〕対概念を探すときが，その学習項目の中でつくることができる論理的区分を「自分の外側」に探すことになってはいけない。むしろ，学習項目について教師自身の感情的整理をするという内側の探究を続けるべきである。

　この実施例では，何が重要かに関する最初の感じ方で，空虚／充満という対概念セットに，比較的簡単にわれわれは導かれる。ここでの「空虚」は，退屈，興味のなさ，何もかもが欠乏し，空気に内容が無いというような，感情的意味合いを持ち，「充満」は，豊かさ，多様性，魔法のような充実と感情的に結びつくという意味合いを持つ。

3．物語形式に学習内容をまとめる
(1) 最初の授業
　　"学習項目についての理解を可能にするために，最もドラマチックに対概念を表わす学習内容は何か？　その学習内容とドラマチックな対立を最もよくとらえるイメージは何か？"

　さて今度は，ここまでのわれわれの結論を，学習項目の内容の中で，授業ガイド〔手順1と手順2〕の段階へ持ち込む必要がある。この学習項目の内容を物語に形成する最初の手順は，その学習項目の基盤にある感情的な意味についてのある局面を生き生きと明らかにすることにより，その学習項目を直ちに理解しやすくするドラマチックな出来事，人物，理念を探し出すことである。物語形成とは，授業の要点を伝えるために何かフィクションを見つけることを要求することではない。私が「物語(story)」で意味するのは，新聞の編集長が「これはどういう話（story）か？」と尋ねるときに意味するものである。その内容が出来事や人々に関する「物語」であっても科学的な発見や自然現象に関する「物語」であっても，理解をその内容に方向づけるナラティブの文脈の中で，そこにある感情的な意味を知りたいとわれわれは思う。

　授業や単元は，因果関係の経緯を示すナラティブになる。衝突や問題から始まり，中ほどで練り上げられ複雑さが増し，それから最初の衝突や問題がなんらかの解決で終わる。知識を論理的に構成して提示するのではなく，授業や単元を物語にするということは，伝達される意味が感情的構成要素を持っていることに関連する。最初の授業計画は，教師が自分の目標は何かと自問するのではなく，話すべきドラマチックな本物の物語は何か──ミミズであろうと気候であろうと10進法であろうと句読点につ

いてであろうと——と自問することから続く。この原則の要求を満たすものならば，その学習項目を導入するためにフィクションを使う可能性を排除しないことは，明らかである。しかしここでの私の関心は，何か物語的要素を使って学問的内容を教えることにあって，学問的内容についての物語を語ることではない。

　空気の性質についての授業を，部屋の隅に置いたラジオをつけて，少しの間人の声を聞くことで始めることもいいだろう。それからラジオを消して，教師は教室の他の場所にラジオを持って行き，チャンネルを変えてからスイッチをもう一度入れて，少しの間音楽を聞く。音楽や人の声はラジオの中にどうやって入るのか？　音楽や人の声はどこから来るのか？　複数の子どもたちが，自分の両親にそのような質問をしたことがあるかもしれない。教師はいろいろな生徒の答えを集めて明らかにしていく。それから教師は質問してみる。ラジオ〔の目〕には電波しか見えないとすれば，教室の空気はどんなふうに見えるだろうか？　その時点で，教師はラジオを再びつけ，チャンネルをあちこち変えながら，ラジオを移動させる。空気は異なる電波で充満しているに違いない。ラジオの「目」にとって，教室の壁はなんでもない——それは壁を突き抜けて見ることができるから。代案としては，状況が簡単なら，教師は教室を暗くして，強力な懐中電灯で照らすか一条の太陽光線を入れるかして，部屋にある無数の塵の粒子を光らせる。塵はいつもふわふわと動いているように見えるし，普段見えないときでも，空気に充満しているらしい。塵は何からできているのか？　——典型的な教室の塵の60％は人間の皮膚の剥がれた破片でできている（ときどき認識する以上に，もっと基本的なレベルで，われわれは同じものを親しく分かち合っているものである）。教師は，蝿のウンチはどこにあるのかと聞いて，それから，今ふわふわと浮かんでいたものは何かと訝ってみせる。数分のうちに，空虚な空気は区別のつかない塵をつくり上げている，とてつもなく多様な粒子で充満しているように見えてくる。両方の実施例とも，空虚な空気という想定と，多様で複雑で驚くべき物で充満している実際の姿を，対比させることを強調するものとする。

(2) 授業や単元全体を構成する

　　"学習項目を，明確な物語形式に最もよく表現する学習内容は何か？"

　この手順は，学習内容全体を整理することに関係する。すでに整理の原則を選び出しているので，この手順は比較的簡単にいくだろう。感情的に重要なものについての感覚と対概念が，その学習項目にどんな内容を含むべきかを決める基準になる。これらの基準と働くもう1つの基準は，よいお話という中心的原則から生まれる。フィクションを使う場合は，効果的で魅力的であろうとするならば，最初に導入される衝突や問題を解決することに何も関連のないものは含まないものとする。天候や人物の目の色や服装などの有様は，その物語の感情的意味を構築するためになんらか貢献する場合にのみ，言及されるべきである。関連のない資料が含められる割合に応じて，物語は平板になり興味は消えうせる。たとえば，すべての人物の目の色と服装を述べる

ことにより，物語はすぐに動きがとれなくなる。それぞれの人物はもちろん服を着ているし，なんらかの目の色をしている。しかし，これらに言及する基準は，それらがある意味で話を前に進めるかどうかで決まる。もし，小説家が，廃止された工場の中心的登場人物たちが大団円で会うという筋書きの展開を途中でやめて，その工場が何を生産して，その原料はどこから来て，作業員はどんな様子で，どんな作業をしていたのかを述べ始めれば，読者の興味はすぐに萎えてしまう。同様に，われわれの物語形式による授業の構築において，われわれは最初に設定された対概念を練り上げ発展させることに向けて関連のあるものを，内容を選ぶときの基準として使わなければならない。それらが，基本的で明確な構成を提供すべきである。われわれはその学習項目に関連のあることをかたっぱしから含めはしない。物語形式の授業における「妥当性」(relevance) は，学習項目について感情的に重要であるものをとらえる対概念によって決定される。

　もし教師が授業や単元を，情報体を伝えるものとしてではなく，よいお話を語るものとして考えるなら，知識と技能と態度という目標の組み合わせを達成しようとすることに焦点を当てるのではなく，物語をどのように，できるだけくっきりと生き生きと語るかに，焦点を当てる必要が前面にくる。もし物語がよく語られるなら，そのような目標〔知識，技能，態度〕はもっと意味のある文脈の中で達成される。私が物語を語るというとき，教師が生徒に向かって話すだけで，教え方に変化をつけないことを意味しているのではないと，つけ加えたほうがよいかもしれない。博物館への遠足，地域の人々へのインタビュー，模型の作成などはすべて，物語の筋書きに結びつけることができる。授業や複合単元を物語構成にするものは，何かフィクションの要素ではなく，中心にある対概念のナラティブによる発展である。これで，はじめに学習項目の中心にある重要な局面を特定すること，また，衝突や問題をあぶり出す確固とした対概念を見つけることが，重要である理由が明らかになる。授業や単元の中のすべては，その対概念と明確に結びつくものとする。

　それでは，どのようにして，空気の性質についての授業を物語構成にしたらよいか？　それは，もうすでに明確だと私は思う。導入の授業活動のパターンに従って，一連の性質を取り扱うとよい。教室の空気に充満しているその他の構成要素——たとえば，微生物，さまざまな気体，太陽や太陽系外からくる亜原子，汚染物質，花粉に焦点を当て，生徒がそれらのイメージをつくるのに役立つ方法を見つけるとよい。また，現在の教室にある空気の塊について，世界の始まりの頃から今にいたるまでの歴史の探究にさえ，焦点を当てることもできる。

4．まとめ

　"対概念に内在する衝突を解決するために，最もよい方法は何か？　適切な仲介は，どの程度か？　対概念をはっきりと表面に出すのは，どの程度が適切か？"
どんな物語でもそうだが，結論は最初に設定した事柄を解決するか満足させなけれ

ばならない。物語形式による授業の場合，授業活動を締めくくるための主な焦点は，この授業や単元に構成を与えた対概念に当てられる。時には，締めくくりの授業が，対概念を仲介するために使われてもよい。または，もし片方の概念がもう片方の概念以上に強調されてきたとしたら，締めくくりには，ないがしろにされていた概念のほうに視点を向けることになってもよい。教育上の発達過程は，その前の段階の思考に潜在していた構成要素をよりはっきりと自覚する精神によって，前進することに心を留めるなら，その学習項目の探究に形を与えている対概念を子どもが意識すべきか，またそれはどの程度意識すべきかを考慮することが常に望ましいだろう。これまで続けられてきたナラティブを，構成要素を表面に出しながら，もう一度簡単に語るのもいいだろう。

　だから，締めくくりは，要求された教材をすべて終えたからといって，われわれが留まる場所ではない。それはジェイムズ・ジョイス（James A. A. Joyce：1882-1941）が「洞察（epiphany）」と呼んでいるような性質を持つ，よい終わり方をする必要がある。われわれの授業に関していえば，それは，学習項目に関する理解をさらに深める何かについての啓示を意味し，授業や単元自体では簡単に伝えられない，何かさらに深い意味や謎めいたものを啓示することである。これは，奇異な領域の境界に近づいているように見えるし，そこに踏み込んでさえいるように見えることを，私は承知している。しかし，こうすることで，そうでなければ決まりきった授業になるはずのものに，豊かで強烈な瞬間を設けて，区切りをつけるのである。そのような強烈な瞬間を達成する１つの方法は，この探究をなんらかの「ロマン的」「哲学的」「アイロニー的」理解の方向へ押し進めることに結びつけることである。

　それでは，空気についての探究をどのように締めくくったらいいだろう？　この例の場合，空虚／充満という対概念は，明白ではないにしても，単元を通してこれまでに表面のごく近くに表われていたことだろう。しかし，空気の「充満」の中にある豊かさと驚きの次元に焦点を当てることが有益だろう。子どもたちにじっと座って目を閉じるように言い，不思議の国にいるアリスのように自分たちがどんどん縮んでいくのを想像するようにと言う。そして子どもたちが埃くらいに小さくなったら，教室の空気をこれまでと全然違うように「見」たり「感じ」たりさせる感覚について，教師が話す。巨大な細菌やばい菌や種々さまざまで色も違う塵の塊をあちこちに運ぶ風の流れ，さっと通りすぎる粒子，光源からくる放射線，蝿のウンチ，身体から発せられる熱，電波等々の中を，「手引きによる発見ごっこ（guided discovery）」のツアーとして教師が準備するのもよい。または，それに代わって，子どもたちが準備と練習をした後で，自分たちに「見える」ものを表現するのもいいかもしれない。空気にあるさまざまな成分を表現するためにグループで作業をして時間を過ごしたのなら，単元のまとめは，それぞれのグループが担当した「成分」――バクテリア，塵，気体，汚染物質――の発表を，クラスに向かってお祭り気分ですることになるだろう。このよ

うなやり方の要点は，見慣れない物質，生命体，さまざまな力がひしめく驚くべき不思議の国が自分たちの座っている教室そのものであり，アリスのお話と違って，それは実際にある不思議の国であることを強調することにある。

5．評価

"学習項目が理解され，その重要性がとらえられ，内容が学習されたことを確認する方法は何か？"

この授業ガイドの評価は，子どもが学習項目の「神話的理解」をしたかどうかの証拠を求めることに焦点がある。感情を持って取り組んだか，想像力を働かせて関わったか，「神話的理解」を構成する知的道具を使ったか，などの証拠を探すものとする。これらをどのように測定できるだろうか？ 経験を積んだ教師であれば，どの生徒がどれほどの熱意でこれらを経験しているかを特定するのは，たいていの場合少しの困難もないことだろう。生徒の「神話的理解」の証拠となる行動や取り組み方の質に，教師が注意を向けるのを助ける簡単なチェック・リストのような手段を開発すると役に立つだろう。そのような手段があれば，教師は次のようなことに注目するだろう。子どもがその課題に取り組むために使った時間数，子どもがした質問や意見，取り組みの独創性，比喩的関連性を使った証拠，課題への没頭の程度，単元を構成する対概念の役割を認識し自分の作業にそれを使っているか，書いたレポートや口頭での発表や図面を使った発表のときのできばえと自信の有無，口頭やレポートや図面による発表で使われているイメージの鮮明さと独創性と意味深さなどである。学習内容の知識についての程度と範囲を計る証拠を与えるために，もっと伝統的な評価形式や，質を計る新しい評価方法も，もちろん使うことができる。

空気の性質に関するわれわれの単元の場合，ロールプレイ，話し合い，最後の発表を通して，子どもが自分の理解を反映する様子を教師は観察する。また次に挙げる尺度によっても，教師は子どもの理解度を評価できる。その尺度は，暗示的な形や明確な形での主な対概念の使い方，「充満」する空気の豊かさの認識，グループ課題に対する貢献度，グループの目標を一緒に考える過程での協力する能力，レポートや口頭や図面を使った発表の独創性，役割分担，グループ課題と最後の発表に対する感情的取り組み方，空気の性質についての知識に関する簡単なテストなどである。最後のもの以外は，通常の単元の授業と学習を行なう間に実施することができる。

上に挙げた実施例は，1人の教師が1つの学級に向かって伝統的科目の領域を教えるときに使えるかもしれない教案の概略である。私がこのような実施例を選んだのは，広範な調査によれば（Goodlad, 1984），このような授業形態が最も一般的なやり方として残っているからである。ということは，この実施例もまた続くその他の例も，カリキュラムの学習項目についての選り好みを反映するものではない。この学習項目は，この年齢の生徒には決まりきったものとして教えられる普通のもので，授業に対する

この理論の原則を明確にすることに役立つ。しかしながら，次に進む前に，2つの点について述べたいと思う。第1に，空気の性質について最も感情に関わる最近の問題点は，空気の質であり，またさまざまな種類の汚染物質を浮遊させ拡散させる空気の能力であろう。よって，その単元をきれい／汚染という対概念で整理することもできるかもしれないし，さらにドラマチックに生／死という構成にもできるかもしれない。これらを選べば，それに従い，選択される学習内容や，空気についての物語の種類に影響してくる。

　第2に，最も熱心にこの授業ガイドを使ってきた教師によるその使い方を簡単に述べようと思う。本章の残りの部分で取り上げる他の授業ガイドについても同様にした。それで，次の理解様式にも同じことが当てはまるので，ここで一度だけこの点について述べることにしよう。

　この原則と授業ガイドで，1か月くらいから1学期間または半年くらい続く学習に統合した単元を立案するために，教師は協力し合っている場合が多いようである。2〜3人から7〜8人の教師が一緒に，3クラスかそれ以上のクラスの生徒向けに「物語」を展開する計画を立てる場合もある。規定されていたすべてのカリキュラム内容が，包括的な物語構成の中に盛り込まれる。

　メルボルンの例では，ある教師グループが，オーストラリアの早期綿羊業についての，長期にわたる単元を準備した。教師と生徒が一緒になって，あらゆる種類の図画工作の技術を使って，教室を一変させた。ある部屋では，2つの壁に面して膝の高さくらいの台が設けられた。私が最近見学したときは，その台の端近くの机に1台のコンピューターが置かれていて，その他の構成物は，作成中だった。この部屋は，そこから羊毛が世界中に輸出される船積み用の桟橋だった。コンピューター係は，羊毛の質，価格，輸出先をコンピューターに打ち込んでいた。それに接する教室は，小さな町だった。目の高さくらいまでそびえる牛乳パックでできている建物があって，会社の事務所や店や学校が並ぶ間には，狭い通りが曲がりくねっている。この不思議の国を訪れて私がとまどっていると，1クラスの子どもたちがやってきて，その「事務所」や「店」に自分の鞄を持ち込んでその日の仕事にとりかかり，綿羊業の社会経済活動の一局面に取り組み始めたので，私は驚いた。他の場所で，綿羊農家が忙しく仕事をしていたのは間違いない。

　ウィニペグの例では，6人の教師が合同クラスで，10〜11歳くらいの生徒向けに，1920年代の「ロマン的」物語を準備した。図書室の一角で，教師たちが劇を演じた。その劇は年老いた女性が自分の屋根裏部屋から持ち出したトランクの中身を一つひとつ取り出すところから始まる。生徒の「両親や祖父母」の屋根裏部屋や古道具から持ってきた物や切り取った写真を彼女が取り出している間，彼女の思い出がその他の教師たちによって生き還らされる。1920年代の生活の中で，主役の人物は，活動的な若い女性として現われ，彼女の冒険は家族の心配の種となる。当時の生活がどんな

だったかを再構成する企画の中で，その「劇」は，俳優になった教師が1920年代の精神を再現し，観客の生徒を魅了することになる。その後，生徒は1920年代のある局面——企業投資，音楽，生産の増加，発明等々——を学びながら，今度は生徒がグループでロールプレイをする。そして，自分たちの発見を他のグループや学校全体に発表する。それらの物語は，経済的発展の自信と過信や，その後に起こる1929年の株価の暴落を語る。

　ここに挙げたような範囲の広い単元は，教師自身を魅了する機会を与え，教師のエネルギーを増してくれる。このような企画の影響は，学校中に拡大する傾向がある。同時に，生徒は学校の経験には普通みられないやり方で学習に関わるようになる。メルボルンの学校の子どもたちの大半は，一生を通じて綿羊産業のいろいろな局面を覚えていることだろうし，ウィニペグの学校の子どもたちの大半は，1920年代と強い結びつきを感じ続けるだろう。

　両親は，子どもの「神話的理解」の発達をどのように触発することができるだろうか？　話し言葉が中心的に重要なので，子どもに話しかけ続けることがはっきりと指摘されている！　「神話的理解」の特質が，会話を構成する方法を示唆している。両親は，毎日自分に起こった一番重要なことを幼い子どもに話す練習をするとよい。もしこのナラティブにその子どもが含まれるなら，その話はもっと魅力的なものになる。適切で力強い対概念はナラティブを構築できるし，生き生きとした比喩やイメージはそのナラティブの意味を豊かにし，理解を促進する。ナラティブは，期待を持たせる出来事で始まり，続く出来事でその期待がその通りになったり裏切られたりするのもよい。ナラティブに完璧な技能はいらない。短く単純なのがよい。両親は，子どもの側の驚くほどの無理解を示すさまざまな質問に応える用意ができていなければならない。また継続が必要不可欠である。そうすれば，子どもの案内で，両親の話し方は瞬く間に熟達する。1日の出来事について，子どもに同じようなナラティブを話してほしいと誘いかけるのも，特に両親が適切な質問をするのなら，有益である。それは，楽しくくつろいだ雰囲気の習慣になる。

　他の領域で両親が語るべきものは，社会と自然界についてである。何千年にもわたって積み上げてきた知識をさまざまな方法でわれわれがとらえることができると考え，その知識は学問的諸分野の貯蔵庫であるとともに一連の偉大な物語の構成要素になることを思い出すならば，両親は，銀河系や恐竜や世界のどんな事柄についての知識でも，短く魅力的なナラティブに形成することができる。

　それに，フィクションの物語ももちろんある。われわれはどんな物語を幼い子どもに話すべきだろうか？　第2章で述べられた特質を持つものがよい。子どもの好みは，大人と同様に，一人ひとり異なる。だから，われわれは物語を広く求めるべきである。子どもの反応——何が感情的に重要であり価値があるかについてのわれわれの感覚とともに——がわれわれの案内役である。

毎日のお話の時間は，おそらく就寝のときになるだろうが，これは教育的な利点に加えて，明らかに多くの利点がある。われわれは本やテレビにあまりにも頼りがちなので，自分がお話をすることができるという自信のある人は少ない。しかし，私はすべての親にやってみることを奨励する。最初に自分で物語を読んで，頭の中でもう一度繰り返してみるといいかもしれない。それから，暗い部屋で添い寝をしながら，あなた自身の言葉で，つかえるかもしれないがあなた自身のリズムで語ってみるとよい。この勧めは，想像力の発達にとって決定的な部分が，子ども自身が言葉からイメージを生み出すことに関連するという，前に述べた見解から出てくる。挿絵入りの物語は時によって，そしてテレビはいつでも，この決定的な知的能力を減ずるか抑圧するようなイメージを提供する。また，子どもが完璧な読み聞かせよりも，語りかけるお話に対して，どれほどずっと強い反応を示すかということに，両親は驚くだろう。ノースロップ・フライ★2は，こう言っている。「物語を聞きわける技術というものが，そもそも想像力の基本的訓練となるのです」（Frye, 1964, p.49／1980, p.80）。

　「身体的理解」と同様に「神話的理解」は，子ども時代に最も力を発揮するだけではない。私のように55歳であっても，世界と経験について「神話的理解」を拡大し続けることができる。一層力強く想像力に富む知的生活は，次のような努力から生まれる。それは，さまざまな具体的経験を，競合するかもしれない多様な物語として見る努力であり，友人やテレビの登場人物の言葉から，生き生きとしていて，もしかしたら意図的に奇妙なイメージを構築することを続ける努力であり，自分自身の話し言葉や書き物の中で生き生きとしたイメージや新鮮な比喩や具体的特殊性（私は抽象的に書いているが）を育成する努力である。白髪交じりの女性が，台所の赤い椅子に座って電話でおしゃべりをしている。ドアの向こうを見ると，彼女の太り気味の夫が，茶色のスリッパをはいた足をテレビのほうに投げ出してサッカーの中継試合を見ている。実はその足が，選手たちのわくわくするような足の動きを間近で見たがって彼女の夫をコントロールし，足をテレビに向かって投げ出させたと，女性は想像するかもしれない（これは単にたとえ話であって，足への特殊な嗜好を表明したものではない）。または，テレビが夫を見ていて，テレビの目が夫にさまざまな違った映像を見せて，それに対する彼の反応を研究――これらすべてが起こっている間中，夫はうたた寝しているので，不満足な実証的調査だが――をしていると，女性は想像してみるかもしれない。

　「〜として見る（seeing as）」生き生きとした比喩は，創造的な思考ができる想像力豊かな精神にとっては決定的に重要である。幼年時代にあった「〜として見る」の力強さは――一方の端が空いている円筒をコップとして見るならば――，いとも簡単に，固定され融通のない概念となり，凍りついた比喩の産物となる。固定的比喩を解凍して，常に「〜としては見ない」ようにするならば，われわれはこのような沈滞した精神の習慣をかき乱す習慣をつくることができるかもしれない。テーブルを伐採さ

れ処理された木材として，あるいは薄板を張り合わせた合板とプラスチックと金属として見てみよう。身近な庭を昔の姿——波打つ草原や森——として見てみよう。学校をレンガとガラスと官僚的構造物として見てみよう。

「神話的理解」は話し言葉の柔軟な用法とともに発達する。語彙を拡大し練り上げた後で，話し言葉運用の正確さ，明確さ，単純さ，鮮明さを目指して，われわれは常に努力することができる。

4節　ロマン的理解

本節は8歳から15歳くらいまでの生徒に対して，教師がどのように学習内容を形成し提示すれば，それが豊かな意味を持ち，魅力的で，「ロマン的理解」を刺激し発達させるものになるかに主な焦点がある。第3章で述べた「ロマン的理解」の一連の特徴から始めよう。その特徴は，現実の限界と極端な経験に向けられる強い興味と関連する。また，われわれの日常生活の拘束を超越する物事，人々，理念，特質に惹きつけられたり，人間的感情と意図の産物として提示される知識に魅了されやすく，それらについて詳細にいたるまでの関心を抱くことなどにみられる特徴である。ナラティブ構成，感情的な意味，イメージにより担われる役割は，仮に減少したとしても，続いていく。

これらの「ロマン的理解」から，学習に「ロマン的」な知的道具を主に使う生徒に適切な授業ガイドが，どのように示されるか見てみよう。「神話的理解」のときと同じように，その答えが授業や単元の教案となるような一連の問いを使って，授業ガイドをまとめてみる。その後で，授業ガイドのそれぞれの項の基礎にある原則を簡単に述べる。それから実施例でそれぞれの項を締めくくる。ここでは，「読み書き能力」が「ロマン的理解」の中心的特色だったので，「ロマン的な」単元を，「句読点」というあまりふさわしくないような学習項目について描いてみせようと思う。私はまた，特定の教科——言語または英語——の限定された学習項目を踏襲するつもりである。そうすることが，一般的な授業の編成に添うように思われるからである。しかし教師の皆さんには，この授業ガイドがより高度で統合的な単元を企画するのに役立つことにお気づきいただけるだろう。

◆「ロマン的理解」のための授業ガイド◆◆◆
1．超越的特質を特定する

"この学習項目の中心だと考えられ，感じられる超越的特質は何か？　その特質が引き出す感情のイメージは何か？　この学習項目の中で驚きを最も引き出すものは何か？"

「神話的理解」の授業ガイドと同様に，最も難しい部分は始めにある。この授業ガ

イドの最初の柱は，学習項目に命と力と意味を与える超越的特質を，教師自身の心を探ることによって，教案を立て始めるよう要求する。この課題の一部として，教師は自分の心の中で内容をざっと吟味し，学習項目についての感情的なイメージ，英雄的なもの，驚くべきものを探すことになる。勇気，愛情，力，創意，粘り強さのような特質の実例を探すことも助けになるかもしれない。

　この最初の手順は，その学習項目の中の何かに感動するまで，教師が学習項目について考える必要があることを強調する。そのような感情的な関わり方が，生徒の想像力を触発する鍵となる。再び言うが，これは，何が「ロマン的」に生徒を感動させるかを考えるということではなく，何が「ロマン的」に教師または親を感動させるかを考えるのである。このような感情的関わりや感動は，教案を立てながら涙ぐみ熱狂し煩悶する教師のイメージを，必ずしも示唆するわけではない。むしろ，「ロマン的」な感覚を魅了するどんなものについても，教師の感情を鋭敏にして胸を刺されるほどに学習項目について考えをめぐらすことを示唆している。いつも同じであるが，学習項目について知っていることや気づいていることが多ければ多いほど，感動することは簡単になる。また，超越的特質が特定できれば，残りの教案づくりは比較的簡単なはずである。

　それでは，どのように考えれば，句読点について感動するような何かを見つけられるだろうか？　授業をその土台の上に構築できるような超越的特質は何だろうか？　句読点の目的とそれがどのように発達してきたかを考えることから始めるといいだろう。アルファベットによる初期の文書には，句読点はなかった。単に文字が次々に並んで，板や石や羊皮紙の空間を埋めていた。その結果，判読は難しかった。それで，文書の意味を理解するために，声に出して読まれたものだった。実際のところ，古代世界において黙読はめったになされなかったようだ。ジュリアス・シーザーは明らかにその技術を修得していて，軍事や政治に関する手紙を人に聞かれずに読むことができた。また，聖アウグスティヌスは聖アンブロースの黙読できる能力についてめったにないことだと書いている。つまり句読点は，文書をより簡単に読むためにつけ加えられた簡潔，優雅で創意に満ちた発明から成り立っている。読む能力を民主化したこれらの発明により，この能力は，権威とそれに伴う社会的恩恵を保持するための特権階級の排他的技能ではなくなった。

　この簡単な歴史で，感動的な何かを見いだす1つの領域が示唆されている。それは，読むことへの新しい道が人間の歴史と文化的生活に計り知れないほどの革命をもたらしたことである。新しい道は，世界中の征服者，兵士，病的に自己中心的な政治家たちすべてをひっくるめた人々が与えた以上に，多くの人々に多くの影響を与えた。これらの小さな点の発明と，それが与える莫大な社会的文化的影響力——南アフリカの1匹の蝶の羽の動きが北半球の天候状態に大きな変化を与えるというカオス理論の例にちょっと似ているが——との間にある大きな落差によって，われわれの驚きの感覚

は簡単に触発される。

〔句読点の〕他の超越的特質を取り上げるとすれば,「礼儀」がある。これを選んだならば,句読点を書き手から読み手への礼儀として考えることになっただろう。しかしここでは,単純で優雅な創意という観点を取り上げていこう。

2．学習項目をナラティブ形式にまとめる
(1) 最初の手順
　　"中心となる超越的特質を最もよく表わすのはこの学習項目のどんな側面か？それは,なんらかの極端な経験や現実の限界を表わしているか？ この側面をとらえるのに役立つイメージは何か？"

　ここで再び,新聞の編集長の「これはどういう話か？」という問いを心に留めて,学習項目をナラティブにまとめる作業になる。物語構成は「神話的理解」のときほど厳格にする必要はない。しかし,物語の基本原則は理解を容易にし,明確な伝達を確保し,内容に対する感情的関わりをうながすために,やはり重要である。はじめに,われわれが選んだ超越的特質をはっきりと表わす,学習項目のなんらかの側面を探す必要がある。普通,一番最初に超越的特質を特定したときに考えた結果から,これは明確になっていることだろう。しかし時には別な考え方と調査が必要になるかもしれない。われわれがはじめに取り扱う側面は,学習項目について生き生きとしていて何か中心的なことを露わにするイメージを示すべきである。また,風変わりで,奇妙で,驚きに満ちているような何かを探し出すといいし,何か極端な経験や現実の限界を示すとよい。重複する基準がここに示されているが,すべての授業でこれらすべてを満たす必要があると,教師は考えなくてもよい。単元の最初の授業案を立てるときに,これらを授業案の方向を示すヒントだと考えることである。

　これらの基準を満たすような句読点の側面をどのように見いだすことができるだろうか？ 学習項目について最初の手順を考えたときに示唆された全体的なナラティブの方向は,文書の中の単純で優雅で創意ある句読点が文化史や政治史に与えた影響があり,われわれ自身の感覚にさえ影響があったことと関係している。物語は,知識への道が耳に依存することから目に依存することへと決定的に変化したことを述べるものとする。これは,話し言葉の文化から読み書きの文化への移行と,それに伴って起こったすべてにまつわる冒険譚である。この物語の中で,句読点は,読みやすくなるように文書を変革する決定的な役割を果たす。句読点についての探究は,単語の切れ目や文節の切れ目や文頭に置かれるスペース,大文字と小文字,コンマ,ピリオド,引用符,感嘆符,疑問符を含むものとする。それぞれの要素は,理解しやすいように文書を区分けする役割をする。句読点は,今あなたと私が分かち合っているような沈黙で成り立つ奇妙なコミュニケーションに,われわれが比較的簡単に取り組むことを可能にしてくれる。次にある句読点なしの文書を読んでみるといい。

INITIALACCESSTHENMIGHTBEPROVIDEDBYGIVINGTHESTUDENT
SAPIECEOFTEXTWITHOUTANYPUNCTUATIONSIMPLYALLTHEW
ORDSFLOWINGTOGETHERAUSEFULINTRODUCTIONDOYOUTHINK
SONOBREAKSCOMMASORPERIODSORANYOTHERSIMPLEANDELEG
ANTINTENTIONSTHATPROVIDECUESTHATMAKETEXTSSOMUCH
MOREACCESSIBLETOTHEEYEAREYOUSTILLSTRUGGLINGTOREAD
THISJUSTSEEINGHOWMUCHMOREDIFFICULTTOREADTEXTLIKET
HISWILLGIVESTUDENTSSOMEIMAGEOFTHEVALUEOFPUNCTUATI
ONDONTYOUTHINKPERHAPSYOUMIGHTHAVETHESTUDENTSREA
DTHISINITIALTEXTALOUDNOTTHISONEOFCOURSEBUTSOMETEX
TYOUCHOOSETHATCANBEPRESENTEDLIKETHISBETTERTOSELE
CTSOMETHINGMADEESPECIALLYHARDDUETOITSLACKOFALLKI
NDSOFPUNCTUATIONBYREADINGITALOUDTHEYWILLDISCOVER
WHYTHEEARREMAINEDIMPORTANTTOREADINGUNTILPUNCTUA
TIONTRANSFORMEDTEXTTHATISONEWAYOFBRINGINGOUTTHEI
MPORTANCEANDIMPACTOFPUNCTUATIONOK

(2) 授業や単元全体の構成を考える

　　"学習項目を明確なナラティブに構成するには，どんな内容を選ぶべきか？　ナラティブの主な筋書きを書き，内容をそこに当てはめてみよ。"

　今度の課題は，明確なナラティブの筋書きに沿って表現される適切な内容を選ぶために，超越的特質を使うことである。超越的特質がわれわれの選択の原則であり関連性の基準になって，授業や単元のはじめから終わりまで感情的な観点が流れることを確かなものにする。学習項目に「ロマン的」視点を持つことは，ある人々を困惑させる。そのような視点は十分な資格や正確さがないし，慎重で正しいというより，風変わりで派手なことに飛びついているように見える，とある人々は考える。しかし，「ロマン的」な教案づくりは，何が何でもぴかぴか目立つものを許可するものではないし，特に正確さを犠牲にすることはない。それは，他の特徴を差し置いて学習項目のある側面に照明を当てるようにと奨励することがあるとしても，嘘を許可するものではない。抑圧されているかもしれない自分自身のロマンの感覚を信頼しないようにと教え込まれた人々は，「ロマン的理解」の特徴を遺憾なものだと考えている。しかし，「ロマン的理解」は，どんな学習項目についての理解をも十分に発展させるために必要だと，私には思える。もっとバランスのとれた見方が後でできるようになるだろうが，最初は魅了されることが必要である。

　ここでの中心的課題は，単元あるいは授業全体について熟考し，全体的なナラティブ構成という観点で考えることである。つまり，単に事実や出来事の経過を関連づけ

るだけではなく，語るに足る物語を持ち，その事実や出来事の組み合わせになんらかの統一があることを生徒に明らかにする内容を選び照明を当てる必要がある。リチャード・ファインマン★3 は，彼の教授法について次のように述べている。「私は毎回の講義の内容について気を配るだけではなく，毎回の講義が自足していてそれ自体が完結していなければならないと考えていた。講義は1つのドラマチックな演出——ドラマチックな筋書きがあり，テーマの導入部，展開部，大詰めがあるもの——でなければならなかった」(Regis, 1994, p.18)。そのようなナラティブ構成に長けていたもう1人の科学者はカール・セーガン★4 である。彼のテレビ番組「コスモス」とその原著（Sagan, 1980）は「文化人」から大変批判されたが，それはみごとに構成されていて，「ロマン的」精神を触発する。

　ナラティブ構成についての一般的原則を述べたので，ここで，句読点についての授業実施例に辿り着く。単純，優雅，創意という超越的特質は学習内容の選択の基準を提供する。また，〔情報の〕耳から目へという決定的な移行において句読点が果たした役割を示すときに，われわれが照明を当てる驚きの源は，文中の小さな記号とそれの持つ莫大な社会的文化的影響の間にある関係である。ナラティブの筋書きに従うのであれば，個々の句読点について，目に優しく読みやすい文書のための句読点の影響を，それらが登場した歴史的な順序で考えるのか，歴史的な順序で考えても差がないのかを決めるとよい。このナラティブの筋書きに関連して，句読点についての授業としてあまり考えられていないが，単語をスペースによって区切るというような事柄を，学習項目の中に持ち込むのもよいだろう。導入の文書の塊を使って，文字間のスペースが目に優しくて意味をとりやすくするためにどれほど大きな影響があるかを示して，そのドラマチックな発明から始めるとよい。それから大文字と小文字の使用法を考え，その後で，ピリオド（終止符），コンマ等々の与える影響を考える。それぞれの事項を，単純，優雅，創意の観点と，耳の使用から目への依存という移行に対する貢献度の観点で示す必要がある。そのようなナラティブが，耳の関与がほとんどなく，意味が目に完全に依存しているような，具体的な詩の例やその他の文書様式へと，道案内することになるだろう。

　導入のときの文書の塊を使い，新しく句読点を加えるごとに，どれほど簡単に読めるようになるかを示すことができる。それに加えて，ある特定の句読点を取り去って，意味が特に曖昧で，理解が困難になるか，おもしろおかしくなるかの文をつくるようにと，生徒に求めることもできる。ここで後のほうの〔おもしろおかしい文をつくる〕学習活動をドナルド・J. ソボルの『少年たんていブラウン』(Sobol, 1986／2006) の登場人物ティロンが送った伝言の文例を示して，教師が最初にやってみせることもできる。ティロンは，自分の恋人にラブレターを送りたいと思った。「僕は本当のロマンスとは何かわかっている女の子にどんなにあこがれることか！君のすべては優しいし誠実だ。君とは違う女の子たちは，出会う最初の男の子にキスをする。僕

は君の美しさを永遠に讃えたい。生きている女の子の中で君が一番きれいだと思うのをやめることはできない。君のもの，ティロンより」。ティロンは，アドラベルの妹ララベルにその伝言を電話で送ったが，句読点を読むのを怠った。それで，アドラベルが受け取った伝言は，次のようなものになった。「僕は本当のロマンスとは何かわかっている女の子にどんなにあこがれることか。君のすべては，君とは違う優しい誠実な女の子たちだ。出会う最初の男の子にキスしなさい。僕は君の美しさを永遠に讃えたい。僕はそれができない。生きている女の子の中で君が一番きれいだと思うのをやめなさい。君のもの，ティロンより」[★5]。

(3) 学習内容に人間的特質を与える

"人間の希望，不安，意図，その他の感情という観点で，学習内容をどのように示すことができるか？ 驚きの感覚を最も強く刺激することができるのは，学習内容のどんな側面か？ 学習内容にどんな理想が表われているか，因習に対するどんな挑戦が表われているか？"

　この授業ガイドの柱が，人間的次元——新聞の編集長が「人間的関心の視点を掘り起こす」と呼ぶもの——という観点で学習内容について考えるようにと，われわれをうながす。この技術はジャーナリスト的な，くだらない話題に陥らせることもあるが，うまく使えば，ある話題について「ロマン的」関わり方をする重要な要素を特定することもできる。要点は，単に「授業に人間を取り入れる」だけではなく，学習内容について感情の観点でとらえられるものは何かに焦点を当てるのである。因果関係についての「ロマン的理解」は，出来事を導く感情で始まるとした第3章を思い出すとよい。因習的勢力による抵抗と衝突する〔新しい考えの〕提唱者の希望と理想に焦点を当てるときに，感情は最も簡単に確認できる。しかし感情と関係ないように見える学習項目で感情を確認することもできる。たとえば，岩肌に生える雑草の粘り強さという観点や，湿った土を這い回るミミズの審美的喜びという観点もある。

　人間の忍耐力，洞察力，創意，愛情，苦しみについての極端な事例を取り扱うエピソードが生徒の注意を引くことを，教師たちは知っている。この授業ガイドの柱の役目は，そのようなナラティブの魅力を授業と単元全体に行き渡らせることである。この目標は，人生の希望，不安，熱情，意図の文脈に学習内容を位置づけるとき，多くの場合達成できる。他の人々の人生をわれわれにとって興味深くするものは，互いに共有する感情，希望，不安，意図の観点で人々の人生を想像力豊かにとらえる程度にかかっている。この原則は，その学習項目へのなんらかの導入的「きっかけ」を見つけることに関連するのではなく，学習項目について人間的重要性はどこにあるかを探ることに関連する。

　この原則を，句読点にどのように適用したらよいか？ さてこれについてはすでに，小さいが革命的な一連の発明品というナラティブで，この学習項目を述べてきた。だから，適当な箇所で，それらを発明した人々の何人かについて焦点を当てるのもとて

も簡単だろう。役に立つ資料をイヴァン・イリッチの著作（Illich, 1983/1995）やデイヴィッド・オルソンの著作（Olson, 1994）に見つけることができる。たとえば，サン・ヴィクトル修道院のユー神父（Hugh：1096-1141）とアンドリュー神父（Andrew：1110-1175）など，聖書文献の意味をよりよく理解したいという動機のもとに11世紀から12世紀にかけて典型的な聖書の文面を変革した修道士を引き合いに出してもいいかもしれない。その動機は，ユー神父について書いているスモーリーが，「エルドラド★6の発見のために出かけた探険家たちを奮い立たせ，大陸発見に導いた好奇心」と比べているものである（Smalley, 1941, p.72）。

(4) 詳細を追究する

"この学習項目について，生徒が徹底的に追究することができる部分はどこか？"

この柱は，真のエキスパートになる自分自身の分野を打ち立てるように生徒にうながすよう，われわれを導く。何かについて徹底的に発見することにより，生徒は世界が無限ではなく，知ることが可能だ，という安心感を獲得する。

この原則を句読点についての単元に比較的簡単に取り入れることができる。生徒は，個々に，あるいは少人数のグループで，コンマ，疑問符，段落について調べる。教師は，図書室や学習の場所に十分な資料があることを確かめ，生徒が本当に，その学習項目について知られている限りのことを学べるようにする必要がある。ある場合には，その起源についてはまだほとんど知られていないかもしれない。それならば，探究は，何世紀もの間に変化してきた用法や，異なる国々での用法に焦点を当てることになるかもしれない。

3．まとめ

"この学習項目の締めくくりを，達成感のあるものにするにはどうしたらよいか。生徒が達成感を味わえるようにするにはどうしたらよいか。"

授業や単元を通して流れていたナラティブは，内容をすべて学習し終わったときに，単に終結するだけではない。どんな物語についてもそうだが，達成感のある終わり方を見つける必要がある。終わり方が，前にも述べたある種の洞察と，後に続く哲学的理解やアイロニー的理解のなんらかの片鱗との両方に触れるものならば，達成感のあるものに感じられるかもしれない。

句読点の規則にある不正確さについて，生徒が将来遭遇するかもしれないさまざまな指標を取り上げて，この単元の締めくくりとしてもよい。こうすれば，適切なコンマやアポストロフィーの用法を明確に理解する難しさによって起こるなんらかの不満感を取り除くことに，実際面で役立つかもしれない。最初に示したもう1つの特質である超越性を柱とするならば，句読点は，機械的に修得すべき厳密な規則セットというよりは，書き手と読み手の間の礼儀として，やや不安定な使われ方をする簡潔で，優雅な，創意の発明品であることを強調すれば，われわれが目標にする洞察が起こるかもしれない。礼儀に適う慣習として句読点をとらえる感覚は，句読点を理解するた

めのこれこそ最適な道であるとする，1つの哲学的一般理論体系を考える刺激にもなる一方で，これらの創意ある発明品の究極的気まぐれについてのアイロニー的感覚をもほのめかす。

　そのような洞察を実際にどのように生み出せるだろうか？　一番単純なレベルでは，これまでさまざまな練習問題や自主研究課題という方法でそのような理解に向けて生徒を訓練してきたのなら，句読点を礼儀であると教師は単に語るだけで，その洞察をもたらすことができる。それに代わる案としては，再びあの文書の塊を持ち出して，今度は，単語ごとの区切りはあるが全部小文字で書かれたものにしてみるとよい。少人数のグループで，生徒は，読んで理解しやすい文書をつくるために，自分たち自身の符号を発明するようにとうながされる。ただ1つの決まりは，これまでの伝統的符号は従来の用法では使えないということとする（もし「dingbat」のフォントが利用可能なコンピューターなら，生徒は画面上で簡単にこの作業をすることができる）。作業が終わったときに，生徒は，あらゆる種類の新しい句読点が使われた文書を見ることになるだろう。もし全部の新しい句読点の使い方を各生徒に配ることができるなら，クラス中が，一番役に立つ発明品に投票して，全員が賛成する句読点の決まりをつくり出してもよい。この実施例により，以下に述べる点が明確になるだろう——現在主流となっている決まりは不動のものではないこと，句読点に簡潔な優雅さと創意があること，新しい句読点を考え出すのは難しいこと（生徒の新発明品のほとんどは今の決まりの単なる代替品であるから），句読点の用法と意味についての合意がなければ句読点は無意味であり混乱を招くものであるという認識，誰かの新発明を受け入れるとは文書の解釈にそれが役に立つと認めること——。これらの教訓は，礼儀についての教師のナラティブとともに提示して強調されるとよい。

4．評価

　　"学習内容が生徒に理解され習得されたか，彼らの想像力を触発し刺激したかを確認する方法は何か。"

　生徒の「ロマン的理解」の発達を評価することは，生徒が教材を理解したことを確かめることを含むが，彼らが思い出せる詳細な事柄という観点だけでその理解を計ることはしない。むしろ，生徒が学習したときの文脈以外のところで，その知識を使えるかどうかに焦点を当てたい。知識へのロマン的な関わり方の証拠を探すとともに，授業の課題で要求された以上に関連知識をさらに追究したかどうかに注意を向けたい。最近人気がある質的評価法★[7]を使うこともできる。また，エリオット・アイスナーが述べている「鑑識眼（connoisseurship）」による評価方式（Eisner, 1985）を研究するとよい。

　両親が子どもに「ロマン的理解」をうながすには，どうしたらよいだろう。この理解様式は，古代ギリシアでおおかたつくり上げられたある特定の読み書き様式の生産

物である，と私は議論してきた。この様式は現実の本質についてある明確な探究方法を刺激し支えた。この探究方法の最初の段階で目立っていることは，それらは理論に（生半可に）傾いている学校教育の典型的な様式ではなく，現実の極端な事例や限界についてのドラマチックな詳細を露わにするどんな対象についても熱心に探究する方法である。『ギネス・ブック』にある詳細，偉大な事績，ポップス歌手や映画俳優やスポーツ選手や「パーソナリティ」と呼ばれる人々の派手な行動，最も激しい苦悩，最も偉大な業績，ダイアモンドとただの燃えかす（その中間ではない）……これらが，「ロマン的」精神を刺激するものである。

　テレビの誘惑の大きさは，夕食後の読書の習慣をなきものにしたように思える。テレビの代わりに，両親は──読める程度によって子どもも──夕食後，ロマンチックな本を朗読して過ごすといいだろう（この原稿を読んだある人は，この提案についてダイエットの方法として宣伝してもよいのではないかと思ったという）。もちろん，子どもが自分で適当な本を読むのもよい。風変わりで奇妙な出来事についてのセンセーショナルな本でもいいし，子どもの日常生活の範囲にはない極端な行動を示すもっと模範的な人々についての出来事についての本でもよい。ドラマチックな伝記はとても魅力的で，ガンジー，キュリー夫人，キング牧師，ヘレン・ケラーやフローレンス・ナイチンゲールのような人々について知ることを，子どもたちは喜ぶことだろう。これに加えて，「ロマン的」な子どもが入っていけるもので，第3章で概略が述べられた特徴を持つ幅広い範囲の本がある。本に没頭するような子どものためには，卓越した「ロマン的」特質を備えた主要な文学作品がある（ディケンズの小説のように）。ディケンズの書物は，人気作家の小説にはないようなやり方で，若い人の理解力を練り上げる「哲学的」「アイロニー的」特質も，もちろん備えている。コミックからディケンズ，あるいはそれ以上のものまで，多くの読みものが「ロマン的理解」を刺激し発達させる。

　この理論は主に言語発達に関するものだが，それは語彙を増やすとか込み入った文法とかいう観点ではなく──それらに役割があるのは自明のことだが──さまざまな概念，話題の中心，子どもを取り囲み子どもから応答を求める日常生活の中身という観点を持つ。両親は第3章に述べられた特徴に一致する事柄について子どもに話しかけることによって，「ロマン的理解」を刺激し発達させることができる。英雄的行為，驚くべき出来事，宇宙についての新しい発見，「パーソナリティ」たちの派手な行動，友人の行動をドラマチックに脚色したもの，興味深いゴシップ，子どもの特定の趣味や執着している事柄などについて話すとよい。

　私のように55歳の者でも，畏怖や驚きを刺激する経験を追及したり，そのような本を読んだりすることによって，「ロマン的理解」を発達させ続けることができる。奇妙で風変わりな習慣や行動を見聞するために普通と異なる場所に「探検休暇」を取るのもよい。または，ある特定の主題──それが蜘蛛であろうと中世の女性哲学者であ

ろうとマレー半島のジャングル戦争であろうと——単に知識を増やそうと決心するのもいいだろう。どんなものであれそのような「ロマン的」探究をすれば，現実の限界についての感覚や極端な行動についての感覚を増やすことができるし，人生をもっと豊かにすることになるだろう。

5節　哲学的理解

　本節で私は，高等学校や大学の学生を教える教師が，どのように教材を形成し提示すれば，教材が意味を持ち，想像力豊かに取り組めるものとなり，「哲学的理解」を刺激し発達させることになるかに，主な焦点を当てるつもりである。再び授業ガイドのことから話し始めることにしよう。教師がこのガイドに盲目的に従ってほしいと思っているわけではないが，このレベルの授業については，理論から生まれる一連の原則を展開するのに，授業ガイドが便利な方法だからである。そのうえで，教師は自分が役に立つと思うものをどれでも選べばよい。

　このレベルの授業では，多くの場合，学習内容の論理によってその提示の仕方が決定されることが多い。その考え方は，低学年の生徒の指導法についての現在主流の考え方の心理学的モデルと同様に，私には不十分なものに思える。

　私が想定しているのは，これまで本書で述べてきた理解様式のそれぞれについて概略が述べられている原則に従って教育を受けてきている学生である。現在の高等学校や大学の教室の現状では，多くの学生は，「哲学的理解」にほんの部分的に触れているだけである。一般的に推奨したいのは，「哲学的理解」の授業ガイドと「ロマン的理解」の授業ガイドを結びつけ，それに「神話的」な導入さえもしたらよいということである。ファインマンとセーガンは2人とも，これらの「理解様式」を取り混ぜている。特に高校時代は，様式を混ぜることが先に進むための最も理に適った方法かもしれない。本章の後半で，私はこれを比較的簡単にするにはどうすればよいかを説明するつもりである。

　第4章で議論された「哲学的理解」の特徴は，一般理論体系の形成とその体系を支えるための理論的抽象化のための言語使用を含むものであり，次のようなものが挙げられる。それらは，複雑な社会的・心理的・形而上学的・歴史的過程の中での主体的行為者としての自覚（もしくは，今流行の言い方をすれば犠牲者的感覚），確実性の魅力，一般理論体系の中での権威と真理の探究，一般理論体系と変則的事実との間の弁証法的議論，世界と取り組むための精神的能力に理論が与える柔軟性である。

　それでは，これらの特徴から授業ガイドに話を進めよう。「哲学的理解」を形成し始めたばかりの学生を教える高校の教師は，次の授業ガイドにある最初の2～3の柱を強調する必要がある。大学の教師は，一般理論体系を練り上げたり壊したりすることを奨励する後半の柱を強調したいと思うかもしれない。一つひとつの柱を配置して

から，その基礎となっている原則について議論し，それを使った2～3の実施例を示そう。次にくるアイロニー的な省察に動かされて，〔私が書いた〕本書についての学習項目を1つの実施例として使うが，その他に，より一般的にみられる学習項目である産業革命についての実施例も考えてみよう。

◆「哲学的理解」のための授業ガイド◆◆◆
1. 妥当性のある一般理論体系を特定する
　"学習項目に全体的なまとまりを最もよく与えることができる一般理論体系は何か？　最も力強く，明確で，妥当性がある理論，イデオロギー，抽象論的体系，またはメタ・ナラティブは何か？"

　平均的教師にとって，この最初の部分は，これまでの2つの授業ガイドより難しくないように思えるはずである。学習項目をまとめるために一般理論体系を使うという観点で教えるとは普通考えないかもしれないが，この教育レベルでは，体系はわれわれの思考の表面近くに普通あるものである。一般理論体系を特定するために役立つ指針は，その学習項目にまつわる主な論争は何かと考えることである。それらの論争の中に，よりドラマチックで強力な一般理論体系を見つけることができる。この文脈では，「強力な」という語は，関連する学習内容について，どれほどその理論体系をまとめる力があり意味を与えることができるかという観点での，その体系の一般性についての言及である。

　前に挙げた授業ガイドでは，学習項目の中に感情を動かす何かを教師が見つけるまで，その学習項目について教師は熟考することが求められた。同様に，「哲学的理解」の授業計画のはじめには，教師がその学習項目について感動する何か，深く感ずる何かを，見つけることが重要である。この「哲学的理解」のレベルで取り扱うことは，われわれの生活や世界の中で意味を構成するために，われわれや世界の人々が発達させてきた理論体系である。それで再び言うが，われわれの省察は，学生がどの体系を魅力的だと思うかを査定するような純粋に知的なものであってはならない。そうではなく，汚いボロと骨を売る骨董店のような自分自身の心*⁸の中を吟味するところから始めて，自分自身にとって感情的審美的に意味があるものを探さなければならない。

　教師のここでの仕事は，学習項目を「哲学的」に考え，それを学生に哲学的に提示することである。これをするためには，なんらかの一般理論体系が必要とされるだろう。これは，教師がいつも学生に一般理論体系を提供すべきだという意味ではない。本当のところ，学生は自分自身の体系をすでに持っていて，その体系はその学習項目を取り込もうと待ち構えているだろう。そのような場合に教師が提供することができるものは，お気に入りに代わるものを考えたり求めたりするよう学生にうながす，別の体系である。学生にとって自分が持っている特定の一般理論以上に重要なものはないかもしれない一方で，教育的観点からは，それがその学習事項になんらかの総合的

意味を与える限りは，どんな一般理論体系が使われるかは，まったく問題ではない。

　もし本書を学習項目として取り上げるのであれば，教育的発達の過程を提示するときに使われる主要な理論と思われるものを探すことから私なら始めるだろう。そして，その分野においては，プラトンとルソーの理論が最も大きなものだと結論することだろう。それらとともに，かなり普及している社会化の概念が述べられ，また，今ではほとんど顧みられていないものだが，独特の理論であることが明確な，反復説が述べられている。これらの理論は現代的装いをしていて，それらが一緒に混じり合うことで，現代の主流となっていて，やや一貫性を欠いた教育のイデオロギーと私には思えるものが，奇妙にも生み出されている。このことに私が関心を寄せる理由は，教育実践の改革という抽象的な理念とは，たぶんあまり関係がない。それよりもその理由は，学校教育によって機会の喪失，審美的喜びの否定，豊かであるはずの可能性の減少などがもたらされているという私の感覚に関係している。そのような学校教育の思い出は，不安，屈辱，自分の愚かさの確信，麻痺した感覚からくる退屈感，さらに，いったい何のために学校へ行くのかについて理解ができないという屈辱的な困惑を，精神にもたらす。この問題は，西洋世界独特の文化的発達と明らかに結びついており，そこから一連の理論が導き出せる。その中にもちろん，反復説その他あれこれの助けで生み出された本書の新しい理論も，私は念頭に置いている。この一般理論体系は，さまざまな理論の不確かな寄せ集めに代わるものとして提言されていて，それらよりは，一貫性があり，審美的で，もっと満足のゆくものであるように私には思える。そしてこの理論は，よりよい教育実践に導く可能性があるように思える。ブルーナー（Bruner, 1960）は，最もよく理解できるような方法で，子どもに世界と経験を提示するにふさわしい配慮のある教育体系を生み出すようにと推奨しているが，この理論はこの推奨に添うことを目標にしている。

　もう1つの実施例の産業革命については，歴史を整理するときに使われる2つの主要なメタ・ナラティブ――喜劇的なものか悲劇的なものか――で提示されるとよい。喜劇的なメタ・ナラティブは，進歩改善という全体的な歴史体系の中に出来事を提示する。最も一般的なものとしては，漸進的改良――自由と知識の拡大，横暴な暴力と専制的権力の制限等々――を標榜する自由進歩主義体系がある。マルクス主義は，もう1つの偉大な喜劇的ナラティブである。その中では，歴史は階級間の弁証法的闘争として提示され，新しい階級が生まれるたびに，それに対抗する階級を生み出して，階級のないよりよい社会に向かうとされる。悲劇的な一般理論体系には，トゥキディデスがある。彼の見解は，社会の崩壊は人間の本質的欠陥と結びついているとする。また最近のものでは，フーコーが述べた減少していく自由という歴史的見解がある。産業革命についての学習内容をまとめるものとして，われわれは自由進歩主義的体系を取り上げることにしよう。

2．学習内容を一般理論体系にまとめる

(1) 最初の手順

"前項1で特定した体系を鮮明にするには，どうしたらよいか？ どんな学習内容がその体系を最もよく表わし，この項目にまとまりを与えるか？"

これらの問いが，項目を導入する初回の授業方法についての考えを導いてくれる。われわれが選んだ体系を心に留め，この学習項目全体を表わす最もドラマチックな内容を探して，この体系を装わせるところからまず始めよう。単元のはじめに，この学習項目について中心的重要性があるものをドラマチックに提示することにより，学生の「哲学的」想像力を触発しなければならないし，また，想定している体系が「絶対的真理」なのか，また，どれくらいの程度でそうなのかを考えるために，さらに学びたいという気持ちを刺激することに取り組まなければならない。

発達についての〔本書を学習項目として取り上げる〕授業ならば，この学習項目を整理するために使われてきた主要な一般理論体系（社会化の理論やプラトンやルソーの体系）についての簡単な叙述で始めるだろう。その後，それらはそれぞれ個別でも一緒にしても不十分であるのはなぜかを示し，それから，反復説による新しい体系がうまく整理できる方法だと考える根拠を提供するとよい。

産業革命についての授業は，どんな方法を使ってもよいが，「文明の前進」というメタ・ナラティブ的素描で始めるとよい。そうすれば，西洋の歴史は，知識と理性が増し，抑圧から個人の選択へ向けて自由が少しずつ増していった過程として，提示される。今われわれもその先端に生きていて〔なお進行中の〕産業革命を，改善過程にとっての最大の貢献者として，このメタ・ナラティブでみなすとよい。産業革命の間，機械装置の発達による単純労働からの解放，拡大された個人の自由を保護する法的政治的制度の設立，知識を生み出し普及する技術の発明，文化的教育的機会を大いに高めた急速な富の増加等々が進んだ。ユートピア的とは言えないかもしれないが，これらを，人類の大多数の定めであった，劣悪で残酷で短命な生涯からの目覚ましい前進として提示することができる。こうして，産業革命の成果である現在の状態が，未来も継続していくものとして，提示される。そして，このメタ・ナラティブによって暗示されることには，学生が果たす適切な役割として，進歩を続けるこれらの社会的文化的発展をさらに推し進めるために努力することが含まれる。

(2) 授業や単元の全体を構成する

"この学習項目を1つの一般理論体系として表現するために使うことができる内容は何か？ 授業や単元に明確な全体像を与えるメタ・ナラティブは何か？"

ここで教師は，選択した一般理論体系が，学習内容を一貫性のある全体像に最もうまく構成するにはどうすればよいかを省察する必要がある。この計画の柱は，前の2つの授業ガイドにあった物語構成やナラティブ構成の延長線にある（これを心に留めておくと役に立つ）。物語はこの場合，個人，動機，出来事のレベルから理念のレベ

ルに移るが，同様の構成上の原則がここでも働く必要がある——そのナラティブを強調するメタ・ナラティブとして物語を考えることである。

　私が挙げた〔本書を学習項目とする〕第1の実施例の場合，「身体的」「神話的」「ロマン的」「哲学的」「アイロニー的」理解様式という発達理論体系は，かなり単純なメタ・ナラティブ構成を示唆している。その底にあるナラティブは，言語とそれに関連した知的道具の発達に焦点があり，その発達が今度は，次に展開する人間の理解と結びつく。この体系とこれが取って代わろうとする諸理論とを対照することにより，なんらかのドラマチックな緊張感が生まれるだろう——もちろんこれこそ本書のメタ・ナラティブである。

　産業革命についての単元ならば，学習内容を選択するときの基準として，自由・進歩という理論体系を使うことになる。さまざまな発明を，ほとんどの人々にとっての単調な労働作業からの解放と可能性の拡大という観点で見ることになる。また，革命がつくり出した大衆労働者の劣悪な労働条件の改善を目的にした児童労働基準法や進歩的法律，人口増加と食糧供給の増加，奴隷制廃止の運動と法律，より多数の人が楽しめるようになった文化的活動と活動範囲の拡大，教育と民主主義の漸進的な成長に目を向ける。

3．一般理論体系に変則的事実を導入する

　　"この一般理論体系に対して変則的事実となる学習内容は何か？　はじめはちょっとした事例を持ち出し，徐々に細心の注意を払いつつ，学生の立てた理論を揺さぶることにより，彼らがその体系を次第に練り上げていくようにするには，どうしたらよいか？"

　ここでの目標は，主要な変則的事実を持ち出して学生の理論体系と対決し，それを否定することではない。むしろ，学生が自分の立てた体系にどのくらい没入しているかに教師は鋭敏であるべきだし，彼らの体系をより練り上げられたものにすることを目標にしなければならない。もっと長い目で目標にすべきことは，学生の理論体系の位置づけについての彼らの見方を変えることである——1つの体系を別な体系と取り替えることではない——そうして，学生が自分の理論体系を単に真理であるとか間違いであるとか考えるのではなく，より役に立つのかどうかという観点で考えられるようにすることである。授業の課題は手始めとして学生の体系にとっての滋養物（aliments）——ピアジェの用語を使うが——を提供するものとして考えてもいいかもしれない。説明の工夫としてその滋養物が幅と可能性を拡大した後で，変則的事実となる事実や出来事や理念を配慮しながら導入する。それから，学生が変則的事実に対処できるようにその体系を練り上げるのを，教師は援助する。おそらくほんの2～3の変則的事実に，受講している学生全員で取り組むといいだろう。その他の変則的事実は，個々の学生が書いたレポートに対する批評として取り上げたり，小グループの話し合いで取り上げたりする必要があるかもしれない。自分たちが選んだ一般理論体系

の真理性についての過信というスキュラと，一般的なシニシズムと疎外に導く傷つけられた体系というカリュブディスとの狭間で★9，それぞれの学生を授業で揺り動かす必要がある。ここでのコツは，その一般理論体系の改訂を起こす変則的事実についての弁証法的過程を始動させることである。そのことが次に，それらの変則的事実を取り扱うためにさらに多くの知識を要求し，翻ってさらにその他の変則的事実を示唆することになる。

　このような高いレベルでの授業は，具体的な学習内容〔知識事項〕にはちょっと触れるだけで，一般理論体系とそれに対する変則的事実に意識を集中させているように見えるかもしれない。明らかに，これは不適切な解釈である。教えるべき学習内容に今までどおり焦点を置くことは続けられるべきである。しかしここで，めったに考慮に入れられていない学習の次元がつけ加えられる。

　理解様式の発達という第1の授業例で，私が置き換えようとしている3つの古い理論に対する変則的事実をいくつか挙げるのは，比較的簡単だと思う。私の新しい体系を提示するにあたっては，はじめに「身体的」「ロマン的」「哲学的」「アイロニー的」理解を，ずらっと広げてみたいと思う。そうしてから，第6章にあったように，残っている変則的事実のいくつかに発言をさせようと思う。ある場合には，この体系がさまざまな変則的事実に対応するために練り上げられるかもしれないし，また別な場合には，この一般理論体系は明らかになっているすべての変則的事実には対応できないことを，単に認めなければならないかもしれない。最終的な抗弁は，この体系が変則的事実だと思われる多くの事柄に対応できること，また，他の理論や体系のどんなものよりも分かりやすい構成で，取り扱う現象のより多くをまとめるという点になる。

　第2の授業例では，産業革命をまとめるために使われる自由・進歩という体系に対する変則的事実を，非常に一般論的な「哲学的」問いを立てることによって，示唆するとよい。産業化は基本的に人間本性にそぐわないものなのか？　産業化は，フランケンシュタインのように，今や自分をつくり出した者を脅かしているのか？　なぜ，改善に向かうこのような合理的過程が，先進諸国でヒトラー，ムッソリーニ，フランコ，スターリンに対する熱狂的支持への途につながらなければならなかったのか？われわれは現在，同様の危険に面し続けているだろうか？　そのような危険があるのはなぜか，あるいは，危険がないのはなぜか？

　学生が適切な答えを形成するための十分な資料を持っていなくても問題ではない。そんな人は誰もいない。これらの問いが果たすことは，刺激することであり，もしかしたら激昂させることかもしれない。学生は，自分の一般理論体系を，新しくて非常に一般性を持つ資料に当てはめ，さらに多くの歴史上の現象に形とパターンとを当てはめてみるようにうながされる。学生が自分の体系に対してなんらかの柔軟な態度を見せ，体系とそれに対する没入を制御できるようになったら，そのときはじめて，教師はさらに変則的な特殊事項の導入を開始して，自立した人生に，いわば「哲学的」

探究のエンジンとでもいうべきものを蹴り入れる。

　自由・進歩の体系を採用した学生は，労働条件改善の立法に導いた勢力について学習するように求められ，〔劣悪な労働条件が〕生産の増大を支えるというよりは脅かすとみなされたときにはじめて改善が立法化されたのかどうかを考えるように求められる。あるいは，抑制と規制に基づく工場経営，新しい監獄，新しい学校について学習するように求められ，また，これらが進歩的改善の体系にどのように合致するのかを考えるように求められる。マルクス主義の一般理論体系を採用した学生は，奴隷制廃止運動を学習するように求められ，そこで学んだことに対応するためには，どのようにその体系を練り上げる必要があるかを考えるように求められる。あるいは，ロバート・オーエン[10]のような工場経営者の改革を学習し，自分の体系がどのようにこれらの改革を取り扱うことができるかを考えるようにと求められる。ここでの目標は，学生の体系に対する破壊的な反対論を提案することではなく，彼らの単純な形式に対して，ある程度の変則的事実を提示する資料に焦点を当てることである。

4．別な立場の一般理論体系を提示する

　　"学習項目をまとめることができる体系は他に何があるか？　そのような体系の
　　偶然性を学生が理解するのに役立つものはどれか？"

　ここで示唆されている原則は，われわれ，あるいは学生が主に使っていた体系に代わる別な立場の一般理論体系を，授業のどこかで提供すべきだということである。この原則を実行しやすい教科や学習項目があるのはもちろんである。たとえば，歴史上の出来事は，複数のイデオロギー的文脈や哲学的体系の中で考えることができる。中華帝国終焉の時代は，自由主義の西洋人，超保守的中国官吏，あるいはマルクス主義者の視点から教えることができる。これらの各視点，あるいは他の視点で，この時代の特殊性に照明を当てて考えるとよい。どんなことでも虚飾する必要はない。各視点は翻って，関連する出来事の理解を伝えるのにおおよそ十分であると評価されるだろうし，どの出来事が意義があると考えるべきかを決定するのにおおよそ十分であると評価されることになる。さまざまな一般理論体系を考えると，その学習項目についてのより豊かな理解に役立つことが，明らかになるべきである。

　第1の授業例の場合，いくつか別な立場の教育理論から始め，それらの不十分さを指摘することにしよう。また，それに代わる複数の反復説についても考察し，それらが大規模な変則的事実に対応できないのはどうしてかを示そう。本書を書くにあたって，私はもちろん読者を説得しようという目的を持っている。だから，別な立場の一般理論体系の美点に光を当てようとはしてこなかった。しかし，この理論を大学の授業で教えるときには，私は特に他の発達理論体系——ピアジェ，ヴィゴツキー，エリクソン，ドナルドの理論のような——を探究し，文化の発達や個人の発達の一方あるいは両方についてそれらの理論がわれわれの理解を高めてくれた局面に〔学生の〕注意を喚起するだろう。人間発達を提示する試みや，そこから教育的な意味合いを求め

るこれらさまざまな試みを，真理に向けての命をかけた競合と考えるのではなく，発達過程を理解するための比較的有益な助けと考えるべきだということを明らかにしようと思う。

　産業革命を取り扱うときは，トゥキディデスやフーコーの悲劇的体系を考えてみるように学生をうながすと有益だろう。その目的はまったく異なる視点からおおよそ同じ学習内容を考えることにある。複数の体系を比較対照することは，それらの体系自体が正しいか間違っているかの判定に役立つというより，資料を説明するのにおおよそ十分であるかどうかを学生が認識するのに役立つ。ある体系または別の体系が，ほとんどの資料を説明するのに，他のものより力があると査定されるかもしれない。しかし，指摘しておく必要がある点は，それらが何を資料として認めるかを決定する基準としての役割も果たすこと，また，変則的事実を示す資料となるはずのものをあまりに考慮に入れないがために，より強力な体系だとみなされる場合が多いことである。さまざまな一般理論体系がぶつかり合うか，さらに一般的な問いが持ち上がってくるかもしれない。たとえば，自由主義的進歩の真の動力は，無私の精神よりは自己利益の追求から生まれるのかというような問いである。ある学生の一般理論体系が，自己利益追求が動力であるという結論に対応しない場合，その学生は，さまざまな発明，応用，その普及についての詳細を学習して，自己利益追求以外の動力がさまざまな事実を説明できるかどうかを判定するようにと課題を出されることになる。もしそれとは反対の〔無私の精神が動力だとの〕結論を持つ場合は，その学生は，ロバート・オーエンやエリザベス・フライや中産階級者による労働団体支援のような活動について詳細に学習することを課題に出され，彼らの行動と最も冷酷な工場所有者との間には理論に使えるほどの区別がないのかどうかを考えるようにと要求される。

5. まとめ

　"学生が打ち立てた理論体系を否定したり硬直させたりするのではなく，その基盤となっている事実とは認識論的な位置づけが違うものとして，その体系を学生が認識できるようにするにはどうしたらよいか？　絶対的真理と考えた体系に対する信念を失うことによって，学生が失望感や疎外感に陥ることがないようにするにはどうしたらよいか？　この学習項目についての高度な「アイロニー的理解」へ向かって学生を導くにはどうしたらよいか？"

　ここでの目的は，学生の理論体系は客観的真理であるというよりは，潜在的な有用性を持つものであると，学生が認識できるように確実に伝えることにある。さて，学生が一般理論体系を発達させ始めたばかりのとき，その理論を傷つけるような事柄を強調したくないのは明らかである。しかしどんな単元や授業を締めくくるときでも，非常に一般論的な体系とそれが基盤にしている事実との間にある違いを少なくとも暗示するなんらかの方法を，探すことが適切だろう。学生の「哲学的」な発達について知っている教師の感覚を生かして，どの程度支援するか，もっと進んだ課題を与える

かなどを決めるとよい。

　後でこの問題に戻るつもりだが，ここで特に関係があることは，教師自身のアイロニー的理解の発達の重要性である。自分自身の一般理論体系に没入している「哲学的」な教師は，自分の体系の真理性を学生に認めさせることを，自分の授業で果たすべき課題と考える傾向にある。あまりにも多くの場合，弟子をつくることを，彼らは成功と考える。そして，このような意味で自分の教え方が「成功」しない学生については，希望がないとかイデオロギー上の敵だとか考えて，見放してしまう。そのような学習のさせ方が，学生のうちに大きな熱気とエネルギーを生み出すことができるのは本当である。しかしまた，このようなやり方は，個人的対立に終わることも普通だし，その対立は劇的なほどの衝突になる可能性がある。多くの場合，最も熱心な「哲学的」教師は，自分の体系が十分なものであることについての疑いを抑圧しているので，それを取り繕うために学生に対して知的そそのかしをするものである。このようなやり方はどれも，詳細な事実の主張と一般理論体系の主張との間にある認識論的位置づけの違いを，学生に認めさせることに役立たない。このことは，これら両方の主張がまったく違うものだと力説しているのではなく，それらは同じではないこと，また，その違いを認識することは，「アイロニー的理解」の豊かな発達にとって重要だと力説しているのである。アイロニーの影が長く伸びる〔アイロニーが豊かな発達をする〕のは，詳細な事実と体系の間，現実と理念の間にある距離に関連する★11。

　最初の授業例では，私がはじめに書いた３つの一般理論体系に戻ってまとめ，それぞれの体系についてもっと寛大な読み方をすることにしよう。それぞれの体系を，どのようにより進歩的に解釈することができるか，私の体系がもっとすぐれた方法で取り扱うことができると主張した事柄についても拡大解釈すればどのように処理できるかを示そう。その結果，これら３つの体系それぞれが，文化の発達あるいは個人の発達についてわれわれの理解を拡大するのに役立つと，学生が認識するようになることを私は期待している。私が提示している理論を支える一般理論体系が，この主題についての究極的な発言ではないと学生が認識するにつれて，気絶するほどの絶望感が彼らに起こるとは期待していないが，学生がその有用性を確実に認識できるようにしたいと望んでいる。客観的真理とは別なものとしての有用性を認識できれば，「アイロニー的理解」へ向かう適切な準備となる。

　一般理論体系が洗練度を増すと，そこには体系自体の崩壊の種が潜むと私は前に論じた。産業革命についての単元のまとめでは，その体系と彼らが学習した事実や出来事やその他の詳細な知識との間に多かれ少なかれある違いの程度を露わにしながら，学生の理解を練り上げることが求められる。この目的は，産業革命を３つか４つの一般理論体系のレンズを通して見て，それらの体系の妥当性，有用性，審美的魅力を比較するという前項の活動によって，おおかた達成されているかもしれない。まとめの活動は，脱工業化世界に向けた異なる一般理論体系の中には，どんな約束が暗示され

ているかを考えることになるかもしれない。たとえば，もしマルクス主義体系が採用されているのなら，平等というその体系固有の約束——プロレタリアートを生み出し，その力が増すことが階級のない社会への必要条件であるとする約束——は，その平等を勝ち取るための条件として自由の陰りが前兆としてあるのではないかと，学生は問いかけられる。もし自由進歩主義の体系が採用されているならば，個人の所有欲を放任すると起こりがちな社会的結末について考えるようにうながされ，私有財産が蓄積され，大衆の卑劣さが増し，権力もなく不衛生で教育に欠け不満だらけで憎しみに満ちた多数の下層階級の人々が生まれるのは避けられないことなのかについて，考えるようにうながされる。両方の筋書きは——他の筋書きも——，同じ資料が異なったやり方でまとめられる範囲をはっきりと示し，一般理論体系に真理が存在するという感覚を，多かれ少なかれ掻き乱す。

6．評価

　　"学生が学習内容を習得し理解したか，一般理論体系を発達させたか，それを練り上げたか，その体系の限界を何か感じ取ったかを，どのように確認するか？"

　授業や単元を構成する学習内容を学生が習得したという証拠をわれわれが望むのはもちろんである。これは，伝統的評価方法を通して達成できる。また，学生がなんらかの一般理論体系をどれほど十分に発達させ，学習内容をまとめるためにそれを使ったかについて確認したいものである。教師はこれを評価するために，学生の書いたレポートや口頭での議論を検討して，その学習項目について適切な理論的言語を柔軟に正確に使っているかを見ることができる。また教師は書かれたレポートを検討して，学生が変則的事例を考慮に入れてその体系を次第に練り上げたかを確認することができる。ある理論体系の真理に対して，学生がちょっと冷笑的な見方をしたりそれにのめり込んだりするならば，それはどちらも授業と学習の失敗を示すものである。しかしながら，「哲学的理解」の初期の段階で，学生が当を得ないほどのめり込んでしまっても，それについてあまり心配する必要はない。学生のレポートから，世界について柔軟性のある理解をする手段として，抽象論を使いこなせる程度，抽象論を使おうと心がけている程度を測ることは，比較的簡単である。しかし，そのような解釈を点数に正確に表わすことは難しい。学生の達成度を，「おおらかで柔軟性あり」「柔軟性あり」「柔軟性を欠く」のようなおおまかな段階表を使うといいかもしれない。このような成績段階表は，学生の達成度を測るときに，それらの特徴に価値を置くようにと教師をうながすのに役立つ。

　第1の授業例では，つまり本書を学習項目とする授業であるが，学生がそれぞれの理解様式の特徴を認識しているか，1つの様式が次の様式をどのように導き出すのか，それらの様式はどのように部分的に混在するのか，その過程を動かす力はどのように働くのか等々についての，柔軟な感覚を持っているかを教師は見るとよい。これらもまた，伝統的評価方法で測ることができる。教師はまた，学生がこの体系の限界を認

識しているのかを確認するとよい。

　産業革命の授業例では，学生が最も基本的なレベルで，学習内容を習得したか，どれほど十分に習得したかを確認したいものである。適切な学習内容として考えられるものが，どの一般理論体系を採用するかによって変わるのはもちろんである。学生が書いたレポートから，抽象論をどれほど柔軟に自由に使いこなし，それを通して理論体系を発達させ，運用し，練り上げたのかを確認したい。産業革命の詳細を理解するとき，ある特定の理論体系を首尾一貫して学生が使うことができるかを確かめたい。また，学生がより洗練された理論体系を発達させているときは特に，教師は学生のレポートと口頭の議論を検討し，理論体系の世界ではすべてがうまくいくことはないこと，考えていたほどに真理はそこで簡単に手に入らないこと，アイロニーの虫がうごめき始め，その理論体系のすばらしい構造をかじり始めていることを，学生が認識している証拠を探すことができる。

　それまでによい教育を受けてきた15〜16歳くらいの子どもを持つ親なら，抽象論を取り扱いながら理論的言語を次第に多く使うことによって，子どもの「哲学的理解」の発達を刺激し助けることができる。これはうるさくて長々しい議論をせよというのではない。むしろ，スポーツやファッションや人気歌手についてのおしゃべりで，スポーツの社会的役割，ファッションへの衝動の悪用またはファッションの変化を駆り立てているもの，有名人崇拝について触れることによって，「哲学的」思考を始めたばかりの思春期の子どもにとって，そのおしゃべりをもっと興味深いものにすることができる。また，マーシャル・マクルーハンの鋭く哲学的に豊かな見解のいくつかで，それらの現象を説明するのもいいかもしれない。要点は，話題を変えるのではなく，この年頃の学生が心を惹かれやすい哲学的次元で，その会話を豊かなものにすることである。

　親自身も，また，われわれ55歳の者も，後期思春期の「哲学的理解」の段階に追いつこうとしているのかもしれない。この理解様式にとって決定的な抽象論的言語を発達させ支援してくれる多くの共同体がある——コンピューターを通して参加できる「ヴァーチュアルな共同体」もある。主題そのものは，それが組み立てられ，表現され，理解される言語ほどには重要ではない。*Scientific American*, *New Society*, *Harper's*, *New York Review of Books*, *London Review of Books*, *Times Literary Supplement* のような「知識人」の雑誌は，開かれた「哲学的」共同体の重要な構成者であり，「哲学的」な研究，理念，書籍についての論評を提供している。また，「哲学的理解」を特に目指し支える一連の文学作品がある。ボルヘスの作品は，常に「アイロニー的」要素を含む「哲学的」な議論に焦点がある一例である。

　「哲学的」共同体との交流は，「神話的」「ロマン的」「哲学的」理解様式の特徴が常に混在しているものになるだろう。われわれはこのことを心に留めておくべきである。

それは，本書では著述上の便宜からそれらが別々に述べられているので，これらを区別して使うものだと予想してしまう人がいるかもしれないからである。前にも述べたが，どんな学習項目の「哲学的理解」であっても，それに近づく「神話的」「ロマン的」な道を用意することによって，簡単になる。もう一度，本書を授業の実施例の1つとして考えてほしい。本書は，1つの新しくて適切な理念と対照的な，3つの不適切な理念で開幕する。読者は，伝統的な怪物の大手を振る支配が，敏捷で朗らかな新人に挑戦を受けるべきだと感じるようにうながされる。最初は反復説やヴィゴツキーから始まって，次には神話やファンタジー，ヘロドトスや古代エジプト，三段論法ができない中央アジアの農民等々についての風変わりなあれこれによって，読者の「ロマン的」結びつきは，負け犬と思われたものに惹きつけられる。これらの要素〔話題〕は，新しい理念についての長い特徴描写の間，読者の気分をやわらげるとともに，おおよそ哲学的な筋道をめぐりながら「アイロニー的」な筋道への扉も開いておく役割をする。

　同様に，「神話的」「ロマン的」導入によって，学習項目に対する哲学的な取り組み方を，教師は提供することができる。プレートの構造地質学についての単元ならば，「静／動」の対概念を使い，地球が静的で安定しているもので，揺るがない季節の循環を繰り返すものだというイメージを提示するとよい。短い人間の生涯の範囲なら，地球は確かに安定して見えるので，そのような見解は直感的にすぐわかるという魅力がある。このような見方は19世紀以前の西洋では主流の思想であり，19世紀以降になって，人々の想像力は，人間の生涯を越えて長く直線状に伸びる時間という考え方に慣れてきたことを教師は示すとよい。その後で，その考え方に競合する動的な地球というイメージを導入するとよい。常に変化を続けるプレート表面を理解する決定的なものとして，「動」というイメージへの「ロマン的」結びつきを教師はうながすとよい。教師は〔地質学的に〕比較的新しい時代に起こった出来事のドラマに焦点を当てることもできる。大西洋の水がジブラルタル海峡を越えて，低い海盆に流れ込み現在の地中海となったというのは，よい例になる。初期の人類が目にしたかもしれない最大の滝が長年にわたってその海盆に流れ込んだという例である。クラカタウ島〔インドネシアの島の1つ〕の爆発は，もう1つのドラマチックな例である。その莫大な破壊力，轟音，それから派生した気圧波の激しさは，何千マイルも遠くから感知することができた。こういう導入に力を入れたり時間をかけたりする必要はないが，こうすれば，その学習項目を理解しやすくなるし，魅力も増し，理解を豊かにする。

　前にも述べたが，「哲学的理解」を学生に教える教師は，自分自身が相当程度の「アイロニー的理解」をすでに発達させていなければならない。このような見解が，教師が学生にやさしい言葉で話したり庇護者的に振る舞ったりすべきだという意味に，ときどき解釈されることがある。適切な授業に関する必然的な特徴についての，このような解釈による奇妙な見方は，私を驚かせる。もし教師が学生よりも進んだ理解力

を持っていなければ，その役割がどうして正当化されるのかを理解するのは難しい。授業にとって重要な鋭敏さと技能は，学生の理解を発達させることに向けて，最も理解しやすく最も刺激を与えるようなやり方で，知識を学生に提示することから成り立っている。ある人々が庇護的だと表現しているものは，礼儀に適ったやり方と見るほうが，適切である。

6節　アイロニー的理解

「アイロニー的理解」にすでに取り組んでいて，適切な知的道具を運用する人々を教えることについては，知識をより多く持っている者とより少なく持っている者との会話として考えるといいかもしれない。しかしここでの教え方は，上の文から想定される不平等を問題にしない。「アイロニー的理解」をする教師は，学生の理解様式のさまざまな段階に礼儀を持って対応する。「アイロニー的理解」を教えるときは，理解を最も豊かにし深めるために最良と思われる理解様式のすべてを取り混ぜながらさり気なく使う。

7節　結論

本書で述べた教育についての新しい概念によれば，教師は生徒が運用する理解様式と知的道具についての感覚を鋭敏にしておくことが要求される。ここでいう鋭敏さは，子どもの思考や学習を特徴づける聞きなれないカテゴリーや非伝統的な方法を提示する本書の観点に立つ必要がないことは明らかである。多くの教師は，生徒の様子に非常に鋭敏であるし，私のものとはまったく違う観点で生徒の思考を特徴づけていることは疑いもない。しかし，そのようなベテラン教師であっても，本書の理論の中に自身の見解に共鳴するものを見つけて，教育実践の重要な次元に教育実習生の注意を向けるための少なくとも1つの方法を提供するものとして，価値があると考えてくれればよいと，私は思う。また，教案づくりと授業のための新しい方策を提供するものとして価値があるだろうと，私は考える。ここではほんの概略だけが述べられているが，さまざまな方法でもっと練り上げることができる（参照：Armstrong et al., 1994)。

不可思議な「理解様式」を認めて，新しく教育上の洗練度と精密度を発達させなければならないことに対して，当初，取りつきにくさを感じるかもしれない。この呼びかけが何かとんでもないことだと，私は思っていない。このような鋭敏さを支え導くために役立つ具体的で詳しい情報を，私は提供しようと試みた。また，前に挙げたおおよその年齢指標で，焦点を当てる事柄を限定できるだろう。「身体的理解」の特徴は，2歳半くらいまで首座を占めることが多い。その後「神話的理解」は8歳頃までで「ロマン的理解」は15歳くらいまで，「哲学的理解」は20歳代前半まで，そして，

「アイロニー的理解」はその後にくる。この発達段階が，理想的な状況を描いているのはもちろんである。しかしこれらの理解様式は，たとえばピアジェの発達段階で示唆されているように，はっきりと始まったり終わったりする状況描写ではない。教師は一時に，1つ以上の理解様式に比較的簡単に注意を向けることができる。教える時点でその子どもの最も活発に働いている発達領域を超えた「より高度な」発達理解の段階に訴えて授業しても，その学習教材は理解不可能にはならない。その場合〔発達領域を超えない授業より〕，生徒の関心を引かず，生徒が得る意味も少なくなるかもしれない。しかし，このようなことは，多くの授業では，当たり前の光景のように思える。たとえば12歳の子どものクラスを教えている場合なら，ドラマチックな物語の始まりに対概念を使って「神話的」なやり方で学習項目を導入し，それから「ロマン的」な極端な事実と経験の限界の探究に移ることができる。その学習項目の底流にある一般理論的体系を少し垣間見せながら，それまでの対概念を批判的な吟味にさらし，ナラティブ構成を通して学習内容の人間的次元を示すことができる。主な焦点は「ロマン的理解」にありながらも，もっと「神話的」な生徒や，もっと「哲学的」な生徒にとってもできるだけ明確な理解ができるように，学習項目を準備することが可能である。このような柔軟な提示の仕方は超人間的な知的機敏さを要求しているように思えるかもしれない。しかし，多様なグループに向けて話すときや会話の中で，われわれは実際にこのような焦点の移動を日常的に行なっているものである。しかしながらこの体系が理解様式の違いを明確にするとき，そのような違いについて経験が少なく直感的に感じ取ることができない教師のために，この体系は実際的な案内役となる。

　この教育概念に明確に示されていることは，どんなレベルであろうと効果的に教えるために，教師は適切な理解様式についてよく知っていなければならないし，自分自身がその理解様式を十分に柔軟に発達させていること，自分自身の生活の中で理解様式が持つ感情的引力を常に感じ取り，明確に認識する必要がある。この中心的原則は，教師が何の感情的魅力も感じていない知識を〔生徒に〕興味もなく伝達することに対して，直接的に挑むものである。教師の心を惹かない事柄は，教師にとっても生徒にとっても，退屈さをつくり出す。生徒は教師より若いのでもっとうまく耐えることができるが，そのような教え方は，両者を蝕む。

　（「神話的」「ロマン的」「哲学的」のどれでも，あるいはそれらすべての授業ガイドを望まれる方は，私のホームページをご覧ください。アドレスは第6章のはじめにあります）

訳注————————————————
　★1：原著ではルドルフ・アーンハイムの *Art and visual perception*（美術と視覚——美と創造

の心理学)からの引用となっているが，この引用はDonald（1991）からのものである。ドナルドによるアーンハイムの *Visual Thinking*（Arnheim, 1969）への言及を原著者が勘違いしたと思われる。。

★2：第6章訳注★7を参照。
★3：リチャード・ファインマン（Richard Feynman：1918-1988）　アメリカの物理学者，量子電磁力学の分野でのノーベル物理学賞受賞者。彼の書いた教科書は有名で，日本語にも訳されている。若い頃原子爆弾開発プロジェクトであるマンハッタン計画に関わるが，それはナチが先に原爆を開発する恐れがあったからだと述べている。ドイツが降伏した後で，日本に原爆を落としたのは間違いだったと考え，神経衰弱になった期間もあった。
★4：カール・セーガン（Carl Sagan：1934-1996）　アメリカの天文学者，SF作家。邦訳された作品も多数ある。
★5：参考までに以下に原文を挙げておく。ティロンが自分の恋人に伝えたかったのは：
　'How I long for a girl who understands what true romance is all about. You are sweet and faithful. Girls who are unlike you kiss the first boy who comes along, Adorabelle. I'd like to praise your beauty forever. I can't stop thinking you are the prettiest girl alive. Thine, Tyrone.'
　しかし句読点を読むのを怠ったので：
　'How I long for a girl who understands what true romance is. All about you are sweet and faithful girls who are unlike you. Kiss the first boy who comes along, Adorabelle. I'd like to praise your beauty forever. I can't. Stop thinking you are the prettiest girl alive. Thine, Tyrone.'
★6：南アメリカのアンデス地方にあると伝えられた黄金郷。
★7：「量的」に対して「質的」と言う。つまり，標準テストの点数を唯一の，または中心的尺度として評価するのではなく，生徒の作品その他さまざまな指標を活用して評価すること。
★8：イエーツの詩の中の表現。本書第2章の比喩の項（p.54），および第2章訳注★11を参照。
★9：「前門の虎，後門の狼」というくらいの意味。スキュラもカリュブディスもギリシャ神話に出てくる海の怪物で，メッシーナ海峡を挟んだ対岸に棲みカリュブディスは大渦巻きを起こすとされた。漁師たちは両者の真ん中に当たる航路をとってぎりぎりで避けていたという。
★10：ロバート・オーエン（Robert Owen：1771-1858）　イギリスの社会改革家。人間の活動が環境によって決定されるとする環境決定論を主張し，幼児労働の制限と教育の充実を立法化した工場法の制定（1819年）に成功した。生活協同組合は彼の発案により始まり，現在日本でも続いている。
★11：第5章，p.164参照。

あとがき

　本書の教育理念は，文化史の中で発達してきた理解様式をわれわれは反復するとするものである。それは「身体的理解」と「神話的理解」に始まる。それら2つの理解様式の基本的形式は，進化の歴史的結果として，われわれに生まれつき組み込まれている。それらは身体，つまり感覚と頭脳の中に生まれる理解と，話し言葉の発達に伴う理解である。その後，われわれの学習能力が次第に増すと，読み書き能力，理論的思考，言語による非常に高度な省察という，文化史の中で生まれた発明品を反復しながら，「ロマン的」「哲学的」「アイロニー的」理解が苦心を重ねて可能になる。

　教育の過程は，遠い過去に起こった進化的発達と，もっと後に起こった文化的発達によって形成される。太古人類社会にあった集団の幼いメンバーが言語を非常に速く学び，社会や宇宙についての有効なイメージ——初期の人類が強い感情的思い入れを抱いたイメージ——を打ち立てるために言語を使ったとしたら，それは，人類初期の社会にとって明らかな利点だった。そのような集団が伝達再現の方法をうまく操るようになると，人の幼少期は，動物世界の中で特異なものになった。一生を通じた比較的未分化な★1学習能力——年をとってある程度下がることがあるとしても——を維持することも，利点だった。そのような能力は，特定の技術や伝承を学ぶときに，言語がつくり出した複雑な文化的社会の中で必要とされる適合性や柔軟性を可能にするものだっただろう。このような社会は，予測できない多様性があっただろうし，個人はどんな特殊な規範にも適合できる備えがなければならなかった。

　その結果今日では，幼い子どもは言語をあっという間に身につけるし，自分たちの身近な社会や宇宙についてのイメージをすばやく生成する。このような早期の学習は速いスピードで進み，その学習は人生を通じて変わらないほどに順調に進むのが普通である。そしてその早期の学習は，将来の学習をそこに当てはめる前提となる鋳型を提供する。4〜5歳頃までには，このような猛烈ともいえる学習能力は——有力な説明によると，分化が組み込まれた生来の精神モジュールから発せられる指令によって——顕著に減っていく。そして次の5年の間に，精力的な言語学習と社会志向の衝動は，次第に，より緊急性の少ない一般的学習能力に道を譲る。

　進化の過程は，高度な読み書き能力を持つ社会が要求する教育的課題に対して，理想的な備えをわれわれに与えてくれてはいない。われわれが持ち合わせているのは，疑うこともないイデオロギーや宇宙についてのイメージを分かち合っているような，

読み書きを持たない少人数の社会集団に対処する程度の知的な備えである。子どもに対するわれわれの教育上の横暴さにもかかわらず，われわれの備えがそのような集団に対処できるだけだということは，残念ながら明白である。その事実は，われわれの理解力を大人になるまで，また大人になってからも拡大するには，大変な困難と苦労が伴うということの説明になる。学習を取り扱うために進化史上形成されてきた以上の，もっと複雑で柔軟な学習を処理することができるように，未分化な学習能力をわれわれは改造しなければならない。われわれは，進化によって供給された「ハードウェア」の装置に手を加えることはできない。だから，われわれの知的柔軟性に生来課せられている拘束力を克服するために，教育的過程によって「ソフトウェア」を改造しなければならない。弱々しく未分化な学習能力は，われわれが経験する幼年期の知的状況を乱し形成し直すためのものではない。教育に対する挑戦は，どのようにすればその状況を乱し形成し直すことができるかについて努力することにある。

　すべての主要な教育思想家は，高度な読み書き能力を使う現代社会の中でわれわれが直面しているものではもはやなくなっている状況に適応しようとする，進化が持つ圧力の影響でつくり出される問題を認識してきた。もちろん，理論家たちはこのような言い方はしてこなかった。プラトンは抽象的学問的知識に漸次向かう50年間のカリキュラムを提供した。それは確かに部分的な解決のように見えるが，それ自体はあまりにももろく，あまりにも硬直的で，究極的には，十分な根拠がない信仰上の行為であるように思える。ルソーは，幼少期のあまりにも急速な学習を枯渇させる試みを——子どもをできる限り社会から切り離し，言葉，言葉，言葉から遠ざけることにより——もっと過激に推奨したので，後期の学習による修正を不可能にした。これは鋭い示唆ではあるが，結局のところ，まったく現実性のないものに見える——幼い頃の学習をそれほどまでに奪われた子どもが，ルソーが可能だと想定している後期の豊かな理解を発達させるとは思えない。ジョン・デューイは問題を「自然な」「付随的な」「制度的な」学習という用語で特徴づけた（Dewey, 1966, pp.6-9／1975,（上）p.19)。そして，後期の学習を工夫のできる限り「自然な」学習にするという解決を提案する。これも重要な洞察ではある。しかし，「自然な」学習の原動力は5歳をすぎると大きく減ってはいるものの，われわれが活用できるものであることを認識していない点で，結局，不十分なものに思える。

　この基本的な問題の取り扱いに関する私の提案は，愚かにも詩の形で自分の考えを表現していて非常に低く評価されている教育思想家のウイリアム・ワーズワースによって，導き出されている。「モジュールとして組み込まれている」★2幼いときの学習能力の特徴が5歳くらいで減っていくことを感じたワーズワースは，その後もその教育的エネルギーを保つために最も期待されることは，想像力を刺激することだと結論した。こうすれば，変化していく現代の社会状況の複雑な要求に効果的な対処を可能にする，知的柔軟性を維持することになるだろう。私はこの考えを頼りに，それを発

展させた。「読み書き能力を使う」理解様式——「ロマン的」「哲学的」「アイロニー的」理解——のそれぞれに関して，想像力を養い柔軟性を支える特定の知的道具を，私は強調した。私が述べたこれらの道具の特徴づけは，文化史に起こったその道具の発達，洗練，使用の発展を観察した結果から導き出されている。

　進化論は，人間によるほとんどすべての探究分野の理解を変革した。進化論は19世紀後半に形をとり始めたにもかかわらず，人間の進化と文化史のどの側面が反復されるかについての概念が不十分だったため，進化論による教育の分野での変革は起こらなかった。反復説が破棄されて以来，教育思想はダーウィンの理論が現代思想にもたらした激震的なパラダイム・シフトの影響を何も受けないままできている。教育思想に関して，19世紀後半〔他の分野に起こった変革〕にまでなんとか追いつく理論を考えついたからといって，それは哀れな自慢に見えるかもしれない——しかしわれわれは今，〔この理論によって〕その地点に辿り着いた。

訳注
　★1：能力が身体的・理論的などに分化していない状態。
　★2：チョムスキーの言葉，第5章 p.176参照。

文 献

プラトンやアリストテレスをはじめとするいくつかの著作については，古典的作品であるためか，原著の参考文献に挙げられていないものがある。これらの文献からの引用・参照にあたって使用した邦訳書は，訳注に示したが，プラトンとアリストテレスの著作については特に参考文献一覧の後に挙げる。

Alvarez, A. (1995). *Night: An exploration of night life, night language, sleep and dreams.* London: Cape.
Applebee, A. N. (1978). *The child's concept of story.* Chicago: University of Chicago Press.
Armstrong, M., Connolly, A., & Saville, K. (1994). *Journeys of discovery.* Melbourne: Oxford University Press.
Arnheim, R. (1974). *Art and visual perception.* Berkeley: University of California Press. 波多野完治・関 計夫（共訳）(1964).　美術と視覚――美と創造の心理学（上・下）　美術出版社
Ascheim, S. E. (1994). *The Nietzschean legacy in Germany, 1890-1990.* Berkeley: University of California Press.
Ashton, E. (1993). Interpreting children's ideas: Creative thought or factual belief? A new look at Piaget's theory of chrildhood artificialism as related to religious education. *British Journal of Educational Studies*, **41**(2), 164-173.
Bacon, F. (1965). The great instarvation. In S. Warhaft (Ed.), *Francis Bacon: A selection of his works.* London: Macmillan. First published, 1620. 桂 寿一（訳）(1978).　ノヴム・オルガヌム――新機関　岩波書店
Bai, H. (1996). *Moral perception in the nondual key: Towards an ethic of moral proprioception.* Unpublished Ph. D. thesis, University of British Columbia, Vancouver, Canada.
Bakhtin, M. M. (1986). *Speech genres and other late essays* (C. Emerson & M. Holquist, Eds.; V. W. McGee, Trans.). Austin: University of Texas Press.
Banks, M. S., & Salaparek, R. (1983). Infant visual perception. In M. M. Haith & J. J. Campos (Eds.), *Handbook of child psychology* (Vol. 2). New York: Wiley.
Barzun, J. (1961). *Classic, romantic and modern.* Boston: Atlantic-Little, Brown.
Behler, E. (1990). *Irony and the discourse of modernity.* Seattle: University of Washington Press.
Bennett, J., & Berry, J. W. (1991). Cree literacy in the syllabic script. In D. R. Olson & N. Torrance (Eds.), *Literacy and orality.* Cambridge: Cambridge University Press.
Bernstein, B. (1975). *Class, codes, and control: Vol. 3. Towards a theory of educational transmission.* London: Routledge and Kegan Paul.
Bertelson, P., & DeGelder, B. (1988). Learning about reading from illiterates. In S. Galaburda (Ed.), *From neurons to reading.* Cambridge: MIT Press.
Bettelheim, B. (1976). *The uses of enchantment.* New York: Knopf. 波多野完治・乾 侑美（共訳）(1978).　昔話の魔力　評論社
Black, M. (1962). *Models and metaphors.* Ithaca, New York: Cornell University Press.
Bloom, A. (1987). *The closing of the American mind: How higher education has failed democracy and impoverished the souls of today's students.* New York: Simon and Schuster. 菅野盾樹（訳）(1988).　アメリカン・マインドの終焉――文化と教育の危機　みすず書房
Booth, W. C. (1974). *A rhetoric of irony.* Chicago: University Chicago Press.
Booth, W. C. (1979). Metaphor as rhetoric: The problem of evaluation. In S. Sacks (Ed.), *On metaphor.* Chicago: University of Chicago Press.

Borges, J. L. (1968). *Other inquisitions 1937-1952.* New York: Simon and Schuster. 中村健二（訳）(1982). 異端審問　晶文社
Bourdieu, P. et al. (1994). *Academic discourse* (R. Teese, Trans.). Oxford: Polity. First published in France, 1965. 安田　尚（訳）(1999). 教師と学生のコミュニケーション　藤原書店
Brainerd, C. J. (1978). *Piaget's theory of intelligence.* Englewood Cliffs, New Jersey: Prentice-Hall.
Brett-Smith, H. F. B. (1921). *Shelley's Defence of Poetry.* Oxford: Blackwell.
Brown, D. E. (1991). *Human universals.* New York: McGraw-Hill.
Bruner, J. (1960). *The process of education.* Cambridge: Harvard University Press. 鈴木祥蔵・佐藤三郎（訳）(1963). 教育の過程　岩波書店
Bruner, J. (1986). *Actual minds, possible worlds.* Cambridge: Harvard University Press. 田中一彦（訳）(1998). 可能世界の心理　みすず書房
Bruner, J. (1988). Discussion. *Yale Journal of Criticism,* 2(1).
Bruner, J. (1990). *Acts of meaning.* Cambridge: Harvard University Press.
Bruns, G. L. (1992). *Hermeneutics: Ancient and modern.* New Haven, Connericut: Yale University Press.
Burckhardt, J. (1955). *Force and freedom: An interpretation of history* (J. H. Nichols, Ed.). New York: Meridian Books. 新井靖一（訳）(2009). 世界史的考察　筑摩書房
Burckhardt, J. (1960). *The civilization of the Renaissance in Italy* (S. G. C. Middlemore, Trans.). London: Phaidon Press. 柴田治三郎（訳）(2002). イタリア・ルネサンスの文化（Ⅰ・Ⅱ）　中央公論新社
Burckhardt, J. (1965). *On history and historians* (H. Zohn, Trans.). New York: Harper Torchbook.
Burke, J. (1978). *Connections.* Boston: Little, Brown.
Burkert, W. (1985). *Greek religion* (J. Raffan, Trans.). Cambridge: Harvard University Press.
Burton, V. L. (1962). *Life story.* Boston: Houghton Mifflin. 石井桃子（訳）(1964). せいめいのれきし──地球上にせいめいがうまれたときからいままでのおはなし　岩波書店
Butler, M. (1981). *Romantics, rebels, and reactionaries.* Oxford: Oxford University Press.
Carey, S., & Gelman, R. (1990). *The epigenesis of mind.* Hillsdale, New Jersey: Erlbaum.
Case, R. (1985). *Intellectual development: Birth to adulthood.* New York: Academic Press.
Case, R. (1991). *The mind's staircase: Exploring the conceptual underpinnings of chidren's thought and knowledge.* Hillsdale, New Jersey: Erlbaum.
Cassirer, E. (1946). *Language and mind* (S. K. Langer, Trans.). New York: Harper. 岡　三郎・岡富美子（共訳）(1946). 言語と神話　国文社
Chesterton, G. K. (1937). *Autobiography.* London: Sheed and Ward. 吉田健一（訳）(1999). 自叙伝　春秋社
Churcher, J., & Scaife, M. (1982). How infants see the point. In G. E. Butterworth & P. Light (Eds.), *Social cognition: Studies of the development of understanding* (pp.116-136). Brighton, Sussex: Harvester.
Cochrane, C. N. (1929). *Thucydides and the science of history.* London: Oxford university Press.
Coe, R. (1984). *When the grass was taller.* New Haven, Conneticut: Yale University Press.
Cole, M., & Scribner, S. (1974). *Culture and thought: A psychological introduction.* New York: Wiley. 若井邦夫（訳）(1982). 文化と思考──認知心理学的考察　サイエンス社
Coles, R. (1989). *The call of stories: Teaching and the moral imagination.* Boston: Houghton Mifflin.
Collingwood, R. G. (1946). *The idea of history.* Oxford: Clarendon Press. 小松茂夫・三浦　修（共訳）(1970). 歴史の観念　紀伊國屋書店
Comnena, A. (1969). *The Alexiad of Anna Comnena* (E. R. A. Sewter, Trans.). First published in Greek, ca. 1150.
Conway, D. W., & Seery, J. E. (Eds.). (1992). *The politics of irony.* New York: St. Martin's Press.
Cornford, F. M. (1907). *Thucydides mythistoricus.* London: Edward Arnold. 大沼忠弘・左近司祥子（共訳）(1970). トゥーキューディデース──神話的歴史家　みすず書房

Cornford, F. M. (1912). *From religion to philosophy*. London: Edward Arnold. 広川洋一（訳）(1987). 宗教から哲学へ——ヨーロッパ的思惟の起源の研究　東海大学出版会
Cornford, F. M. (Trans., Ed., Intro.). (1941). *The Republic of Plato*. Oxford: Oxford University Press. 藤沢令夫（訳）(2008). 国家（上・下）　岩波書店
Cornford, F. M. (1952). *Principium sapientiae: The origins of Greek philosophical thought*. Cambridge: Camgridge University Press.
Cunningham, V. (1994, February 18). Fight, fight, and fight again. *Times Literary Supplement*.
Dale, P. A. (1989). *Science, art, and society in the Victorian age*. Madison: University of Wisconsin Press.
Danzig, T. (1967). *Number: The language of science*. New York: Free Press. First published, New York: Macmillan, 1930. ジョセフ・メイザー（編）水谷　淳（訳）(2007). 数は科学の言葉　日経BP社
Darling, J., & Van de Pijpekamp, M. (1994). Rousseau on the education, domination and violation of women. *British Journal of Educational Studies*, XXXXII (2), 115-132.
Davie, G. E. (1986). *The crisis of the democratic intellect: The problem of generalism and specialization in twentieth-century Scotland*. Edinburgh: Polygon.
de Castell, S., Luke, A., & Luke, C. (1989). *Language, authority and criticism: Readings on the school textbook*. London: Falmer.
Dewey, J. (1911). Culture epoch theory. In P. Monroe (Ed.), *A cyclopedia of education* (Vol.2) (pp. 240-242). New York: Macmillan.
Dewey, J. (1966). *Democracy and education*. New York: Free Press. First published, 1916. 松野安男（訳）(1975). 民主主義と教育（上・下）　岩波書店
Dewey, J. (1972). Plan of organization of the university primary school. In J. A. Boydsen (Ed.), *John Dewey: The early works, 1882-1898: Vol.5. Early essays, 1895-1898* (pp.224-243).
Dodds, E. R. (1951). *The Greeks and the irrational*. Berkeley and Los Angeles: University of California Press.
Donald, M. (1991). *Origins of the modern mind*. Cambridge: Harvard University Press.
Donaldson, M. (1978). *Children's minds*. London: Croom Helm.
Durkheim, E. (1956). *Education and sociology* (Sherwood D. Fox, Trans., and Intro.). New York: Free Press. 佐々木交賢（訳）(1976). 教育と社会学　誠信書房
Egan, K. (1978). Thucydides, tragedian. In R. H. Canary & H. Kozicki (Eds.), *The writing of history: Literary form and historical understanding*. Madison: University of Wisconsin Press.
Egan, K. (1979). Progress in historiography. *Clio*, 8(2), 195-228.
Egan, K. (1983). *Education and psychology: Plato, Piaget, and scientific psychology*. New York: Teachers College Press. 塩見邦雄（訳）(1988). 教育に心理学は役立つか——ピアジェ，プラトンと科学的心理学　勁草書房
Egan, K. (1986). *Teaching as story telling*. London, Ontario: Althouse Press; Chicago: University of Chicago Press, 1989; London: Routledge, 1989.
Egan, K. (1988). *Primary understanding: Education in early childhood*. New York: Routledge.
Egan, K. (1990). *Romantic understanding: The development of rationality and imagination, ages 8-15*. New York and London: Routledge.
Egan, K. (1992). *Imagination in teaching and learning: The middle school years*. Chicago: University of Chicago Press; London, Ontario: Althouse Press; London: Routledge.
Eimas, P. D., et al. (1986). Speech perception in infants. *Science*, 171, 303-306.
Eisenstein, E. (1979). *The printing press as an agent of change: Communications and cultural transformations in early-modern Europe* (2 vols.). New York: Cambridge University Press.
Eisenstein, E. (1983). *The printing revolution in early modern Europe*. Cambridge: Cambridge University Press. 別宮貞徳（訳）(1987). 印刷革命　みすず書房
Eisner, E. W. (1985). *The educational imagination*. New York: Macmillan.
Elkind, D. (1976). *Child development and education: A Piagetian perspective*. New York: Oxford

University Press.
Elkind, D. (1981). *The hurried child: Growing up too fast too soon.* Reading, Massachussetts: Addison-Wesley. 戸根由紀恵（訳）（2002）. 急がされる子どもたち　紀伊國屋書店
Ellis, A. K. (1986). *Teaching and learning elementary social studies.* Boston: Allyn and Bacon.
Enright, D. J. (1988). *The alluring problem: An essay on irony.* Oxford: Oxford University Press.
Erikson, E. H. (1963). *Childhood and society* (2nd ed.). New York: Norton. 仁科弥生（訳）（1977）. 幼児期と社会（1．2）　みすず書房
Favat, A. (1977). *Child and tale: The origins of interest.* Washington, D.C.: National Council of Teachers of English.
Feldman, C. F. (1988). Symposium contribution on "Literacy, reading, and power." *Yale Journal of Criticism,* **2**(1), 209-214.
Feldman, C. F. (1991). Oral metalanguage. In D. R. Olson & N. Torrance (Eds.), *Literacy and orality.* Cambridge: Cambridge University Press.
Ferguson, K. E. (1993). *The man question: Visions of subjectivity in feminist theory.* Berkeley: University of California Press.
Fischer, K. (1980). A theory of cognitive development: The control and construction of hierarchies of skills. *Psychological Review,* **97**, 477-531.
Fodor, J. (1983). *The modularity of mind.* Cambridge: MIT Press. 伊藤笏康・信原幸弘（共訳）（1985）. 精神のモジュール形式――人工知能と心の哲学　産業図書
Fornara, C. W. (1983). *The nature of history in ancient Greece and Rome.* Berkeley: University of California Press.
Fox-Keller, E. (1986). How gender matters, or, why it's so hard for us to count past two. In J. Harding (Ed.), *Perspectives on gender and science.* Brighton: Falmer Press.
Frye, N. (1964). *The educated imagination.* Toronto: Canadian Broadcasting Corporation. 江河　徹・前田昌彦（共訳）（1980）. 教養のための想像力　太陽社
Gadamer, H.-G. (1976). *Philosophical hermeneutics* (D. E. Linge, Trans. and Ed.). Berkeley: University of California Press.
Gardner, H. (1983). *Frames of mind: The theory of multiple intelligences.* New York: Basic Books.
Gardner, H. (1991). *The unschooled mind.* New York: Basic Books.
Gardner, H. (1993). From conflict to clarification. *Linguistics and Education,* **5**(2), 181-236.
Gardner, H., & Winner, E. (1979). The development of metaphoric competence: Implications for humanistic disciplines. In S. Sacks (Ed.), *On metaphor.* Chicago: University of Chicago Press.
Gluckman, M. (1949-1950). Social beliefs and individual thinking in primitive society. *Memories and Proceedings of the Manchester Library and Philosophical Society,* **91**, 73-98.
Gombrich, E. H. (1960). *Art and illusion.* Princeton: Princeton University Press. 瀬戸慶久（訳）（1979）. 芸術と幻影――絵画的表現の心理学的研究　岩崎美術社
Gomme, A. W. (1954). The Greek attitude to poetry and history. Berkeley and Los Angeles: University of California Press.
Goodlad, J. I. (1984). *A place called school.* New York: McGraw-Hill.
Goodman, N. (1979). Metaphor as moonlighting. In S. Sacks (Ed.), *On metaphor.* Chicago: University of Chicago Press.
Goodman, P. (1962). *Compulsory mis-education and the community of scholars.* New York: Vintage Books. 片岡徳雄（監訳）（1979）. 不就学のすすめ　福村出版
Goodman, P. (1970). *New reformation.* New York: Random House. 片桐ユズル（訳）（1971）. 新しい宗教改革　紀伊國屋書店
Goody, J. (1977). *The domestication of the savage mind.* Cambridge: Cambridge University Press. 吉田禎吾（訳）（1986）. 未開と文明　岩波書店
Goody, J. (1987). *The interface between the written and the oral.* Cambridge: Cambridge University

Press.
Goody, J., & Watt, I. (1963). The consequences of literacy. *Contemporary Studies in Society and History*, 5, 304-345.
Gordon, D. (1994). *Citizens without sovereignty: Equality and sociability in French thought, 1670-1789*. Princeton: Princeton University Press.
Gould, S. J. (1977). *Ontogeny and phylogeny*. Cambridge: Harvard University Press. 仁木帝都・渡辺政隆（共訳）(1987). 個体発生と系統発生——進化の観念史と発生学の最前線 工作舎
Graff, G. (1987). *Professing literature: An institutional history*. Chicago: University of Chicago Press.
Guthrie, W. K. C. (1962). *A history of Greek philosophy*. Cambridge: Cambridge University Press.
Hall, G. S. (1904). *Adolescence : Its psychology and its relations to physiology, anthropology, sociology, sex, crime, religion, and education* (2 vols.). New York: D. Appleton.
Hallam, R. (1969). Piaget and the teaching of history. *Educational Research*, 12(1), 211-215.
Hallpike, C. R. (1979). *The foundations of primitive thought*. Oxford: Clarendon Press.
Handwerk, G. J. (1985). *Irony and ethics in narrative: From Schlegel to Lacan*. New Haven, Conneticut: Yale University Press.
Hardy, B. (1968). Towards a poetics of fiction: An approach through narrative. *Novel*, 2, 5-14.
Harris, R. (1986). *The origin of writing*. London: Duckworth.
Havelock, E. A. (1963). *Preface to Plato*. Cambridge: Harvard University Press. 村岡晋一（訳）(1997). プラトン序説 新書館
Havelock, E. A. (1982). *The literate revolution in Greece and its cultural consequences*. Princeton: Princeton University Press.
Havelock, E. A. (1986). *The muse learns to write*. New Haven, Conneticut: Yale University Press.
Havelock, E. A. (1991). The oral-literate equation: A formula for the modern mind. In D. R. Olson & N. Torrance (Eds.), *Literacy and orality*. Cambridge: Cambridge University Press.
Hayek, F. A. (1970). The primacy of the abstract. In A. Koestler & J. R. Smythies (Eds.), *Beyond reductionism*. New York: Macmillan. 池田善昭（監訳）(1984). 還元主義を超えて：アルプバッハ・シンポジウム'68 工作舎 pp.421-447.
Hazlitt, W. (1951). On the ignorance of the learned. In W. E. Williams (Ed.), *A book of English essays*. Harmondsworth, Middlesex: Penguin.
Heath, S. B. (1983). *Ways with words*. Cambridge: Cambridge University Press.
Heller, E. (1959). *The disinherited mind*. New York: Meridian Books. 青木順三・杉浦 博・中田美喜（共訳）(1969). 廃嫡者の精神 紀伊國屋書店
Heller, L., Humez, A., & Dror, M. (1984). *The private lives of English words*. London: Routledge and Kegan Paul.
Hicks, D. (1993). Narrative discourse and classroom learning. *Linguistics and Education*, 5, 127-148.
Hirsch, E. D. Jr. (1987). *Cultural literacy*. Boston: Houghton Mifflin. 中村保男（訳）(1989). 教養が，国をつくる。——アメリカ建て直し教育論 TBSブリタニカ
Hirst, P. (1974). *Knowledge and the curriculum*. London: Routledge and Kegan Paul.
Hoogland, C. (1992). *Poetics, politics and pedagogy of Grimm's Fairy Tales*. Unpublished Ph. D. thesis, Simon Fraser University, Burnaby, British Columbia, Canada.
Hoogland, C. (1994). Real "wolves in those bushes": Readers take dangerous journeys with Little Red Riding Hood. *Canadian Children's Literature*, 73, 7-21.
Hudson, W. H. (1918). *Far away and long ago*. London: Dent. 寿岳しづ（訳）(1975). はるかな国・とおい昔 岩波書店
Huizinga, J. (1949). *Homo ludens: A study of the play element in culture*. London: Routledge and Kegan Paul. 高橋英夫（訳）(1973). ホモ・ルーデンス 中央公論新社
Illich, I. (1983). *In the vineyard of the text*. Chicago: University of Chicago Press. 岡部佳世（訳）(1995). テクストのぶどう畑で 法政大学出版局

Inhelder, B., & Piaget, J. (1958). *The growth of logical thinking* (A. Parsons & S. Milgram, Trans.). New York: Basic Books.

Itard, J.-M.-G. (1962). *The wild boy of Aveyron.* (G. Humphrey & M. Humphrey, Trans.). Englewood Cliffs, New Jersey: Prentice Hall. Compiled from two reports, first printed in 1801 and 1807.　中野善達・松田　清（共訳）（1978）．野生児の記録 7　新訳アヴェロンの野生児　福村出版

Jarolimek, J. (1982). *Social studies in elementary education* (6th ed.). New York: Macmillan.

Jowett, B. (1937). *The Dialogues of Plato.* New York: Random House.

Joyce, J. (1964). *A portrait of the artist as a young man.* New York: Viking.　大澤正佳（訳）（2007）．若い芸術家の肖像　岩波書店

Kant, I. (1952). *Critique of judgement* (J. C. Meredith, Trans.). Oxford: Oxford University Press. First published, 1790.　篠田英雄（訳）（1964）．判断力批判（上・下）　岩波書店

Kearney, R. (1988). *The wake of imagination.* London: Hutchinson.

Keil, F. (1989). *Concepts, kinds, and cognitive development.* Cambridge: MIT Press.

Kenyon, J. (1989, December 15-20). The outcome of energy and conflict. *Times Literary Supplement.*

Kermode, F. (1966). *The sense of an ending.* Oxford: Oxford University Press.　岡本靖正（訳）（1991）．終わりの意識——虚構理論の研究　国文社

Keynes, J. M. (1936). *General theory of employment, interest and money.* London: Macmillan.　間宮陽介（訳）（2008）．雇用，利子および貨幣の一般理論（上・下）　岩波書店

Kierkegaard, S. (1965). *The concept of irony: With constant reference to Socrates* (Lee M. Capel, Trans.). Bloomington: Indiana University Press. First published, 1841.　飯島宗享・福島保夫（共訳）（1995）．キルケゴール著作集 20，21　イロニーの概念（上・下）　白水社

Kittay, J. (1991). Thinking through literacies. In D. R. Olson & N. Torrance (Eds.), *Literacy and orality* (pp. 165-173). Cambridge: Cambridge University Press.

Kleibard, H. M. (1986). *The struggle for the American curriculum: 1893-1958.* Boston: Routledge and Kegan Paul.

Knapp, M., & Knapp, H. (1976). *One potato, two potato.* New York: Norton.

Koestler, A. (1964). *The act of creation.* New York: Macmillan.　大久保直幹・松本　俊・中山未喜（共訳・上巻）（1966）．，吉村鎮夫（訳・下巻）（1967）．創造活動の理論　（上・下）　ラティス

Kolakowski, L. (1989). *The presence of myth.* Chicago: University of Chicago Press.

Kozol, J. (1967). *Death at an early age.* Boston: Houghton Mifflin.　斎藤数衛（訳）（1968）．死を急ぐ幼き魂——黒人差別教育の証言　早川書房

Kristeva, J. (1984). Two interviews with Julia Kristeva by Elaine H. Baruch and Perry Mersel. *Political Review*, 1.

Kuhn, T. S. (1962). *The structure of scientific revolutions.* Chicago: University of Chicago Press.　中山茂（訳）（1971）．科学革命の構造　みすず書房

Lakoff, G., & Johnson, M. (1980). *Metaphors we live by.* University of Chicago Press.　渡部昇一・楠瀬淳三・下谷和幸（訳）（1986）．レトリックと人生　大修館書店

Lane, H. (1976). *The wild boy of Aveyron.* Cambridge: Harvard University Press.　中野善達（訳編）（1980）．アヴェロンの野生児研究　福村出版

Leach, E. (1967). Genesis as myth. In J. Middleton (Ed.), *Myth and cosmos.* New York: Natural History Press.

Lévi-Bruhl, L. (1985). *How natives think* (L. A. Clare, Trans.; C. S. Littleton, Intro.). Princeton: Princeton University Press. First published, 1910.　山田吉彦（訳）（1991）．未開社会の思惟（上・下）　岩波書店

Lévi-Strauss, C. (1964). *Totemism.* London: Merlin.　仲沢紀雄（訳）（2000）．今日のトーテミズム　みすず書房

Lévi-Strauss, C. (1966). *The savage mind.* Chicago: University of Chicago Press.　大橋保夫（訳）（1976）．野生の思考　みすず書房

Lévi-Strauss, C. (1970). *The raw and the cooked.* New York: Harper and Row. 早水洋太郎（訳）(2006). 生のものと火を通したもの　みすず書房

Lévi-Strauss, C. (1978). *Myth and meaning.* Toronto: University of Toronto Press. 中島俊郎・山田省吾（共訳）(1985). 神話と意味　こびあん書房

Lloyd, G. E. R. (1988). *The revolutions of wisdom: Studies in the claims and practices of ancient Greek science.* Berkeley: University of California Press.

Lloyd, G. E. R. (1990). *Demystifying mentalities.* Cambridge: Cambridge University Press.

Luria, A. R. (1976). *Cognitive development: Its cultural and social foundations.* Cambridge: Harvard University Press. 森岡修一（訳）(1976). 認識の史的発達　明治図書出版

Luria, A. R. (1979). *The making of mind: A personal account of Soviet psychology* (M. Cole & S. Cole, Eds.). Cambridge: Harvard University Press.

Lyotard, J.-F. (1979). *The postmodern condition: A report on knowledge* (G. Bennington and B. Massumi, Trans.; F. Jameson, Foreword). Minneapolis: University of Minnesota Press. 小林康夫（訳）(1986). ポストモダンの条件　水声社

MacIntyre, A. (1981). *After virtue.* Notre Dame, Indiana: University of Notre Dame Press. 篠崎栄（訳）(1993). 美徳なき時代　みすず書房

MacIntyre, A. (1989). Relativism, power, and philosophy. In M. Krausz (Ed.), *Relativism: Interpretation and confrontation.* Notre Dame, Indiana.: University of Notre Dame Press.

Malinowski, B. (1954). *Magic, science and religion.* New York: Anchor. First published, 1926. 宮武公夫・高橋巌根（訳）(1997). 呪術・科学・宗教・神話　人文書院

Matthews, G. B. (1980). *Philosophy and the young child.* Cambridge: Harvard University Press. 鈴木晶（訳）(1996). 子どもは小さな哲学者（合本版）　新思索社

Matthews, G. B. (1984). *Dialogues with children.* Cambridge: Harvard University Press.

Matthews, G. B. (1993). Childhood: The recapitulation model. In M. Lipman (Ed.), *Thinking children and education.* Dubuque, Iowa: Kendall/Hunt.

Mayr, E. (1963). *Animal species and evolution.* Cambridge: Harvard University Press.

McClure, J. D. (1989-90, December 29-January 4).Wars of the word. *Times Literary Supplement.*

McFarland, T. (1985). *Originality and imagination.* Baltimore: Johns Hopkins University Press.

McLuhan, M. (1962). *The Gutenberg galaxy: The making of typographic man.* Toronto: University of Toronto Press. 森　常治（訳）(1986). グーテンベルクの銀河系──活字人間の形成　みすず書房

Mehler, J. et al. (1988). A precursor to language acquisition in young infants. *Cognition,* **29**, 143-178.

Miller, J. (1978). *The body in question.* New York: Random House.

Modgil, S., & Modgil, C. (1982). *Jean Piaget: Consensus and controversy.* New York: Praeger.

Momigliano, A. (1966). The place of Herodotus in the history of historiography. In *Studies in historiography.* London: Weidenfeld and Nicolson.

More, H. (1777). *Essays on various subjects, principally designed for young ladies.* London: Wilkie and Cadell.

Morgan, L. (1877). *Ancient society.* Chicago: Kerr.

Muecke, D. C. (1969). *The compass of irony.* London: Methuen.

Muecke, D. C. (1970a). *Irony.* London: Methuen. 森田　孟（訳）(1973). アイロニー　研究出版社

Muecke, D. C. (1970b). *Irony and the ironic.* London: Methuen.

Müller, M. (1873). The philosophy of mythology. Appendix to his *Introduction to the science of religion.* London: Murray.

Murdoch, I. (1992). *Metaphysics as a guide to morals.* London: Chatto.

Musil, R. (1965). *The man without qualities* (E. Wilkins & E. Kaiser, Trans.). New York: Capricorn Books. First published as *Der Mann ohne Eigenschaften,* 1930-1943. 高橋義孝・圓子修平（共訳）(1964). 特性のない男（1～3）　新潮社

Narasimhan, R. (1991). Literacy: Its characterization and implications. In D. R. Olson & N. Torrance (Eds.), *Literacy and orality*. Cambridge: Cambridge University Press.
Nelson, K. (1977). Cognitive development and the acquisition of concepts. In R. C. Anderson, R. J. Spiro, & W. E. Montague (Eds.), *Schooling and the acquisition of Knowledge*. Hillsdale, New Jersey: Erlbaum.
Nietzsche, F. (1956). *The birth of tragedy and The genealogy of morals* (F. Golfing, Trans.). New York: Doubleday Anchor. *The birth of tragedy*, first published, 1872; *The genealogy of morals*, first published, 1887. 塩屋竹男（訳）（1993）．ニーチェ全集（2）悲劇の誕生　筑摩書房，信太正三（訳）（1993）．ニーチェ全集（11）善悪の彼岸・道徳の系譜　筑摩書房
Nietzsche, F. (1962). *Philosophy in the tragic age of the Greeks* (M. Cowan, Trans.). Chicago: University of Chicago Press. 小野　浩（訳）（1952）．ギリシャ悲劇的時代の哲学　角川書店
Nietzsche, F. (1968a). *The will to power* (W. Kaufmann, Ed.; W. Kaufmann & R. J. Hallingdale, Trans.). New York: Vintage. First written c. 1883-1888. 原　佑（訳）（1993）．ニーチェ全集（12）権力への意志（上・下）　筑摩書房
Nietzsche, F. (1968b). *Twilight of the idols*. In *The portable Nietzsche* (W. Kaufmann, Trans. and Ed.). New York: Viking. First published, 1889. 原　佑（訳）（1994）．ニーチェ全集（14）偶像の黄昏・反キリスト者　筑摩書房
Norris, C. (1993). *The truth about postmodernism*. Oxford: Blackwell.
Nyberg, D. (1993). *The varnished truth: Truth telling and deceiving in ordinary life*. Chicago: University of Chicago Press.
Oakeshott, M. (1991). *The voice of liberal learning: Michael Oakeshott on education* (T. Fuller, Ed.). New Haven, Conneticut: Yale University Press.
Ogden, C. K. (1976). *Opposition*. Bloomington: Indiana University Press.
Olson, D. R. (1977). From utterance to text: The bias of language in speech and writing. *Harvard Educational Review*, 47, 257-281.
Olson, D. R. (Ed.). (1987). Understanding literacy. Special issue of *Interchange*, 18(1/2).
Olson, D. R. (1993). How writing represents speech. *Language and Communication*, 13(1), 1-17.
Olson, D. R. (1994). *The world on paper*. Cambridge: Cambridge University Press.
Olson, D. R., & Torrance, N. (Eds.). (1991). *Literacy and orality*. Cambridge: Cambridge University Press.
Ong, W. J. (1958). *Ramus and Talon inventory*. Cambridge: Harvard University Press.
Ong, W. J. (1971). *Rhetoric, romance, and technology*. Ithaca, New York: Cornell University Press.
Ong, W. J. (1977). *Interfaces of the word*. Ithaca, New York: Cornell University Press.
Ong, W. J. (1978). Literacy and orality in our time. *ADE Bulletin*, 58, 1-7.
Ong, W. J. (1982). *Orality and literacy*. London and New York: Methuen. 林　正寛・糟谷啓介（共訳）（1991）．声の文化と文字の文化　藤原書店
Opie, I., & Opie, P. (1959). *The lore and language of schoolchildren*. Oxford: Oxford University Press.
Opie, I., & Opie, P. (1969). *Children's games in street and playground*. Oxford: Oxford University Press.
Opie, I., & Opie, P. (1985). *The singing game*. Oxford: Oxford University Press.
Osborne, J. (1992, May 2). Final victory to the silk dressing gown. *The Spectator*.
Paley, V. G. (1981). *Wally's stories*. Cambridge: Harvard University Press. 卜部千恵子（訳）（1991）．ウォーリーの物語――幼稚園の会話　世織書房
Paley, V. G. (1984). *Boys and girls: Superheroes in the doll corner*. Chicago: University of Chicago Press.
Paley, V. G. (1990). *The boy who would be a helicopter*. Cambridge: Harvard University Press.
Pattanayak, D. P. (1991). Literacy: An instrument of oppression. In D. R. Olson & N. Torrance (Eds.), *Literacy and orality*. Cambridge: Cambridge University Press.
Pearson, H. (1948). *The Smith of Smiths*. Harmondsworth, Middlesex: Penguin. First published, 1934.
Pearson, L. (1939). *Early Ionian Historians*. Oxford: Clarendon Press.

Penrose, R. (1993, October 21). Nature's biggest secret. *New York Review of Books.*
Philips, D., & Kelly, M. (1975). Hierarchical theories of development in education and psychology. *Harvard Educational Review, 45*(3), 351-375.
Piaget, J. (1973a). *To understand is to invent* (G-A. Roberts, Trans.). New York: Grossman. 秋枝茂夫（訳）（1982）．教育の未来　法政大学出版局
Piaget, J. (1973b). *The child and reality* (A. Rosin, Trans.). New York: Grossman. 芳賀　純（訳）（1975）．発生的心理学——子どもの発達の条件　誠信書房
Piaget, J. (1977). T*he development of thought: Equilibration of cognitive structures.* New York: Viking.
Piaget, J., & Inhelder, B. (1969). *The psychology of the child.* New York: Basic Books. 波多野完治・須賀哲夫・周郷　博（共訳）（1975）．新しい児童心理学　白水社
Pinker, S. (1994). *The language instinct: How the mind created language.* New York: Morrow. 椋田直子（訳）（1995）．言語を生みだす本能（上・下）　NHKブックス
Popper, K. (1945). *The open society and its enemies.* London: Routledge and Kegan Paul. (1963, 4th rev. ed. By Harper Torchbooks.) 内田詔夫・小河原　誠（共訳）（1980）．開かれた社会とその敵（第1部：プラトンの呪文・第2部：予言の大潮）　未来社
Postman, N. (1982). *The disappearance of childhood.* New York: Delacorte Press. 小柴　一（訳）（2001）．子どもはもういない（改訂版）　新樹社
Postman, N., & Weingartner, C. (1969). *Teaching as a subversive activity.* New York: Delacorte Press.
Quine, W. V. (1979). A postscript on metaphor. In S. Sacks (Ed.), *On metaphor.* Chicago: University of Chicago Press.
Ranke, L. von. (1956). Preface to Histories of the Latin and teutonic nations from 1494-1514. In F. Stern (Ed.), *The variety of histories.* Cleveland: Meridian. First published, 1824.
Ravitch, D. (1983). *The troubled crusade: American education 1945-1980.* New York: Basic Books. 末藤美津子（訳）（2011）．教育による社会的正義の実現——アメリカの挑戦（1945 - 1980）　東信堂
Ravitch, D., & Finn, C. E. (1987). *What do our 17-year-olds know?* New York: Harper and Row.
Rawson, C. (1988, December 2-8). Quandaries of the quotidian. *Times Literary Supplement.*
Read, C., Zhang, Y., Nie, H., & Ding, B. (1986). The ability to manipulate speech sounds depends on knowing alphabetic writing. *Cognition, 24,* 31-44.
Regis, E. (1994, May 26). *Swami. London Review of Books.*
Richards, I. A. (1936). *The philosophy of rhetoric.* Oxford: Oxford University Press. 石橋幸太郎（訳）（1961）．新修辞学原論　南雲堂
Richards, R. J. (1992). *The meaning of evolution.* Chicago: University of Chicago Press.
Ricoeur, P. (1991). *From text to action: Essays in hermeneutics,* II (K. Blaney & J. B. Thompson, Trans.). Evanston, Illinois: Northwestern University Press.
Roldão, M. do C. (1992). *The concept of concrete thinking in curricula for early education: A critical examination.* Unpublished Ph. D. thesis, Simon Fraser University. Burnaby, British Columbia, Canada.
Rorty, R. (1989). *Contingency, irony, and solidarity.* Cambridge: Cambridge University Press. 斎藤純一・大川正彦（訳）（2000）．偶然性・アイロニー・連帯——リベラル・ユートピアの可能性　岩波書店
Rorty, R. (1991). *Objectivity, relativism, and truth.* Cambridge: Cambridge University Press.
Rosenbluth, V. (1990). *Keeping family stories alive.* Vancouver, British Columbia: Hartley and Marks.
Roszak, T. (1969). *The making of a counter culture.* New York: Doubleday. 稲見芳勝・風間禎三郎（共訳）（1972）．対抗文化の思想：若者は何を創りだすか　ダイヤモンド社
Rousseau, J-J. (1911). *Émile* (B. Foxley, Trans.). London: Dent. First published, 1762. 平岡　昇（訳）（1973）．エミール　河出書房新社
Sagan, C. (1980). *Cosmos.* New York: Random House. 木村　繁（訳）（1980）．コスモス（上・下）　朝日新聞社出版局

Scaife, M., & Bruner, J. S. (1975). The capacity for joint visual attention in the infant. *Nature*, 253, 265-266.

Schein, S. L. (1984). *The mortal hero: An introduction to Homer's Iliad*. Berkeley and Los Angeles: University of California Press.

Schlegel, F. (1991). Ideas, 69. In Philosophical fragments (P. Fichow, Trans.). Minneapolis: University of Minnesota Press. First published, 1800. 山本定祐（訳）(1978). ロマン派文学論　冨山房　所収

Scholes, R. J., & Willis, B. J. (1991). Linguists, literacy, and the intensionality of Marshall McLuhan's western man. In D. R. Olson & N. Torrance (Eds.), *Literacy and orality*. Cambridge University Press.

Scribner, S., & Cole, M. (1981). *Psychology of literacy*. Cambridge: Cambridge University Press.

Seeley, L. (1906). *Elementary pedagogy*. New York: Hinds, Noble and Eldredge.

Seery, J. A. (1992). Spelunkers of the world unite! In D. W. Conway & J. A. Seery (Eds.), *The politics of irony*. New York: St. Martin's Press.

Shattock, J. (1989). *Politics and reviewers: The "Edinburgh" and the "Quarterly" in the early Victorian age*. Leicester: Leicester University Press.

Shaw, G. B. (1965). *Collected letters 1874-1897*, Vol, 1 (D. H. Laurence, Ed.). London: Max Reinhardt.

Shepard, R. N. (1975). From, formation, and transformation of internal representations. In R. L. Solso (Ed.), *Contemporary issues in cognitive psychology*. Washington, D. C.: V. H. Winston and Sons.

Siegel, L. S., & Brainerd, C. J. (Eds.). (1978). *Alternatives to Piaget: Critical essays on the theory*. New York: Academic Press.

Smalley, B. (1941). *The study of the Bible in the middle ages*. Oxford: Clarendon Press.

Snell, B. (1960). *The discovery of the mind: The Greek origins of European thought*. New York: Harper Torchbooks. 新井靖一（訳）(1974). 精神の発見——ギリシア人におけるヨーロッパ的思考の発生に関する研究　創文社

Sobol, D. J. (1986). *Encyclopedia Brown and the case of the mysterious handprints*. New York: Bantam Skylark. 桜井　誠・花輪莞爾（訳）(2006). 少年たんていブラウン（全10巻）偕成社

Spacks, P. M. (1981). *The adolescent idea: Myths of youth and the adult imagination*. New York: Basic Books.

Spence, J. (1984). *The memory palace of Matteo Ricci*. New York: Viking Penguin.

Spencer, H. (1861). *Education: Intellectual, moral and physical*. London: G. Manwaring. 三笠乙彦（訳）(1969). 知育・徳育・体育論　明治図書

Sprat, T. (1958). *History of the Royal Society of London for the improving natural knowledge* (J. I. Cope & H. W. Jones, Eds.). St. Louis: Washington University Press.

Stock, B. (1972). *Myth and science in the twelfth century*. Princeton: Princeton University Press.

Stock, B. (1983). *The implication of literacy*. Princeton: Princeton University Press.

Street, B. V. (1984). *Literacy in theory and practice*. Cambridge: Cambridge University Press.

Sutton-Smith, B. (1981). *The folktales of children*. Philadelphia: University of Pennsylvania Press.

Sutton-Smith, B. (1988). In search of the imagination. In K. Egan & D. Nadaner (Eds.), *Imagination and education*. New York: Teachers College Press; Milton Keynes: Open University Press.

Swearingen, C. J. (1991). *Rhetoric and irony: Western literacy and western lies*. New York: Oxford University Press.

Tambiah, S. J. (1990). *Magic, science, religion, and the scope of rationality*. Cambridge: Cambridge University Press. 多和田裕司（訳）(1996). 呪術・科学・宗教——人類学における「普遍」と「相対」　思文閣出版

Tawney, P. H. (1926). *Religion and the rise of capitalism*. London: Murray. 出口勇蔵・越智武臣（共訳）(1959). 宗教と資本主義の興隆（上・下）岩波書店

Taylor, C. (1985). *Human agency and language*. Cambridge: Cambridge University Press.

Taylor, C. (1991). *The malaise of modernity*. Concord, Ontario: Anansi Press.
Temple, C., & Gillett, J. W. (1989). *Language arts* (2nd ed.). Glenview, Illinois: Scott, Foresman.
Trilling, L. (1950). *The liberal imagination*. New York: The Viking Press.
Tulviste, P. (1979). On the origins of theoretic syllogistic reasoning in culture and the child. *The Quarterly Newsletter of the Laboratory of Comparative Human Cognition*, 1(4), 73-80.
Turner, F. M. (1974). *Between science and religion: The reaction to scientific naturalism in late Victorian England*. New Haven, Conneticut: Yale University Press.
Tyler, R. (1949). *Basic principles of curriculum and instruction*. Chicago: University of Chicago Press.
Vernant, J.-P. (1982). *The origins of Greek thought*. Ithaca, New York: Cornell University Press.
Vico, G. (1970). *The new science* (T. G. Bergin & M. H. Fisch, Trans.). Ithaca, New York: Cornell University Press. First published, 1725. 上村忠男（訳）(2007-08). 新しい学（1-3巻）　法政大学出版局
Vlastos, G. (1991). *Socrates: Ironist and moral philosopher*. Cambridge: Cambridge University Press.
Vygotsky, L. (1962). *Thought and language* (E. Haufmann & G. Vakar, Trans.). Cambridge: MIT Press. 柴田義松（訳）(2001). 思考と言語（新訳版）　新読書社
Vygotsky, L. (1978). *Mind in society: The development of higher psychological processes* (M.Cole, V. John-Steiner, S. Scribner, & E. Souberman, Eds.). Cambridge: Harvard University Press.
Warner, J. H. (1940). The basis of J.-J. Rousseau's contemporaneous reputation in England. *Modern Language Notes*, 55, 270-280.
Warnock, M. (1976). *Imagination*. London: Faber.
Watts, I. (1741). *The improvement of the mind: Or, A supplement to the art of logick*. London: James Brackstone.
Weber, A. (1946). *Theory of location of industries* (C. J. Friedrich, Trans.). Chicago: University of Chicago Press. 篠原泰三（訳）(1986). 工業立地論　大明堂
Weber, M. (1975). *Roscher and Knies: The logical problem of historical economies* (G. Oakes, Trans.). New York: Free Press. 松井秀親（訳）(2001). ロッシャーとクニース　未來社
Weber, M. (1978). *Economy and society: An outline of interpretive sociology* (G. Roth & C. Wittich, Eds.). Berkeley: University of California Press. 世良晃志郎（訳）(1970). 支配の諸類型　創文社
Weinberg, S. (1993, October 21). In Roger Penrose, Nature's biggest secret. *New York Review of Books*, 82.
Wertsch, J. V. (1985). *Vygotsky and the social formation of mind*. Cambridge: Harvard University Press.
Wertsch, J. V. (1991). *Voices of the mind: A sociocultural approach to mediated action*. Cambridge: Harvard University Press. 田島信元・佐藤公治・茂呂雄二・上村佳世子（共訳）(2004). 心の声——媒介された行為への社会文化的アプローチ（新装版）　福村出版
White. A. R. (1990). *The language of imagination*. Oxford: Blackwell.
White, H. (1973). *Metahistory: The historical imagination in nineteenth-century Europe*. Baltimore: Johns Hopkins University Press.
White, H. (1978). *Tropics of discourse: Essays in cultural criticism*. Baltimore: Johns Hopkins University Press.
Whitehead, A. N. (1967). *The aims of education*. New York: The Free Press. First published, 1929. 森口兼二・橋口正夫（共訳）(1986). ホワイトヘッド著作集　第9巻　教育の目的　松籟社
Whorf, B. L. (1956). *Language, thought, and reality*. Cambridge: MIT Press. 池上嘉彦（訳）(1993). 言語・思考・現実　講談社
Wilde, A. (1981). *Horizons of assent: Modernism, postmodernism, and the ironic imagination*. Baltimore: Johns Hopkins University Press.
Williams, B. (1985). *Ethics and the limits of philosophy*. Cambridge: Harvard University Press. 森際康友・下川潔（共訳）(1993). 生き方について哲学は何が言えるか　産業図書
Winch, P. (1970). Understanding a primitive society. In B. R. Wilson (Ed.), *Rationality*. Oxford:

Blackwell.
Winner, E. (1988). *The point of words: Children's understanding of metaphor and irony*. Cambridge: Harvard University Press. 津田塾大学言語文化研究所読解研究グループ（訳）（2011）. ことばの裏に隠れているもの——子どもがメタファー・アイロニーに目覚めるとき　ひつじ書房
Wittgenstein, L. (1969). *On certainty* (G. E. M. Anscombe & G. H. von Wright, Eds.; D. Paul & G. E. M. Anscombe, Trans.). Oxford: Blackwell. 黒田　亘・菅　豊彦（共訳）（1975）. ウィトゲンシュタイン全集 9 確実性の問題　大修館書店
Wolpert, L. (1993, September 24). Know how to know. *Times Literary Supplement*.
Wood, M. (1985). *In search of the Trojan War*. London: British Broadcasting Corporation.
Yates, F. (1966). *The art of memory*. Chicago: University of Chicago Press. 青木信義・篠崎　実（共訳）（1993）. 記憶術　水声社
Young, M. (1971). *Knowledge and control: New direction for the sociology of education*. London: Collier-Macmillan.

プラトン『ソクラテスの弁明・クリトン』（改版）　久保　勉（訳）岩波書店　2004
プラトン『ゴルギアス』　加来彰俊（訳）岩波書店　2007
プラトン『響宴』　久保　勉（訳）　岩波書店　2009
プラトン『国家（上・下）』　藤沢令夫（訳）　岩波書店　2008
プラトン『パイドロス』　藤沢令夫（訳）　岩波書店　1967
プラトン『プロタゴラス』　藤沢令夫（訳）　岩波書店　1988
アリストテレス『詩学』　松本仁助・岡　道男（共訳）　岩波書店　1997
アリストテレス『弁論術』　山本光雄（訳）　岩波書店　1968

人名索引

■ A

Addison, J.　116, 141
Alcibiades　141, 147
Alexander the Great　111
Anaximander　81, 82
Anaximines　81, 82
Apple, M.　197
Applebee, A.　46
Aristotle　56, 77, 81, 108, 109, 114, 115, 119, 127, 160
Armstrong, M.　137, 291
Arnold, M.　191, 216, 221
Auden W. H.　166, 203
Austen, J.　248

■ B

Bacon, F.　90, 115, 121
Bakhtin, M. M.　66, 197
Bernstein, B.　67, 197
Bentham, J　245
Bettelheim, B.　38, 40, 71
Black, M.　56
Blake, W.　98
Bloom, A.　31, 33, 247
Bodin, J.　1
Borges, J. L.　248, 254, 289
Bourdieu, P.　245, 254
Brunel, I. K.　92, 107, 233
Bruner, J.　45, 71, 81, 98, 194, 259, 281
Burckhardt, J.　155, 157
Burke, E.　208, 217
Burke, J.　237
Burton, V. L.　224

■ C

Callicles　13
Carlyle, T.　236
Carroll, L.　141, 225, 256
Cassirer, E.　55, 57
Chambers, E.　117
Chesterton, G. K.　206, 217
Chief Seattle　235, 254
Childe, V. G.　125, 142
Chomsky, N.　36, 71, 176
Christina (Queen of Sweden)　116
Cicero　148, 150, 153, 180
Cleon　141
Cole, M.　79
Coleridge, S. T.　104, 154, 168, 181, 238
Collingwood, R. G.　95
Comenius, J. A.　116
Comnena, A.　86, 106, 111
Comte, A.　118, 119, 215
Constant, B.　153, 180
Copernicus　127, 136
Cornford, F. M.　82, 106, 112, 113, 133

■ D

Danzig, T.　230
Darwin, C.　27, 99, 127, 128, 145, 202, 297
Davie, G. E.　251
Descartes, R.　115, 121, 153, 160
Dewey, J.　16, 17, 19, 28, 29, 31, 33, 42, 44, 71, 189, 213, 214, 244, 296
Dickens, C.　157, 278
Diderot, D.　117, 153
Donald, M.　5, 35, 36, 50, 171, 172, 177, 179,

194, 258
Donne, J.   162, 180
Dr. Seuss (Theodore Seuss Geisel)   226, 254
Durkheim, E.   11

■ E

Eibl-Eibesfeldt, I.   171, 181
Einstein, A.   156, 230
Eisenstein, E.   115
Eisner, E.   277
Eliot, G.   181
Eliot, T. S.   54, 61, 71, 137, 142, 234, 254
Empson, W.   238
Erikoson, E. H.   285
Evans, J.   79

■ F

Febvre, L.   123, 141
Feldman, C. F.   80
Ferenczi, S.   103, 107
Feynman, R.   274, 279, 293
Foucault, M.   157, 281, 286
Frazer, J. G.   215, 217
Freud, S.   94, 156, 215
Frye, N.   194, 215, 217, 227, 269

■ G

Galileo Galilei   136
Gardner, H.   50, 56, 72, 75,106
Gibbon, E.   117, 236
Goethe, J. W. von   34, 153
Goodman, N.   56, 241
Goodman, P.   21
Goody, J.   40, 79
Graff, G.   252
Grammaticus, S.   94, 106
Graves, R.   215, 217

■ H

Habermas, J.   197
Haeckel, E.   8
Haldane, J. B. S.   156, 181
Hall, G. S.   27, 33, 206
Hallpike, C. R.   28, 39

Havelock, E.   77, 78, 101, 102, 110, 111
Hayek, F. A.   49, 138, 210, 225, 247
Hazlitt, W.   117, 141, 253
Heath, S. B.   67
Hecataeus   81, 100, 106, 120
Hegel, G. W. F.   126, 149, 215
Heller, E.   145, 153
Henry the Navigator   235, 254
Heraclitus   44, 110, 141, 144
Herder, J. G.   34
Herodotus   78, 84, 90, 91, 97, 99, 111, 135, 188, 290
Hildegard von Bingen   235, 254
Hippocrates   82, 113, 114, 120
Hirsch, E.D., Jr.   31, 33
Homer   97, 109, 112, 210
Hoogland, C.   196, 217
Hopkins, G. M.   177, 181
Housman, A. E.   145, 180, 196
Hudson, W. H.   128, 142
Hugo, V.   143, 154
Huizinga, J.   70, 258
Huxley, T.   119, 141

■ I

Illich, I.   276
Inhelder, B.   126

■ J

James, W.   177, 181
Jeanne d'Arc   235
Johnson, S.   117, 145, 153
Joyce, J. A. A.   265

■ K

Kant, I.   127, 160, 181
Keane, B.   225
Kepler   136
Kermode, F.   64
Keynes, J. M.   7, 32, 191, 213
Kierkegaard, S.   148, 149, 154, 155
Kipling, R.   176, 181
Kolakowski, L.   37
Kristeva, J.   197, 209, 217

Kuhn, T. S.   82, 106, 212

■ L

Lakoff, G.   57
Leach, E.   39
Lear, E.   226, 254
Lévi-Strauss, C.   40, 48, 55
Lewis, C. S.   134, 142
Lull, R.   235, 254
Luria, A. R.   31, 33, 76
Lyotard, J.-F.   164, 174

■ M

MacIntyre, A.   128, 130, 152
Marx, K. H.   215
McLuhan, M.   123, 289
Mendelssohn, D.   154, 180
Mill, J. S.   39, 104, 118
Miller, J.   189, 216
Milton   95
Montesquieu   118
Montessori, M.   235
Muecke, D. C.   146
Müller, M.   34
Murdoch, I.   197

■ N

Nabokov, V.   177, 178, 181
Needham, J.   40
Newton, I.   131
Nietzsche, F.   38, 39, 43, 145, 157–159, 169, 207, 208

■ O

Oakeshott, M.   14
Ogden, C. K.   41
Olson, D.   77, 83, 276
Ong, W. J.   45, 78, 101, 121, 123, 144, 209, 210, 240
Opie, I. & Opie, P.   59, 226
Owen, R.   285, 286, 293
Owens, J.   235, 254

■ P

Paley, V. G.   43, 59
Pepper, S.   215, 217
Piaget, J.   16, 17, 20, 28, 29, 33, 42, 51, 58, 67, 71, 125, 126, 189, 194, 203, 206, 207, 215, 217, 224, 229, 283, 285, 292
Pinker, S.   5, 8, 54, 58, 66, 193, 258
Plato   13, 14, 18, 19, 23, 26, 69, 75, 77, 81, 101, 108, 109, 111, 114, 115, 119, 131, 150, 160, 180, 186, 196–200, 211, 214, 216, 220, 253, 255, 281, 282, 296
Poe, E. A.   238
Popper, K.   247
Proust, M.   15, 32
Ptolemaios (Ptolemy)   28, 136
Pythagoras   95, 107, 110, 238

■ Q

Quintillian   55, 148, 153, 180, 207

■ R

Ramus, P.   45
Ranke, L. von   118, 133, 155
Richelieu (Cardinal)   116
Ricoeur, P.   56
Robinson, E. G.   235, 254
Robinson, R.   178, 181
Rorty, R.   144, 161, 169, 174, 177–179, 210
Rousseau, J.-J.   15, 19, 21, 23, 26, 31, 69, 75, 125, 132, 198–200, 206, 214, 221, 253, 255, 281, 282, 296

■ S

Sagan, C.   14, 274, 279, 293
Saint-Simon   125, 142
Schein, S.   210
Schlegel, F.   153, 154, 179, 180
Schleiermacher, F.   154
Schmidt, J.   93, 233
Scribner, S.   79
Shaw, B.   157
Shelley, M.   131
Shelley, P. B.   119
Smith, S.   117, 131, 142

Sutton-Smith, B.   59, 60
Snell, B.   81, 109, 110
Socrates   18, 100, 143, 146-151, 163, 178
Southey, R.   227
Spencer, H.   25, 27-29, 33, 119
Sprat, T.   116
St. Teresa of Avila   235, 254
Swearingen, C. J.   146

■ T

Tacitus, C.   142
Tawney, R. H.   249
Taylor, C.   121
Thales   81, 82
Thrasymachus   13, 143, 146, 147, 180
Thucydides   42, 82, 97, 111-113, 117, 118, 120, 135, 188, 249, 281, 286
Tylor, E. B.   34

■ V

Vico, G.   70, 115, 215, 247
Vlastos, G.   144, 148, 180
Vygotsky, L.   4, 27, 29-31, 36, 39, 197, 231, 256, 285, 290

■ W

Warnock, M.   127, 142
Watt, J.   92
Weber, A.   131
Weber, M.   110, 131, 141
Wertsch, J. V.   30, 31, 67, 68
White, H.   118, 155, 215
Whitehead, A. N.   25, 33, 93, 194, 242
Whorf, B. L.   193, 216
Williams, B.   175, 181
Wills, G.   252
Winch, P.   134
Winner, E.   55, 56, 101
Wittgenstein, L.   127, 174
Woollstonecraft, M.   235, 254
Wordsworth, W.   57, 100, 103, 142, 238, 248, 296
Wundt, W.   215, 217
Wyndham, G.   206, 217

■ X

Xenophon   111, 141

■ Y

Yeats, W. B.   72, 293

事項索引

■あ
アイデンティティ　79, 92, 126, 133
アイロニー（イロニー）　133, 143, 145-153, 155, 162-164, 166, 169, 170, 179, 185, 189, 197, 201-204, 208, 210, 215, 225, 241, 246, 257, 277, 286, 287, 291
アヴェロンの野生児　259
アカデミー・フランセーズ　116
アカデメイア　13
遊び　257, 258
アボリジニ　192, 193, 202
アルファベット（文字）　75, 77-80, 140, 175, 192, 271

■い
一般的概念　124
一般的真理　112, 113, 116, 126, 180
一般理論体系　127, 129-131, 133-139, 143, 157, 163, 167, 168, 214, 241, 246, 249, 276, 279, 280-289
イデア　114, 156
イデオロギー　125, 126, 132, 136, 139, 241, 228, 287
遺伝　183
イメージ　61-63, 176, 193, 222, 227, 260, 268, 270-272, 290, 295
印刷技術　115, 123
インターネット　192

■う
ヴァルドルフ（シュタイナー）学校　65
ウォーフの仮説　193

■え
英雄　90-94, 166

■お
憶測（ドクサ）　174
驚き（wonder）　233-235, 238, 242, 261, 270, 271
音楽　231

■か
ガイア仮説　127
階層（hierarchy）　123, 132
科学　113, 115, 116, 118-119, 170, 228, 237, 246, 250
学際的探究　246
確実性　130, 132, 153
学習　57, 88, 232
拡大する地平線　48, 71, 129, 213, 223
学問　182, 185, 198-199, 221, 222
学校　10, 74, 101, 104, 157, 193, 211, 214, 240, 255, 281
かばん語（→「混成語」を参照）
カリキュラム　42, 45, 65, 87, 119, 197, 220-222, 226, 228, 231, 232, 234, 236, 238, 239, 242, 243, 245, 246, 251, 252
監獄　10, 157
鑑識眼（connoisseurship）　277
感情　63, 64, 91, 94-98, 139, 168, 176, 194, 203, 211, 222, 233, 235, 240, 242, 260, 262, 266, 270, 271, 275, 280, 292, 295

■き
基礎教科（basics）　20

事項索引　315

基礎づけ論 (foundationalism)　170
『ギネス・ブック』　6, 85-87, 232, 278
技能　230, 231
教育　75, 90, 99, 102, 119, 120, 135, 182, 185, 193, 196, 206, 214, 220, 255, 291, 296
教育の卓越性 (excellence)　15
教育理念　2, 182, 199, 213, 214, 220, 255, 295
教育を受けた人間 (the educated person)　6, 25, 205
教師　255, 280, 287, 292
教養主義　135, 200
極端な経験と現実の限界　85, 168, 232, 270, 272
虚構　158

■く
「空気の性質」　260-266
「句読点」　270-277
位取り　52
グラフォレクト　144, 180, 240
クリー族　79
グリム童話　38

■け
芸術　231, 232, 238
啓蒙主義　130, 156, 170, 208
言語　30, 35, 36, 48, 50, 64, 76, 110, 111, 144, 163, 174-178, 185, 191, 193, 195, 202, 207, 209, 224-227, 238, 258, 278, 295

■こ
高次心理過程　29
工場　10, 157
構成主義 (constructivism)　57
行動主義 (behaviorism)　121
「高邁な」文化　23
合理性　83, 84, 99, 102-104, 110, 139, 154, 157, 164, 207, 209, 230
国語　224, 231, 238
語源学　239
ゴシップ　86
ごっこ遊び　173
言葉遊び　227
子ども　48-54, 187, 192, 193, 261, 295

娯楽　90
コレクション　89, 232
混成語 (portmanteau) 的概念　123, 124
コンピューター　190, 192, 198

■さ
再生産　191
差別　202, 203, 205
「産業革命」　281-289
算数　230, 231
三段論法　76, 290

■し
詩　158, 227, 238
ジェンダー　38
ジェントルマン　116
自我　204
思考　35, 95, 98
思春期　242
事績 (エルガ)　85, 87, 88
自然　16, 228
実証科学　153
実証主義 (positivism)　118, 121
実証的研究　212, 213
社会 (sociéte)　122
社会化　10-12, 21, 26, 175, 182, 185, 198-200, 214, 220, 221, 242, 255, 281, 282
社会科　223
修辞学　239, 240
授業　255-257, 264
主体　158
趣味　89, 232
冗談　66, 225
『少年たんていブラウン』　274
職業準備教育　243, 244
自律的現実　82, 87, 88, 92, 103, 104
進化 (論)　145, 171, 202, 295, 297
人生の脈絡　85
身体　170-179, 226, 257, 260
『シンデレラ』　195, 196
進歩　208
進歩主義　17, 20, 23, 135, 164, 197, 200, 214, 253
新保守主義　164, 197

シンボル　75
真理　108, 119, 126, 130, 132, 157, 158, 160, 165, 279, 286
心理学　250, 251, 279
神学　115
神話　35, 48, 54, 115, 223, 227

■す
数学　237
崇高（the Sublime）　127
ステレオタイプ　38, 168, 195, 196, 216

■せ
精神　30, 35, 36, 48, 67, 129, 134, 163, 183, 186, 202, 242, 244, 253, 259, 260
成長　189
正典（canon）　23, 196, 244, 252
性別　121, 122

■そ
操作（operation）　206
想像力　57, 70, 98, 101, 104, 120, 127, 131, 137, 139, 154, 181, 192-193, 200, 203, 206, 211, 241, 242, 248, 260, 261, 266, 269, 271, 277, 279, 282, 296
ソフィスト　115
損失（trade-off）　99-103, 136, 185, 203, 210, 214, 215

■た
大学　208, 249, 250, 279
「体験的」（hands-on）教育活動　45, 53
脱構築（deconstruct）　168
妥当性（relevance）　20, 253, 264
多文化社会　199

■ち
知識　65, 94-97, 119, 144, 177, 197, 200, 234, 237, 241, 242, 246, 247, 250, 260, 270, 268
知識の人間化　232-235
知的道具　29, 30, 182-186, 197, 206, 221, 222, 237, 259, 266, 296
抽象的思考　48, 244, 247
超越的特質（超越性）　90-94, 166, 208, 235, 237, 242, 270-274
超越的人間的特質（transcendental human qualities）　167, 232, 233

■つ
対概念　38, 40-45, 47, 49, 102, 168, 169, 193, 195, 205, 208, 222, 261, 262, 264, 267, 268, 290, 292

■て
定冠詞　109
テスト　75
哲学　108, 115, 158, 250
手引きによるイメージ遊び（guided imagery）　62
手引きによる発見ごっこ（guided discovery）　265
テレビ　278
伝統主義　135, 197

■と
道徳　196, 197, 208

■な
内化（internalize）　29, 30
ナラティブ　42, 59-61, 63, 91, 97, 111, 151, 152, 159, 188, 236, 245, 262, 268, 270, 272, 274-276
ナラティブ思考とパラダイム思考　194

■に
人間的特質　233, 275
人間的文脈　65, 66
認知的道具　174, 184, 193, 206

■ね
年齢　184-207

■の
能力　211
ノック・ノック・ジョーク　226

■は
媒介　30, 177, 232

媒介手段（mediational means） 4, 108, 120
発見学習　17
発達　17, 36, 125, 179, 180, 182, 184-216, 221, 224, 229, 281
発達の最近接領域　256, 257
話し言葉　67, 68, 75, 102, 108, 115, 144, 171, 185, 186, 192-194, 220, 222, 228-230, 236, 240, 268, 295
パラダイム　100, 212, 297
反基礎づけ論（anti-foundationalism）　170
反復（説）　4, 8, 27-30, 37, 69, 115, 120, 141, 171, 183, 185, 186, 197, 222, 230, 257, 281, 282, 285, 290, 295, 297

■ひ
『ピーター・ラビット』　193, 195
ピタゴラスの定理　95
ピタゴラス派　110
批判的思考　242
ヒポクラテス派　110
『百科全書』　117
比喩（メタファー）　54, 56-59, 101, 124, 189, 190, 215, 222, 225, 229, 241, 260, 268, 269
病院　10

■ふ
ファンタジー　6, 45-48, 290
フィロゾーフ　117, 118
フェミニズム/フェミニスト　38, 162
「２つの文化」　119
フランス語宝典研究所　122
文化　30, 185, 207, 258
文学　238, 246
文化的帝国主義　210
文化闘争　252

■へ
変則的事実　133-139, 168, 241, 279, 283, 284

■ほ
方言　240
ポストモダニズム　38, 143, 146, 159-162, 164, 166, 170, 174
ホログラム　88, 106

■ま
マルクス主義　126, 129, 166, 190, 281, 285

■み
民話　227

■め
メガ・エルゴン　85, 94, 98, 232
メタ・ナラティブ　109, 153, 155, 160, 162-164, 166, 169, 178, 204, 280-283
メディア　191, 192

■も
モダニズム　143, 146, 159, 166, 169, 174
物語　38, 53, 63, 64, 74, 91, 97, 98, 169, 193, 196, 222-224, 227, 235, 260, 262, 264, 268, 269, 276
模倣　171-173, 185

■ゆ
ユーモア　66, 152, 224, 225, 241, 256

■よ
読み書き（能力）　67, 68, 74, 75, 77, 79-81, 83, 84, 87, 88, 90, 96, 99-104, 108, 109, 140, 144, 180, 185, 194, 220, 227, 228, 238-240, 270, 295

■ら
ラテン語　123, 198, 221

■り
理科　228-230
理解様式（kinds of understanding）　3, 4, 24, 30, 77, 108, 170, 182, 184-186, 188, 189, 191, 197, 198, 200, 203, 206, 211, 216, 222, 255, 291, 292, 295
リズム　59, 222, 226, 227, 258
理性　6, 81, 115, 117, 119, 158, 232

■る
ルネサンス　115

■れ
霊的経験　204, 251
歴史　78, 84, 223, 224, 236, 237, 248, 249
レディネス　189

■ろ
ロマン主義　86, 98, 103, 104, 119, 153-155
ロマンス　194
ロマン的合理性　97
ロンドン王立協会　109, 116
論理的・数学的思考　51-53, 57

翻訳者による解説

　本書の日本語訳を出版できることに大きな喜びを感じる。最初に，出版にあたってお世話になった，北大路書房の薄木敏之氏と若森乾也氏に心からのお礼を申し上げたい。

　キエラン・イーガンによる著書の邦訳は，本書で3冊目である。1冊目は塩見邦雄氏による『教育に心理学は役立つか──ピアジェ，プラトンと科学的心理学』(1988) であり，2冊目はわれわれ──高屋・佐柳──による『想像力を触発する教育──認知的道具を活かした授業づくり』(2010) である。本書の原著である *The Educated Mind* の出版は『想像力を触発する教育』の原著 *An Imaginative Approach to Teaching* (Egan, 2005) の出版より前，1997年である。内容的にも，イーガン理論の全体的な構想を見通せるものとなっており，『想像力を触発する教育』はその実践への応用という意味合いが強い。*The Educated Mind* の日本語訳をはじめて原著者に打診した際，より具体性の強い『想像力を触発する教育』の翻訳を勧められ，そちらを先にした。前著の翻訳が完了してから，*The Educated Mind* を読み直してみると，本書が教育書として大変豊かな内容を持っていること，理論的な本でありながら実践への示唆に富んでいること，そして教養書としても面白いこと──イーガンは歴史の素養が豊富であり，また，すぐれたストーリーテラーだと思う──を改めて感じた。そこで，前著の出版を引き受けてくださった北大路書房に相談したところ，快く引き受けていただき，本格的に翻訳作業にとりかかる運びとなった。今，この作業を一応完了することができ，ほっとしている。この間，研究者・一般の読者など幾人かの方々からイーガン理論への問い合わせやコメントをいただき，われわれの翻訳作業が実を結びつつあるのを実感している。2012年9月には，日本特殊教育学会がその50周年記念大会にイーガンを招き，講演を実現させている。学会の理事長である前川久男氏は，以前からイーガンの著書に注目されていたようであるが，講演に先立つ挨拶で，「普通教育によいものは特殊教育にもよいものだと確信し，普通教育について興味深い提言をされているイーガン教授を招くことになった」と話しておられる。

　前著の出版以来の成果を実感する一方で，まだまだこれからという意気込みも感じている。イーガン教授の研究および教育に対する考え方に賛同し，日本の学校教育を改善するための1つのきっかけとして，具体的行動をさらに広げていきたい。とは言うものの，外国で考案された理論をそのまま日本に輸入しようとするのは，賢いやり方とは言えない。教育理論の研究や執筆を生業とする者として当面できるのは，本書を1つの足がかりとして，議論の場をつくっていくことだろう。そのような場については後で述べることにして，まずは本書の内容を理解する背景的な事柄を少々述べたい。

著者キエラン・イーガンとIERGについて

　イーガンはアイルランドに生まれ，イギリスで教育を受けた。ロンドン大学で歴史を専攻し，その後アメリカのスタンフォード大学で博士課程の研究を開始。後にイェール大学から博士（教育学）の学位を取得する。学位取得後最初に得た仕事がカナダ，ブリティッシュ・コロンビア州バンクーバーで創立間もないサイモン・フレーザー大学教育学部における職であり，以来40年以上，同校で教育と研究にあたっている。イーガンの同僚には教育学，特に教育哲学やカリキュラムの分野における著名な研究者が多数おり，分析哲学のロビン・バロウ（Robin Barrow）や，アメリカ教育哲学会で会長をつとめたシャロン・ベイリン（Sharon Bailin）らがいる。

　イーガンは大変多産な研究者で，著書や論文を毎年のように発表している。中でも *Teaching as Story Telling*（『物語としての教育』）という著書（Egan, 1986）でグローマイヤー賞（The Grawemeyer Award in Education）を受賞し，その後，*The Educated Mind* の出版をきっかけに得たカナダ政府の研究資金 Canada Research Chair をつかってサイモン・フレーザー大学にIERG（Imaginative Education Research Group：http://www.ierg.net）を設立し，国際学会やセミナー，出版，教員養成，学校との共同プロジェクトなど，幅広く活動している。

　IERGの活動は多岐にわたる。詳しくはIERGのホームページを参照していただきたいが，たとえばマーク・フェテス（Mark Fettes）を中心に，カナダの先住民族ファースト・ネーションズの教育に重点を置いているLUCID（Learning for Understanding through Culturally Inclusive Development）があり，これはブリティッシュ・コロンビア州内にあるファースト・ネーションズの学区（クイーン・シャーロット島のハイダ・グワイ）と共同で，想像力に注目した方法によって，通常の学区とは異なる問題を抱える地域の教育を改善しようとする試みである。また，ジリアン・ジャドソン（Gillian Judson）を中心に活動しているIEE（Imaginative Ecological Education）は，環境に対する想像力を触発することを学校教育の大きな任務と考え，その目標に向けた教育実践をサイモン・フレーザー大学の近隣の学区と共同で構築しようとしている。

　しかし，IERG関連の活動の中でも特に近年注目を浴びているのは「深く学ぶ（LiD：Learning in Depth）」である。

　学校は伝統的に，基本的事項をまんべんなくカバーする――いわば「広く学ぶ」こと――を目指しがちであり，これは意図的ではないが，時間的制約などから，「浅く学ぶ」になりがちである（英語ではよく 'a mile wide and an inch deep' と言われる）。目に見える成果を重視する昨今，この傾向はますます強まりつつあり，その中であえて「深く学ぶ」ことの効果を重視することは，学校教育のあり方に対する強い批判であり，しかも単なる批判にとどまらない，新たな教育方法を提案する挑戦的な試みである。

詳しくはイーガンの近著である *Learning in Depth: A Simple Innovation That Can Transform Schooling* (2010) を参照していただきたいが，LiDは，生徒が教師から与えられたテーマについて，時折両親や年長の生徒や教師の助けを借りながらも，基本的には自分で「調べ学習」を続け，その記録をポートフォリオにためていく学習方法である。テーマの選定にはある程度の基準があるが（たとえば，テーマは具体的すぎても広すぎてもいけない。「シベリア虎」では狭すぎ，「動物」では広すぎるので，「ネコ科の動物」くらいにする），生徒は一人ひとり別のテーマを授与され，それについて調べ得る限りのこと，つまり，人類がそれについて所有している限りの知識を調べ尽くすことを目標に，場合によっては数年かけて取り組む。

アメリカ，オレゴン州のコルベット・スクール（Corbett Charter School）では特に学校を挙げてLiDに取り組み，全米に注目される結果を挙げている。ワシントン・ポスト紙の「スクール・チャレンジ」で，2012年には全米2位にランクされている。ボブ・ダントン校長のリーダーシップによるところも大きいとは思うが，これは公立校としては異例の成果である。興味のある方は以下のサイトを参照していただきたい（http://apps.washingtonpost.com/local/highschoolchallenge/）。

IERGが活動を始めた当初は，年次国際学会のような企画や，研究者・教育者による対話の促進という性質の活動が多かった。国際学会の開催は，さまざま制約によりしばらく行なわれていなかったが（2013年7月に久々に開催された），活動初期のこのような企画がいわゆるブレインストーミングとなったのだろう，近年では活動がより具体的になり，実際の学区や学校と連携して，カリキュラムや授業方法を，それぞれの地域の具体的問題に即して改善しようとする方向に収斂しつつある。IERGのホームページを見ると，先ほど述べた以外にもいくつかプロジェクトが書かれているので，私の日本的な（？）視点から見ると手を広げすぎではないかと思うこともあるが，アメリカやカナダではそれほど珍しいことではない。むしろ，手を広げる中から焦点がいくつかでき，それらの焦点を中心に，グループ全体の活動がすでに10年以上続いていることを評価すべきだろう。

イーガンの教育理論について：認知的道具，想像力，アイロニー

社会に出てから使える実用的な知識であれ，ただ知りたいから知るという知識欲を満たそうとするものであれ，確かに知識の習得は学びの重要な部分をなす。しかし，知識だけが，または知識そのものが学びの目的とは言い切れない――単なる「もの知り（a merely knowledgeable person, a pedant）」と「教育された人間（an educated person）」とは異なるのである。知識そのものに加えて，知識を得ようとすることで鍛えられる思考の力，調査能力，また，情報を整理し筋道を立てて説明する力，さらにはソクラテスやニュートンが悟っていたように，この世界を前にして知識の追求は尽きるところがないという感覚，もっと学びたいという意欲や態度や能力を身につけ

ることなども重要である。

　このような議論は特に珍しいものではない。「知識か知恵か」という議論は古くからあるし，ホワイトヘッドの「教育のリズム」にみられる，知識に対するロマンスの感覚に注目したような議論も繰り返し現われる。シュタイナー教育も，知識を得る活動を，言語化できるような知識という意味で狭くとらえるのではなく，感情や想像力や美的感覚，身体的感覚といった裾野まで含めてとらえている。

　イーガン理論の想像力や感情に対する注目は，こうしてみると格段新しいものではないように思われる。「系統主義か経験主義か」「教師中心か児童中心か」「知識か知恵か」というような理念的対立の図式にあって，どちらかというとそれぞれのペアの後者を強調する系譜に位置づけられるような印象を受ける。そして，児童生徒の自主的な探究や経験を重視しつつ教科の系統性にも配慮したジェローム・ブルーナーの理論や彼の関与したMACOS（Man: A Course of Study）にかなり似ているような印象も受ける。

　しかし，イーガンは言語の発達とそれに伴う「認知的道具」の習得を軸に教育理論を構築した点でこれまで述べた誰とも異なる。

　ブルーナーは「知的誠実さ（intellectual honesty）」（Bruner, 1960）を重視し，教科の授業に，最先端の学問的知見と，最先端の研究に携わる人たちの研究方法を取り込むことで，教科学習を知的に洗練された，研究者と初学者とを問わず知的関心を喚起するものにしようとした。しかし，研究者と初学者を結ぶ共通の要素と彼がみなしたもの，すなわち「発見」とそれに伴うよろこびに注目した「発見学習（discovery learning）」——人類の知の最先端にいる研究者も，これまで知らなかったことを今まさに知ろうとしている子どもたちも，既知と未知の境目にいるという点で共通しているという見地に立った学習方法の提言——は，知的に洗練された内容と方法を持ったカリキュラムの構築に重点が置かれた結果，生徒が「発見」すべきことを，最先端の科学者を含むカリキュラム作成チームが周到に準備するという企画になってしまった。これは生徒が中心となり，教師が時に「発達の再近接領域」（ヴィゴツキー）へと彼らを導くアドバイザーとなって，身近にあるリソースを最大限利用しながら学習を積み重ねていくというイーガンの発想とは異なる。ブルーナーたちは，最小限の情報から最大限の知的洞察（理論化）を生徒にさせようとしたために，生徒を強引に引っ張り回しすぎた観さえある（参照：Dow, 1991）。

　イーガンの「諸理解様式（understandings）」は，また，ピアジェ的な発達段階説の一変種にも見える。しかし，彼はそうではないことを強調する。

　たとえば教育が引き起こす発達は，ある種の洗練された能力を獲得するものであると同時に「損失（trade-offs）」が伴うことを指摘し，これに無頓着な楽天的な諸教育理論に対する警告を発しているが，これはピアジェ的な発達論が，抽象的論理的な能

力の発達に向かう道筋を無条件な進歩とみなすことへの批判である。

　イーガンにはヴィゴツキー的な発想が目立ち，これがまたブルーナーとの共通点を思わせる（ただし，ブルーナーは英語圏にヴィゴツキーを紹介した最初期の研究者だが，彼はヴィゴツキー一辺倒ではないことに注意が必要である）。言語を中心とする人間の文化が持つ創造的な力，つまり，人間の持つ肉体的精神的な機能を増幅する力に注目し，文化的道具に「媒介された」思考やコミュニケーションや経験を理論の中心に据える点──ヴィゴツキーやルリヤから学んだ点──でイーガンとブルーナーは関心を共有している。また，ブルーナーによる表象の諸様式の理論──「行動的（enactive）」「映像的（iconic）」「記号的（symbolic）」──にみられる，さまざまな思考様式の重視と共通する発想がイーガンの「諸理解様式」にみられる。しかし，イーガンは，ブルーナーにもまして言語活動のさまざまな様式とそれに伴うさまざまな思考や学習の様式に，より体系的な注意を払い，これを教授理論の中心に据えている。そして，言語のさまざまな様相とそれに付随するさまざまな思考や学習の様相を生徒が十分に経験することを重視することで，（教師やカリキュラムが何を準備するかではなく）生徒がどのような学習経験をすべきかについて綿密な議論を展開している。別の言い方をするならば，イーガンのアプローチには，子どもがどこに向かうべきかについての長期的な展望を持ちつつも子どもを急かしすぎず，現在の子どもの知識や能力の一歩先を見ながらなお，子どものイニシアティブを尊重する余裕がある。

　この長期的な展望にアイロニー的理解へといたる道筋がおさめられていることも特筆に値する。「身体的理解」から「哲学的理解」までであれば，ピアジェの「感覚運動期」から「形式的操作期」までの発達や，ブルーナーの「行動的」表象から「記号的」表象への発達とそれほど変わらない。しかし，イーガンがここに「アイロニー」を加えたことは興味深いし，柔軟性を兼ね備えた精神の育成という教育目的を語る際に，「アイロニー」は重要な要素である。プラトンの対話篇は，プラトンが自らの頭にうかぶさまざまな考えをそれぞれの登場人物に仮託して進めていると読むならば，彼は自らの考えに対してさえ批判的なスタンスをとることで思考をねり上げていることになる。このようなある意味冷めた態度，または遊び心のようなものを，自らの知識・判断・信念に対して持つことは，精神の柔軟性の徴である。

　イーガンの教育理論はこのような特徴を持つ「アイロニー」へといたる道筋を視野に入れつつも，子どもがそれぞれの段階においてその段階に特徴的な知的活動の可能性──このような可能性は，それぞれの段階に結びついている認知的道具の使用によって開かれる──を十分に試し，味わい，習得するだけの時間をかけながら，ゆっくりと先へ進む。ここにおいては児童の自主性とともに，彼らを具体的場面や課題に即して導く教師の役割が重要となり（教師の役割の重要さについても，ブルーナーはそれほど意識的でなかったように思う），カリキュラムはあらかじめ計画され準備されたものではなく，教師が日々の授業の中でつくり上げていくものとなる。

本書はこのようなイーガン理論の全体像が展開されている点で，彼の主著と言える。これ以前の著作——たとえば，*Education and Psychology: Plato, Piaget, and Scientific Psychology*（『教育に心理学は役立つか』）(1983／塩見, 1988)，*Teaching as Story Telling* (1986)，*Imagination in Teaching and Learning* (1992) など——は，本書で述べられている論点の一部を重点的に論じたものである。それぞれの著作はそのテーマに応じて，本書では述べられていない事柄を深めており，読者の関心に応じて好みや評価も分かれると思う（たとえば，想像力概念の分析や思想史的背景を深く知りたければ，*Imagination in Teaching and Learning* の最初の2章を読むべきだろう）。これまでの諸著作をざっと振り返ってみると，イーガンは，彼が本書で高校生くらいの生徒たちに勧めている理論化とその改訂の作業（第4章「哲学的理解」を参照）を自ら実践している。

彼の初期の著作 *Educational Development* (1979) では本書と同様，教育が何を目指すべきかについての全体像が提示され，その後の諸著作でテーマ別に理論の洗練・深化がなされてきた。これらを改めて見直し，1つの体系にまとめ上げているのが本書で，本書の後に書かれた著作は，概して，本書で述べられた理論を具体化する作業，つまり，カリキュラムや授業案の作成や授業方法を述べたものである。先に邦訳した『想像力を触発する教育』，そして，近著である *Learning in Depth* (2010) は，そのような，実践的な著作である。

イーガン理論の面白さと今後の展望

イーガン理論の特徴や強みはいくつもあるが，われわれが特に高く評価するのは，普通の学校の普通の教師のための理論やアイデアを重視している点である。たとえばLiDはイーガン理論の看板である「想像力を触発する教育」の簡易版とでも言うべき側面を持つもので，通常のカリキュラムを大幅に変更することなく，簡単につけ加えることができる。本書ならびに前著で展開された「想像力を触発する教育」「認知的道具に注目した教育」を全面的に実践しようとすれば，教育に対する考え方や教育方法についてのかなり大きな変化を伴う可能性があるのに対し，LiDは，週1時間程度時間を割いて，通常の課程につけ加えることで実行可能な，手軽な方法である。ブッシュ大統領によるNo Child Left Behind Act（2002年施行）以降，現場に対する画一的な規制がますます強くなっているアメリカにおいて，先に述べたコルベット・スクールなどがLiDを採用することに踏み切ったのも，普通の教師が普段の授業の大枠を変えることなく，ちょっとした一工夫として取り入れることができるものだったからだろう。

『想像力を触発する教育』の解説でも触れたが，「想像力（imagination）」を重視する教育というと，たいていの場合芸術（創作）活動となる。芸術ないし創作が想像力を触発し育む活動であることを否定するつもりはないが——たとえば佐藤・今井によ

る『子どもたちの想像力を育む——アート教育の思想と実践』(2003) には，そのような例がいくつも紹介されている——，ごく普通の学校で行なわれるごく普通の教科では想像力を重視することはできないのか，議論が尽くされているとは言い難い。たとえば以下のような疑問が思い浮かぶ。

- 美術という教科で想像力を重視するだけではなく，芸術活動に典型的にみられるような，想像力を触発し育成する要素を用いて通常の授業を活性化することはできないのか。
- 今日の学校教育は，論理的・叙述的言語をもって表現され得る「知識」がますます重視されるようになってきている。そのような知識の根底に，論理的・叙述的言語で表現し得ない幅広い裾野のようなものがあるのではないか。
- そのような，明示し得ない基礎の部分は芸術活動において特に活用される種の能力となんらかの共通性を持っている可能性はどうか。
- 教科として系統立てられ，まとめられている学問には，進学や実社会で必要だという以外の意義はないのか。人間が人間らしく生きることにおいて，学問を含めた知的活動には意義があるのではないか。

たとえばルドルフ・シュタイナーのヴァルドルフ教育など，このような疑問に答えようとする教育的議論や試みはいくつも存在し，そのような議論の文脈において「想像力」や「創造性」や「芸術」という用語が頻繁に使われてきた。だから，ここで芸術が特に注目されるのは決して偶然ではないのだが，これが「想像力の触発＝芸術 (美術)」という固定観念になるのは生産的ではない。

イーガンはこのあたりの感覚にすぐれていると言えるだろう。「想像力」の重視という原則を数学や理科や社会といった通常の教科を念頭に考え，さらに，これを普通の教師が日々の授業案づくりや実際の授業に組み込めるようにする。この連関が，イーガン理論の注目すべき長所である。

さて，先に書いたように，イーガン理論を基礎または叩き台にしたIERGの活動——授業をより効果的に，そして意義あるものにしようとする具体的活動——はいくつかの焦点が絞られつつある。そのうちの一番の有望株，つまり，実践への応用が広く取り組まれているのがLiDである。このLiDもすでに開始から数年がすぎ，そろそろ各地の実践からフィードバックが入ってきつつあるようだ。

イーガン本人の弁によると，今のところかなりの成功を収めている。すなわち，子どもたちは与えられた「自分の」テーマに興味を持ち，この学習からたくさんのことを学んでいる。そして，LiDをやってみようという学校や教師も増えつつある。この過程でわかってきた興味深い事実がある。

この試みが始まったとき，イーガンたちは，特に優秀な生徒たちには受け入れられ

効果もあがるだろうと予測していた。しかし，意外にも，あまり学習能力に恵まれない生徒たちにも効果的だとわかり，いささか驚いたようである。理由として，この勉強法が，あらかじめ定められた基準に到達するかどうかを競うものではないということが考えられる。場合によっては教師よりもものを知りになれる可能性すらある。これが学習に対する大きな動機づけになっているのではないだろうか。

このことは，アメリカでも我が国でも根強く残る，画一的な学習目標と学習方法に対する信仰のようなものを見直すべきだということを示唆する。ビジネスや研究のためであれ，単なる教養のためであれ，使える知識や技能を身につけようとすれば，それは結局，ある程度の範囲をカバーする，ある程度の量の知識や技能——一般に基礎知識・技能と呼ばれるもの——を身につけることになる。この基礎にあたるものをあらかじめ特定して，これをまんべんなくカバーさせようとすること（つまり「広く学ぶ」こと）は，一見効率がよいようだが，実は効果をあげていないように思う。

たとえば，「大学受験必須〇〇語」「TOEIC対策重要〇〇語」と銘打つ単語集などをよく見かけるが，このような教材を端から端まで勉強して英語のボキャブラリーを身につける者がどれだけいるだろうか（高校時代の友人に1人だけ，このような単語帳を徹底的に勉強していた人がいた。彼はもちろん現役で有名大学に進学したが，学校や塾で強制的にさせられるのと，自主的にするのとを問わず，こういうことのできる人は例外中の例外だろう）。確かにこれらの教材に載っている語彙は使用頻度が高い。だから，目標の設定として，概して誤ってはいないのかもしれない。しかし，あらかじめ提示されたリストを覚えていくような学習方法を続けられる者はそうはいない。また，このような教材に載っている説明（意味，例文など）は，学習者が実際にそのような語彙に出会う場面（会話，読書など）の代わりにはならないだろう。実際の場面を一つひとつこなしていくこと——失敗したり，なんとかごまかしたり，思いがけずうまくいったりする経験を少しずつ積み重ねていくこと——には，単なる効率では計れない教育効果がある。

リストに示された知識をカバーしていくような学習に対し，このような経験的学習は，一見バラバラなところから始まり，不効率に思えるが，長期的に見てみると，結局は同じような知識や技能を習得しているということがある。また，1つのことをとことん深めようとすれば，関連する情報を調べることになり，結果的に他の学習方法と，必要な情報の探し方などは共通する。到達点だけを見て，これとこれとこれを知らなくてはならないから，最初からリストにして教えてしまおうというのは，人が物事を学ぶ仕方の一部だけを見ているのである。

中学1年生の英語の1時間目からLiDを使えというのではない。しかし，これまで根強く行なわれてきた方法や，その方法の根底にある思考の枠組みを，思い切って見直すよいきっかけを，イーガンの理論と実践は見せてくれている。そのような見直し作業を検討するのに必要な語彙を，彼の「想像力」「認知的道具」「アイロニー」「深

く学ぶ」といった理論は提供してくれている。たとえば彼の言う「想像力」とは，柔軟で生き生きとした精神の象徴である。しかしこれは知識と別にあるのではない。無知は想像力を餓死させる。イーガンは教育（学）の世界に長年存在するさまざまな対立的な図式（経験主義対系統主義，知識か知恵かなど）を誤った対立だと考え，これを克服し，有意義かつ効果的な教育を構築する糸口が，想像力や認知的道具への注目にあると考えている。彼の見立てが，そして彼の提案がはたして実効性のあるものなのか，われわれ自らも検証し，さまざまな国や地域の教師たちと意見交換をしていきたいと思う。

最後に，本書および本書で紹介されている事柄に対する感想，コメント，質問，提案その他がありましたら，IERGに直接コンタクトしていただくか（ierg-ed@sfu.ca），または國學院大學文学部髙屋（takaya@kokugakuin.ac.jp）宛にご一報いただけると幸いです。

2013年9月

髙屋景一・佐柳光代

【参考文献】

Bruner, J.（1960）. *The process of education.* Cambridge: Harvard University Press. 鈴木祥蔵・佐藤三郎（訳）（1963）. 教育の過程　岩波書店

Dow, P.（1991）. *Schoolhouse politics: Lesson from the Sputnik era.* Cambridge, Mass and London: Harvard University Press.

Egan, K.（1979）. *Educational Development.* New York: Oxford University Press.

Egan, K.（1983）. *Education and psychology: Plato, Piaget, and scientific psychology.* New York: Teachers College Press. 塩見邦雄（訳）（1988）. 教育に心理学は役立つか──ピアジェ，プラトンと科学的心理学　勁草書房

Egan, K.（1986）. *Teaching as story telling.* London, Ontario: Althouse Press; Chicago: University of Chicago Press, 1989; London: Routledge, 1989.

Egan, K.（1992）. *Imagination in teaching and learning: The middle school years.* Chicago: University of Chicago Press; London, Ontario: Althouse Press; London: Routledge.

Egan, K.（2005）. *An imaginative approach to teaching.* San Francisco: Jossey-Bass. 髙屋景一・佐柳光代（訳）（2010）. 想像力を触発する教育──認知的道具を活かした授業づくり　北大路書房

Egan, K.（2011）. *Learning in depth: A simple innovation that can transform schooling.* Chicago: University of Chicago Press.

佐藤　学・今井康夫（編）（2003）. 子どもたちの想像力を育む──アート教育の思想と実践　東京大学出版会

■著者紹介

キエラン・イーガン（Kieran Egan）
1942年　アイルランドに生まれる
1966年　University of London（B.A. honours）
1967年　University of London, Goldsmiths' Cpllege
　　　　（Post Graduate Teaching Certificate）
1972年　Cornell University（Ph.D.）
現　在　カナダ，サイモン・フレーザー大学（Simon Fraser University）教育学部教授。子どもの想像力を触発し育む教育をテーマとして研究を行なっている。1991年に『物語としての教育（*Teaching as storytelling*）』の研究・出版で，グローマイヤー教育賞を受賞。米国教育アカデミー国外会員。研究のかたわら，自宅の庭に日本式庭園と茶室を見よう見まねでつくり，エッセイ *Building My Zen Garden*（Houghton Mifflin Harcourt, 2000）をまとめている。

主著・論文　*Education and pychology: Plato, Piaget, and scientific psychology.* New York: Teacheers College Press. 1983　教育に心理学は役立つか――ピアジェ，プラトンと科学的心理学　塩見邦雄（訳）　勁草書房　1988年

　　　Teaching as story telling: An alternative approach to teaching and curriculum in the elementary school. London, Ontario: The Althouse Press. 1986

　　　The educated mind: How cognitive tools shape our understanding. Chicago: University of Chicago Press. 1997

　　　Teaching literacy: Engaging the imagination of new readers and writers. Thousand Oaks, CA: Corwin Press. 2006

　　　Learning in depth: A simple innovation that can transform schooling. Chicago: University of Chicago Press. 2010

■訳者紹介

髙屋景一（たかや　けいいち）
2000年　国際基督教大学大学院教育学研究科博士後期課程博士候補資格取得後退学
2004年　サイモン・フレーザー大学大学院教育学研究科博士課程修了（Ph.D.）
現　在　國學院大學文学部准教授。主に英語関係科目を担当。専門は教育哲学，教育思想史，カリキュラム論。
主著・論文　*Teaching and learning outside the box: Inspiring imagination across the curriculum.*（共編）Teachers College Press．2007
　　　　　　Jerome Bruner: Developing a sense of the possible. Springer．2013
　　　　　　デューイの哲学における想像力概念の役割―芸術的・宗教的・教育的経験の核としての想像力　日本デューイ学会紀要　第50号　21-31頁　2009年
　　　　　　イガートン・ライアソンの教育上の業績―カナダ公教育制度成立および北米におけるペスタロッチ主義の普及について　國學院雑誌　第111巻　第10号　1-15頁　2010年

佐柳光代（さやなぎ　みつよ）
1965年　国際基督教大学教養学部教育学科卒業
現　在　静岡県立稲取高等学校　非常勤講師（英語）
訳　書　想像力を触発する教育―認知的道具を活かした授業づくり（共訳）　北大路書房　2010年

想像力と教育
――認知的道具が培う柔軟な精神――

2013年11月10日　初版第1刷印刷　　　定価はカバーに表示
2013年11月20日　初版第1刷発行　　　してあります。

著　者	K．イーガン	
訳　者	髙屋景一	
	佐柳光代	
発行所	㈱北大路書房	

〒603-8303 京都市北区紫野十二坊町12-8
　　　　　電話　（075）４３１-０３６１（代）
　　　　　ＦＡＸ　（075）４３１-９３９３
　　　　　振　替　０１０５０-４-２０８３

Ⓒ2013　　印刷・製本／亜細亜印刷(株)
検印省略　落丁・乱丁はお取り替えいたします。
ISBN978-4-7628-2824-9　Printed in Japan

・ JCOPY 〈㈳出版者著作権管理機構 委託出版物〉
　本書の無断複写は著作権法上での例外を除き禁じられています。
　複写される場合は，そのつど事前に，㈳出版者著作権管理機構
　（電話 03-3513-6969,FAX 03-3513-6979,e-mail: info@jcopy.or.jp）
　の許諾を得てください。